瀬野精一郎著

鎮西御家人の研究

吉川弘文館 刊行

日本史学研究叢書

自序

学部における卒業論文で「中世における松浦党の変質過程」、修士論文で「鎮西御家人の研究」を提出して以来、主として鎌倉時代における鎮西御家人を研究対象として来た。その理由は生まれが九州であったこととも関係があるが、主たる理由は鎌倉時代の鎮西御家人関係史料がきわめて豊富に残存していたことに由来する。研究の結果は折に触れて各種研究誌に発表して来たが、初期のものは研究者仲間の同人誌的なものに発表したため、多くの方々の目に触れる機会も少なかったと思われる。そこで卒業以来二十年を経過したこの時点において、これまでの研究結果をまとめて今後の研究を進める上での一つの区切りをつけることにした。したがって本書を構成している内容は、これまでに発表した論文が基礎となっていることは勿論であるが、古いものは既に二十年近く前に発表したものであり、とうてい現時点で再び発表するのに耐ええないものが多い。又かねて、かつて発表した論文をそのまま集めて、もっともらしい題目をつけて一冊の本として刊行することにあまり意義を認めていないこともあって、このような企てをすること自体全く気の進まぬことであった。そこで自分自身の気持を納得させるため、これまでに発表した鎮西御家人関係論文を全部書き直すことにした。したがって本書に収めているものは、かつて発表したものとたとえ題目が同じであっても、すべて新しい原稿用紙に書いたものである。勿論かつて発表した文章をそのまま引用した部分もあるが、以前のものと比較していただけばわかると思うが、全く新しく記述した部分が多い。ある場合はかつて発表したものと全く逆の結論となっている部分もある。研究を進めることと、これを発表することとは全く別の行為である。しかしながら発表することによって多くの研究者の目に触れ、私自身の誤解、ひとりよがりが御指摘いただけるならば、そこではじめて発表することも研究を進めることに関与することとなる。若し批判に値するものがあるならば、忌憚のない御批判をお願いする次第である。

昭和四十九年十一月二十日

瀬野精一郎

目次

第一章　鎌倉幕府の成立と鎮西の動向

第一節　鎮西在地土豪の鎌倉御家人化政策

鎌倉時代に鎌倉御家人となった鎮西在地土豪の系譜については、鎮西以外の地における武士発生と同様に多種多様であり、史料的にその系譜を追うことは必ずしも容易ではない。しかし一般的には辺境地という地理的条件から畿内とは異なった発生の条件が考えられるが、同じ鎮西でも筑前・筑後・豊前・豊後・肥前・肥後等の北西部と、いわゆる奥三国と呼ばれた日向・大隅・薩摩では発生の条件、武士団の存在形態にも違った性格が認められる(1)。その詳細については不明の点が多く、その類型を出すまでに至っていないが、彼らが如何なる系譜を引くにせよ、周囲の荒蕪地を開発して所領の拡大に努め、在地領主化した開発領主によって占められていたことは疑いない。そしてこれら開発領主は郡司職や郷司職に補任されたり、中央の権門勢家に開発私領を寄進して、自らはその荘官職に補任されることによって在地における領主権を安堵されていた。したがってこれら在地領主層と荘園の本所領家とは、年貢公事等の負担をめぐって対立し、特に彼らが在地領主制の貫徹を意図すれば、本所領家の利害と対立し、次第に荘園制という体制内では、在地領主制を展開する上に限界が存在することを認識しはじめていたに相違ない。この在地における荘園領主と武士化した在地領主層との対立において、武士化した在地領主層が、武士の棟梁である平氏政権に期待したものは、この在地における領主制を展開するに当って、在地領主層の先頭に立って荘園領主側の古代的支配の道理を打破してくれることであった。ところが政権を獲得した平氏は、自ら荘園領主化し、荘園領主の古代的支配の道理を踏襲した。そこに平氏政権が在地領主層の期待を裏切り、その社会的基盤が崩壊していった原因があると思われる。

　鎮西は平安時代末期、平正盛・忠盛父子が西海海賊の平定に武名を挙げ、以来鎮西における海外貿易に着目し、これを掌握することによって、鎮西の地に平氏の勢力を伸張したが、平清盛が保元の乱の勲功によって、保元三年大宰大弐となり、さらに平頼盛も仁安元年大宰大弐に補任されたことによって、鎮西は平氏の有力な地盤となった。[2] 平氏政権の経済的基盤は、実に清盛の大宰大弐の権限を利用した、対外貿易の独占による富の蓄積にあったとさえいわれている。[3]

　そして平氏が壇ノ浦において潰滅するまで、原田種直・山峨秀遠、及び松浦党をはじめとする鎮西における在地土豪たちの大勢は、平氏側の主力として戦闘に従事している。[4] すなわち『吾妻鏡』元暦元年三月一日条「武衛被遣御下文於鎮西九国住人等之中、可追討平家之趣也、凡雖召聚諸国軍兵、彼国々依令与同平氏未奉帰住之故也」、同二年二月一日条「参州(源範頼)渡豊後国、北条小四郎(時政)、下河辺庄司、渋谷庄司、品河三郎等令先登、而今日、於葦屋浦、大宰少弐種直、子息賀摩兵衛尉等、引随兵相逢之挑戦、行平・重国等廻懸射之、彼輩雖攻戦、為重国被射畢、行平誅美気三郎敦種云々」、同年三月二日条「去正月参州自周防国被渡豊後国之時、最前渡海、討種直之由申之」、さらに壇ノ浦合戦を伝える同年三月二十四日条「於長門国赤間関壇浦海上、源平相逢、各隔三町、艚向舟船、平家五百余艘分三手、以山峨兵藤次秀遠幷松浦党為大将軍、挑戦于源氏之将帥、及午剋、平氏終敗績」、とあることによってわかる。さらに同二年七月十二日条「菊池、原田以下同意平氏之輩掠領事、令彼朝臣尋究之由、二品令覆奏給之間、範頼事、神社仏寺以下領不成妨者、雖不上洛、有何事哉、企上洛可有後悔者、可相計之趣、重被下　院宣之間、平家没官領、種直・種遠・秀遠等所領、原田・板井・山鹿以下所処事、被定補地頭之程者、差置沙汰人、心静可被帰洛之由、今日所被仰遣参州之許也」とあり、治承年間に平氏に対する謀叛を企てた菊池氏も平氏与同人として所領を没収されていることがわかる。また『吾妻鏡』文治二年閏七月二日条に「平家背朝威企謀叛、鎮西之輩大略雖相従彼逆徒」とある。原田種直については『改正原田記』巻二に平家に与同した罪により鎌倉に召され、十三年間の拘禁を受けた後、建久八年赦免されて鎮西に下向し、旧領を安堵されたとあるが確証はない。このように鎮西が最後まで平氏の有力な地盤であったことが、源頼朝をして源平争乱後の戦後処理の問題を他の地方と異なった配慮によって行なわざるを余儀なくせしめた原因である。平氏滅亡の段階において、頼朝ははっきりと全国的統一政権の確立を意図していたから、原田・山鹿・菊池・板井氏等平氏に加担した有力鎮西武士に対して峻厳な処罰を行なう一方、名主層の弱小武士に対しては、平氏に味方したことを追求せず、むしろ寛大に厚免することによって、彼らを大量に鎌倉御家人化することを意図した。『吾妻鏡』から源頼朝の鎮西在地土豪に対する御家人化工作に関する史料を抽出すれば、早くも寿永三年に特に鎮西九国住人に平家追討の下文を下したことを伝えている。

下　鎮西九国住人等

可早為鎌倉殿御家人且如本安堵、且各引率追討平家賊徒事

右、彼国之輩皆悉引率、可追討朝敵之由、奉　院宣所仰下也、抑平家謀叛之間、去年追討使、東海道者遠江守義定朝臣、北陸道者左馬頭義仲朝臣、為鎌倉殿御代官、両人上洛之処也、兼又義仲朝臣為平家和議、謀反之条、不

慮之次第也、仍　院宣之上、加私勘当、令追討彼義仲畢、然而平家令経廻四国之辺、動出浮近国之津泊、奪取人民之物、狼唳不絶者也、於今者、云陸地、云海上、遣官兵、不日可令追討也者、鎮西九国住人等、且如本安堵、且皆引率彼国官兵等、宜承知不日全勲功賞矣、以下、

寿永三年三月一日

前右兵衛佐源朝臣

下　鎮西九国住人等

可早為鎌倉殿御家人、且安堵本所、且随参河守下知、同心合力追討朝敵平家事

右、仰彼国々之輩、可追討朝敵之由、院宣先畢、仍鎌倉殿御代官両人上洛之処、参河守向九国、以九郎判官所被遣四国也、爰平家縦雖在四国、雖着九国、各且守　院宣旨、且随参河守下知、令同心合力、可追討件賊徒也者、九国官兵宜承知、不日全勲功之賞矣、以下、

元暦元年正月　日

前右兵衛佐源朝臣

また元暦二年正月六日付の頼朝より範頼宛の書状の中にも、

筑紫の事、なとか従はさらんとこそ、おもふ事にて候へ、物騒しからすして、能々閑に沙汰し給へし、かまへてかまへて国の者共ににくまれすしておはすへし、(中略)構々て、筑紫の者ともににくまれぬやうに、ふるまはせ給へし、坂東の勢をはむねとして、筑紫の者共をもて、八嶋をは責させて不忩やうに、閑に沙汰候へし

猶々も筑紫の事、よくよくしたためて、物さはかしからす、ことなきやうに沙汰せられ候へし

とある。この『吾妻鏡』の引用文書自体については、安田元久氏も指摘されている如く(5)、この時点に「鎌倉御家人」と敬語を用いていること等に疑問が残り、このような内容の下文等が存在したとしても、『吾妻鏡』の編纂過程で加筆等がなされた可能性が強い。しかし平氏の有力な地盤であった鎮西武士に対する懐柔攪乱、鎌倉御家人化工作が、平氏討伐と併行して続けられたこと、鎮西武士を平和的に源氏の味方とすることに頼朝が特別の関心を示していたことは否定できないであろう。

平氏滅亡後、鎮西は範頼に管領させたが、範頼は九州の管領については関東の指示に従って行動し、義経が四国管領に当ってやや独断専行の動きがあり、さらに鎮西のことも奪沙汰し、雅意に任せて私に勘発するとの非難があったのとは異なった施策を行なっている。かかる範頼の行動は頼朝の意にかなう所であった。元暦二年五月八日に鎮西のことを沙汰しているが、その中で和田義盛に命じて西国御家人の交名を注進させている。そして同七月二十二日条によれば、日向国住人富山二郎大夫義良以下の鎮西輩で御家人となる者は、他人の煩を禁ぜしむる旨の下文を下して、その保護に努め、鎌倉御家人化工作の促進に努めている。これに対し鎮西在地土豪側も、鎌倉幕府が武家政権として、彼らの在地における古代荘園領主との現実の対立の場において在地土豪層を支持し、古代荘園領主側の従来の支配の論理を否定し在地領主制の進展を強力に推進してくれることを期待し、自らも積極的に鎌倉御家人化する動きを示した。『吾妻鏡』文治二年十二月十日条「肥前国鏡社宮司職事、以草野次郎大夫永平被定補、是且任相伝、且被優奉公労云々」、同文治三年二月二十日条「鎮西宇佐宮神官幷御家人等多以浴二品御恩、或新給、或本領云々、仍其所々可令施行彼輩之旨、所被仰遣遠景(天野)之許也」、同文治三年八月三日条「筑前国筥崎宮々司親重被行賞、当国那珂西郷、

糟屋西郷等拝領之云々、平氏在世之時、依抽彼祈禱、日来聊雖有御気色、所詮、於神官等事、任御下文之旨、一向可被優恕之由、被思召定云々」、同文治三年十一月五日条「鎮西守護人天野藤内遠景申云、浴恩沢当所住人等事、任御下文之旨、去八月十八日加施行畢云々」等の一連の『吾妻鏡』の記事は、頼朝が鎮西在地土豪を寛大に厚免することによって、鎌倉御家人化を意図したことを示している。鎮西在地土豪にとって、鎌倉幕府はまさに古代荘園領主の支配から彼らを解放してくれるものと映じたであろう。このような鎌倉幕府の鎮西在地土豪の御家人化政策と在地土豪層の鎌倉幕府に対する期待とが相重なり、鎮西在地土豪の鎌倉御家人化は急速に進行した。勿論、鎮西在地土豪の中には肥前国神崎庄住人海六大夫重実の如く、「重実者、為平家方人、益企謀反、已重科也、就中、不入鎌倉殿見参之条、是則心中猶平家逆徒事故歟、結構之旨甚以奇恠也、然者永停止重実之妨」(6)とあり、鎌倉御家人となることを拒否したため、心中なお平家逆徒を思う者として追求されている者もいる。

また筑前国大宰府安楽寺別当安能も平家のため祈禱したとの風聞があったとして糺明されており(7)、この風聞を聞いた頼朝は安能を改替し全珍を補任しようとしたが(8)、安能はひそかに京都に陳状を送り留任運動を行なったらしく、九条兼実は安能の陳状を鎌倉に送り安能の改替を思い止まらせようと画策している(9)。このように鎌倉幕府の御家人化工作に対する抵抗も存在したが、大勢として鎌倉幕府の御家人化工作は順調に進行している。

鎌倉幕府は鎮西在地土豪を御家人化する反対給付として、それまで進止してきた根本所領の地頭に補任することによって安堵している。鎮西在地土豪に対する鎌倉幕府の地頭職補任の初見としては、次に示す筑後「上妻文書」を挙げることが出来る(10)。

(前欠)

家宗為地頭職、令知行之由、所申也、令知行□□□□□□□(彼職、於有限官物雑)事者、任先例無懈怠、可弁進本所之状如件、以下、

文治二年五月六日

この関東下文を大宰府庁下文によって施行安堵する形式をとっている。

□(下カ)　藤原家宗

□□(早可カ)任鎌倉殿御下文旨、令知行所領等事、

今弘　光友　地久志部　豊稲　多久万田　北田　境田　岩崎□　瀬高下庄内高尾郷　久万天年　国分　□々木

副下　彼御下□(文)

□□□□(五)月六日御下文同六月□□日到来偁、右、件拾弐箇所者、家宗為地頭職令知行之由所申也、令知行彼職、於有限官物雑事者、任先例無懈怠可弁進本所之状如件、以下者、任御下文旨、可令知行之状、如件、

文治二年六月廿七日　大典大原

大監惟宗朝臣在判

藤原(天野遠景)在判

この大宰府庁下文に鎮西奉行天野遠景が府官と共に署名していることは、鎌倉幕府が鎮西在地土豪の地頭職補任に、旧律令機構の鎮西支配機関であった大宰府の権威を利用したものと考えられている(11)。

このほか鎮西在地土豪が文治年間に地頭職を安堵された例としては、藤原宗家を肥前国深溝北郷内甘南備峯地頭職に補任した「高城寺文書」文治二年八月四日 源頼朝下文案、藤原季家を肥前国 小津東郷内竜造寺村地頭に 補任した

「諫早家系事蹟集」文治二年八月九日源頼朝下文案、大秦元光に薩摩国牛屎院を安堵した「島津家文書」文治三年五月三日源頼朝下文、薩摩国鹿児島藤内康友の鹿児島郡司職を安堵した『薩藩旧記』前編（二）所収「国分文書」文治五年十一月二十四日平盛時奉書などがあり、「末久文書」建保五年正月二十二日豊前国守護所下文によれば、豊前国住人田部太子は、豊前国吉富貞富多布原村・山国吉富等地頭職は文治二年正月二十日鎌倉殿下文によって安堵された所であると称しており、また「青方文書」安貞二年三月十三日関東裁許状案によれば、松浦十郎連は肥前国宇野御厨内小値賀島地頭職を安堵する旨の文治四年三月八日鎌倉殿御下文を帯していると主張していることから、文治年間に鎮西在地土豪に対し、地頭職を安堵することによって、御家人化して行ったことがわかる。しかし鎮西在地土豪の地頭職安堵は『吾妻鏡』建久五年二月二十五日条に「鎮西御家人等浴恩沢云々」とあるごとく、建久年間に大量に行なわれた。したがって鎌倉幕府の鎮西支配体制が安定確立した時期は建久年間であったと言えよう。建久三年将軍家政所が設置されてからは、文治年間の源頼朝の下文による地頭職安堵状を召し返し、政所下文をもって安堵する方式に変えたとされているが(12)、鎮西においても建久年間に入って、将軍家政所下文によって文治年間の地頭職補任が再確認されている例がある(13)。

本来鎌倉御家人たる者は、鎌倉将軍の見参に入り、名簿を奉り、所領安堵の下文を給わることを原則とするが、鎮西在地土豪で御家人となった者のうち、このような関東下文を給わって地頭職に補任されたものは、鎮西御家人となった者のごく一部であったらしい。

すなわち『新編追加』天福二年五月一日条によれば、

一、西国御家人所領事

右、西国御家人者、自右大将家御時、守護人等注交名、雖令催勤大番以下課役、給関東御下文、令領知所職之輩者不幾、依為重代之所帯、随便宜、或給本家領家之下知、或以寺社惣官之下文、令相伝歟、而今就式目、多違乱出来云々、

とあり、西国では守護が交名を注し、大番以下の御家人役を勤仕することによって鎌倉御家人となる者も多かったことがわかる。かかる便法は鎮西在地土豪で鎌倉御家人となった者にも適用されており、島津忠久は薩摩国御家人三十四名、大隅国御家人三十三名の交名を注進し、内裏大番役を勤仕せしめている。辺境地にして在地の状勢を適確に把握出来ず、しかも鎮西在地土豪の御家人化を急務とする鎌倉幕府の窮余の策であったと思われる。

また「本家領家之下知」および「寺院惣官之下文」をもって所領を安堵せしめたことは、所領所職の安堵をめぐり、関東下文と領家下文が対立する場合も発生しており、種々紛争の原因となっている。(14) また守護人の交名をもって鎌倉御家人としたことは、元来鎮西在地土豪が惣領の庶子支配力の弱さから、庶子独立が進展していたことと相俟って、名主級武士がそれぞれ独立した御家人として鎌倉幕府に直接把握されることになった。かかる現象は鎮西北西部において特に顕著に認められる。したがって鎮西御家人は東国御家人に比較して狭小な所領に支えられた弱小御家人であるが、反面狭い地域に多数の弱小御家人が濫立し、互いに牽制し合って他の強大化を妨げており、終に鎮西御家人中より、鎮西に下向して来た東国御家人に対抗し得る有力御家人が発生しなかった原因となっている。鎌倉幕府は鎮西在地土豪を御家人とする一方、東国御家人を鎮西各国守護に補任し、また鎮西の地に地頭職を給与し、これを惣地頭と称した。(15) 惣地頭は鎮西にのみ存在するわけではなく、他地方にもその存在が認められるが、鎮西には特に惣地頭の存在が多く認められる。鎮西御家人で惣地頭に補任された例は、鎌倉時代を通じて全く認められない。このこと

は惣地頭が単に東国御家人に対する所領給与の一形態としてのみ存在したのではなく、鎌倉幕府の鎮西統制策の一環として設置されたものであることを示すものである。

鎌倉幕府成立後名主的弱小領主層がたやすく鎌倉御家人に転化したのに対し、律令機構における在庁・郡司等の系譜を引く領主層は、なお古代領主的面を捨て切れなかったとされている。鎮西北西部ではこれら在庁・郡司等の系譜を引く領主層は、鎌倉御家人に転化することなく没落し、奥三国では鎌倉御家人に転化はしたが、鎌倉御家人体制下で冷遇され、この在庁・郡司等の系譜を引く御家人層の鎌倉幕府に対する不満が、鎌倉末における倒幕勢力に転化したことが指摘されている(16)。

このように平氏の地盤であった鎮西には、鎌倉幕府の御家人化政策の推進によって急速に鎌倉幕府の支配権が確立されて行った。このように鎌倉幕府の支配権が確立されるに至った裏には、鎌倉幕府の御家人化政策を在地における古代荘園領主の支配を排除するために利用しようとする鎮西在地土豪層の思惑が存在しており、両者の利害が一致したことによると思われる。しかし鎮西在地勢力が、古代荘園領主の支配を排除して、在地領主制の確立を意図するのであれば、源平動乱期に古代支配階級の支配者側の論理をはね返して、被支配者の論理を貫徹すべきであった。しかし客観的には、源平争乱期に被支配者の論理を貫徹するだけのエネルギーの蓄積はなかった。そこで鎮西在地土豪層は、成立した鎌倉幕府の御家人となることによって、その庇護の下で古代勢力と対決し、在地領主制の確立を意図した。鎮西在地勢力が鎌倉御家人化した時、鎮西在地勢力の在地領主化には、鎌倉幕府の政権維持の枠内での在地領主化しか許容されなくなったのは当然である。鎌倉幕府の政権維持のため、鎮西在地御家人の意図とは関係なく政策は決定され、古代勢力との妥協のため在地御家人の非法狼藉の停止が行なわれ、この政策を遂行するために、着々と統治機関の整備が進行し、分断して支配する支配者の常套手段によって、時代が下るに従って鎮西御家人の在地勢力としての要求も、鎌倉幕府の武家政権維持を前提とする支配者の道理の中に埋没されて行った。このように見てくると、鎮西在地土豪の御家人化は、在地における古代荘園領主勢力を排除するためにやむを得ないものであったが、その後の在地領主制の発展の立場からすれば、必ずしもプラス面のみではなかったと評価される。しかしこれはあくまでも結果論であり、鎌倉幕府草創期の時点において、鎮西在地土豪にそのような歴史的見通しを要求するのは酷な要求であったといえる。

注

（1） 従来、東国武士団と西国武士団を比較する場合、一般的に東国武士団が領主的御家人であったのに反し、西国御家人が名主的御家人であり、したがって支配する所領は東国御家人が広大であり、西国御家人の所領は狭小であり、弱小御家人であったことが指摘されている。このことは一般論としては支持されるが、鎮西御家人となった者が必ずしも名主的御家人によってのみ構成されていないことが明らかとなり、特にこの傾向は奥三国といわれる日向・大隅・薩摩の南部九州に顕著に認められる。水上一久氏は「南北朝内乱に関する歴史的考察―特に薩摩・大隅地方について―」（『金沢大学法文学部論集』哲史編第三巻所収）において、この地方の御家人が大別して郡司領主的御家人と呼ばれる多分に古代的色彩の濃厚な、広大な所領を半奴隷的な隷属農民を駆使して直営地を耕作させる東国御家人と種々類似した性格を有する御家人と、名主的御家人と呼ばれる郡司的領主に介在する比較的小地域の私領主が御家人化したものとの二つに分けられ、両者が共存したことを指摘しておられる。水上氏はかかる現象を当地方における古代勢力の残存として説明されている。これに対し鎮西北西部武士団においては、奥三州において見られた如き郡司的御家人の存在がほとんど確認されず、名主的御家人によって大部分が占められており、したがってその支配する所領も東国御家人或いは薩摩における郡司的御家人に比較してきわめて狭小であるとされている。鎮西北西部武士団がかかる名主的御家人によって占められている点について、安田元久氏は当地方の領主的御家人層が平氏の没落と共に運命を共にして没落したためと推定されているが、これら弱小御家人層には、田堵名主が成長した者の系譜を引く者と、古代的領主の庶子が独立した家々も含まれていたことがわかる。したがって鎮西北西部武士団が弱小御家人によって占められている理由としては、平安時代末期に惣領の支配を脱して独立した庶子家が多数鎌倉御家人化したことにも求められる。

(2)　鎮西と平氏との関係については、飯田久雄「平氏と九州」(『荘園制と武家社会』所収)参照。

(3)　肥前国神崎庄は白河院領より鳥羽院領に相伝されているが、『長秋記』長承二年八月十三日の条によれば、従来より宋船の神崎庄に来着するものが多かったことが知られる。このころより瀬戸内海、鎮西に勢力を伸長して、宋貿易の独占を意図した平忠盛は、神崎庄に来着する宋船にも着目し、自ら下文を発給して院宣と号し、神崎庄は院領たるにより、大宰府の府官は宋船の来着について関与すべからざる旨を下知している。これに対し、大宰府は院に平忠盛の不法を訴えているが、『長秋記』の筆者源師時も、「抑宋人来着時、府官存問早経上奏、安堵廻却所従宣旨也、而可為庄領之由被仰下条、言語同《(道)》断也、日本弊亡不足論、外朝恥辱更無顧、是非他、近臣如猨犬所為也」と批判している如く、既に神崎庄に限らず、庄官が着岸した貿易船を管理し、大宰府府官の関与を排除し、さらに関与しようとすれば、既得権の侵害とするのが当時の一般的風潮となっていたことが知られる。しかも平忠盛が鳥羽院司の地位を利用して、宋との貿易を自己の手中に収めんと策動していることが明らかとなり、後世平氏の鎮西における対外貿易を独占することによって地盤を確立する先駆的行動を示している。

(4)　東国において源頼朝を中心に、反平氏勢力が結集され、内乱の様相を呈しはじめた同時期に、鎮西は平氏の地盤として平穏で、内乱に発展する素因及び条件が全く存在しなかったわけではない。早くは肥前国日向通良が平清盛の大宰大弐在任中の平治元年に叛乱を起し鎮定されており、また薩摩国では、石母田正氏によって指摘された阿多忠景の乱があり(石母田正著『古代末期政治史序説』下、四八八～五二一ページ参照)、さらに治承年間に入ると、『玉葉』治承四年九月十九日条「伝聞、筑紫又有叛逆之者、禅門私遣追討使了云々」、同五年二月十五日条「伝聞、鎮西謀叛之輩、逐日興盛、焼払大宰府云々」、同二月十七日条「又聞、鎮西謀叛之者、張本徒党十六人同意云々」とあり、つぎつぎと鎮西において平氏に対する謀叛が起きていることがわかる。この鎮西謀叛の張本人が肥後国住人菊池隆直、豊後国住人緒方惟能等であったことは、『吾妻鏡』治承五年二月二十九日条「於鎮西有兵革、是肥後国住人菊池九郎隆直、豊後国住人緒方三郎惟能等反平家之故也、同意隆直之輩、木原次郎盛実法師、南郷大宮司惟安、相具惟能者、大野六郎家基、高田次郎隆澄等也、此外、長野太郎、山崎六郎、同次郎、野中次郎、合志太郎、弁太郎資奉已下、率六百余騎精兵、固関止海陸往還、仍平家方人原田大夫種直相催九州軍士二千騎、遂合戦、隆直等郎従多以被疵云々」とあることによって判明し、この菊池氏・緒方氏を中心とする反平氏勢力の挙兵も、大宰権少弐原田種直によって、鎮圧されたことが知られる（波多野晥三「源平内乱と緒方氏の挙兵」『史淵』二八、水崎雄文「治承年間における鎮西の叛乱―菊池・緒方氏の場合について―」『九州史学』二四）参照。

（5） 安田元久「御家人制成立に関する一試論」（『学習院大学文学部研究年報』一六所収）参照。

（6） 「諫早家系事蹟集」文治二年八月九日関東下文案、「竜造寺文書」文治二年九月二十七日大宰府庁下文案。

（7） 『吾妻鏡』文治二年四月三日条。

（8） 『吾妻鏡』文治二年六月十五日条。

（9） 『玉葉』文治二年五月二十一日条。九条兼実が安能の陳状を頼朝の許に送ろうとしたのに対し、後白河法皇も「可然」と賛同したとある。その後文治二年六月二十六日に安能が没したため、頼朝の推挙する全珍が安楽寺別当に補任されている。

（10） 「諫早家系事蹟集」（一）文治元年十二月六日 源頼朝下文案は竜造寺季家が竜造寺村地頭職に補任されたことを示しているが、文治年間には藤原季家と号し、なお竜造寺姓を称していないこと、御家人と称しているなど後世の偽作と思われるので除外する。

（11） 大宰府庁下文に天野遠景が府官と共に連署して鎌倉幕府下文を施行したものに「竜造寺文書」文治二年九月二十七日、「曾根崎文書」文治三年六月十七日、「多久文書」文治四年三月十三日などがある。これら一連の文書を『鎌倉遺文』では、大宰府守護所下文とされているが、筆者はこの見解には否定的である。本書第二章第四節（一）「大宰府守護所考」参照。

（12） 『吾妻鏡』建久三年八月五日条によれば、千葉常胤は先に源頼朝の御判のある下文を給わっていたが、政所が設置されてから後は、先の下文を召し返し、政所下文を給せられることになったことについて、常胤は政所下文は家司等の署名だけであるので後鑒に備え難いので、常胤分は別に御判を副え置かれ、子孫末代の亀鏡にしたいと希望したといわれる。これによっても初期における御家人達が、頼朝個人との私的関係によって家人としての関係を結んでいたことがわかる。

（13） 「山代文書」建久三年六月二日、「宇佐宮記」建久三年十一月十一日、「曾根崎文書」建久四年四月三日、「上妻文書」建久四年六月十九日、「入来本田家文書」建久四年九月四日、「竜造寺文書」建久五年二月二十五日、「多久文書」建久五年二月二十五日、「青方文書」建久七年七月十二日。

(14)「青方文書」安貞二年三月十三日関東裁許状案、本書第四章第四節「肥前国御家人白魚九郎入道行覚について」四二四ページ参照。

(15)安田元久「中世初期における所領給与の一形態」(『史学雑誌』五九の二所収)参照。

(16)水上一久「南北朝内乱に関する歴史的考察—特に薩摩・大隅地方について—」参照。

第二節　鎮西奉行天野遠景の派遣

鎌倉幕府の成立は、在地において古代的勢力と対立関係にある在地土豪勢力を勇気付け、鎌倉御家人となることによって、在地土豪勢力による古代的勢力の既得特権に対する侵犯は激化した。鎮西在地土豪の場合も例外ではなかった。しかしながら源頼朝は、守護・地頭の設置を頂点とする一連の政策により古代勢力に対する打撃を加えつつも、成立後なお日浅い鎌倉武家政権の基盤の弱さから、古代的勢力の反撃を恐れ、鎌倉御家人の古代勢力の既得特権に対する非法狼藉は固く停止した。(1)

しかるに平氏滅亡後、鎮西は弟範頼に管領させたが、鎮西においても武士の自由狼藉甚しき旨の訴訟相つぎ、終に後白河上皇院庁の要求によって、範頼を鎮西より召し上げ、かわって頼朝の特使として中原久経・藤原国平の二名に院庁下文を持参させ、鎮西の武士の非法狼藉を停止せしめんとした。(2)範頼の解任によって、院を中心とする古代政権への妥協を示し、鎮西九国は古代律令機構官庁である大宰府の権帥藤原経房の進止に委ねられんことを院側に奏請しつつも、(3)頼朝と弟義経の間が不和となり、義経が院より下文を賜わり、鎮西九国の地頭に補任され、鎮西に下向しようとするに及び、頼朝はおそくとも文治二年二月までに、頼朝挙兵以来の側近であり、かつて範頼に従って鎮西攻撃にも参加した経験のある伊豆国御家人天野遠景を鎮西に派遣し、(4)武断的鎮西統制策を強化した。天野遠景に課せられた任務は、具体的には義経の鎮西下向に備え、その探索、鎮西御家人の非法狼藉の停止等であったが、究極目的としては鎮西における鎌倉幕府勢力の確立にあった。この天野遠景の鎮西派遣に対し、鎮西奉行人、(5)或いは鎮西守護人(6)等の呼称が与えられた。天野遠景は自己の任務を遂行するに当り、鎮西御家人の荘園領主に対する濫行を停止しているが、この政策が鎌倉幕府の政策を施行したものに過ぎなかったにしても、在地土豪層にとって荘園領主の既成特権への非法狼藉が、彼らの在地領主制の確立という現実の要求から出た行動である以上、在地御家人層の鎮西奉行人天野遠景に対する不満として蓄積されて行ったであろうことは考えられる。しかし鎌倉幕府の出先機関である鎮西奉行人天野遠景に対する在地御家人層の具体的抵抗といったものを示す直接的史料は存在しない。

鎌倉幕府草創期において、なお在地御家人層の武家政権に対する期待も失われていなかったであろうし、古代的荘園領主との対決に忙殺されている在地御家人層にとって、鎌倉幕府の出先機関に抵抗するだけの力の蓄積がなかったためと思われる。ただ天野遠景が頼朝の命により、宇都宮信房と共に、文治三年末義経探索の目的もあって貴海島の追討をしようとした際、(7)『吾妻鏡』文治四年二月二十一日条に「天野藤内遠景去月状昨日自鎮西参着、去年窮冬、令郎従等渡貴賀井嶋窺形勢訖、令追捕之条、定不可有子細、但雖相催鎮西御家人等、不一揆之間、頗以無勢、重可被下御教書云々」とあり、天野遠景の貴海島追討に鎮西御家人が非協力であったことを伝えており、さらに宇都宮信房は

「佐田文書」建久三年二月二十八日源頼朝下文案により、豊前国伊方庄地頭職を給付されている。ところがこの地頭職は前地頭貞種が貴海島の平氏追討に従わず、また奥入合戦にも参加しなかった過怠によって没収されたものであることが知られるが、これが天野遠景に対する鎮西御家人の消極的ながらも抵抗を示したことをうかがわせる数少ない史料である。

このように鎮西御家人層が、鎌倉幕府の天野遠景の鎮西派遣に対し、これを古代荘園領主の支配より彼らを解放してくれる勢力として迎える姿勢を示したことが、遠景に対する積極的抵抗の姿勢を示さなかった原因と考えられる。

これに対し、古代荘園領主側は、天野遠景の鎮西派遣が、自己の支配体制に如何なる影響を及ぼすものであるか、その歴史的重大さを敏感に感じたものらしく、天野遠景の鎮西統治に対して、種々の妨害や抵抗を試みていることが知られる。天野遠景は鎌倉幕府の出先として鎮西統治のため軍政的統治を行なったわけであるが、その際遠景は旧律令機構の鎮西統治機関であった大宰府の権限に介入することによって、鎌倉幕府が遠景に与えた鎮西統治を円滑に遂行しようとした。遠景は大宰府府官と共に連署して、鎌倉殿の下文を施行し、御家人に地頭職を安堵し、(8) 御家人間の相論を裁許しており、(9) その活躍はまさに鎮西奉行人・鎮西守護人等の呼称にふさわしいものであり、「宗像氏緒家蔵文書」嘉禄元年十二月二日関東御教書によれば、「(前略) 遠景朝臣宰府奉行之時、以新儀管内之荘園神社仏寺平均雖令支配 (下略)」とあり、この間遠景が大宰府の実権を事実上掌握していたことを示している。この遠景の大宰府機構への介入が、鎌倉幕府の指示によるものか、遠景の臨機の行動に発したものであるか不明であるが、この遠景の大宰府支配に対する古代院庁政権側、特に府官等の抵抗が当然予想されるが、そのことを示す具体的史料は見当らない。ただ『吾妻鏡』文治二年六月十七日条によれば、遠景は筑後国瀬高庄の所務を煩わし、乃貢を抑留したとして、内大臣藤原実定家より訴えられており、「島津家文書」五月十四日平盛時奉書(10)によれば、近衛家が島津庄の荘官の訴えとして、大宰府が先例に背いて、唐船の着岸物を押取ったことを幕府に告げたらしく、幕府は遠景に対して、早に新儀を停止して、元の如く庄家に付すべきことを命じていること、同じく文治三年九月九日源頼朝下文によれば、惣追補使遠景の下知と号して、使者を島津庄に入部させることを禁じ、島津庄目代島津忠久を押領使として、以後沙汰すべきことを命じていること、さらに前掲「宗像氏緒家蔵文書」によれば、先述の如く遠景が宰府を奉行し、管内荘園神社仏寺を支配した際も、宗像社は宇佐宮用途米は、本家八条院の沙汰によって奏聞して免除された旨を述べている等、鎮西における内大臣家・近衛家・八条院等有力荘園本所領家は、遠景が大宰府の実権を掌握した後も、その支配新儀介入に対しては、激しく抵抗し、直接頼朝に訴えて遠景の新儀非法を停止させており、遠景の武断的鎮西支配も、これら古代勢力側の抵抗、妨害に遭遇して、きわめて困難な状態に置かれたものと考えられ、その後遠景が建久年間に鎮西奉行を解任された原因として、遠景の鎮西における新儀の政策に対して、社寺荘園領主等の訴訟が相つぎ、ついに幕府も解任を余儀なくされたとの伝説があることは、この間の事情を物語るものと考えられる。(11)

注

(1)『吾妻鏡』元暦二年四月二十六日条「近年兵革之間、武勇之輩耀私威、於諸庄園致濫行歟、依之、去年春之比、宜従停止之由、被下綸旨訖、而関東以実平・景時、被差定近国惣追補使之処、於彼両人者、雖存廉直、所補置之眼代等、各有猥所行之由、漸懐人之訴、就之早可令停止之旨、所被成御下文也、俊兼奉行之云々、

下　畿内近国実平押領所々

可令早任　院宣状停止実平濫妨知業事、右、畿内近国庄公、無指由緒空以押領、各代官輩偏居住郡内、不随于本所下知、忽緒国宣庁催、或掠取年貢、或犯用官物、所行之至尤以不当事也、於今者早随被下　院宣、不論是非、令退出堺内之後、帯理者追可

言上子細之状如件、以下、
　元暦二年四月廿六日　（以下略）」。

（2）『吾妻鏡』元暦二年七月十二日条、同八月十三日条参照。

（3）『吾妻鏡』文治二年六月二十一日条参照。

（4）天野遠景の鎮西奉行補任の時期については、かつて佐藤進一氏は文治元年末とされ（『鎌倉幕府訴訟制度の研究』二五九ページ参照）、さらに石井進氏は文治元年十一月いわゆる守護設置の直後でなければならぬとされた（「大宰府機構の変質と鎮西奉行の成立」『日本中世国家史の研究』所収）。これらの見解を肯定しつつ、遠景の鎮西に関係したことを示す初見が『吾妻鏡』文治二年二月二十二日条の肥前国神崎庄の武士の濫行停止を命じた記事であることにより、遠景の鎮西下向の時期はおそくとも文治二年二月と表現しておく。

（5）『吾妻鏡』文治二年十二月十日条「今日、藤原遠景為鎮西九国奉行人、又給所々地頭職等云々」、同建久二年正月十五日条「鎮西奉行人内舎人藤原朝臣遠景号天野藤内左兵衛尉」。

（6）『吾妻鏡』文治三年十一月五日条「鎮西守護人天野藤内遠景申云、浴恩沢当所住人等事、任御下文之旨、去八月十八日加施行畢云々」。

（7）『吾妻鏡』文治三年九月二十二日条、同文治四年五月十七日条、「熊谷家文書」建久四年五月三日権大納言光雅奉書案、同建久五年八月十日大江広元奉書参照。

（8）「上妻文書」文治二年六月二十七日大宰府庁下文案、「竜造寺文書」文治二年九月二十七日大宰府庁下文案、「曾根崎文書」文治三年六月十七日大宰府庁下文案、「多久文書」文治四年三月十三日大宰府庁下文案参照。

（9）「島津家文書」元徳元年十月五日鎮西探題裁許状は、薩摩国日置北郷弥勒寺庄下司宗太郎真忠と日置北郷一方地頭大隅左京進宗久法師代道慶との相論を裁許したものであるが、裁許状中に真忠所進の具書として、天野遠景が大宰府を支配していた時に下したと考えられる相論に対する裁許状を引用している。すなわち「爰如真忠所進文治五年七月十九日藤内民部遠景下文者、薩摩国日置下、当庄地頭大江家綱訴申、万陽房覚弁不帯一紙状、恣相語新田宮神人等、令追出庄内事、右家綱相伝譜代所知、横依望申、不決子細、成与下文於新田宮執印哉、先馬允宗信中宮政所等、又相具神人、被追出、難堪愁状者、九州地頭者、鎌倉殿御成敗也、何不帯彼御下知、相語神人可追出重代地頭哉、早令安堵、於有限本所年貢等者、任先例可令勤済云々」とある。また「宗像神社文書」建久二年八月一日の天野遠景宛の平盛時奉書によれば、「宗像前大宮司氏家訴申当神領内本木内殿等地頭職事、於府庁可問注両方之由、遣仰先了」とあり、鎌倉幕府が天野遠景に命じて府庁で問注を行なわせようとしたことがわかる。

(10) 無年号文書であるが、竹内理三編『鎌倉遺文』(一)では文治三年と建久二年に比定されている(同一四二・四五三ページ参照)。また同編『大宰府・太宰府天満宮史料』(七)では文治五年に比定されている(同一九五ページ参照)。

(11) 「益永文書」建久六年五月日征夷大将軍家政所下文案参照。この文書中に天野遠景解任の理由が述べられているが、これが偽文書であることは明確である。本書第二章第二節「中原親能と鎮西との関係」五二〜五五ページ参照。したがって本文書を史料として使用することは不可能であるが、遠景に対する古代勢力の激しい抵抗・妨害の事実を背景として、偽文書が作られたものと考えられる。天野遠景解任の時期については、石井進氏は建久四年より六年の間とされている(同氏前掲書九五・一一〇ページ参照)。鎮西奉行解任後の天野遠景は『吾妻鏡』によれば、建久六年三月十日、同十二日の源頼朝が東大寺供養のため南都に赴いた際の随兵にその名が見えるほか、正治元年十月二十八日の梶原景時の弾劾の連署状に署名している。さらに建仁三年九月二日比企能員の追伐を決意した北条時政が、天野民部入道蓮景(遠景)と新田忠常を呼び寄せて能員の討手となることを命じた時、遠景は「不能発軍兵、召寄御前、可被誅之、彼老翁有何事之哉」と能員をおびき寄せて暗殺することを進言している。この遠景の進言は北条時政の容るる所となり、遠景は自ら能員暗殺の下手人として西南脇戸内に潜んで、能員の参入を待ち構え、暗殺に成功している。それ以後天野遠景に関する記事は『吾妻鏡』に現れず、晩年は不遇であったことを示している。死期も間近かな承元元年六月二日の条に「天野民部入道蓮景俗名遠景奉歎状、先進相州、是恩沢所望也、始自治承四年八月山木合戦以降、計度々勲功、載十一箇条々述懐、大官令執申之」と恩賞を所望していることも晩年の不遇を物語るものであろう。そのほか『古今著聞集』によれば、遠景が鎮西奉行を解任されて上洛した際、かつて義経をかくまった罪で頼朝の勘気を蒙り、梶原景時の所に十年間も召人として預けられていた渡辺番なる者の妹を妻として関東に相具し、頼朝に取りなして、義兄番の罪を厚免して貰うことを計画し、かえって番より「弓箭とる身のかかるめにあひて召籠に預る恥にてあらず、さこそ無縁の身なれども、あながちにそのぬしこひねがふべき聟にあらず」と拒否され、面目を失った遠景は非常に憤り、頼朝に「番はきはめたるしれものにて候、いかにも猶あしき事しいださんずる者にて候、はなちたてらるまじき也」と讒訴したが、かえって頼朝は番の武勇を賞してその罪を赦したとある。

第二章　鎮西統治機関の研究

第一節　鎮西奉行考

「鎮西奉行」(1)或いは「鎮西守護」なる呼称が「奥州惣奉行」等と共に鎌倉幕府の地方出先機関として存在したことは、鎌倉時代に編纂された『吾妻鏡』にも見えることから疑いない。

しかしその性格・機能、設置の時期、天野遠景の後任に誰が就任したかの問題等、未解決の問題が多い。これまでの「鎮西奉行」の研究は、鎮西奉行の呼称を与えられている天野遠景・中原親能・武藤氏・大友氏などの鎮西に有した特殊権限の分析解明を通じてアプローチする帰納的研究方法が行なわれつつも、研究過程においてしばしば我々が犯す早急な概念規定の相違による混乱が「鎮西奉行」の研究においても生じていることは否定出来ない。すなわち鎌倉時代初期における「鎮西奉行」の本質を追求すると称しながら、「鎮西奉行」を鎌倉末期に設置された「鎮西探題」或いは室町時代における「九州探題」と同一の性格と考える潜在意識を払拭することが出来ず、「鎮西奉行」と呼称される以上、これを「鎮西惣奉行」の意味に解し、鎮西全般に及ぶ特殊権限を有していなければならないものと固定的に考えられている傾向がある。この前提に拘泥し過ぎた結果、鎌倉時代初期の鎮西奉行の理解を複雑にし、牽強付会して論を展開されたきらいがあるように思う。

そこで本稿ではこの固定観念を白紙に戻して考えてみたいと思う。

注

（1）『吾妻鏡』文治二年十二月十日条「今日藤原遠景為鎮西九国奉行人、又給所々地頭職云々」、同文治三年十一月五日条「鎮西奉行人天野藤内遠景申云、浴恩沢当所住人等事、任御下文之旨、去八月十八日加施行畢云々」、同建久二年正月十五日条「鎮西奉行人内舎人藤原朝臣遠景号天野藤内左衛門尉」。『歴代鎮西要略』文治二年十二月十日「以鎌倉民部丞藤原遠景、為鎮西奉行、賜荘園地頭職下向」。

鎮西奉行（人）、鎮西守護（人）などの呼称について、歴史辞書によっては、鎮西守護の項には鎮西奉行を見よとあり、同意語として取扱われている場合が多い。この場合の鎮西守護（人）とは、鎮西各国の守護の意味ではなく、鎮西全般の御家人を統括する役職としての意味に用いられている。鎮西奉行については、鎌倉幕府によって全鎮西の御家人を統括するために設けられた機関であって、最初天野遠景がこれに任じられたという点、蒙古襲来後設置された鎮西探題に吸収解消されたとする点では一致しているが、天野遠景解任後の経過については諸説が錯綜している。したがって鎮西奉行と鎮西探題は明解に区別されるべきであり、さらに鎮西探題と室町幕府によって設置された九州探題も歴史的用語として区別して用いるべきであると考える。

（一）鎮西奉行の問題点

まず「鎮西奉行」に対する概観的な定義付けは久米邦武「九州探題」（『史学雑誌』九の七、明治三十一年七月）、三浦周行「武家制度の発達」（明治三十七年〜三十八年、後に『続法制史の研究』所収）、相田二郎「異国警固番役の研究」（『歴史地理』五八の一・三・五、昭和六年七月〜十一月、後に『蒙古襲来の研究』所収）などによって行なわれているが、いずれも「鎮西奉行」を主題としたものではないので、きわめてすぐれた性格規定、見通しがなされているが、詳細な史料による裏付けはなされていない。

したがって「鎮西奉行」の本格的究明は、佐藤進一氏が『鎌倉幕府訴訟制度の研究』の中で、特に「鎮西奉行」の一項を設けて、相田説を批判されつつ、豊富な史料を駆使して詳細な研究を発表されたのが最初であったといっても過言ではない。その後戦前・戦後を通じて佐藤説に対する反論はなく、「鎮西奉行」に関する研究は佐藤説をもって定説化した感があったが、(1) 昭和三十年代に入って、石井進氏が「大宰府機構の変質と鎮西奉行の成立」(『史学雑誌』六八の一、昭和三十四年一月、後に『日本中世国家史の研究』所収)を発表されて佐藤説を批判され、さらに竹内理三氏が「鎮西奉行についての一、二の考察」(『魚澄先生古稀記念国史学論叢』所収、昭和三十四年七月)において石井説の細部について批判され、筆者も本稿の基礎となっている「鎮西奉行考」(『九州文化史研究所紀要』八・九合併号)で愚見を加えた。これに対し石井進氏が竹内・筆者の批判点に対し、主として少弐氏の大宰府最高責任者就任の時期に対する再批判を『日本中世国家史の研究』の補説二「幕府の九州諸国支配をめぐる若干のおぼえがき」の中でされたのがこれまでの研究動向と言えるであろう。

そこでまずこれら諸説の要点および問題点を紹介しておきたい。

久米邦武氏は「是ニ於テ文治二年十二月頼朝天野藤内左衛門尉遠景ヲ鎮西奉行トナサシメ下向セシム。是鎮西奉行ノ始メナリ。(中略)建久六年遠景関東ニ帰ル、翌年、武藤資頼大宰少弐ニ任シテ、大宰府ニ赴任シ、大友能直遠景ニ代リ鎮西奉行トナリ、倶ニ下ル、是ヨリ少弐ハ鎮西守護筑前豊前両肥二島ヲ管轄シ、大友ハ豊後筑後ヲ管轄シ、両家ニテ九州ノ政令ヲ掌ル。島津忠久薩日隅守護トナリ就国スルモ同時ナリト云、是ヨリ少弐大友世々其職ヲ襲キ、鎮西守護所ノ下文ハ、大宰府ノ旧規ニ遵ヒ、大少監々代連署ス、是鎮西守護鎮西奉行ノ名ハ幕府ノ近例ナレトモ、其実ハ大宰府ヲ再興セルナリ」と述べられている。これによると久米氏は遠景の後任には大友能直が鎮西奉行に就任したものと考え、武藤資頼は鎮西守護に任じられたものと考えられている。そして共に全鎮西に及ぶ権限を有しつつも、両者が併立したとの見解を示しておられる。久米氏の説は史料に出てくる鎮西守護・鎮西奉行をそのまま引用されており、特にその内容について深く考察された形跡もなく、武藤・大友氏の下向の時期をはじめ全般にきわめて粗雑な考証に終っていることは否定出来ない。

これに対し三浦周行氏の説は本章第二節「中原親能と鎮西との関係」において論述する如く、天野遠景の後任として中原親能の存在を指摘され、鎮西守護所が存在し、その大番役が鎮西御家人に課せられていることを主張されている。すなわち三浦氏においてはじめて中原親能の存在が確認されたことは注目される。

これに対し相田二郎氏は鎮西奉行について次の如く述べられている（『蒙古襲来の研究』三三一ページ）。「その最初の職に就いた人は天野遠景であった。奉行が置かれて、諸国に守護がなかったわけではなく、守護の上に奉行が置かれてあったのである。遠景は建久の初め頃までこの職にあったが、その後、この奉行の制度がどうなったか充分明らかでない。文永初度の蒙古襲来の頃には、在地の守護人であった少弐・大友両氏の人がこれに当っていたようである。この奉行の職務が如何なるものであったか、その内容は詳細に判らない」とある。相田氏の発言は鎮西奉行についてだけ論及されたものではなく「軍勢の催促と兵粮米の徴発」の一項として述べられたもので、きわめて簡単な説明であり、史料に即して詳細に論じられたものではないので、これだけで相田氏の鎮西奉行に対する見解を云々することは適当ではないかも知れないが、鎮西奉行は天野遠景一代で廃絶し、その後各国に設置された各国守護が天野遠景が有した権限を分轄したとの見通しを立てておられることがわかる。この相田氏の説は、天野遠景の在鎮西期間、各国守護設置時期の問題など納得出来ない点も含まれているが、鎮西奉行が天野遠景一代で廃絶したのではないかとの見通しの裏には、中原親能の鎮西奉行就任に関する一連の「大友文書」は偽文書として一顧だに与えられていないことがわかり、また『吾妻鏡』や文書の端書などに少弐氏・大友氏が鎮西守護或いは鎮西奉行などの呼称が行なわれたと思われる若干の例が存在するにもかかわらず、あえてこれを無視しておられるのは、これはあくまで恣意的、或いは第三者による単なる呼称と考えられ、幕府の正式の職とは認められていないこと、(2) 少弐・大友氏には文永年間以前には鎮西全般に及ぶ権限が認められないことなどを根拠としてこのような見解を表明されたものと思われる。

この鎮西奉行の性格をより明確にされたのは、『鎌倉幕府訴訟制度の研究』の第五章「鎮西探題」の第一節「鎮西奉行・守護」において詳論された佐藤進一氏であるが、これによって「鎮西奉行」の研究は画期的進歩を示すことになる。すなわち佐藤氏は①天野遠景の鎮西下向の時期を従来『吾妻鏡』の文治二年十二月十日の条に「今日藤原遠景為鎮西九国奉行人、又給所々地頭職云々」とあることにより、文治二年末とされていたのを、一年早めて文治元年末とされたこと、②天野遠景が律令制度の鎮西行政官衙「大宰府」の最高責任者であり、鎮西御家人統率機関「鎮西奉行」が事実上大宰府と一体であったこと、③天野遠景の後を襲って鎮西奉行に就任したのは武藤資頼であり、その時期は嘉禄三年十月十日より三十数年をさかのぼる建久末年であり、相田氏がわからないとされた天野遠景辞任後の鎮西奉行の権限を、武藤氏が有した鎮西全般に及ぶ特殊権限、具体的には鎮西における訴訟準備手続の権限の中に発見されようとされた。佐藤説においては、「鎮西奉行」とは全鎮西に及ぶ権限を有する者に与えられる呼称であるとする主張はますます顕著となっており、それが武藤氏の鎮西奉行就任の承認、大友氏の鎮西奉行就任の否認となって現われる。(3) したがって中原親能の鎮西奉行就任説は否認され、「大友文書」の一連文書については偽文書として無視される点で、相田氏と一致する。

これに対し石井氏の説は本章第二節「中原親能と鎮西との関係」で詳細に紹介するつもりなので重複して述べることを省略するが、要点は鎌倉幕府の政権確立過程における公武接触に視点を置き、天野遠景が旧律令機構としての大宰府が全鎮西に有した権限を簒奪して行く過程に注目され、この点に鎮西奉行成立の条件を認められ、天野遠景の後任としての中原親能および武藤氏・大友氏の複数鎮西奉行就任説を展開された。

佐藤氏によって否定された大友氏の鎮西奉行就任説を認められた根拠は、『吾妻鏡』『明月記』など当時の記録などに鎮西奉行・鎮西守護などの注記が見られること、蒙古合戦で少弐・大友氏が各国守護の権限を越えた権限を行使していること、大友氏を「東方奉行」と称していることなどを挙げられ、武藤氏の権限が大友氏の守護管国内にまで及んでいることを大友氏の鎮西奉行就任説否定の理由とされた佐藤氏の説に対し、この現象は少弐氏の在地性と大友氏の非在地性からくるものとし、奥州惣奉行＝葛西清重と陸奥国留守職＝伊沢家景との関係を援用しつつ大友氏の鎮西奉行就任を否定する根拠とならないと反論された。

また竹内理三氏は、天野遠景が鎮西に有した権限は、武士の濫行を停止する権限にのみ止まり、鎮西奉行が武家公家両制度上における支配者の地位を併有し得たのは、武藤資頼の少弐任官の時とされ、天野遠景は大宰府の侍所的「所」の別当たる地位を有したに過ぎず、鎮西奉行が最初から大宰府の最高責任者であったとする佐藤・石井説を批判された。また中原親能の鎮西奉行就任について肯定しておられる点では、三浦・石井説と一致し、久米・相田・佐藤説とは対立する。

このように各説は種々細部においてくい違っているが、「鎮西奉行」に関する問題点を要約すれば次の八点にまとめられる。

(1)「鎮西惣奉行」は天野遠景一代で廃絶し、各国守護に権限が分化したかどうか[4]。

(2) 中原親能の鎮西惣奉行就任説を認めるか否か[5]。

(3) 武藤氏の鎮西全般に及ぶ権限が「鎮西惣奉行」と呼称するものに値するか否か。

(4) 武藤氏の大宰府現地最高責任者就任の時期をいつと見るか。

(5) 大友氏の鎮西惣奉行就任説を認めるか否か[6]。

(6)「鎮西奉行」を「鎮西惣奉行」と考えるか、あるいは鎮西に何らかの御家人統率の権限を鎌倉幕府より与えられた者に対する呼称と考えるか。

(7)「大宰府守護所」を全鎮西を統轄する守護所の意味にとるか、単なる武藤氏の守護管内を統轄する大宰府にある守護所の意味にとるか[7]。

(8)「鎮西惣奉行」は鎌倉時代を通じて連続していたと見るか非連続と見るか[8]。

以下これらの問題点を念頭に置きつつ、鎮西奉行の問題について考察を進めて行きたいと思う。

注

(1) 鎮西奉行に関する問題点の所在、研究の進展を端的に示しているものに鎌倉幕府職制表がある。多くの論争点が含まれており、時代の推移と共に変化発展した制度を、超時代的に表にして示すことに無理があり、限界が存在することは言うまでもないが、『読史備要』と『角川日本史辞典』の職制表の最も特徴的な相違点は、前者が鎮西奉行と九州探題を非連続に表示しているのに対し、後者が鎮西奉行、鎮西談議所、鎮西探題を連続的にとらえている点にある。『読史備要』が戦前の鎮西奉行に対する説を示しているのに対し、『角川日本史辞典』の職制表が佐藤進一氏の『鎌倉幕府訴訟制度の研究』の見解を取り入れて改定さ

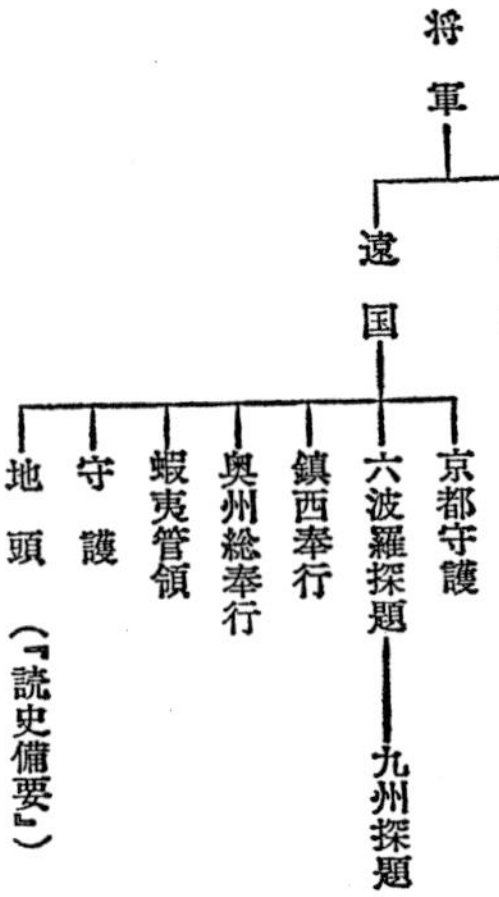

（『読史備要』）

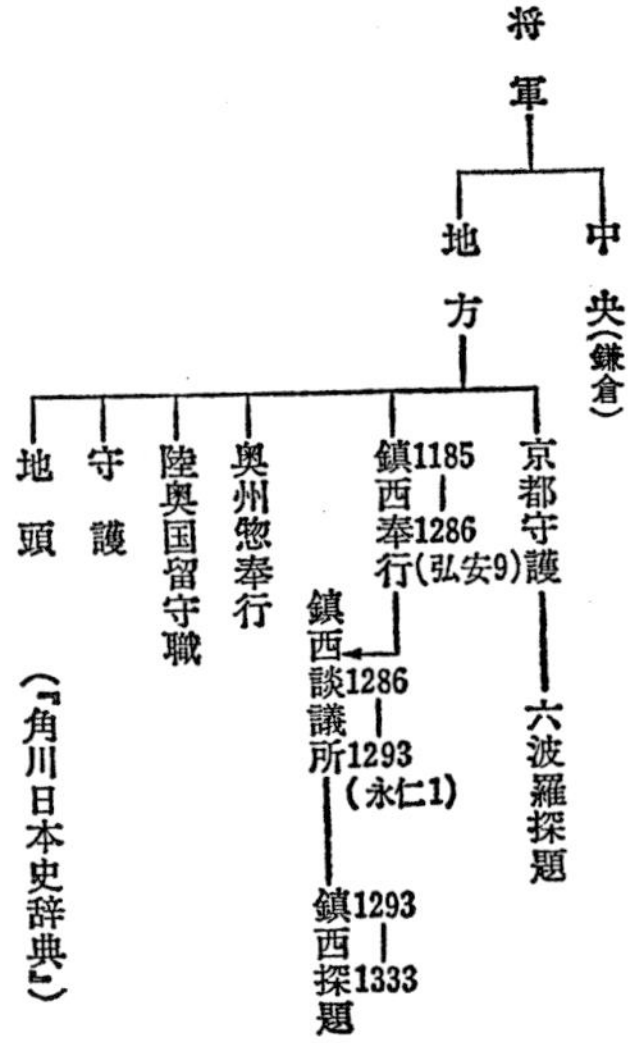

（『角川日本史辞典』）

れたものであることは歴然としており、戦前・戦後における鎮西奉行に対する学説評価の変化・相違を端的に示している。

（2）佐藤進一氏も職名「鎮西奉行」の存在については疑問視されている（『鎌倉幕府訴訟制度の研究』二七四ページ）参照。

（3）佐藤進一氏は『吾妻鏡』貞応二年十一月二十七日条について「記事そのものは議すべき点はないけれども、大友氏の斯る重職保持を裏書きする何等の史料も存しないのみならず、彼を守護とする豊後に於いてすら地頭御家人訴訟に関して武藤氏の特殊権限が及んでいる」ことを理由に、「私は到底大友氏に対して、豊後の守護たる以上の特殊権限を認めることが出来ない」と否定された。

（4）天野遠景一代で廃絶したとする説は相田氏だけで、久米・三浦・佐藤・石井・竹内説は後継者についての見解の対立はあるが、引続き存続したものとされている。

（5）中原親能の鎮西奉行就任を認められるのは、三浦・石井・竹内氏であり、否認されるのは久米・相田・佐藤氏である。

（6）大友氏の鎮西奉行就任を肯定されるのは久米・三浦・石井氏であり、否認されるのは相田・佐藤氏である。

（7）この点について大宰府守護所を全鎮西を統轄する守護所の意味に理解される点では各人共通している。

(8) 注(4)と関連する問題であるが、相田氏は非連続と考えられているが、他の人びとは連続したものと考えておられる。

(二) 武藤氏鎮西惣奉行就任説批判

以上、鎮西奉行に関する問題点を挙げてきたが、天野遠景が鎮西奉行として全鎮西に及ぶ武士統轄権を保有していた点については異論はない。天野遠景解任後の鎮西奉行の存否について、天野遠景一代で廃絶したとする相田説と、天野遠景解任後も鎮西奉行が存続したとする説が対立するわけであるが、さらに存続説は武藤氏がこれを引き継いだとする佐藤進一氏の説と、武藤氏および中原親能さらに大友氏が併列的に鎮西奉行に就任したとする石井進氏の説に分かれる。そこでまず佐藤氏による武藤氏の鎮西奉行就任説を検討することによって鎮西奉行の問題点にアプローチして行くことにする。

佐藤氏は鎮西奉行とは全鎮西に及ぶ権限を鎌倉幕府によって委任された者とする立場を堅持される。この立場に立って、各国守護設置後に、全鎮西に及ぶ権限の発見につとめられ、ようやく関東裁許状などに出てくる「如宰府注進者」という点に注目され、これを訴訟準備手続の権限と称され、これが武藤氏の守護管国以外にも及んでいることから、武藤氏が鎮西奉行の権限で全鎮西に行使されたものとされた。ここで「如宰府注進者」という訴訟準備手続とは、関東問注所で鎮西御家人等の訴訟を裁許する場合、大宰府に命じて訴訟の内容を審理、調査して注進させたことを示し、武藤氏が大宰府の現地最高責任者であるところから、武藤氏の責任において注進したものとされ、これが全鎮西に及んでいるところから、これを鎮西奉行の権限とされたわけである。

そこで蒙古襲来前の武藤氏が鎮西に有した権限を制度的源流の上から考えれば、

⑴大宰府現地最高責任者の権限
⑵鎮西奉行の権限
⑶三前二島守護の権限

の三つに分かれることになる。

しかし佐藤氏によって鎮西奉行の権限とされた鎮西における訴訟準備手続と称される権限は、天野遠景が鎮西に有した鎮西御家人の統率権、訴訟の裁断権、蒙古襲来後に設置された鎮西特殊合議制訴訟機関、鎮西談議所、鎮西探題などが有した権限に比較してきわめて微弱なものであり、文永年間前後より武藤・大友両氏に認められる両者の守護管内を越えて全鎮西に及んでいる御家人統率の権限に比較しても、きわめて劣弱であると考えざるを得ない。このように武藤氏が有した微弱な全鎮西に及ぶ権限をもって鎮西奉行の権限として把握された理由は、佐藤氏が鎮西奉行とは全鎮西をカバーする権限を有する者に与えられた呼称であるということに固執されたことと、鎮西奉行は天野遠景一代で廃絶したとされる相田説を否定されて、後に設置される鎮西談議所が設置されるまで鎮西奉行の存在を認める立場、すなわち鎮西奉行を非連続ではなく、鎌倉時代中期まで鎮西奉行は連続して存在したものとしてとらえようとされたことにあることは明らかである。

そこで佐藤説についての疑問点を述べれば、まずこのように微弱な「訴訟準備手続の権限」をして鎮西奉行の権限とすることが妥当であるかどうかということである。文永年間以前においては、佐藤氏をもってしても全鎮西に及ぶ権限は、このように微弱な権限にしか認められないわけであり、それ以外には、具体的には全鎮西をカバーする権限は存在しないということになると思う。したがって鎮西奉行を連続的にとらえるという立場に固執しない限り、相田説の如く鎮西奉行は非連続中絶したとする見解も成立し得ると考える。

天野遠景以後、北条兼時・時家を鎮西奉行として鎮西に派遣するまでの間、鎌倉幕府が正式に鎮西奉行を補任したと見られる確実な史料は全くない。(1) さらに武藤氏の鎮西奉行就任説について否定的にならざるを得ない積極的理由として、承久の乱後に設置された六波羅探題の権限が全鎮西に歴然と及んでいることを見逃すことが出来ない。この点本章第三節「鎮西における六波羅探題の権限」において申し述べる如く、明らかに六波羅探題が鎮西各国守護の上部機関としての機能を発揮しており、関東下知状の施行、所領安堵状の施行、相論の裁許等、佐藤氏が武藤氏の鎮西奉行の権限とされた訴訟準備手続に比較して、はるかに強大な権限を行使していることがわかる。「青方文書」弘長元年四月二日の肥前国守護武藤資能書状によれば、鎌倉幕府の命令は関東―六波羅―守護―御家人と伝達されていることが明確に知られる。また六波羅から直接鎮西御家人に文書が伝達された例もある。さらに六波羅探題が関東より鎮西に関する相論の取調べを命じられた場合、守護および守護代に命じて調査や催促を行なわせている場合が多い。

したがって蒙古襲来前において、関東と鎮西各国守護との中間機関として、鎮西全般に及ぶ権限を有したものは六波羅探題以外にはなかった。すなわち蒙古襲来前における鎮西統治は、

関東―六波羅―鎮西奉行―鎮西各国守護

ではなく、

関東―六波羅―鎮西各国守護

であったと考える。

では佐藤氏が鎮西奉行の権限とされた訴訟準備手続が武藤氏の守護管国外に及んでいることについてはどのように

考えたらよいであろうか。

佐藤氏は武藤氏の訴訟準備手続が守護管国外に及んでいる具体例として十例を挙げておられるが、そのうち八例は文永七年から弘安七年までの期間のものである。(2)佐藤氏が弘安七年で切られた理由は、弘安七年末に鎮西特殊合議制訴訟機関が設置されたため、それ以後はたとえ武藤氏の訴訟準備手続が守護管国外に及んでいても、鎮西特殊合議制訴訟機関の構成員の一人である武藤氏が鎮西特殊合議制訴訟機関の権限で行使したものと判断されたためによると思われる。しかし武藤氏の鎮西における権限は、弘安七年の鎮西特殊合議制訴訟機関の設置される以前の文永年間初期から明らかに質的変化が認められる。この点については第二章第四節(二)「鎮西東・西奉行考」において詳論するので、ここでは指摘するに止めるが、蒙古襲来を目前にして、大友頼泰の鎮西下向土着に伴って、在地有力守護および大宰少弐を兼任する武藤氏と豊後国守護大友氏は、単なる守護の権限を越えた特殊権限を付与されたものと考えられる。それはまさに鎮西東・西奉行の呼称を与えられるにふさわしいものであったと言える。したがって文永年間以後の八例の武藤氏の守護管国外の訴訟準備手続に注目しておられるが、文永年間以後であれば、武藤・大友両氏にはより強力な全鎮西に及ぶ御家人統率の特殊権限が認められる。若干の例を挙げれば文永十年には、豊後国守護大友頼泰は、大隅正八幡宮神宝使の訴により、豊後国石垣・高田両庄地頭代に対し、究明するため上府を命じており、文永年間に、大宰府において武藤氏の守護管国外の相論を究明する機関の存在が認められ、(3)文永十一年の蒙古襲来の実戦の指揮者が武藤・大友氏であったこと、さらに「比志島文書」文永十二年二月四日の鎮西全御家人の蒙古警固番役の国別の結番を武藤経資が行なっていることなどはその顕著な例である。しかしこれらは文永年間以後武藤・大友氏が蒙古襲来を目前にする非常時下において付与されたものであり、鎌倉時代初期からこのような特殊権限を有していたわけではない。この点、大友氏の鎮西奉行就任説を唱えられる石井進氏の場合、文永年間以後の大友氏の鎮西における特殊権限の保持を援用することによって、鎌倉初期における大友氏の特殊権限の保持を裏付けようとしておられるが、この点は見解を異にする。(4)

したがって文永年間以後の八例を以上の理由によって一応除外すれば、武藤氏の訴訟準備手続が武藤氏の守護管国外に及んだ例は、わずか二例に過ぎないことになる。その一例は次の如き六波羅探題が、薩摩国分寺沙汰人左衛門尉国分友成の訴訟によって、同国守護代に命じて、薩摩国阿多郡北方地頭鮫島刑部入道が池部村田畠に濫妨することを停止せしめた六波羅御教書案の一節にそのことが見える。

(朱書)「国分寺文書」

薩摩国々分寺沙汰人左衛門尉友成申、為阿多郡北方地頭鮫島刑部入道被濫妙(妨カ)池部村田畠由事、折紙副具書遣之、此事就問注詞記、寛元二年十二月廿五日被成関東御下地(知カ)畢、而如令訴状者、彼刑部入道捧押書、依令訴申、於宰府可加覆問之由、雖賜御教書、未遂其節之処、妨勧農致種々非法云々者、遂覆問之後、無改沙汰之以前者、難破先御下知歟、然者守寛元二年御成敗状、(可脱カ)停止当時濫妨之由、可令相触于北方地頭之状、如件、

寛元四年九月五日　相模守(北条重時)御判

守護代

(『薩藩旧記』前編三)

すなわち「於宰府可加覆問之由」とあることをもって、武藤氏が全鎮西に及ぶ越訴審理権を有していたとされるわけである。

またもう一例は肥後国石清水八幡宮領高橋庄における預所と名主の相論について、審理ならびに注進のため名主相

良公頼・相良頼泰を上府せしめんとした件である。

謹請

御教書事

右、去年閏七月八日　御教書、今年正月廿六日到来俤、八幡宮領肥後国高橋庄預所好秋申、名主相良左近入道(仏阿)子息等并三郎左衛門尉致条条非法由事、検校宮清法印申状副具書遣之、如状者、打止検注、抑留年貢間、可被中分云々、早令尋成敗、且可令注進之状、依仰執達如件者、件中分事、任被仰下候之旨、且致沙汰、且為令注進言上候、故相良左近入道仏阿子息二郎公頼、同舎弟三郎頼泰并三郎左衛門尉頼重等可令上府之由、相触候処、如公頼之返状者、好秋訴申条々沙汰之間事、非一身事、各別地頭等上府之時、同時令上府、可明申之旨、乍載状候、終不令上府候、頼泰者、又参上　関東之間、不及返状候、如頼重之返状者、依旁訴訟、差日限、給召文之間、依可令参上、於関東可明申之旨、載状候之間、賜　御教書之請文、重可令言上之由、好秋所令申候也、仍公頼返事一通、頼重返状一通、謹以進上仕候、子細各見状候歟、且所被副下御教書候之検校宮清法印申状具書等、同副進上候、以此旨、可有御披露候、資能恐惶謹言、

弘長三年六月廿九日　　　　大宰少弐藤原資能□□

進上　清左衛門尉(満定)殿

（「菊大路家文書」）

佐藤氏はこの武藤氏の守護管国外に及ぶ訴訟準備手続をもって、武藤氏が大宰少弐としての大宰府の最高責任者の権限外の異種の権限と考えられ、これを鎮西奉行の権限としておられる。しかし佐藤氏自身「天野遠景及びこれにつゞく武藤氏の地位を旧制度上の鎮西統轄機関大宰府の最高責任者と守護地頭御家人統率の職鎮西奉行とに分って考察

した。それは要するに彼等の地位の制度的源流と聯関とを究明する便宜から出でたのであつて、実際上彼等の職権行使が截然この二つに分つて個々別々に為されたと云う意味ではない。否実はこの二つが相俟つて始めて彼等の職権行使を有効ならしめたのである(5)」と述べられている如く、「如宰府注進者」に示される武藤氏が有する訴訟準備手続の権限が、武藤氏が有する大宰府最高責任者の権限外とされる佐藤氏の見解は必ずしも明確な史料的裏付けに基づくものではない。たしかに多くの制度的源流を異にする権限を兼帯した者が兼帯後に行使した権限を、本来如何なる権限に基づいて行使したものか見分けることは困難を伴う場合が多い。

しかしこのことは武藤氏が鎮西奉行を継承していたか否かを決定する重要な問題点であり、是非明らかにしておかねばならない。なんとなれば「如宰府注進者」に示される武藤氏が有した訴訟準備手続が大宰府最高責任者少弐の権限に基づくものであった場合は、佐藤氏が武藤氏の権限は源流的には大宰府最高責任者の権限、鎮西奉行の権限、三前二島の権限の三つに分けて考えられた説がくずれ、武藤氏の権限の源流は大宰府最高責任者の権限と三前二島の守護の権限の二つになるからである。この点を明らかにするために武藤氏が旧制度上の行政機関としての大宰府の訴訟裁断権を簒奪して行く過程を明らかにすることによって究明してみたい。

鎮西奉行として文治元年末に鎮西に下向した天野遠景は、武断的に旧律令機構としての大宰府に介入することによって大宰府の実権を握り、大宰府が有した鎮西支配組織を利用して鎌倉幕府の鎮西支配を強行しようとしている。このことは「宗像氏緒家蔵文書」嘉禄元年十二月二日関東御教書に「遠景朝臣宰府奉行之時、以新儀管内之庄園神社仏寺平均雖令支配」とあることに示されている如く、きわめて武断的・軍政的色彩が強かった。また天野遠景は大宰府管内の訴訟を府庁において問注し(6)、裁許の下文も発給している。このような天野遠景の先例を無視した軍政的施策は、鎌倉幕府成立後日が浅く、平家の地盤であり平家与党の者が残存している可能性の大きい鎮西支配のためにはやむを得ない政策であったが、戦乱が鎮まり安定期に入ると、古代勢力側の天野遠景の軍政的施策に対する反発が強まり、ついに遠景の解任に追い込まれることとなった。

その後大宰府が存在する筑前国守護として派遣された武藤資頼にとって、天野遠景と同様、旧律令機構としての大宰府の実権を把握することは、鎌倉幕府の鎮西支配を貫徹するために負荷された至上命令であったはずである。

しかし天野遠景を解任にまで追い込んだ大宰府としては、今回は武藤資頼の大宰府機構の実権簒奪に対して抵抗の姿勢を示しており、最初から無条件で引渡すことはなかった。

この点について佐藤氏は、武藤氏が建久の末年、恐らくは遠景と交替に、武藤資頼が鎮西に下って大宰府最高責任者になったものとされている。その根拠として、武藤氏がいわゆる守護所下文において、大宰府府官を連署させているることをもって、既に少弐兼官以前に武藤氏が大宰府最高責任者地位にあったことを主張され、「青方文書」安貞二年三月十三日関東裁許状に引用されている嘉禄三年十月十日武藤資頼申状に、

三十余年之間、各以自筆勘申之故、依無不審不加判形、雖然勘状叶道理之日、成与成敗下文之時、守護人加判之上、直人皆以加署判、私成敗難及事者、所令進上問注記許於関東也、不相副資頼之書状、以直人一人之勘状許、被引載御下文事、若久罷成事之中自然相交事哉候覧、如当時者、一切不覚悟、又於不相副資頼書状之直人勘状者、不足証文歟云々、

とあることから嘉禄三年より三十一年前の建久九年、すなわち武藤資頼はおそくとも建久九年以降守護任官と共に大宰府最高責任者の地位についたことを論証された。(7)

ここで佐藤氏は大宰府の勘状が正当と認められれば、この大宰府の勘状に守護が加判するとあることに注目され、このことは武藤氏が大宰府の最高責任者に就任したものと考えられた。しかしこの点については、若干、佐藤氏と見解を異にする。私は大宰府の勘状が守護の意志とは別に府官の判断によって作成されることは、なお旧律令機構としての大宰府の権限が生きていることを示すものと考える。

この大宰府勘状に武藤資頼が署判を加えることは、たしかに形式的には武藤資頼の大宰府最高責任者就任を意味しているが、実質的には大宰府機構と守護所とがなお別々の機能を発揮していることを示すものであり、武藤氏による大宰府と守護所の一元的把握という面からすれば、大宰府支配機構簒奪の未成熟さを示すものと考えるのである。このように二元的支配機構の存在により、旧大宰府勘状の及ぶ範囲は、当然、全鎮西に及ぶものであり、守護所下文の範囲は守護管内に限定されることは言うまでもあるまい。したがって大宰府勘状に署判することによって武藤氏の権限は全鎮西に及び、守護所下文において武藤氏の権限は武藤氏の守護管国内に及んだと考えられる。

したがって両方の最高責任者を兼任する武藤氏の場合は、守護管国内で両者の権限が重複するので、両者の見解が相違した場合、責任者として窮地に追込まれることになったと考えられる。

このような見解の対立を避けるため、守護所の裁決は地頭幷御家人が関与した相論に限定されている。すなわち「宇佐高牟礼文書」嘉禄元年十二月二十三日豊前国守護所牒写によれば、宇佐宮官人代氏安は土器工長職幷高村名田畠のことについて建暦三年ごろ幕府に訴えたところ、「依非地頭幷御家人之事、不及成敗之由、御評定畢」とあり、鎌倉幕府法の原則からしても、守護が旧律令機構としての大宰府の権限を侵犯することはこれを避けようとしたものと思われる。

しかし旧大宰府機構と守護所が別々に機能している以上、両者の見解が対立する場合が生じたことは当然であり、その例として次の「武雄神社文書」関東裁許状を挙げることが出来る。

　肥前国武雄社本司職相論事、
蓮妙（藤原貞永）所進去年十一月府宣偁、停止家門狼藉押領、以沙弥蓮妙可致武雄社沙汰云々、
　件条、於府社者為宰府之進止、仍任府宣、以蓮妙可社務之由、去年十二月賜御教書畢、
家門（藤原）所進去年九月守護所牒状云、任鎌倉殿御教書、欲召決両方之処、蓮妙不遂参決、其上凌礫守護所使、狼藉希代也、罪科不軽、早停止蓮妙妨、以家門可為本司職云々、
　件条、蓮妙遁避対勘之上、凌礫守護所使、事実者狼藉之企也、
□（以）前条々内、蓮妙者帯宰府之裁断、家門者□（帯カ）守護之成敗、府宣之上、雖不及子細、社司之訴、難黙而止之間、且対勘証文、且糺明理非、於宰府、云守護人、云府官等、任道理、可令裁断状、依鎌倉殿仰、下知如件、
　元久二年四月廿五日　　遠江守平（北条時政）（花押）

すなわち肥前国武雄社本司職をめぐる相論において、府社は大宰府の進止であるとして、府宣にまかせて家門の狼藉押領を停止し、蓮妙に武雄社を沙汰せしめんとしたのに対し、家門は守護所の牒状によって本司職に補任されたことを主張している。しかも鎌倉幕府御教書により両方を召し決しようとしたところ、蓮妙は守護所使を凌礫したとある。このように蓮妙は宰府の裁断を帯し、家門は守護の成敗を帯して相対立していることがわかる。このように旧律令機構としての大宰府と守護所は、元久二年の時点において、なお別個の機能を行使していることがわかる。

このことは承久の乱以前における鎌倉幕府政権の弱点をまざまざと露呈したものと言えるが、鎌倉政権がなお不安定なこの時期において、大宰府と守護所の対立は幕府にとっても看過し得ない問題であった。かくて幕府は両者の対立を解消せしめるため「且対勘証文、且糺明理非、於宰府、云守護人、云府官等、任道理可令裁断」と命ぜざるを得なかったものと思われる。すなわち大宰府において両者の意見のくい違いを調整し、再度統一見解による裁断を下すことを命じている。(8) たとえ武藤氏が少弐任官以前から大宰府の現地最高責任者の地位を保持していたとしても、両者が別々の機能を発揮していたとすれば、鎌倉幕府による完全な旧律令機構大宰府の一元的完全な掌握は完成されたものとは言えないのではなかろうか。時代が下ると共に武藤氏の旧大宰府支配機構の把握は強固となり、武藤氏が有する守護の権限と一体化して、鎮西において行使されているが、その権限の源流は明確に区別して行使されている。すなわち旧律令機構としての大宰府の権限に基づいて発給される大宰府庁下文と、鎌倉幕府によって委任された大宰府守護所の下文では、共に最高責任者として武藤氏が署判し、府官が連署しているが、その権限の源流が異なっているわけである。

たとえば『薩藩旧記』前編(五)所収「国分寺文書」建治二年正月日大宰府下文案には武藤経資は執行藤原朝臣として署名しているが、これは経資が大宰少弐として大宰府の権限に基づいて発給したものであり、蒙古襲来後武藤氏が肥前国守護を北条氏に奪われた後に、府社である肥前国武雄神社に下した大宰府下文にも、武藤盛経・貞経がいずれも執行藤原朝臣として署判しているが、これも武藤氏が大宰少弐として大宰府の権限で発給したものである。また書陵部所蔵「八幡宮関係文書」文永二年十二月二十六日関東御教書によれば、大隅国正八幡宮所司等が解状を奉って、正八幡宮遷宮大神宝幷経論以下御装束等の役は康和遷宮の時以来、国司が調進していたが、鎌倉幕府成立後、貞応遷宮の時からは官使・府目代が用途物を府庫に納め置いて、その責任で調進していたが、これは不法である。しかし今回は国衙の力が及び難いので、宇佐の例に任せて、守護人に仰せて調進するようにしてもらいたいと訴えたらしい。

これに対して大宰府は、神宝以下の国々勤仕のことは異儀に及ばないが、先例は或る時は大府の沙汰として京都より調達し、或いは宰府の沙汰として、進宮せしめたことはあるけれども守護人は一切干渉しないものであると先例を楯に反対している。そこで幕府としては守護人に仰せ付けることには宰府が先例なしと反対し、国衙にその力がなく、官使・府目代に調進させる方法が不法であるとすれば、「仍所定其仁也、早任旧規、可令調進矣」として特命の仁に大宰少弐資能と大友式部大夫頼泰の両名を任命し、相共に沙汰すべしと命じている。この史料は種々興味ある問題を含んでいるが、まず注目したいことは、この文永二年の時点においても、形骸化したとはいえ、大宰府がなお独自の機能を発揮していることである。さらに先例にないことを理由に、大宰府の権限に対する守護の干渉を強く拒否していることであり、幕府が大宰府の抵抗によって、特命によって武藤資能と大友頼泰を任命していることである。この両人が幕府によって任命されたことの意味については、種々見解が分かれることと思うが、筆者は鎮西奉行としての両者が選ばれたものではなく、同文書（文永三年）十二月二十五日官使国重書状に「宰府少弐入道殿幷豊後大友出羽殿此両人の為沙汰、可被調進候之由、被仰下候」とある如く、大宰少弐と豊後国守護としての両人に白羽の矢が立ったと考える。この点については本章第四節(二)「鎮西東・西奉行考」の項で述べる予定であるのでここでは指摘するに止めるが、大宰府の独自の権限がなお厳然として存在している事実に注目したいのである。そして恐らくそれはたとえ武藤氏が大宰府の最高責任者を兼任していたとしても、武藤氏が有する各国守護の権限と決して混同されることはなかったであろうということである。

しからば「如宰府注進者」に示される武藤氏の守護管国外に及んでいる訴訟準備手続の権限の源流は如何なるものであろうか。佐藤氏はこれを大宰府最高責任者の権限、三前二島の守護の権限とは別個の異質の権限であり、これを鎮西奉行の権限とされた。

しかし私は、この権限は大宰府最高責任者である武藤氏が、全鎮西に及ぶ旧律令機構としての大宰府の権限を利用して鎌倉幕府の訴訟準備手続の要請に応じたものと考えたいのである。したがって武藤氏は関東または六波羅より相論の審理等を命じられた時、三前二島の守護管国内の場合は、守護の権限でこれに応じたが、自己の守護管国外の場合は、大宰少弐として大宰府の権限を利用して相論の調査審理を行なったものと考えたいのである。したがって武藤氏の守護管国外に及ぶ訴訟準備手続の権限の源流を強いて求めるとすれば、大宰府の権限に求めるべきと思う。

もしこの私案が認められるとすれば、武藤氏が鎮西に有した権限について、佐藤説と私案では次の如く異なってくる。

佐藤説
- 鎌倉幕府
  - 三前二島守護——各守護管内御家人
  - 鎮西奉行——鎮西全般御家人
- 京都——大宰府——鎮西全般

私案
- 鎌倉幕府——三前二島守護——各守護管内御家人（鎌倉幕府—大宰府）
- 京都——大宰府——鎮西全般

以上、佐藤進一氏による武藤氏が有した訴訟準備手続の権限に鎮西奉行の権限を認めようとされるのに対して疑問点を述べてきた。いささか佐藤氏の武藤氏が有した訴訟準備手続の権限の評価に拘泥し過ぎた感があるが、いずれにしても武藤氏が有した鎮西全般御家人統率権は、六波羅探題或いは各国守護が有した鎮西御家人統率権に比較して鎮西奉行と呼ぶにはあまりにも弱体であるというにつきる。したがって鎮西全般の御家人統率権を有する鎮西奉行は天野遠景一代で廃絶し、各国守護の設置によって権限が分化し、蒙古襲来後の北条兼時・時家の鎮西下向により鎮西奉行が再設置されたとする相田説は荒削りながらも傾聴に値するとの気持を捨てきれないのである。(9)

注

（1）この点については佐藤進一氏も『鎌倉幕府訴訟制度の研究』二七四ページで職名「鎮西奉行」の有無について論及され、「鎮西奉行」の職名の存在を証拠立てる史料を求め得ないとしておられる。

（2）佐藤氏が武藤氏の守護管国外に及んだ訴訟準備手続の具体例として挙げられた以外にも、次の五例を加えることができる。

(イ)　書陵部所蔵「八幡宮関係文書」文永元年六月七日六波羅御教書案。

(ロ)「延時文書」文永十一年六月三日六波羅御教書。

(ハ)「延時文書」弘安三年七月六日大宰少弐経資召文。

(ニ)『薩藩旧記』前編（六）「権執印文書」弘安三年八月日平重峯訴状。

(イ)は書陵部所蔵「八幡宮関係文書」文永元年三月二十日関東御教書により、幕府が六波羅に対して、大隅国正八幡宮所司神官が訴えた正八幡宮遷宮大神宝幷経論以下装束について、子細を相尋ね成敗すべきことを命じており、これを受けた六波羅が大宰少弐資能に「且尋明先例、且可給所存之散状候」と命じたものである。

(ロ)は薩摩国御家人が狼藉・押領に関する相論を六波羅に訴えたものを、六波羅が大宰少弐資能に「早相尋子細、可被注申候」と命じたものである。

(ハ)は薩摩国御家人種忠が名田屋敷を押領した旨の二位大納言家よりの訴えを受けた六波羅が大宰少弐経資に沙汰し注進すべきことを命じたのを受けて、経資が延時三郎に対して「為致沙汰之、早速可被上府候」との召文を発給したものである。

㈡は薩摩国新田八幡宮執印重兼等が平重峯の狼藉を六波羅に訴えたため、六波羅は宰府に御教書を発給し、宰府は訴論人を上府せしめようとしたのに対し、重峯は上府したにもかかわらず、訴人の執印重兼が在国して上府しないことの不当を訴えたもので、重峯は「是則無実濫訴、依無陳方、上訴事不実之罪科、為令遁避対決也、然者早差日限、被召上彼輩、尚以令難渋御催促者、其子細為有其注進、粗言上如件」と訴えている。なおこの点については石井進『日本中世国家史の研究』一一三ページで㈺㈧㈡と次に示す「永弘文書」宝治元年十月十七日関東御教書案を佐藤氏の言われる武藤氏の守護管国外に訴訟準備手続権が及んだ例として、追加しておられる。

（端裏書）
「雄輔所進□番□」
豊後国御家人富来又次郎（忠知）申、□大和壱岐入道昇蓮被押領野（仲郷）□内是則名田畠事、訴状遣之□状召使、両方尋明子細、可被注進□之状、依仰執達如件、

宝治元年十月十七日　右近将監（北条時頼）□
相模守（北条重時）在御判

豊前々司（武藤資能）殿

ただしこの場合訴人は豊後国御家人であり、武藤氏の守護管国外であるが、論人の大和氏は豊前国御家人であり、相論の対象地となった野仲郷内是則名田畠も豊前国下毛郡にあり、いずれも豊前国守護である武藤氏の守護管国内の相論であることになる。したがってこの場合は豊前国守護としての武藤氏に尋究することを命じたものと考えられるので、佐藤氏の言われる武藤氏の守護管国外に武藤氏の訴訟準備手続権が及んだ例に加えることは適当でないと考えられるので除外しておく。

（3）佐藤前掲書、前注参照。
（4）石井前掲書一〇一ページ参照。
（5）佐藤前掲書二七五ページ参照。
（6）「宗像神社文書」建久二年八月一日平盛時奉書によれば、天野遠景に対して「於府庁可問注両方之由、遣仰先了」と命じている。

(7)　この点については石井進氏も、佐藤氏と論証の根拠は異なるが、武藤氏が早期に大宰府最高責任者の地位に就任したとされる点では変わりはない（同氏前掲書二六二～二六六ページ）。そこで石井氏は結論として、「もちろん私は資頼の少弐任命によって幕府の大宰府現地支配が名実ともに完成したことを評価するものであるが、とくに竹内氏の場合に顕著な、少弐任官によってはじめて幕府の大宰府現地支配者の地位が可能となったとされる論理には賛成できない。それは幕府の成立自体を頼朝の征夷大将軍への任命の結果とする、旧来の形式的幕府論と同一の理解に立つものといわなければならないからである」と反論されている。この点嘉禄二年十月三日に武藤資頼が大宰少弐に補任されたことを伝える『明月記』『民経記』の記事以前から、資頼が大宰少弐の地位にあり、その就任の時期は建保五年までさかのぼらせることができるとされる石井氏の説に従うことにしたい。この点旧稿において武藤氏の少弐兼任以前における武藤氏の大宰府最高責任者就任説は承認し難いとした点は撤回する。ただし水崎雄文氏が紹介された「藤瀬文書」承元四年六月十三日の文書については、その原本に接する機会に恵まれたが、なお疑点が残り、この文書を根拠にして、資頼の少弐任官の時期を承元四年までさかのぼらせることには否定的である。武藤氏の少弐任官の時期、さらには少弐任官（嘉禄二年ではなく建保五年）以前から大宰府最高責任者の地位にあったことを承認するとしても、それは発給文書に署名するといった形式的なものであり、そのような形式的なものとは別に、旧律令機構としての大宰府がなお独自の活動を行なっているならば、形式的武藤氏の大宰府最高責任者就任の有無とは関係なく、武家政権による旧律令機構としての大宰府機構を完全に掌握したといえないとの見解を保持している。この点石井氏の反論論理に準じて反論すれば、鎌倉幕府の全国支配権の確立は、承久の乱を経過した後の公武二元的支配を克服した後であったとする立場と同様な立場に立って、武藤氏による大宰府支配の問題を考えていることを明らかにしておく。

(8)　この点について石井進氏は筆者の旧稿「鎮西奉行考」（『九州文化史研究所創立二十五周年記念論文集』所収）における批判に対して再批判され、「ここで守護所の裁定と対立している府官とは、大宰府現地の決定であるか、中央の権帥・大弐の決定であるかを考えねばならない。きめ手はないが、後者の権帥・大弐の命令だとすれば、現地の守護所とくいちがっても大した問題ではない。前者であっても、この相論が『府社』としての武雄社の問題である以上、大宰府現地の府官たちが直轄下の神社に対して独自の決定を行なおうとする指向がつよく現われてくることは当然であって、むしろその問題に対しても守護武藤氏がつよい力を及ぼしていることを重視すべきではないだろうか。私にとって、この事例の存在が私見に対して大きな障害となるとはおもわれないのである」と述べておられる。しかしこの石井氏の反論は必ずしも旧稿の批判に対する正面からの反論となっていないように思われるのである。筆者がこの史料を引用した意図は、蓮妙が宰府の裁断を帯し、家門が守護の成敗を帯していること、すなわち旧律令機構としての大宰府と鎌倉幕府によって設置された守護所が、石井氏の主張される如く共に武藤資頼という鎌倉幕府によって派遣された一人の人物を共にその機構の最高責任者としながらも、なお別個の機能を行使していることの指摘であり、しかも相対立する裁断・成敗を行なっていることの指摘にある。たしかに大宰府が守護所とは別の裁断権を保持していたとしても、それが直ちに武藤氏の大宰府最高責任者就任説の否定とはならないとの石井氏の説は承認するとしても、元久二年の時点において新しく設置された守護所の成敗とは別になお大宰府の裁断権が機能して効力を発揮していると考える筆者の判断が正しいか間違っているか、この点についての石井氏の御見解を求めたい。さらに水崎氏が指摘された「到津文書」の大宰府政所牒案が、「大宰府機関における裁判というものが元久年中にまで行なわれたという事実」が記されているとは考えられないという指摘で水崎氏の主張を否定しておられるが、この石井氏の大宰府機関による裁判が元久年中まで行われていたということの否定は、「武雄神社文書」の場合にまで及んでいるかどうかということである。

(9) この点、石井進氏は筆者とは逆に、鎮西奉行を連続したものと考えられる立場より、相田氏の説は「まことに傾聴すべき卓見ではあるが、ただ鎮西奉行が遠景以後は廃絶に帰し、ただちに各国守護が補任されたものとは私には考えられない」と否定的にとらえられている。

(三) 鎮西惣奉行・鎮西一方奉行

以上これまで佐藤進一氏によって主張された、武藤氏をもって天野遠景の後任の鎮西奉行とする説について検討してきた。

つぎに相田氏による鎮西奉行非連続説に賛同するとすれば、『明月記』『吾妻鏡』等の記録・編纂物に武藤・大友氏が鎮西奉行と称されている問題を如何に考えるかという点について論及せざるを得ないであろう。この点について、佐藤氏はこれら『吾妻鏡』『明月記』に鎮西奉行と見えることを重視しておられないようである。すなわち武藤資頼が鎮西奉行を辞したことを記述した『吾妻鏡』の貞永元年八月十三日の記事については多少疑うべき節があり、『尊卑分脈』に武藤氏が鎮西奉行とあるのは証拠力薄弱としておられる。また大友氏が鎮西一方奉行であったことを伝える『吾妻鏡』の貞応二年十一月二十七日の記事については、「記事そのものに議すべき点はないけれども、大友氏の斯る重職保持を裏書する何等の史料も存しないのみならず、彼を守護とする豊後に於いてすら、地頭御家人訴訟に関して武藤氏の特殊権限の及んだことは前掲事例の示す所である。私は到底大友氏に対して、豊後の守護たる以上の特殊権限を認める事は出来ない」と否定的にとらえておられる(1)。

これに対し石井進氏は武藤氏・大友氏の複数鎮西奉行就任説を展開される立場から、『吾妻鏡』『明月記』の記事を肯定的にとらえられており、「『鎮西事一方奉行之』する職とはまさしく鎮西奉行、しかも複数中の一員としてのそれであったことは容易に推論しうる。したがって少なくとも能直・親秀二代の鎮西奉行相承には、まず確実な根拠があるとしなければなるまい。それにもかかわらず氏(佐藤進一氏)は『大友氏の斯る重職保持を裏書する何等の史料も存しない』という理由でこれを否定しようとされる。けれども当時の記録『明月記』が能直を『鎮西守護』あるいは『筑紫大峏』と記していることはけっして軽視さるべきではない(2)」と述べられており、これらの記事が石井氏の武藤氏・大友氏鎮西奉行就任説においてかなり重視されていることがわかる。ここで問題となっている『吾妻鏡』『明月記』の記事とは次の如きものである。

○『吾妻鏡』貞応二年十一月二十七日条

今日豊前守従五位下藤原朝臣能直於京都卒、年五十二、当時鎮西事、一方奉行之、有不慮事之時、子息次郎親秀相継可致沙汰之由、蒙兼日仰云々

○『明月記』嘉禄二年七月十四日条

入夜相公来、一昨日河東事、大炊助親直鎮西守護能直子、於菅十郎左衛門武蔵太郎近習者云々、宅酔郷之際、向家主放言、主客互雖及抜刀、傍輩満座取付而押出、親直放本鳥、著大口許、騎馬帰宿所、白昼之間見者多、武士等又随相馳加制止云々、

○『吾妻鏡』貞永元年八月十三日条

筑後前司資頼入道法名是仏、辞鎮西奉行事、彼状去比到着、今日有其沙汰、以石見左衛門尉資能、被補其替云々、

『吾妻鏡』貞応二年十一月二十七日条は大友能直死去の記事であるが、「当時鎮西事、一方奉行之」の部分を石井氏は鎮西奉行二名のうちの一人という意味に解しておられる。これに対して筆者は官職としての鎮西奉行ではなく、当時鎮西の一部を奉行していた者という意味に解したいのである。このように解釈すれば鎮西奉行二人のうちの一人という意味ではなく、鎮西の一部を分担支配していた者、すなわち豊後・筑後の守護であった大友能直のことを説明していると考えるわけである。

次の『明月記』嘉禄二年七月十四日条は「鎮西守護能直子」とあるわけであるから、官職としての鎮西守護ではなく、まさに鎮西の守護であった大友能直の子の意味と解する。

三番目の『吾妻鏡』貞永元年八月十三日条は佐藤氏の否定的見解があるが、記事としては鎮西奉行非連続説をとる筆者にとって最も不利な史料といえよう。しかし鎮西奉行とあることが即鎮西惣奉行すなわち鎮西全般に及ぶ権限の保持者を意味するものではないと考える。すなわち鎌倉幕府より何らかの鎮西武士の統轄を委任されたものは、鎮西

奉行と呼称されたものと考えたいわけである。三前二島の守護職を有し、大宰少弐を鎌倉幕府の権力を背景として兼帯する武藤氏は鎮西奉行と呼称されるにふさわしい人物であったと考える。しかしながらこれらの記事の解釈はあくまで解釈であって、これだけでは決定的史料とならないことは言うまでもない。

しからば武藤氏についてはさきに考察したが、大友氏についてはその守護管国外の鎮西全般に及ぶ権限が認められるか否か傍証することが必要となろう。この点について佐藤氏は、先述の如く大友氏にそのような重職保持を認めるような史料は全くないと断言しておられる。これに対して石井進氏は、大友氏の鎮西奉行就任を推定される根拠として①大友氏の祖である中原親能の鎮西全般に及ぶ権限を引継いだ可能性が大きい、②文永年間以後の大友氏の鎮西全般に及ぶ権限が鎌倉初期から保持したものの継続であると考えられる、③大友氏の鎮西全般に及ぶ権限が武藤氏以上に劣弱であるのは非在地性に基づくものとして陸奥留守職と類似していることの指摘等を挙げておられるが、大友氏の鎮西全般に及ぶ権限の存在の確認という点では、説得力に欠け、佐藤氏による大友氏に鎮西全般に及ぶ権限なしとされる点を完全に否定されるまでには至っていないと思うのである。

したがって鎮西全般に及ぶ特殊権限を保持しない大友氏が『吾妻鏡』『明月記』で鎮西奉行・鎮西守護と表現されているとすれば、大友氏が鎮西に有した豊後・筑後国守護の権限の保持に対して鎮西奉行・鎮西守護の呼称を与えられたものと考えざるを得ないわけである。勿論この場合の鎮西奉行とは鎮西惣奉行の意味ではなく、鎮西の一部の奉行を鎌倉幕府より委任された者という意味になる。「禰寝文書」年月日欠建部清忠解状断簡に「一通正 鎮西守護人千葉介外題元暦二年五月日」とあるのも、千葉常胤が鎮西全般に及ぶ守護人であるの意味で用いられたものではないと思われる。(3)

かくの如く鎮西奉行の意味を解釈すると、武藤・大友氏とならんで鎮西奥三国の守護を保持したことのある島津氏が、鎮西奉行と呼ばれた例がないことに疑問が残るが、島津氏の鎮西下向が蒙古襲来の時まで行なわれなかったことによる在地性が稀薄であったことと、下向してきた時すでに北条氏一族が鎮西武士全般の統轄を行なっていたこと等の理由によるものと考えられる。しかし「鎮西奉行」が官職ではなく、第三者による呼称と考えるならば、島津氏が「鎮西奉行」と呼称されていないことに拘泥しなくてもよいと考える。

したがって天野遠景以後における鎮西奉行なる呼称を固定した官職と考え、六波羅探題・鎮西探題の如く鎌倉幕府と鎮西各国守護の中間に位置付けることは誤りと考える。

蒙古襲来後鎮西全般の御家人統轄を目的として北条氏一族の派遣を伝える「島津家文書」弘安九年十二月三十日関東御教書案に「異賊防禦事、鎮西地頭御家人幷本所一円地輩、従守護之催、且令加警固用意、且可抽防戦忠功之由、先度被仰下畢、而被定鎮西奉行人等之間、若不従守護命之族出来歟」とある鎮西奉行人は、明らかに鎌倉幕府と各国守護の中間に位置して、各国守護を統轄する鎮西奉行人であることは明らかであり、「被定」とあることはこれまで存在しなかったものを新たに設置されたものと解釈すべきであろう。すなわちかかる性格の鎮西奉行人は天野遠景以後廃絶していたものを、この非常事態に際して再度設置されたものであり、その間にはかかる性格の鎮西奉行は存在しなかったことを示している。また「而被定鎮西奉行人等」と複数の鎮西奉行人を定めたことを示していることは、性格的には鎮西各国守護の権限の枠を越えた全鎮西に及ぶ武士統轄の権限を有しながらも、一人の鎮西奉行の任命ではなく、職務分担をした多くの鎮西奉行人の任命を意味していると考えられる。

したがってこの鎮西奉行人等の中には、蒙古襲来に備えて鎮西に派遣された北条氏一族、鎮西特殊合議制訴訟機関の構成員、鎮西談議所頭人たちもこの新設の鎮西奉行人の中に含まれていると考えるべきであろう。その意味ではこの鎮西奉行人の意味は、武藤氏・大友氏が鎮西奉行人と呼ばれた意味に近い内容をもつ鎮西奉行人であったといえる。しかしこのような鎮西奉行人は全鎮西に及ぶ権限を委任されている点では、天野遠景的鎮西奉行人、すなわち鎮西惣奉行人に発展する可能性を有する鎮西奉行人の新設であった。そして事実この鎮西奉行人の新設が後に北条兼時・時家の鎮西派遣によって、鎮西を一元的に支配するようになり、さらに永仁年間に設置された鎮西探題の設置によって完成している。

このように同じ鎮西奉行人の呼称が与えられていても、武藤氏・大友氏および蒙古襲来後に設置された鎮西奉行人の如く、幕府より鎮西統治の何らかの権限を与えられた者に対する呼称の場合と、天野遠景、北条兼時・時家さらには鎮西探題の如く、鎮西全般に及ぶ権限を与えられている者とでは、その内容に大きな性格の相違があったように思う。

以後、両者を区別するため、便宜上前者を鎮西奉行と呼び、後者を鎮西惣奉行と呼ぶことにするが、かかる鎮西奉行人の一人である武藤氏は、承久の乱後の公武両勢力の転換を背景として、少弐兼任による大宰府最高責任者の地位も併有することによって、武藤氏は全鎮西に及んでいた旧律令機構としての大宰府の権限を自己の手中に兼併し、鎌倉幕府による鎮西の一元的支配に大きく貢献することになった。

鎌倉幕府もまた武藤氏の有する大宰少弐の地位と権限を最大限に利用することによって、鎮西惣奉行廃絶後の全鎮西御家人支配を貫徹しようとした。

その具体的な現われが佐藤氏によって指摘された「如宰府注進者」に示される武藤氏の守護管国外にも及ぶ訴訟準

備手続の権限の行使であった。このように武藤氏が鎮西に有する権限は、一見鎮西惣奉行的様相を呈するに至るのであるが、武藤氏が文永年間以前に自己の守護任国管内以外に発動した権限は、旧律令機構としての大宰府の権限の継承による発動であり、武士統率の権限は各国守護に分化されており、文永年間以前に幕府との中間にあって鎮西惣奉行を代行したのは武藤氏でも大友氏でもなく、六波羅探題であったと考える。したがって武藤氏・大友氏は、武士統率の面では鎮西奉行ではあっても、鎮西惣奉行ではなかったと言えよう。

したがって武藤氏が有する旧律令機構としての大宰府より継承した権限が、たとえ大友氏の守護管国内に及んでいたとしても、そのことが直ちに大友氏の鎮西奉行たることの否認とはならないと考える。

注

（1） 佐藤進一『鎌倉幕府訴訟制度の研究』二七四～二七五ページ参照。

（2） 石井進『日本中世国家史の研究』一〇一ページ参照。

（3） 川添昭二編『禰寝文書（一）』（九州史料叢書）二〇ページ参照。

第二節　中原親能と鎮西との関係

（一） 中原親能の鎮西惣奉行就任説の問題点

鎌倉幕府による鎮西統治機関としての鎮西奉行についての研究は、これまで相田二郎氏・佐藤進一氏・石井進氏・竹内理三氏等(1)によって究明されてきたが、なお不明の点が多い。その一つは鎌倉幕府草創期に鎮西惣奉行として下向して武断的統治を行なった天野遠景と、その後各国守護が設置されるまでの間に、鎮西惣奉行中原親能の存在を認めるか否かについて各氏の見解が分かれることに起因する。各説について詳細に述べることは省略するが(2)、中原親能の鎮西惣奉行就任問題にのみ限定すれば、相田・佐藤両氏は中原親能の鎮西惣奉行就任説を否認されているのに対し、石井・竹内両氏は中原親能が鎮西惣奉行と呼称されるに相当する権限を有したことを認めておられる。

中原親能が鎮西惣奉行に就任したとの説が生じる一つの理由は、中原親能を鎮西守護人に補任したことを示す将軍家政所下文案が存在することである。

（朱書）
「鎮西管領事」
征夷大将軍家政所下　西海道御家人等
　定遣　鎮西守護人事
　　前掃部頭親能
右人、為鎮西守護、所下遣也、中間略之、御家人在庁官人等宜承知、依件行之、故下、
　建久六年五月　日
　　　　　　　　　　平朝臣判
　　　　　　　　　　民部丞藤原同
　　　　　　　　　　前因幡守中原朝臣同

（「大友文書」）

この文書は『大日本史料』第四編の四、九三二ページに引用されており、「是月（建久六年五月）幕府、中原親能ヲ鎮西守護人ト為ス」との綱文が樹てられており、引用した後に連絡按文と共に「〇本文、様式、内容、共ニ疑フベキ

モノアリト雖モ、姑ク此ニ収ム」とあり、『大日本史料』第四編の編者（三浦周行氏）はこの文書を偽文書と疑いながらもきわめて興味のある史料であるので、あえて綱文を樹てられたことがわかる。この『大日本史料』第四編の四が編纂刊行されたのは明治三十八年十月二十一日のことであるが、その後の史料編纂所の採訪により、「大友文書」で「中間略之」とある部分が補える案文が存在することが明らかとなった。

すなわち大正七年に採訪影写された大分県速見郡山香町「志手環氏所蔵文書」(3)であり、さらに昭和六年当時静岡市に在住されていた旧宇佐宮の社家であった「益永透氏所蔵文書」にも案文があり、また本文書の全文写が「宇佐宮成文書」(4)にもあり、『大友文書録』にも引用されていることがわかった。それぞれの写には若干の字句の違いがあるが「益永文書」によって全文を示せばつぎの通りである。

（端裏書）
「建久六年御教書案」

征夷大将軍家政所下　西海道御家人等

定遣　鎮西守護人事

前掃部頭中原朝臣親能

右人、為鎮西守護人、所下遣也、抑先日雖下遣藤原遠景、神社仏寺之訴有其数之上、宇佐大菩薩神官不触社家致其誡（マヽ）、或押取御神領日向国宮崎庄所当、宛行舎弟保高、或別取豊前（後）国緒方庄御封田、宛下所従茂経、毎事（年イ）令懈怠年中神事条、有冥神慮之恐、無顧朝憲之誠哉、就中三十三（卅三イ）年一度御造営、豊後国役仮宮（殿イ）勤事、為遠景在国司之身、彼（被）造営之間、三ケ年勤事造神殿、御遷宮以前不止雨露、随御遷宮之節、御殿妻戸顛、御格子鈎金落、東大門扉破畢、神殿疎略、不可勝計者、先停止遠景守護畢、御家人在庁官人等宜承知、依仰行之、故下、

建久六年五月　日

平朝臣(判イ)御判

民部丞藤原同

前因幡守中原同

したがってこの建久六年五月日の文書は、中間略した「大友文書」を含めて「志手文書」「益永文書」「宇佐宮成文書」、引用したものとして『大友文書録』の五種類存在することになる。

『大日本史料』の編者は、中間略した「大友文書」をもって偽文書と断ぜられたのであるが、全文が明らかになれば、ますます偽文書であることが明瞭となってくる。佐藤進一・石井進両氏は共に本文書が偽文書である点で見解は一致しているが、佐藤氏がこれによって中原親能の鎮西奉行就任を全く否定されているのに対し、石井進氏は「大宰府機構の変質と鎮西奉行の成立」(『日本中世国家史の研究』所収)の中で「この文書が後世の偽作であることは明白である」、「形式きわめて異様な、論議の余地のない偽文書であることは明瞭である」と本文で述べられる一方、注の部分で「偽作にかかること明瞭で、その点にはまったく弁護の余地のみいだせない文書建久六年五月日征夷大将軍家政所下文案に示された内容には、なお否定しがたい真実がふくまれているのではないかという思いをすて切れない」と述べられ、これ以外にも中原親能が鎮西奉行に就任したことを推測する史料[5]が存在することを挙げて「少なくとも建久六年以来中原親能及びその養子大友能直とその子孫たちが鎮西奉行の地位にあったことを推定したいのである[6]」と述べておられる。

竹内理三氏もこの文書の内容を信じるに値するものとされる一人であるが、最初『魚澄先生古稀記念国史学論叢』所収の「鎮西奉行についての一、二の考察」でこの文書に論及され、その中に出てくる地名や人名が史実に合致すること、内容が蓋然性に富んでいることから中原親能の鎮西守護就任説を是認される立場をとられている。さらに『鎌倉遺文』第二巻月報においては、これまでいずれの人も全く弁護の余地がないとされた文書形式の面でも、種々弁護論を述べておられる。(7)それは最も異例とされている征夷大将軍家政所下文とある点について、建久三年に源頼朝が征夷大将軍に任命されてから建久五年頃までは「将軍家政所下」とあったものが建久七年以後再び「前右大将家政所下」に復活変更されている点に着目され、前者から後者への移行期に当る建久六年に現われた過渡的現象ではないかと述べられている。しかしこの期間にも他にこのような類例がない点、なお万人を承伏させる説得力にとぼしいように思われる。さらに「大友文書」の同伴の文書が偽文書でないとすれば、あえて建久六年五月日の文書を疑う必要がないのではないかとされているが「大友文書」の他の同伴文書が偽文書でないとする点も問題がないわけではない。また「征夷大将軍家政所下」とあるのは、元来「下」の一字であったのに、後人が「征夷大将軍家政所」と注したのが本文に竄入したとも考えられるとしておられるが、この解釈も万人を納得させることは出来ないであろう。

このように一見疑問の余地が全くないような偽文書に、何故、石井・竹内氏が執着されるのであろうか。(8)石井進氏が主張される「否定し難い真実」とは具体的には如何なることを指すのか。また元暦二年源範頼に従って平家追討のため、周防より豊後に渡った短期間以外に九州に下向したことはなかったと考えられる中原親能が、鎮西奉行に就任したとの説が古来根強く存在する理由については、十分検討してみる必要があると思う。(9)かかる観点から中原親能と鎮西との関係について考察してみたい。

注

(1) 相田二郎『蒙古襲来の研究』三三一ページ、佐藤進一『鎌倉幕府訴訟制度の研究』二五七ページ、石井進「大宰府機構の変質と鎮西奉行の成立」(『日本中世国家史の研究』所収)、竹内理三「鎮西奉行についての一、二の考察」(『魚澄先生古稀記念国史学論叢』所収)参照。

(2) 本書第二章第一節「鎮西奉行考」参照。

(3) 『大分県史料』(一一)一四八ページ参照。

(4) 「宇佐宮成文書」は、宇佐大宮司家宮成氏所蔵であったが、現在は出光佐三氏の所蔵に帰している。『大分県史料』(二四)一七八ページ。

(5) 石井前掲書一一五ページ、後注(58)参照。

(6) 石井前掲書一〇四ページ参照。

(7) 「気になる文書」という題になっているが、「気になる」というのは具体的に言えば、偽文書であるかどうか気になりながらも収録したということであり、いずれも『鎌倉遺文』には「疑わしい文書」である旨の一切の注記がされておらず、その点「気がかり」であるので月報で注意を喚起されたものと思われる。

(8) 石井進氏の場合は、中原親能の鎮西奉行就任を認めることが、その後の同氏による鎮西奉行論、すなわち佐藤進一氏によって否定された大友能直とその子孫の鎮西奉行就任説を展開される上での出発点となっていることによると思われる。何故大友氏が鎮西奉行に就任したことを主張するために中原親能が鎮西奉行に就任していなければならなかったかという問題は、何故大友氏によってこれらの偽文書が作成されねばならなかったかという問題とも関連してくる。

(9) 中原親能が建久年間に鎮西に下向したことがあったか否かの問題について、筆者は鎌倉幕府における地位および活動ぶり等から考えて、あり得なかったと考える。竹内理三氏は前掲論文において、この時期の『吾妻鏡』が欠けていることから、その可能性も残っていると考えておられる。

(二)　建久年間以前における中原親能と鎮西との関係

中原親能と鎮西との関係について論及する前に、中原親能自身について一応考察しておきたい。(1)

中原親能が源頼朝の側近として鎌倉幕府草創期に活躍していることは、『玉葉』『吾妻鏡』等にしばしば見えるところであるが、特に大江広元が鎌倉に下向するまでは、対京都公家政権との交渉にその手腕を発揮しており、広元下向後も共に対京都側との折衝には欠かせぬ人物であった。このことは親能の出自に関係している。親能の父は藤原三位右京大夫光能で、その母は前明法博士中原広季の女であったところから、最初外祖父中原広季の養子となり、中原氏を称した。後、中納言源雅頼の家人となり、その子兼忠の乳母の夫の関係にあった。これよりさき親能は相模国の住人に養育され、そこで流人の身の源頼朝と知己となり、その後京都に帰っていたが、頼朝の挙兵を知って、京都を脱出し、関東に下り頼朝の側近となったらしい。この頼朝と親能との結びつきについては、大友能直の出生ともからんで種々の説のあるところであるが、いずれもなお確証に欠けるように思われるのでここでは省略する。(2)

親能が頼朝の側近としての活躍を示す最初の史料は、『玉葉』の寿永二年九月四日条の親能が源雅頼に書状を送り、頼朝の使節として上洛する旨を告げたことを伝える記事である。

四日、丙寅、陰晴未定、前源中納言雅頼卿来、余依疾隔簾謁之、世上事等、多以談説、(中略)又語云、頼朝必定可上洛、次官親能広季男者、与頼朝甚深之知音、当時同宿、件者又源中納言家人、即左少弁兼忠之乳母夫也、件男、一昨日、以飛脚示送云、十日余之比、必可上洛、先為頼朝之使、有申院事、親能可上洛也、万事其次可申承云々、如此等之事、多以談語、推刻之後帰了、(下略)

その後寿永二年十二月には頼朝の代官として源義経と共に上洛し、勝手のわかった京都なので、親能が「万事為奉行之者」(3)とあり、さらに雅頼に謁して「若可被直天下者、右大臣殿可知食世也、無異議云々、納言問云、此条可及上奏歟、如何、親能云、若有尋者、可申此旨之由所存也云々」と進言し、その後京都に滞在して土肥実平と平氏追討の謀議をめぐらし、さらに元暦元年二月十六日には後白河法皇の使として頼朝に上洛するよう進言するため鎌倉に下向し、同四月には平家追討の頼朝の命を伝える使節として上洛する等、東奔西走の活躍を示し、その後親能は元暦元年十月には公文所寄人となり、翌元暦二年には源範頼に従って平家追討のため各地を転戦しており、範頼の参謀としてきわめて重要な役割を演じている。範頼は元暦二年正月二十六日に周防国より豊後国に渡っているが、従った者の中に、北条義時・中原親能・千葉常胤・和田義盛・比企能員・工藤祐経・天野遠景等、後に鎮西に所領所職を給付された者の名前が見える。さらに三月十一日には中原親能等十二名の者に対し、頼朝は西海にあって大功あり、同心して豊後国に渡ったことに対し、感状を発給している。これによって中原親能が鎮西に渡り各地を転戦したことは明らかであり、この時親能が鎮西の地を見聞したものと考えられる。親能がいつまで滞在したかは不明であるが、『吾妻鏡』元暦二年四月二十四日条に「範頼朝臣其身在九州、辞参河国司、其辞状今日到着于関東、親能執進之、仍可有院奏云々」とあるから、これより以前に鎌倉に帰参していたことが知られる。元暦二年四月十四日、親能の舅に当る波多野四郎経家（大友）が鎮西より帰参し、頼朝に西海合戦の模様を報告したとあるから、その前後に親能も鎌倉に帰っていたものと考えられる。当時における鎮西から鎌倉までの行程を考えれば、親能が鎮西に滞在した期間はきわめて短期間であったことになる。親能の鎮西にあった時期における親能の発給文書は、管見の及ぶ限りでは次に示す一通だけである。

下　豊前国大名在庁等所
　可早任下知存知其旨
　宇佐宮神官海三大夫成忠身事

右人者、鎌倉殿年来之御家人也、至于彼子息伴類等、不可煩、別又有申触事者、各不可見放者、依鎌倉殿仰、下知如件、

元暦二年二月　日

斎院次官藤原朝臣在御判

（「蠣瀬文書」）

本文書は案文であり、本文書と同内容の仮名の文書が「永弘文書」にも存在する。(4) その文書が発給された時期は、親能が鎮西に滞在した時期と一致するが、文書形式・内容等より考えて偽文書である可能性が強い。(5) しかしこれ以外には親能の鎮西における活動を示す史料は、『吾妻鏡』の記事を除いて全く存在しない。

注

（1）中原親能の出自については、渡辺澄夫「豊後大友氏の出自について」（『大分県地方史』二四号所収）参照。

（2）田北学編『増補訂正編年大友史料』一、九二ページ以下参照。

（3）『玉葉』寿永三年正月二十八日条。

（4）『大分県史料』三、三五ページ参照。

（5）「蠣瀬文書」は『大分県史料』八、三〇七ページに収録されているが、『大分県史料』の編者は「本文書研究を要す」と注されている。これに対し『増補訂正編年大友史料』の編者田北学氏は「永弘文書」にもその案文が見えること、および同文書に見える海三大夫成忠なる人物が、「永弘文書」鎮西探題裁許状断簡文書（『大分県史料』三、一五六ページ参照）にも見えること等を指摘され、さらに本文書で親能が藤原姓を名乗っている点に注目され、中原姓を名乗った期間が短期間であったことを注しておられる。しかし他に案文が存在することをもって、その文書が正文であることの何らの根拠とはならない。なんとなれば偽文書をもとにして案文が作られることは往々にして行なわれることであるからである。また同様に同一人名が他の文書に見えるこ

とをもって正文であると主張することも危険である。偽文書を作る場合、他の文書に出て来る人名を利用することは、これまた偽文書作成の常套手段であるからである。「蠣瀬文書」の場合、案文であるので紙質・墨色等は正文か偽文書かを判定する手懸りにはならない。このような場合、文書形式・内容の検討が唯一の真偽判定の極め手となる。田北氏は親能が藤原姓を用いていることに注目されているが、「金勝寺文書」元暦二年四月二十日関東下知状、「賀茂別雷神社文書」元暦二年四月二十八日関東下知状、書陵部所蔵「谷森文書」元暦二年五月一日関東下知状等において、親能がなお中原姓で署名していることは、田北氏の如く藤原姓を用いた初見として注目すべきではなく、「蠣瀬文書」そのものが後世の人の手になる偽文書と判定する一要素として注目すべきである。また安田元久氏は本文書に「鎌倉殿年来之御家人」と使用されている点を指摘され、他の多くのこの当時「鎌倉殿御家人」と用いられた文書が後世の偽文書であるところから、この「蠣瀬文書」の場合も「鎌倉殿年来之御家人」という表現をこの元暦二年に用いることはあり得なかったとして偽文書の可能性が強いとしておられる（同氏「御家人制成立に関する一試論」『学習院大学文学部研究年報』一六所収、一〇四ページ）参照。

（三）　鎮西における中原親能の所領

鎮西よりおそくとも元暦二年四月二十四日以前に鎌倉に帰った中原親能は、鎌倉幕府の中枢にあって、幕府政治確立のため活躍しているが、その有する所領所職もまた全国的に散在しており、(1) 鎮西各地にも多くの所領所職を保有していたことが知られる。中原親能が鎮西に所領所職を有していたことが知られる史料は、いずれも断片的史料より推論出来るものばかりであり、親能宛の地頭職補任の関東下文といったものは一通も存在しない。したがって親能が鎮西に有した所領で給付の時期が明確にわかるものは存在しないが、恐らく天野遠景が鎮西奉行在任中は、これら所領所職の給付は行なわれなかったものと考えられる。したがって天野遠景が鎮西奉行を解任された建久四年(2)から建久八年の間に親能に対する給付が行なわれたものと思われる。

「建久八年日向国図田帳」によれば、日向国島津庄寄郡中新名五十丁（以上臼杵郡）、新納院百二十丁、調殿十六丁（以上児湯郡）、宮崎庄三百町（以上宮崎郡）(3)等の地頭職を親能が領知していたことが知られる。

また同じく「建久八年大隅国図田帳」によれば、親能は大隅国正八幡宮領田千二百九十六町三段小（不輪五百丁五段小、応輪七百九十五町八段）の地頭であり、同「建久八年薩摩国図田帳」によれば、親能は薩摩国内の大隅国正八幡宮御領二百二十五町内一円御領荒田庄八十町鹿児島郡内地頭であったことが知られる。したがって日向・大隅・薩摩国に存在する親能の地頭職は、いずれも建久八年以前に親能に給付された地頭職であったことが知られる。

また「島津家文書」建久九年二月二十二日の関東御教書案によれば、親能が知行していた惟澄所領を島津忠久に知行せしめているところから、建久九年以前は親能が知行していたことが知られる。

嶋津庄内郡司弁済使等名田事

飫肥南郷郡司名田

鹿屋院弁済使名田

真幸院郡司名田

満家院郡司名田

穆佐院郡司名田

南郷弁済使名田

宮里郡司名田

右、件名田等、早可令知行、兼又、前掃部頭（中原親能）知行惟澄所領、同可令知行給者、依前右大将殿（源頼朝）依。仰執達如件、

建久九年二月廿二日　　　　平（盛時）在判

嶋津（忠久）左衛門尉殿

この親能が知行していた惟澄の所領とは、恐らく平家謀反の時、張本人として所領谷山郡、伊作郡日置南郷、同北郷、新御領名田を没収された薩摩国住人阿多四郎宣澄(4)と名前の澄が共通しているところから一族であったと考えられる。この推測に誤りなしとすれば、阿多四郎宣澄の所領は建久三年島津忠久に与えられているところから、阿多惟澄の所領も恐らくそのころに親能に与えられ、その後建久九年にこれも島津忠久に与えられたことになる。

ところが『吾妻鏡』元久元年十月十七日の条に次の如き記事が見える。

十七日丙午、大隅国正八幡宮寺訴申事、被経沙汰、是故右幕下御時、掃部頭入道寂忍（親能）為正宮地頭之処、宮寺依申子細、被停止其儀訖、（下略）

これによって親能に与えられていた大隅・薩摩に散在していた大隅国正八幡宮領地頭職は、大隅国正八幡宮の神官僧侶等の訴えによって、源頼朝生存中の正治元年以前に親能の地頭職を停止していることがわかる。

このほか親能が鎮西に保有した所領所職の徴証としてはつぎの如きものがある。

筑前国宗像郡東郷曲村地頭職をめぐって、貞永年間宗像社と地頭駿河前司季時が宗像社修理料につき相論しているが、この相論を裁許した「宗像神社文書」貞永元年七月二十六日関東裁許状案中(5)に、季時(6)の主張を引用しているが、季時はこの地頭職は親父中原親能の時請所となり、その後季時が相伝したものである由を述べており、その給付の時期は不明であるが、この地頭職を親能が保有していたことがわかる。

また筑後国上妻庄内蒲原次郎丸地頭主殿助泰房と名主吉田三郎 能茂法師（法名足阿）との相論を裁許した「室園文

書」宝治二年九月十三日関東裁許状（7）によれば、足阿の申状を引用し、蒲原次郎丸地頭職は、右大将家御時文治二年に祖父家秀・親父家職等が宛給わったものであり、その後藤内民部大夫遠景（天野）・掃部頭親能（中原）が惣地頭に補任され、親能の子の駿河前司季時が伝領したとある。親能が天野遠景より伝領した時期については、同じく足阿の申状に「建久御下文者、親能拝領地頭職之後、被成下畢」とあり、この建久御下文とは同裁許状中に述べられている建久八年十一月七日右大将家下文を指していることは明らかであるから、建久八年以前、恐らく遠景の鎮西奉行解任の時期と一致している可能性が強い。また「如同所進親能法師建仁元年十一月日下文者、家職可為蒲原次郎丸地頭代職云々」「如同所進季時法師建保三年四月三日下文者、次郎丸名主職事、大将家御下文幷親父家秀譲状明白也、停止家村之沙汰、任先例家職可致沙汰云々」とあることから、建仁元年には親能が惣地頭職を有しており、建保三年には季時が惣地頭職を有していたことがわかる。親能は承元二年十二月十八日に没しているので、親能がこの惣地頭職を領知していたのは、建久四年頃より承元二年以前ということになる。

同じく親能が天野遠景より相伝した所職として、肥前国佐嘉御領末吉名惣地頭職がある。「竜造寺文書」嘉禄三年三月十九日関東裁許状案（8）によれば、佐嘉御領末吉名惣地頭職は「故大将殿（源頼朝）御世以後、伊豆民部入道（天野遠景）、掃部頭入道（中原親能）、神庄司、堀藤二、天野左衛門尉、右衛門大夫、中村五郎等」に相伝されたとあり、ここでも遠景が保有した惣地頭職を親能が引き継いだことがわかる。「河上神社文書」建久八年正月二十日藤原遠清田地奉免状によれば、毎月毎申日の『観音経』一千巻の用途料として、佐嘉御領内の田壱町を河上山菩提院に寄進しているが、その趣旨は「為前源右大将軍幷（家脱カ）親能朝臣息災延命増長福寿」とあり、源頼朝とならんで中原親能の名前を挙げていることは、佐嘉御領の惣地頭として挙げたものと考えられる。したがって、その相伝の時期は建久八年以前ということになる。

このほか「曾根崎文書」建久八年七月日肥前国太田文案によれば、

同南郷(基肄郡)百五十丁六反

行武七十丁掃部頭沙汰　地頭曾禰崎平太通友

とあり、親能が肥前国基肄郡内堺別符行武名に何らかの権限を有していたことが知られる。

また親能が豊後に多くの所領所職を保有しており、それを猶子である大友能直に譲ったことが、大友氏が鎮西に所領を有するに至った機縁となったことは間違いないと考えられるが、そのことを示す確証は次の「志賀文書」だけである。

(端裏書)「能直朝臣譲状案文関東安堵案文」

譲与

所領弐箇所事

壱所　豊後国内大野荘地頭職

壱所　相模国大友郷地頭郷司職

副渡関東御下文親父掃部頭入道譲状以下具書等

右、件所領等、賜関東御下文、年来之間、無相違所領掌之来也、而女房平氏(尼深妙)為数子母堂之上、依為年来之夫婦、相副証文等、限永年所譲渡也、早任譲状、無相違可令領掌也、敢不可有他妨、仍為後日之証文、譲状如件、

貞応弐年十一月二日　　前豊前守藤原朝臣(大友能直)在判

これによって、豊後国大野庄地頭職は親能より能直が譲られたことが明らかであるが、それ以外の能直が鎮西に有

した所領所職の中にも親能から譲与されたものが含まれている可能性がある。しかしそのことを証明する史料に欠けるので、一応親能が領知した所領として大野庄地頭職のみを挙げるに留める。(9)

かつて佐藤進一氏は中原親能の豊後・肥後・筑後三ヵ国守護職補任について否認されたが、(10)渡辺澄夫氏は寛元二年十月十二日幕府追加法に、(11)

一、掃部頭禅門(中原親能)并前豊前国司(大友能直)及出雲路桑門(大友親秀)成敗事、

右、彼三代沙汰中有非拠事之由、雖訴人出来、彼時事不可及是非、但於神社仏寺幷公事及御家人事者、其理令至極者可尋問矣、

とあること、および松木三郎時光と帆足兵衛尉道員との野司狩場に関する相論を裁許した「大友文書」正嘉二年四月五日豊後国守護大友頼泰裁許状案の中に「如時光申状者、去建久六年、前禅門(中原親能)之時、時光父家時拝領下作職」、「如道員陳状者、件狩場地頭御代官職事、道員祖父家道、存日之比、致非分望之間、可止競望之由、五月五日、九月廿二日已上不記年号、建久六年、同七年、正治元年四ヶ度自禅門給安堵御下文畢」とあることから、親能が少なくとも正治元年まで豊後国守護職を帯していたと主張されている。(12)これによって親能より能直への所領所職譲与の時期を正治元年以後とされる点に異論はないが、それ以前に親能が豊後国で行使した権限を豊後国守護の権限とされる点は速断のきらいがあり、なお今後の残された問題として史料的裏付けが必要と思われる。

先述の如く、筑後国上妻庄の場合は親能が惣地頭として安堵の下文を発給したとされているので、豊後国の場合も惣地頭の権限で安堵下文を発給したことも考えられる。しかしその権限の根源が守護の権限によるものか、或いは惣地頭の権限によるものか、さらには鎮西奉行と呼称されるに相当する汎鎮西的権限によるものかは不明にしても、親

能が豊後国に特殊な権限を行使していたことはこれらの史料によって疑いない。

このほか直接親能の所領所職の保有を示すものではないが、「橘中村文書」建長二年七月七日関東裁許状案(13)及び建長五年八月二十七日の関東裁許状案(14)に肥前国長嶋庄前地頭駿河守季時法師と見えるが、長嶋庄に惣地頭・小地頭が存在していること、季時の跡を継いだと考えられる橘公業が長嶋庄惣地頭であったことから、季時が保有したのも惣地頭職であったと考えられ、季時が鎮西に有した所領所職がいずれも親能より相伝している傍例からすれば、この長嶋庄惣地頭職も季時が親能より譲与された可能性が強い(15)。

以上、中原親能が鎮西に保有した所領所職を表示すればつぎの通りである。

所領所職	給付の時期	備考
日向国島津庄寄郡新名五十丁、浮目七十丁、新納院百二十丁、調殿十六丁、宮崎庄三百町等地頭職	建久八年以前	
大隅国正八幡宮領千二百九十六町三段小地頭職	建久八年以前	正治元年以前に停止
薩摩国正八幡宮一円御領荒田庄八十町、鹿児嶋郡内地頭職	建久八年以前	正治元年以前に停止
薩摩国惟澄所領	建久九年以前	建久九年島津忠久に給付
筑前国宗像郡東郷曲村地頭職	不明	中原季時に伝領
筑後国上妻庄内蒲原次郎丸惣地頭職	建久八年以前	天野遠景より相続、中原季時に伝領
肥前国佐嘉御領末吉名惣地頭職	建久八年以前	天野遠景より相続、神庄司に伝領
肥前国基肄郡南郷界別符行武名	建久八年以前	中原親能沙汰
豊後国大野庄地頭職	不明	大友能直に伝領
肥前国長嶋庄惣地頭	不明	中原季時に伝領？

注

（1）『吾妻鏡』文治三年四月二十九日、同四年六月十一日、同六年四月十九日条等により、中原親能は伊勢国萩野庄一方、昼生庄預所、東園、西園村、高垣名、福武名、高成名、豊富・安富、駿河国蒲原庄、越後国大面庄、近江国頓宮、美作国布施郷、阿波国高越寺、長門国内にも所領所職を保有していたことが知られ、それに鎮西各国に散在する所領を領知していたことになる。

（2）天野遠景の鎮西奉行解任の時期について、佐藤進一氏は建久二年八月一日とされ、石井進氏は建久四年まで在任していることを確認されている（同氏『日本中世国家史の研究』一一〇ページ参照）。今、石井進氏の説に従い建久四年としておく。

（3）「日向国図田帳」に見える中原親能が保有した地頭職の所在地については、日高次吉編『日向国荘園史料一』（九州荘園史料叢書六）参照。それによれば浮目＝東臼杵郡北川村大字長井地方、新納院＝児湯郡木城村高鍋町川南地方、宮崎庄＝宮崎市大字上北方、下北方、池内、南方地方、調殿＝西都市大字調殿地方、新名＝不明とされている。

（4）薩薩国住人阿多四郎宣澄所領谷山郡、伊作郡日置南郷、同北郷、新御領名田等事、彼宣澄者、平家謀反之時、張本其一也、仍令停止件職了、早可令知行地頭職者、依仰執達如件、

建久三年十月廿二日　　平（盛時）在判

民部丞（二階堂行政）在判

（島津忠久）宗兵衛尉殿

（「島津家文書」）

（5）拙編『鎌倉幕府裁許状集(上)』四四ページ参照。

（6）中原季時については、『吾妻鏡』にしばしばその名が見え、建久五年四月三日条には鶴岡八幡宮臨時祭に奉幣使として参宮したのをはじめ、同五月四日には寺社訴事を執申すことを命じられ、同十月十三日には永福寺内新造堂事につき供養の導師を東大寺に申請するための使節として上洛し、同十二月二日には鶴岡八幡宮奉行人と定められ、元久元年三月三日の条によれば、それまでの右京進から駿河守となっており、将軍源実朝の側近として行動しているが、二年十月十日には京都守護として上洛しており、その後承久元年正月二十八日、源実朝の死によって出家するまで京都守護の任にあった。出家して駿河入道行阿と称したが、承久三年五月二十三日には宿老として鎌倉の留守番に当っている。このように親父親能と共に頼朝・実朝の側近として重用

されているが、実朝の死去による源家将軍断絶後は、その活動が表面に現われなくなっている。嘉禎二年四月六日に没している が、同日の『吾妻鏡』は「六日壬辰、巳刻、前駿河守従五位下藤原朝臣季時法師法名行阿、卒、年、去月廿七日以後病悩、吃行与脚気計会云々」と伝えている。

(7) 拙編『鎌倉幕府裁許状集(上)』八四ページ参照。
(8) 拙編前掲書三四ページ参照。
(9) 外山幹夫氏は、大友能直が中原親能より譲られた鎮西所在の所領として、大野庄地頭職以外に緒方庄地頭職、直入郡直入郷地頭職を挙げておられるが、史料的裏付けに欠け推定の域を脱していないので除外しておく(同氏「中世武家の成立に関する一考察―大友氏の場合―」『日本中世史論集』所収、五〇ページ)。
(10) 佐藤進一『鎌倉幕府守護制度の研究』『鎌倉幕府訴訟制度の研究』参照。
(11) 『中世法制史料集(一)』一四九ページ参照。
(12) 渡辺澄夫「豊後大友氏の下向土着と嫡子単独相続制の問題」(『大分県地方史』二五所収)参照。
(13) 拙編前掲書一〇〇ページ参照。
(14) 拙編前掲書一〇六ページ参照。
(15) 拙編『肥前国長嶋荘史料』(九州荘園史料叢書一一)参照。

(四)　鎮西における中原親能の権限

以上、中原親能が保有した鎮西における所領所職について考察してきたが、鎌倉幕府中枢における地位および給付の規模から考えても、鎮西における最有力の東国御家人であったと言わねばならない。しかも鎮西奉行人天野遠景の解任後、遠景が保有した惣地頭職を今日知り得るだけでも二ヵ所引き継いでいること、給付された所領所職が鎮西全般に分布していたこと等から考えて、(1)形式的にはともかく、事実上の天野遠景の後継者とする見解も成立するかも知れない。しかし如何に広大な所領所職を保有していたとしても、鎮西奉行の意味を従来の如く、鎮西全般に権限を有する者に対する呼称と考えるならば、鎮西全般に及ぶ特殊権限の行使の事実が確認されない限り、親能をして鎮西奉行人と呼ぶことに躊躇せざるを得ないし、その権限の行使に当っては、親能の鎮西下向の有無ということがやはり重要な問題となってくると思う。この点について相田・佐藤氏は中原親能が鎮西奉行と呼ばれるにふさわしい鎮西全般に及ぶ特殊権限を保有していなかったと否認されたのに対し、石井・竹内両氏は親能が鎮西全般に及ぶ特殊権限を保有していたとされる。石井・竹内氏が先述の建久六年の征夷大将軍家政所下文を後世の偽文書とされながら、なお親能が鎮西奉行と呼ばれるのにふさわしい特殊権限を有したとされる根拠の一つに次に掲げる「大友文書」がある。

(朱書)「親能」
在判

(朱書)「鎮西御家人等結番事」
注進　肥前国御家人
可早任御下知旨、勤仕守護所大番事
九月一日始　三日番定
一　番　曾禰崎平太　山浦三郎　小野小大夫　高田次郎　横田太郎
中間略之
廿八番　高木大夫　蠣久八郎新大夫　山田次郎　大野四郎(2)　小野次郎

建久六年八月廿五日　　（朱書）「当国押領使高木太郎太夫」肥前国押領使大監藤原宗家　上

（朱書）「右大将家」
在御判

一、可禁制　宇佐・筥崎宮及余社神人等濫行事
右中間略之、
一、可召禁夜打強盗殺害人事
右中間略之、
以前両条、前右大将殿仰旨如此、仍執達如件、
建久七年十一月十四日　　平盛時奉
前掃部頭殿

この二通の文書は、偽文書とされている征夷大将軍家政所下文と一連の抄写であり、石井氏も「中間略之」とある点など若干の疑点があるものとされているが、さらに付言すれば、第一の文書の「在判」とあるのを親能であるとしたのは朱書であり、抄写して編輯した後世の人の筆になるもので、本文書が偽文書でなかったとしても、この袖判が親能のものであることの可能性はさらに少なくなる。しかも建久六年の時点で守護所大番役が存在したか否かははなはだ疑問であること(3)、たとえ守護所大番役が存在したとしても鎌倉にあったと思われる中原親能がかかる注進状に袖判

を加えることに納得し難い点があること、建久六年の時点で「御家人」と用いている点など疑惑は深まる一方である。さらに百歩譲って偽文書でなかったとしても、この結番に名前を連ねているのはいずれも肥前国の武士であることからすれば、ここにある「守護所」が肥前国守護所でなく、鎮西守護所であるとする根拠に欠ける。第二の文書についても同様な疑問が残るが、これが偽文書でなかった場合でも、源頼朝が所領所職を有する鎌倉御家人に対して、その地方の濫行等の停止、或いは調査報告を命じた例は他にもきわめて類例が多い。たとえば親能についても『吾妻鏡』文治四年七月二十八日の条によれば、駿河国蒲原御庄・越後国大面庄等の年貢抑留について調査を命じられており、同文治六年四月十九日の条によれば、伊勢大神宮が地頭等の御造営役夫工米未進について訴えたのに対し、所領を有した親能等に調査報告を下知している。したがって鎮西にこれだけ多くの所領所職を有した親能に対し、宇佐・筥崎宮等神人の濫行・夜打・強盗・殺害人の停止を命じたことをもって、親能が鎮西奉行人に就任したことを示す積極的確証とすることは出来ないと思う。まして「大友文書」のこの一連の抄写が、かなり意図的に親能の鎮西守護人就任を立証するために偽文書を作成、或いは改竄されたふしが見られることから考えても、この一連の文書について否定的にならざるを得ない。

また渡辺澄夫氏が指摘された豊後国における成敗権の行使および安堵下文の発給に対する筆者の見解は既に述べたので重複して論及することは省略するが、これ以外に中原親能の鎮西における権限の行使の例として、石井進氏は、「永弘文書」正治二年十二月二十一日大宰府政所牒に引用されている宇佐言輔の解状の中に「且任度々社家裁判・宰府守護所并前掃部頭入道書状・府官等書札、勿論知行旨、賜 大府宣」とあること、「生桑寺文書」の断簡文書「此条、建久六年者、右大将家御代最中、鎮西者□□入道奉行之比歟、如位所者、平云々、誰人事哉、非□」とある□入道は「前掃部頭入道」すなわち親能の名を入れるのがもっとも妥当ではないかとされている。

前者については、正治二年当時親能は京都守護の任にあり、六波羅探題の前身としての京都守護が、西国成敗に何らかの権限を有していたことも考えられる。後者については「鎮西者、前掃部頭入道奉行之比歟」とされる石井氏の説に賛成であるが、この文書は断簡のため確定的なことは言えないが、内容からして後世の文書であることは間違いなく、建久六年頃を回想したものであることは間違いない。したがって直ちに天野遠景が有したと同様の鎮西奉行に就任したと考えることに若干の疑問が残る。同様な意味で、『吾妻鏡』元久元年三月二十二日の条に「鎮西乃貢事、掃部頭入道寂忍可令勘定之由、被仰遣云々」と見える。この記事は親能が鎮西全般に及ぶ特殊権限を付与されたものとも考えられるが、鎮西乃貢事とは鎮西全般に及ぶものではなく、親能が鎮西に保有する所領の乃貢に限定して勘定することを命じたものとも考えられるが、これだけの記事からはそのいずれとも断定出来ない。

以上見てきた如く、中原親能と鎮西との関係は、他の鎮西に所領所職の給付を受けた東国御家人とは異質の関係の存在を推測させるものがあることは異論がないと思われる。しかしそれが直ちに天野遠景解任後の鎮西奉行に補任されたことを意味するかどうかという点になると必ずしも明確ではない。当時、中原親能は京都守護の任に当っており、『吾妻鏡』の記事等による鎌倉幕府中枢での活躍等から考えて、先述の如く、親能の鎮西下向の可能性は存在しないと考えられる。一方、鎮西各国守護補任による天野遠景が有した鎮西の一元的支配の権限の分化は建久年間に始まったと考えられる。これらのことから中原親能が鎮西に有した権限を、天野遠景が有した権限と同一のものと考えることは出来ないように思う。

これまで親能の鎮西奉行就任について否定的意見が強かった理由は、親能の非在地性のため、鎮西における実際上の活動が、天野遠景さらには武藤氏等と比較してきわめて稀薄であったこと、および後世大友氏を中心に親能の鎮西奉行就任を強調する工作が逆の作用を起し、大友氏の工作を見破ることによって、親能の鎮西における特殊権限の存在までも否定する結果を生じさせたように思われる。

しからば何故大友氏は親能の鎮西奉行就任を強調する必要があったのであろうか。先述の「大友文書」の一連の文書は、中原親能の鎮西惣奉行就任説の強調を目的として作成されたものと考えられる。これらの文書は「中間略之」という偽文書作成の手段としても特異な形態を示しているが、「中間略之」の中に作成者の二つの意図が秘められているように思う。一つは「中間略之」ことによって偽文書であることの判断の材料を隠匿することを狙ったもの、もう一つは「中間略之」ことによって作成の意図が中原親能の鎮西惣奉行就任に集約されていることを端的に示していることである。何故大友氏がこのように中原親能の鎮西奉行就任に固執したのかということを考えることが、この一連の偽文書が作成された動機にアプローチすることになると思う。その理由は、文永年間以後武藤氏と共に東方・西方奉行と呼称されるような役割を課せられたことにあると思う。ところが武藤氏は鎌倉初期から大宰府に土着して着着と実績をあげており、大宰少弐を兼任することによって旧律令機構大宰府の現地最高責任者として、その全鎮西に及ぶ権限を簒奪することに成功していた。ところが大友氏は東国有力御家人として鎮西の守護に補任され、多くの所領所職を給付されながら、鎮西下向土着が武藤氏よりおくれ、武藤氏が有した如き何らの全鎮西に及ぶ権限も役職も保持していなかった。したがって大友頼泰は文永年間に鎮西に下向した段階において、実質・形式両面においてははるかに立ちおくれた状態に置かれていた。武藤氏は、旧律令機構としての大宰府の最高責任者としての地位を兼有することによって、全鎮西に君臨し、鎮西奉行的性格を有しつつあった。これに対抗するため、大友氏は自ら東方奉行と称して武藤氏と併立を意図したものと思われる。さらにこのことを権威づけるため、鎌倉時代初期に多くの所領所職の給付を受け、鎮西に特殊権限を有した大友能直の養父中原親能が天野遠景の後継者として鎮西奉行に就任したことを主張し、大友氏がその親能の後継者であることを強調することになったと考えられる。そこから建久六年五月日の征夷大将軍家政所下文を援用したものであろう。この文書自体は宇佐宮関係社家に多く写本が存在するところからして、宇佐宮関係者によって偽作された可能性が強い。宇佐宮関係者としては、中原親能の鎮西守護就任を強調することが目的ではなく、幕府が宇佐宮の造営を怠ったため天野遠景を解任したことに偽作の目的があったと考えられる。恐らく大友氏はこのような宇佐宮関係者によって作成された偽文書の存在を利用して、中原親能の鎮西守護人就任の根拠にしたのであろう。したがって大友氏関係者にとっては、宇佐宮関係者が必要とした部分は必要ではなく、「中間略之」となったものと考えられる。これと同様な工作は、大友氏よりさらに鎮西土着がおくれた島津氏において、南北朝時代に試みられている。すなわち「島津家文書」康安元年四月十日の島津道鑑代得貴申状において、建久年中、少弐・大友氏とならんで三ヵ国ずつの守護を分割したとの主張となって現われているのと全く同じ動機によると思われる。そしてこれが全く島津氏による根拠のない主張であったことは、既に佐藤進一氏によって論証されているところである。(4) この推測が当っているとすれば、大友氏が中原親能の鎮西奉行就任説を必要としたのは鎌倉時代ということになり、大友氏による宣伝は鎌倉時代から南北朝時代にかけて、かなり広く深く浸透しており、一般に流布し、信じられていた形跡がある。

しかしながらこれらの風説の否定から、中原親能が鎮西に有した権限まで否定することは避けねばならない。中原親能が鎮西に多くの所領所職を給与され、鎮西において成敗権を含む特殊な権限の行使を行なっていることは否定出来ないし、この中原親能の権限を、後世の人が天野遠景の後継者の権限と理解していた形跡もある。しかし客観的に見れば、天野遠景が有した一元的鎮西支配と中原親能が鎮西に有した権限の間には質的な相違が存在していたと思う。それは鎮西各国守護の補任という歴史的情勢の変化と中原親能の非在地性に起因する現象であったと思う。

以上、大友氏の意図とは関係なく、中原親能が鎮西に有した権限が鎮西奉行と呼ばれるにふさわしいものであったかどうか。このことは鎮西奉行を如何なる性格のものと考えるかによって違ってくると思う。この点については第二章第一節の「鎮西奉行考」で述べたのでここでは特に触れないことにするが、鎮西奉行を従来考えられていた如く、鎮西全般に及ぶ特殊権限を有し、各国守護の上にあってこれを統率する鎌倉末期に設置された鎮西探題と同様の性格と考えるならば、親能がこのような鎮西奉行に就任したとの説には否定的にならざるを得ない。しかしこれまで見てきた如く、親能が有した惣地頭職、地頭職の保有、鎮西に有した各種鎌倉幕府より付与された権限を綜合して、鎮西を奉行した者という意味であれば、親能は天野遠景解任後における最も有力な鎮西奉行人であったと言える。その意味では石井氏が指摘された「生桑寺文書」にある如く、「鎮西者、前掃部頭入道奉行之比歟」という表現に相当することになる。ただ鎮西奉行という意味をこのように理解すれば、鎮西奉行人は一人とは限らず、複数でも存在可能であること、その権限は必ずしも全鎮西に及ぶものでない場合でも鎮西奉行人と呼ばれることがあり得ることになる。鎮西奉行の意味をこのように解することが承認されるならば、中原親能は鎮西惣奉行ではなかったが、鎮西奉行人であったことを認めたいと思う。

注

（1） 鎌倉時代初期鎮西各国守護を給付された武藤氏・大友氏・島津氏等の所領所職は、各守護管内に限定されており、遠景・親能の如く鎮西全般に散在した形跡はない。しかし蒙古合戦勲功地の配分等によって、この原則もくずれることになった。

（2）　ここに記載されている人名は、肥前国御家人として他の史料によって裏付けられる者が含まれている。本書第三章第一節「肥前国における鎌倉御家人」参照。

（3）　守護所大番役の存在について、三浦周行氏は『続法制史の研究』八四〇ページで次の如く述べられている。

「鎮西守護所大番役、此他大友文書に拠れば、鎮西の地頭御家人に対して守護所大番役を課することありしと見えたり、即ち同書建久六年八月二十五日肥前国押領使藤原宗家の注進状に於ては、其一部として、肥前国御家人の一番より二十八番迄に分ち、九月一日より三日毎に更代詰番すべきことを載せたり、果たして然らば彼元の来寇につきて始められたる博多警固番役に類せるもの、既に是時に存せりとなすべし、此注進状には中原親能の袖判あり、これ親能が是時鎮西守護たりしに依るべし、是より先き、天野遠景、鎮西奉行人として鎮西に於ける御家人を統率したりしが、建久六年五月、幕府が親能を鎮西守護人となす政所下文、大友文書に見ゆ、然るに此下文は其文体といひ、様式といひ、並びに疑ふべきものあるのみならず、吾妻鏡には親能の鎮西守護に補せられしことを載せずして、却って下文に五月鎮西に発向せしめられたる筈の親能が、京都守護として八月六日在京しつゝありしことを載せたり、而かも鎮西守護所大番の当時に存せしことは、更に疑を容るべくもあらざるなり。」これによって三浦氏は中原親能の鎮西守護就任を肯定され、それと同時に守護大番役とは鎮西守護所大番役のことと解され、これを全鎮西御家人に課せられたものと考えられている。ここで三浦氏が述べられている鎮西守護所は全鎮西を統轄する鎌倉幕府の出先機関として考えられており、したがってその大番役は現在肥前国御家人に課せられた史料しか残っていないが、これは史料残存の偶然性によるもので、当然他の鎮西各国の御家人も結番して鎮西守護所大番役を勤仕したものとの立場を示しておられる。ただ『大日本史料』第四編の担当者として（『大日本史料』第四編の四は本論文が発表された二年後に刊行されている）、建久六年五月日の文書は全く否定されているが、建久六年八月二十五日の文書については、この論文では全面的に肯定されている。ただし『大日本史料』第四編の四、一〇〇一ページでは、この文書についても「本文、稍、疑フベキモノアリ、且、幕府発令ノ日詳ナラズト雖ドモ、姑ク之ニ拠リテ是日ニ掲グ」と按文がつけられており、本文書についてもやや疑問視しておられることがわかる。その後相田二郎氏・佐藤進一氏は中原親能の鎮西奉行就任に関する一連の「大友文書」は偽文書として一顧だに与えられていないので守護所大番役についても触れられていない。これに対し、石井進氏は一連の「大友文書」にも疑問を抱きながらも理解ある態度を示されるところから、守護所大番役についても考察しておられる。すなわち同氏『日本中世国家史の研究』一一五ページで「弘長二年当時、肥前国御家人の負担として〈大番役〉にならぶ〈宰府守護〉の役の存在を証明しうる（『佐賀県史料集成』古文書編第一巻〈実相院文書〉四号、正和元年十一月二十二日鎮西下知状）上に、正治二年八月、大宰権帥藤原宗頼の申請により、陣定を経て、宣旨によって決定された〈二十一箇条〉の中に〈不論管内諸国并神社仏寺権門勢家庄園、平均一同充兵士、次第結番、守護宰府事〉という一ヶ条がみとめられる」ことを指摘されて、守護所大番の存在を認める態度を示しておられる。石井氏の場合は三浦氏の如く、鎮西守護所の存在を認める態度をはっきり表現されてはいないが、これまでの石井氏の見解からすれば「大友文書」の守護所を鎮西守護所と解しておられるものと思われる。しかし石井氏の挙げられた二例はいずれも旧律令機構としての大宰府を守護する場合のことを定めたもので、そのことの番役の存在が、直ちに鎮西守護所の存在、さらにはそれを守護する大番役の存在の傍証となるとされる点には疑問を持つ。この点については本章第四節「大宰府守護所考」で論及する予定であるので、この点を指摘するに止める。

（4） 佐藤進一『鎌倉幕府守護制度の研究』二一一ページ参照。

第三節　鎮西における六波羅探題の権限

鎮西の地には、古来、国防・外交・貿易上の重要性と統治のため、中央集権政権はこの地に各種出先統治機関を設置して、その統治に当らせた。推古天皇十七年四月「筑紫大宰」が設けられたのを初見として、その後「筑紫大宰帥」「筑紫率」「筑紫帥」「筑紫大宰府」「筑紫大宰率」「筑紫総領」等の呼称の鎮西統治機関が設置されたが、大宝令によって大宝元年大宰府の官制・職制が確立し、その後中央政権の盛衰に伴って、その出先機関である大宰府にも盛

衰が見られたが、鎌倉幕府による鎮西統治機関が設置されるまで、一元的に鎮西の統治の任に当った。(1)

鎌倉幕府は、鎮西の地がかつて平氏政権の社会的経済的基盤であったところから、源頼朝の側近であった天野遠景を派遣して鎮西奉行に任じ、武断的統治に当らせることになったので、それ以後、それまで鎮西統治機関として存在した律令機構としての大宰府とともに二元的支配が行なわれることとなった。(2) しかし天野遠景の鎮西奉行解任後は、鎮西各国守護の補任によって、鎌倉幕府による鎮西全般を支配する鎮西統治機関の存在はきわめて影の薄い存在となり、その活動は天野遠景の鎮西奉行、および蒙古襲来後に設置された鎮西探題等に比較して、きわめてその権限が微弱であったとする点については異論のないところである。(3)

その間、承久の乱直後に、鎌倉幕府によって京都六波羅に設けられた六波羅探題は、「如右京兆《北条義時》爪牙耳目、廻治国之要計、求武家之安全」(4) と「洛中警固并西国成敗」(5) を目的として設置されたものである。(6) この六波羅探題の権限の及ぶ西国の中に鎮西全般が包括されていたことは言うまでもない。そこで鎮西に及んでいる六波羅探題の権限および職務内容を追求することによって、鎮西統治のために行使された六波羅探題の権限について究明してみたい。

注

（1）竹内理三編『大宰府・太宰府天満宮史料』巻一～巻八、石井良助「東国と西国――上代および上世における――」（『大化改新と鎌倉幕府の成立』所収）参照。

（2）佐藤進一「鎮西奉行・守護」（『鎌倉幕府訴訟制度の研究』所収）、石井進「大宰府機構の変質と鎮西奉行の成立」（『日本中世国家史の研究』所収）参照。

（3）佐藤・石井前掲書、相田二郎「異国警固番役の研究」（『蒙古襲来の研究』所収）、竹内理三「鎮西奉行についての一、二の考察」（『魚澄先生古稀記念国史学論叢』所収）参照。

（4）『吾妻鏡』承久三年六月十六日条。
（5）『沙汰未練書』
（6）六波羅探題については佐藤進一「六波羅探題」（『鎌倉幕府訴訟制度の研究』所収）、上横手雅敬「六波羅探題の成立」（『ヒストリア』七所収）、同「六波羅探題の構造と変質」（『ヒストリア』一〇所収）参照。

（一）権限内容概観

今日残存する鎮西に関して六波羅探題が発給した文書は、管見が及んだ限りではつぎの八十三通を数える。(1)

(1)	承久三年六月二十二日	六波羅禁制	竜造寺文書
(2)	承久三年八月二十一日	六波羅下知状	益永文書
(3)	承久三年八月二十五日	六波羅下知状	桑幡文書
(4)	承久三年八月二十八日	六波羅下文	国分寺文書
(5)	承久三年九月十七日	六波羅下知状	桑幡文書
(6)	承久三年十月八日	六波羅下知状	国分寺文書
(7)	貞応三年五月二十六日	六波羅施行状	禰寝文書
(8)	寛喜元年十月六日	六波羅施行状	和泉文書
(9)	寛喜三年八月三十日	六波羅裁許状	鷹尾家文書
(10)	天福二年十月二十八日	六波羅御教書	鷹尾家文書

(11)嘉禎二年八月十二日　六波羅施行状　平林古文書
(12)嘉禎二年九月五日　六波羅御教書　益永文書
(13)嘉禎二年十月七日　六波羅御教書　阿蘇品文書
(14)嘉禎三年七月十三日　六波羅施行状　宗像文書（出光佐三氏所蔵）
(15)嘉禎四年六月二十三日　六波羅施行状　久恒文書
(16)嘉禎四年十月二十七日　六波羅裁許状　山代文書
(17)暦仁二年正月二十七日　六波羅御教書　山代文書
(18)延応元年六月十六日　六波羅施行状　山代文書
(19)延応元年九月一日　六波羅御教書　山代文書
(20)仁治二年七月五日　六波羅施行状　田口文書
(21)仁治三年二月十三日　六波羅御教書　鷹尾家文書
(22)仁治三年二月十三日　六波羅御教書　鷹尾家文書
(23)仁治三年二月十三日　六波羅御教書　鷹尾家文書
(24)仁治三年十一月十九日　六波羅御教書　国分寺文書
(25)寛元元年十二月三日　六波羅御教書　高良記裏文書
(26)寛元二年四月二十七日　六波羅御教書　益永文書
(27)寛元二年七月二十七日　六波羅施行状　山代文書

(28)寛元三年十二月二十三日　六波羅施行状　比志島文書
(29)寛元四年五月二十七日　六波羅施行状　国分寺文書
(30)寛元四年九月五日　六波羅御教書　国分寺文書
(31)宝治元年十月六日　六波羅施行状　高城寺文書
(32)宝治二年正月十七日　六波羅施行状　比志島文書
(33)宝治二年三月三日　六波羅問状　阿蘇家文書
(34)宝治二年七月二十七日　六波羅施行状　柞原八幡宮文書
(35)建長元年八月十一日　六波羅御教書　権執印文書
(36)建長二年十一月二十一日　六波羅施行状　深堀文書
(37)建長三年二月二十三日　六波羅施行状　深堀文書
(38)建長四年九月十三日　六波羅施行状　到津文書
(39)建長五年五月三日　六波羅下文　宗像神社文書
(40)建長五年十二月二十七日　六波羅施行状　宗像神社文書
(41)建長七年三月二十五日　六波羅御教書　禰寝文書
(42)建長七年五月二日　六波羅施行状　深堀文書
(43)建長八年三月七日　六波羅御教書　宗像文書（出光佐三氏所蔵）
(44)正嘉元年四月十四日　六波羅御教書　宗像文書（出光佐三氏所蔵）

(45)正嘉元年八月十五日　六波羅施行状　野中文書
(46)正嘉元年十二月二十四日　六波羅召文　深堀文書
(47)正嘉二年十月二日　六波羅御教書　深堀文書
(48)弘長元年四月五日　六波羅御教書　水引執印文書
(49)弘長二年正月九日　六波羅挙状　都甲文書
(50)文永元年六月三日　六波羅御教書　書陵部所蔵文書
(51)文永元年六月七日　六波羅御教書　書陵部所蔵文書
(52)文永二年三月一日　六波羅御教書　橘中村文書
(53)文永二年十月二十日　六波羅問状　青方文書
(54)文永三年九月二十九日　六波羅召文　青方文書
(55)文永四年九月十九日　六波羅御教書　深堀文書
(56)文永五年三月三日　六波羅召文　青方文書
(57)文永五年八月二十日　六波羅御教書　都甲文書
(58)文永六年七月二十五日　六波羅挙状　深堀文書
(59)文永六年九月二十日　六波羅御教書　禰寝文書
(60)文永九年七月十三日　六波羅下知状　宗像文書（出光佐三氏所蔵）
(61)文永九年九月二十六日　六波羅御教書　調所文書

(62) 文永十年六月□	六波羅御教書	深江文書
(63) 文永十一年六月三日	六波羅御教書	延時文書
(64) 文永十二年二月三十日	六波羅御教書	宗像氏緒所蔵文書
(65) 弘安元年後十月十七日	六波羅御教書	権執印文書
(66) 弘安二年六月一日	六波羅御教書	永勝院文書
(67) 弘安二年十二月二日	六波羅施行状	宗像文書（出光佐三氏所蔵）
(68) 弘安二年十二月二日	六波羅施行状	宗像神社文書
(69) 弘安三年四月七日	六波羅裁許状	北野社文書
(70) 弘安四年七月三日	六波羅施行状	禰寝文書
(71) 弘安四年九月十六日	六波羅御教書	野上文書
(72) 弘安五年四月二十五日	六波羅御教書	小鹿島文書
(73)（弘安六年）三月八日	六波羅御教書	日名子文書
(74) 弘安六年十一月十七日	六波羅御教書	深堀文書
(75) 弘安七年十月三十日	六波羅下知状	有浦文書
(76) 弘安八年七月十六日	六波羅施行状	稲葉文書
(77) 正応二年五月二十八日	六波羅施行状	禰寝文書
(78) 正応二年五月二十八日	六波羅施行状	禰寝文書

(79)正応 四 年十一月 四 日　六波羅施行状　禰寝文書
(80)正応 五 年閏六月　日　六波羅施行状　志賀文書
(81)正和 五 年 七 月 十 七 日　六波羅御教書　大友文書
(82)正中 二 年 三 月 十 三 日　六波羅御教書　国分寺文書
(83)　十二月二十五日　六波羅書状　山代文書(2)
(84)　欠　六波羅御教書断簡　生桑寺文書

今日残存する鎮西に関する六波羅探題発給文書の初見は、六波羅探題設置の六日後の承久三年六月二十二日、肥前国佐嘉御領内末吉名における不法狼藉を禁じその交名の注進を命じたものである。

肥前国佐嘉御領内末吉名にて(マヽ)、不可有狼藉也、若不拘制法之輩者、可令注進交名之状如件、

承久三年六月廿二日　武蔵守(北条泰時)御判(3)

(「竜造寺文書」)

この文書は案文のため宛名が見えないが、恐らく肥前国守護である武藤資頼宛と思われる。

下限については、「大友文書」正和五年七月十七日六波羅御教書の、鎮西探題北条政顕退任後、鎮西探題欠員中のため、大友貞宗に対し、武藤貞経と共に、北条高時執権就任の賀使を鎌倉に送ることを停止することを九州地頭御家人に相触れることを命じたものであり、「国分寺文書」正中二年三月十三日六波羅御教書は薩摩国分寺領家安楽寺と薩摩国御家人国分友貞との和与について、綸旨および内大臣西園寺実衡消息を鎮西探題北条英時に伝えた内容であ

る。前者は鎮西探題欠員中という特殊事情の下で発給されたものであり、後者も六波羅探題の権限が鎮西に及んでいることを示す内容ではない。したがってそれまで六波羅探題北方奉行であった北条兼時が北条時家とともに、異国警固のための特命を帯びて鎮西に下向した正応六年三月[4]をもって、それまで六波羅探題が鎮西に有した権限は終結したものと考えられ、さらに後の鎮西探題の設置によって[5]、六波羅探題が有した権限は鎮西探題に継承されたものと考えるべきである[6]。したがって六波羅探題が設置された承久三年六月より、その権限が消滅した正応六年三月までの間、六波羅探題が鎮西において行使した権限について、具体的に検討してみることにする。

鎮西に関する六波羅探題発給文書の大半は関東の命令を施行するものであり、六波羅探題が鎌倉幕府と鎮西との中間的機関としての性格を示しているが、六波羅探題が鎮西統治に自主的判断によって発給したと考えられる文書もわずかながら認められる。この現象は六波羅探題設置当初に顕著に認められる。初代六波羅探題に就任した北条泰時は、西国統治に積極的意図を有しており、鎮西においても先述の佐嘉御領末吉名に対する狼藉停止を命じた禁制をはじめ、「益永文書」承久三年八月二十一日六波羅下知状は豊前国宇佐宮領に対する甲乙人の濫妨停止を命じたものであり、「桑幡文書」承久三年八月二十五日・承久三年九月十七日六波羅下知状も大隅正八幡宮領および弥勒寺領に対する武士の狼藉を停止しており、「国分寺文書」承久三年八月二十八日・承久三年十月八日六波羅下知状も薩摩国安楽寺領および国分寺領に対する武士の狼藉を禁じ、濫行非法の者は交名を注進し罪科に処すべきことを命じたものである。このような当初の北条泰時の積極的姿勢にもかかわらず、時代が降るにしたがってしだいに中間的機関の性格が表面化してくる傾向が認められる。六波羅探題が単なる訴訟機関としてではなく、西国御家人統率を目的として設置されたことはもちろんであるが、幕府の「西国守護地頭御家人、背六波羅命者、就令注進、殊可御沙汰之由、被仰遣[7]」

との意図にもかかわらず、六波羅探題の西国御家人統率力は弱体化し、西国守護地頭御家人層は、裁判・軍事統率両面について、六波羅探題を越えて関東と直接結びつく傾向が認められる。そのような一般的傾向の中で、鎮西における六波羅探題の役割・権限も、時代が降るにしたがって弱体化する傾向は否定出来ないが、六波羅探題の役割の一つとして、鎌倉幕府の所領安堵状の施行がある。鎌倉幕府が御家人に鎮西の所領所職を宛行なう場合、地頭職補任の将軍家政所下文は六波羅探題に送られ、さらに六波羅より鎮西各国守護に施行状を付して送り、これを受けた守護はその地方の一般住人にそのことを伝達していることがわかる。今日この三通の文書が完全な形で残っている例は稀であるが、上総国御家人深堀能仲が承久勲功地の替として、肥前国戸八浦地頭職に補任された時のものは、この三通の文書が残存しており、鎮西における地頭職補任の手続きを知ることができる。[8]

将軍家政所下　肥前国戸八浦住人
　補任地頭職事
　深堀五□(郎)左衛門尉(能仲)
右、為彼職、守先例、可致沙汰之状、所仰如件、□(以下)
　建長七年三月廿八日　　　案主清原
　　　　　　　　　　　　知家事清原
令左衛門尉藤原
別当陸奥守平朝臣(北条重時)（花押）
　相模守平朝臣(北条時頼)（花押）

肥前国戸八浦地頭職事、

右、任今年三月廿八日将軍家政所御下文、可令深堀五郎左衛門尉　施行之状如件、

建長七年五月二日

左近将監平（北条長時）（花押）

（武藤資能）（花押）

守護所下　肥前国戸八浦住人

可早任　将軍家政所御下文旨、令深堀五郎左衛門尉為地頭職事、

右、今年三月廿八日　御下文今日到来俻、将軍家政所下、肥前国戸八浦住人、補任地頭職事、深堀五郎左衛門尉、右、為彼職、守先例、可致沙汰之状、所仰如件、以下者、早任　御下文之旨、可令為彼浦地頭職□（之）状如件、

建長七年五月廿三日

権少監惟宗朝臣（花押）

監代大中臣朝臣

監代平　朝臣（花押）

監代源　朝臣（花押）

監代橘　朝臣

監代文　屋
監代　直
監代清　原
（「深堀文書」）

また鎮西御家人が所領所職を譲られ、鎌倉幕府の安堵を求める場合も、同様の手続きによって行なわれたものらしいことが次に示す例によってわかる。

将軍家政所下　中原氏住江太郎金光嗣輔後家、
可令早領知豊前国江嶋別符内小犬丸田畠幷宇佐居屋敷弐箇所・向野山佐波利田壱町・辛嶋郷内田□（五）段・封戸有永田畠・同下毛秋真名田畠等事、
右、任亡夫嗣輔去年七月十九日譲状、可令領掌之状、所□（仰）如件、以下、
建長四年八月十五日　　案主清原
令左衛門尉藤原　　知家事清原
別当陸奥守（北条重時）平朝臣（花押）
相模守（北条時頼）平朝臣（花押）(9)

豊前国江嶋別符内小犬丸田畠幷宇佐居屋敷弐箇所・向野山佐波利田壱町・辛嶋郷内田五段・封戸有永田畠・同下毛秋真名田畠等事、

右、任去八月十五日関東御下文、中原氏住江太郎宇佐嗣輔後家、可領掌之状如件、

建長四年九月十三日

（北条長時）
左近将監平（花押）(10)

（武藤資能）
（花押）

守護所下　中原氏住江太郎宇佐嗣輔後家、

可令早任　鎌倉殿御下文旨、領知豊前国江嶋別符内小犬丸田畠幷宇佐居屋敷弐箇所・向野山佐波利田壱町・辛嶋郷内田五段・封戸有永田畠・同下毛秋真名田畠等事、

右、今年八月十五日　御下文、今日到来候、可令早領知豊前国江嶋別符内小犬丸田畠幷宇佐居屋敷弐箇所・向野山佐波利田壱町・辛嶋郷内田地五段・封戸有永田畠・同下毛秋真名田畠等事、右、任亡夫嗣輔去年七月十九日譲状可令領知之状、所仰如件、以下者、件田畠屋敷等事、早任　御下文之旨、可令中原氏領知之状如件、

建長四年十月廿二日

権少監惟宗朝臣（花押）
監代大中臣朝臣
監代平　朝　臣（花押）
監代源　朝　臣
監代橘　朝　臣

監代文　屋
監代　直

（「益永文書」）

またつぎに掲げる肥前国守護武藤資能書下案によれば、鎌倉で発給された関東御教書が関東―六波羅―守護―御家人と伝達されたことが明確に知られる。

（端書）
「青方二郎殿」

今年三月九日六波羅御下知幷所被副下候之同年二月卅日　関東御教書案、同四月一日到来、各写案献之候、如御下知状者、条々、一、百姓臨時役事、一、不可召仕百姓事、一、修理幷替物用途事、一、垸飯役事、以前条々者、去二月卅日、関東御教書如此、任被仰下之旨、早可被相触豊前、肥前、筑前、対馬国々地頭等也、若有違背輩者、可令注進交名之由、所被仰下候也、然者件条々事、守　御教書幷御下知状、可令存知給候、恐々謹言、

弘長元年
四月二日　少弐（資能）在判

青方二郎殿

（「青方文書」）

これにより二月三十日に発せられた関東御教書が三月九日付の六波羅下知状となり、それが大宰府にあった肥前国守護所に四月一日に到来し、翌四月二日付の豊前・肥前・筑前・対馬国守護武藤資能の施行状として、各国御家人に伝達されていることがわかり、文書伝達の経路のみならず、この時代の文書伝達の所要日数がわかる史料として貴重である。

しかしながら六波羅探題が関東御教書・関東下知状・関東裁許状・将軍家政所下文等を施行する場合、守護もしく

は守護代を通じてのみ行なわれたかというと必ずしもそうではなく、鎮西御家人当事者に、六波羅探題が直接発給している場合もある。

千日薬師仏御供養用途内銭参百文、可被沙汰進、自関東所被仰下候也、仍執達如件、

寛元四年五月廿七日　相模守(北条重時)御判

国分左衛門尉殿

(「国分寺文書」)

肥前国御家人青方太郎吉高抑留所従三人由事、訴状如比、所申無相違者、可令糺返、若又有殊子細者、可被明申之状如件、

文永二年十月廿日　散位(北条時輔)(花押)

左近将監(北条時茂)(花押)

白魚弥二郎(弘高)殿

(「青方文書」)

これらはいずれも六波羅探題が直接鎮西御家人に発給した例であるが、守護および守護代を通じて施行する場合と、直接鎮西御家人に施行する場合の手続きの違いについての基準といったものは認められない。同じ訴訟に対する論人の召喚のための召文の場合でも、或る場合は論人に対して直接六波羅召文が発給されており、また或る場合には守護または守護代を通じて論人の参洛を求めている。

また鎮西御家人の場合、京都大番役勤仕の際、守護の催促に従って勤仕したとされているが、六波羅探題が鎮西御家人の京都大番役を勤仕したことを関東に注進した文書が二通残っている。すなわち「都甲文書」弘長二年正月九日六波羅探題北条時茂挙状によれば、豊後国御家人都甲惟家代惟親が大番役として六ヵ月院の御所西面の大門において勤仕したことを関東に注進しており、また「深堀文書」文永六年七月二十五日六波羅探題挙状によれば、深堀時光が大番役として五月一日より六月晦日までの二ヵ月間、五条内裏西対南妻において勤仕したことを関東に注進しており、六波羅探題が鎮西御家人の京都大番役勤仕を統轄していたことが知られる。

しかしながら六波羅探題が鎮西において行使した権限のうちで最も顕著に認められるものは『沙汰未練書』にその設置目的が「西国成敗」とあることによっても明らかなごとく、鎮西御家人の訴訟処理にあったことは言うまでもない。

六波羅探題が設置されてからは、鎮西御家人が関係した相論は六波羅探題において審理されるのが原則であったが、しばしば直接関東に訴える者が絶えなかったので、幕府は文暦二年七月二十三日六波羅探題宛関東御教書において、(11)「六波羅において問注を遂ぐべき旨命じたにもかかわらず、地頭が関東で問注を遂げたい旨希望した場合でも、御教書の旨に任せて六波羅で問注すべきであり、それでもなお地頭が六波羅で問注を遂ぐることを難渋するようであれば、其科あるべし」と規定している。

正嘉年中、上総国御家人で肥前国彼杵庄内戸町浦地頭職を給付されていた深堀行光は、この地の惣地頭某と戸町境ならびに狼藉のことについて相論を起し、深堀行光はこれを関東に訴えたらしいが、幕府は「境のことは悪事たるにより、定置の旨にまかせて、関東の御沙汰におよばず」とし、また狼藉の実否の審理は、六波羅探題が両方を召し決

し、両者の申詞を関東に注進すべきことを命じている。(12)

この関東御教書を受けた六波羅探題は、彼杵庄惣地頭代に対し、三回にわたって召文を下して陳状の提出を求めたらしいが、惣地頭代が陳状を提出しなかったため、惣地頭代に対問のための参洛を要求している。(13)しかしこれにも惣地頭代が応じなかったらしく、ついに六波羅探題は肥前国守護武藤資能に命じて、惣地頭代を参洛せしめようと意図している。(14)

そこで肥前国守護武藤資能は、この六波羅御教書を施行して惣地頭代に対して陳状の提出を求めたらしく、彼杵庄惣地頭代後家尼某は肥前国守護に陳状を提出しており、(15)武藤資能はこの惣地頭代の陳状の内容を六波羅探題に報告している。(16)

このように関東より取調べを命じられた六波羅探題は、先述の如く当事者に直接参洛または陳状を差し出すことを命じた場合もあるが、原則として守護および守護代に命じて当事者に催促せしめている。(17)そこで六波羅探題より陳状の提出を命じられた守護は、単に当事者に陳状を提出させ、それを六波羅に取り次ぐだけではなく、守護自身が訴人・論人を召喚して審理を行ない、その審理の結果を六波羅に注進することが行なわれている。このことは鎮西各国守護の中で鎌倉時代中期以前に在地した武藤氏の場合はしばしば大宰府において審理を行なっている。「末久文書」貞永元年閏九月十七日武藤資能書状によれば、豊前国三毛・下毛両郡吉富名地頭職について、地頭一万田時景は名主下作人等が地頭に従わざる旨六波羅探題に訴えており、六波羅探題は豊前国守護武藤資頼に取調べて注申すべきことを命じている。これを受けた豊前国守護は、「早於宰府召決両方、尋究淵底、可令注進申詞記由、可被仰下候也、件事任御下知状、忩可有御上府候也、記録両方御申状、可令進上六波羅殿候之由、可相存候也」と論人の成恒太郎に対し、大宰府における尋究のため上府することを求めている。このように六波羅探題は「西国成敗」を委任されており、幕府自身も六波羅探題の裁許を推進しようとしているにもかかわらず、現実には六波羅探題が鎮西に関する相論を裁許した例は後述の如くわずか三例を数えるに過ぎない。これに反して六波羅探題が鎮西に権限を有した承久三年六月より正応六年三月までの期間における鎮西に関する相論を裁許した関東裁許状は約七十通にも及んでいる。このことからも幕府による六波羅探題重視の原則も有名無実化していたことがわかる。さらにたとえ六波羅探題の裁許が行なわれても、そこで不利な判決を下された者は、さらに関東の裁許を求めるのが通例であったので、必然的に六波羅探題は下級裁判所的性格を有するようになり、さらには最初より関東の裁許を求める者が多かったものと思われる。「大川文書」正応四年正月十八日関東裁許状は六波羅探題が執進めた大宰少弐経資の注進状によって裁許しており、さらに「岡元家文書」正応四年八月二十八日関東裁許状の如く、六波羅を経ることなく宰府注進に基づいて裁許が行なわれている場合も少なくない。このように「西国成敗」を委任されている六波羅探題も実際には鎮西における裁決のための訴訟準備機関の役割を果たしていたに過ぎなかったといえる。

注

(1)　内容が鎮西に関係ないものは除外してある。

(2)　肥前国御家人山代三郎固譲与所領於妻候云々、所此女房申触事候之時者、任道理可有御沙汰候哉、恐々謹言、

十二月廿五日　駿河守（花押）（北条重時）

筑後右衛門尉殿（武藤資能）

これを受けて、肥前国守護武藤資能が天福元年五月二十九日に請文を六波羅探題に提出しているので、前年の貞永元年に発給されたものと考えられる。

(3) ここに書かれている佐嘉御領内末吉名に対する狼藉とは、惣地頭蓮沼忠国が小地頭得分を押領したことを指し、「竜造寺文書」嘉禄三年三月十九日関東裁許状によれば、忠国の新儀の妨を停止している。

(4) 「島津家文書」正応六年三月二十一日関東御教書。

(5) 鎮西探題設置の時期については各説があり(佐藤進一「鎮西探題」『鎌倉幕府訴訟制度の研究』所収参照)、北条兼時・時家の鎮西下向をもって鎮西探題の設置と見る説(佐藤進一氏説)もあるが、筆者は軍事的統率権と実質的訴訟裁断権を兼備した北条実政の下向をもって鎮西探題の設置と考えている。なお川添昭二氏は「兼時・時家の鎮西惣奉行所は、それ以前の鎮西談議所から次の鎮西探題への過渡的権力機構であった」とされている(同氏「鎮西惣奉行所―北条兼時・時家の鎮西下向―」『金沢文庫研究』一八の一二)参照。

(6) それまで六波羅探題が鎮西に有した権限を鎮西探題が継承したといっても、六波羅探題と鎮西探題が鎮西に有した職務内容が全く同一であったわけではない。鎮西探題の方が六波羅探題より強力な訴訟裁断権を有していたことは、その設置の主目的である裁断を現地において行ない、鎮西御家人をして裁判のため鎮西の地を離れることを禁じ、異国警固番役に専念させることにあったことからも当然であった。

(7) 『吾妻鏡』建長五年四月二十五日条参照。

(8) 前掲の鎮西関係六波羅探題発給文書中、関東の所領安堵状を施行した文書を番号で示せば、(7)(8)(11)(14)(31)(32)(36)(37)(42)(67)(68)(70)(76)(77)(78)(79)(80)号文書等であり、このうち(32)(36)(37)(70)(76)(79)(80)号文書には施行した将軍家政所下文・関東安堵下文・関東御教書等が残存しており、(67)号文書には筑前国守護所下文が残存している。

(9) 本文書の案文が「金光文書」にある。『大分県史料』(二)一九八ページ参照。

(10) 本文書の案文が「到津文書」にある。『大分県史料』(一)九七ページ参照。

(11) 近衛家本追加「一、於六波羅可遂問注由、依被成御教書、可遂其節旨雖相催、地頭於関東可遂由令申事、右、任御教書、於京都可遂行也、而地頭令難渋者、可有其科、若又代官令対捍者、可有罪科之由、兼可令相触地頭等也」。

(12) 「深堀文書」正嘉元年閏三月三十日関東御教書、同弘長二年三月十八日関東御教書。

（13）「深堀文書」正嘉元年十月二十四日六波羅召文案。
（14）「深堀文書」正嘉二年十月二日六波羅御教書案。
（15）「深堀文書」正嘉二年十二月二十六日肥前国彼杵庄惣地頭代後家尼某請文。
（16）「深堀文書」正嘉三年三月九日武藤資能請文。
（17）六波羅探題が発給した文書で、守護および守護代に宛てた文書は、前掲文書目録の(12)(21)(22)(25)(30)(35)(40)(41)(44)(47)(48)(51)(55)(63)(64)(65)(66)(72)(74)(80)号文書等であるが、武藤氏（少弐氏）以外は守護代宛であることは、蒙古襲来前において、鎮西各国守護のうち、武藤氏以外の守護が常時下向在地していなかったことを示しているものと思われる。蒙古襲来前後から武藤氏以外の鎮西各国守護発給文書、守護宛の文書が急速に増加しており、幕命によって鎮西各国守護が鎮西に下向したことがわかる。

（二）訴訟裁断権

しかしながら六波羅探題が鎮西における相論について裁許を下した例が全くないわけではない、しかし前掲目録によってわかる如く、鎮西に関する六波羅探題裁許状はわずか三例に過ぎない。鎌倉時代全期間を通じての関東裁許状が八十通余、鎮西探題裁許状が二百四十通近く存在するのに比較して、如何に六波羅探題が鎮西に関する裁許を行なうことが少なかったかがわかる。[1] 六波羅探題裁許状は、単に鎮西の場合に少ないだけでなく、全国的に見ても、関東裁許状・鎮西裁許状に比較して、量的にきわめて少ない。[2] このことは六波羅探題が訴訟機関として、下級裁判所的性格を有していたことの反映と思われる。以下鎮西に関する三例の六波羅探題裁許状について考察してみたい。

筑後国瀬高下庄内鷹尾別符政所紀元保与地頭秀直（大友）相論条々、
（一脱カ）領家年貢事、

右、件去年々貢未済間、遂対決之後、令結解之処、鷹尾社立用米事、元保者、先例随預所之下知、雖何之名々、令立用之由、相副年々結解申之、秀直者、可立用地頭自名之由申之、所詮、此条可依先例傍例歟、但先於令落居之未済者、早可令弁償矣、

一、三郎丸名本所当米号新開所当令欠取申事、（一脱カ）

右、彼名所当十五石者、已本所当内結解畢、其上不及子細矣、

一、肥牛并大廻新開田事、

右、肥牛事、元保者、以送文備証文、秀直者、指（マヽ）不進証文、然者、任先例、可弁済所当也、大廻事、両方不備証文、所詮、如豊前々司（大友）能直朝臣之時、可令致沙汰矣、

一、津新事、

右、両方不備進証文、同任能直朝臣之例、可令直務、兼又付縄公人由事、以他人立申証人之時、可有尋沙汰矣、

一、政所敷并倉敷事、

右、於政所敷者、地頭不居住、縦雖居下人、可令移住他所之由、承伏之上者、不及子細、次倉敷事、同如能直朝臣之時、可令致沙汰矣、

以前条々、可被存此旨之状如件、

寛喜三年八月卅日

掃部助平（北条時盛）在御判
駿河守平（北条重時）在御判

（「鷹尾神社文書」）

この六波羅裁許状は、筑後国瀬高下庄内鷹尾別符政所紀元保と地頭大友秀直とが、領家円勝寺に対する年貢未進、津料、政所敷ならびに倉敷に地頭および下人等を居住せしめることが出来るか否かについて相論したもので、六波羅探題は「可依先例傍例歟、但先於令落居之未済者、早可令弁償矣」、「不及子細矣」、「如豊前々司(大友)能直朝臣之時、可致沙汰」の裁許文言に示されている如く、必ずしも明確な判決を下していない。「鷹尾神社文書」寛喜三年九月七日領家円勝寺下文によれば、大友秀直は筑後国守護であった父大友能直の譲りがあると号して左右なく瀬高庄に乱入し、種々の非法を張行し、年貢以下雑物を進納せず、直人百姓等を追放するなど稀代の濫妨を働いたので、紀元保は領家の代官として十余年にわたり六波羅で対決訴訟を続けていたことがわかる。そこでこのような不明確な裁許では領家側は満足せず、さらに関東の裁許を求めたらしく、天福二年九月二十二日関東御教書案によれば、六波羅に命じて、再度大友秀直の濫妨の実否を糺明して、申詞を関東に注進することを命じており、六波羅探題はこの関東御教書に接して、両方を召し決し、紀元保を元の如く安堵する旨を鷹尾別符預所に通報し、ようやく事件は落着している。

肥前国御家人故山城(代)三郎固女子源氏与同後家尼法阿弥陀仏相論固所領所帯以下遺財等事、

右、対決氏女与法阿弥陀仏代源広之処、申状等雖多枝葉、所詮、於広所進之固譲状者、自筆之条、氏女不論申之、如氏女所進之固書状者、不為指譲状之上、非自筆、又判形相違之由、広令申之処、至于判形者、為実之由、氏女雖令論申、非自筆之条者、令承伏了、就中如広所進之氏女自筆書状者、可被免勘当之由、令載懇望詞之処、免除之証拠不分明歟、但氏女子息道広童名大宮司於祖父固之許、加首服之上、道広幷舎弟等於令行通固許事者、広雖不論申、義絶息子之輩、扶持孫子之条、有傍例歟、氏女不蒙義絶之由、以此儀難備証拠歟、縦又氏女雖非義絶之

身、後家帯譲状之上、不及異論哉、然則、於固所領所帯以下遺財物等者、任固譲状旨、可令後家法阿弥陀仏進退
領掌之状、如件、

嘉禎四年十月廿七日

越後守平（花押）（北条時盛）
相模守平（花押）（北条重時）

（「山代文書」）

これは松浦一族の肥前国御家人故山代固の女子源氏と固後家尼法阿弥陀仏の固の所帯以下遺財についての相論を裁許したもので、「於固所領所帯以下遺財物等者、任固譲状旨、可令後家法阿弥陀仏進退領掌」と裁許している。これよりさき貞永元年十二月二十五日に六波羅探題北条重時は肥前国守護武藤資能に、この相論について「任道理可有御沙汰候」と命じており、これに対し武藤資能は天福元年五月二十九日に請文を提出し、「如被仰下候、任道理可致沙汰候」と答えており、六波羅探題は肥前国守護武藤資能の審理の報告に基づいて裁許したものと思われる。この六波羅裁許状を嘉禎四年十月三十日に肥前国守護は施行している。ところが次の六波羅御教書により、さきの六波羅裁許状が、関東の指示によって裁許されたものであることがわかる。

肥前国御家人山代三郎固後家与同女子相論固遺財所領事、去年遂対決、且就申詞記、且以被仰下之趣、加下知候了、而後家為大番役勤仕令在京候之処、依女子之訴訟、被下召符候之間、後家令参上候、以此旨可有御披露候乎、恐惶謹言、

暦仁二年正月廿七日　　越後守時盛（花押）

相模守重時（花押）

進上　斎藤兵衛（長定）入道殿

（「山代文書」）

この史料により、六波羅探題の裁許に不満を有する固の女子源氏は、関東に上訴したらしく、関東より召符を後家尼に下されたので、たまたま大番役勤仕のため在京していた後家尼が対決のために関東に参上することを関東問注所奉行人斎藤長定に報じているものと思われる。

そこで再度関東において対決が行なわれたらしく、延応元年五月二十五日関東裁許状によって女子源氏の濫訴が棄却されており、六波羅[3]・肥前国守護[4]がこれを施行している。さらに寛元年間女子源氏の子息肥前国御家人益田通広は、後家尼が改嫁している旨を関東に訴えているが、幕府は改嫁の証拠不十分を理由に通広の濫訴を停止する旨の裁許を行ない[5]、この時も六波羅[6]・肥前国守護[7]がこれを施行している。このように六波羅探題が裁許しても、それだけでは決着せず、いずれも関東の最終的裁許を求め、さらには直接関東の裁許を求める傾向が生じたことを示している。

（端書）「目安々（案）文」

筑後国御家人北野太郎家重与北野社雑掌相論当国河北庄地頭職事、

右、召出両方於引付之座、相尋之処、訴陳之趣子細雖多、所詮、如家重申者、当庄地頭職者、為重代相伝、右大将家以後代々給関東御下文、令知行来之処、伯父家盛依高墓（基カ）入道私合戦、被（没カ）管（官）雖○（被）改補之、寛喜三年給御挙状後、四十余年当知行無相違之処、称致年貢未進、被改易之間、遂結解、可致弁之由、雖申之、不承引、而寛喜御挙状不出帯正文之由、社家雖加其難、如同三年九月十三日社家返状者、為関東御口入、令還補之条顕然也云々、如雑（掌脱カ）中者、家重祖父家兼被停止地頭職之条、正治二年御下文厳重也、而建仁比掠給御下文、令知行之処、依罪科、於地頭職者、越州朝時（名越）雖被拝領、捧正治御下文訴申之処、如元被避進宮寺之条、嘉禄三年八月廿一日御下知分明之上者、為社家一円之処、家重称地頭背社命、犯用年貢、致狼藉（籍）之条、争無其科哉、次寛喜御挙状者、無正文之処、以社家返状、令備申関東御口入証拠之条、不足言也云々者、家重帯罪科以前所給之関東代々御下文、雖申子細、於地頭者、被補他人之刻、可為社家進止之条、嘉禄三年八月廿一日御下文分明也、至家重寛喜三年給挙状之後、当知行無相違之由、雖申之、不出帯正文之間、不足指南、爰捧九月十一日付年号寛喜三社家状、有御挙状 正文之条、顕然之由、雖申之、云御挙状案、云社家状、共以地頭職之条不分明、且下司弁惟武名主職、為社恩被宛行之条、家重所進寛喜三年十一月日社家下文又明白也、就中如家重童名諸王代基空十二月十三日状者、依御家人号、不可背社家命云々、而基空者、其時為預所職之間、彼状難被信用之由、雖申之、基空為代官出此状之上者、社恩之条、社家所申旁令符合、随二ヶ度被停止地頭職之間、不可宛六波羅侍用途之由、御教書顕然也、爰家重無指雑怠之由、雖申之、背関東御下知之旨、地頭職之由、毎度載訴状、敵対社家之条、非無料（科カ）、然者、任正治・嘉禄両度御下知、可為社家進止者也、仍下知如件、

弘安三年四月七日

左近将監平朝臣（北条時国）判
陸奥守平朝臣（北条時村）判

（「北野社文書」）

筑後国御家人北野家重と北野社雑掌とが筑後国河北庄地頭職について相論しているが、六波羅探題は両方を引付の座に召し出して、家重が関東の御下知に背き、地頭の由訴状に載せ、社家に敵対するのは科ありとして、家重の祖父

家兼が地頭職を停止された正治二年関東下文、元の如く地頭職は北野社に避進めしむることを命じた嘉禄三年八月二十一日関東下文に任せて、社家の進止たるべきことを裁許している。ところがこの場合も北野家重はこの六波羅探題の裁許を不満として関東に越訴しており、弘安七年三月四日関東裁許状案によれば、「於六波羅相尋両方、弘安三年令下知畢、而家重越訴之間、同所執進訴陳具書等也」として再度裁判のやり直し、証拠調べを行なって「然則、社家所給之弘安三年六波羅下知状無相違矣」と弘安三年の六波羅探題の裁許を再確認し、家重の越訴を棄却しているのである。

以上見て来た如く、鎮西に関する六波羅探題が裁許した三例はいずれもこれを不満とした敗訴側が関東に越訴しており、関東の最終的裁許を求めていることがわかる。かかる傾向は鎮西に限らず六波羅探題裁許状全般に認められるものであり、幕府が西国成敗は六波羅に裁許させる方針を打出したにもかかわらず、幕府自らがこの政策を有名無実化しており、一度この方針が動揺すると、直接、関東の裁許を求める傾向が一般的現象となり、ついには鎮西に関する訴訟において、六波羅探題は下級裁判所乃至は訴訟準備取次機関的性格を有するに過ぎないものとなっていることがわかる。(8) この微弱ながらも六波羅探題が保持した訴訟裁断権をも奪ったのはまさに蒙古襲来という非常事態の発生であった。

すなわち幕府は鎮西御家人および鎮西に下向した東国御家人をして、異国警固番役に専念させるためには、訴訟のため鎮西の地を離れることを防ぐ必要があるところから、弘安七年八月十七日の『十一ヶ条新御式目』で、訴人が関東に参向せずとも、六波羅または鎮西守護人の注進状によって申沙汰することを決め、さらに弘安七年九月十日には、鎮西の所領を三方に相分ち、大友頼泰と明石行宗が肥前・筑前・薩摩の三ヵ国、安達盛宗と長田教経が豊後・豊前・日向の三ヵ国、武藤経資と兵庫助政行が肥後・筑後・大隅三ヵ国をそれぞれ担当し、博多において尋沙汰するいわゆる特殊合議制訴訟機関を設置し、弘安九年七月十六日には関東・六波羅への参訴を原則として禁じ、武藤経資・大友頼泰・宇都宮通房・渋谷重郷の四名に寄合裁断させる鎮西談議所の設置により、六波羅探題が鎮西に有した訴訟裁断権に終止符が打たれたと言える。(9)

注

(1) 拙編『鎌倉幕府裁許状集上・下』参照。
(2) 拙編前掲書によれば関東裁許状三百三十通、六波羅探題裁許状七十七通、鎮西探題裁許状二百二十六通となっており、その後それぞれ若干の増加があるが、六波羅探題裁許状が関東裁許状・鎮西探題裁許状と比較して、きわめて少量であることに変わりはない。
(3) 「山代文書」延応元年六月十六日六波羅施行状。
(4) 「山代文書」延応元年九月二十日肥前国守護所下文。
(5) 「山代文書」寛元二季四月二十三日関東裁許状。
(6) 「山代文書」寛元二年七月二十七日六波羅施行状。
(7) 「山代文書」寛元二年八月十八日肥前国守護所下文。
(8) 訴訟のため論人に召文を出しても、論人が参向しなかった場合、六波羅ならびに鎮西守護人の注進状によって申沙汰するとの法令が出されている(『十一ヶ条御式目』弘安七、八、一七)。また関東で裁許した結果を六波羅に知らせた御教書は、六波羅が施行した後、訴人の後代の証文のため、御教書は幕府に返給することになっており、幕府が直接守護人・地頭に通知した場合、本来六波羅は施行状を発給すべきではないが、後日の証文のため六波羅も施行状を発給すべきであると規定している(『近衛家本追加』文暦二年七月二十三日関東御教書)。
(9) 鎮西に特殊合議制訴訟機関、鎮西談議所が設置された後、鎮西探題が設置された永仁四年までの間に、十六通の関東裁許状が存在する。なお北条兼時・時家が鎮西に下向した正応六年までは、六波羅探題は関東安堵下文の施行、関東裁許状の施行等を行なっている。川添昭二「鎮西談議所」（『九州文化史研究所紀要』一八）参照。なお「深堀文書」正応二年十一月日沙弥西浄申状によれば、深堀時仲代沙弥西浄は、肥前国御家人峯藤次入道浄忍が、異国事について鎮西談議所で沙汰の最中に、鎮西談議所四人の頭人の中の一人の注進状を誘取り、潜に上洛した旨を訴え、鎮西談議所で沙汰を経たのであるから、峯浄忍の濫訴を棄捐されることを求めているので、浄忍の如く六波羅・関東への越訴が禁じられているにもかかわらず、なお越訴する者が絶えなかったことがうかがえる。

（三）　軍事統率権

六波羅探題が西国成敗を主要目的としながらわずか三例の裁許しか行なっておらず、しかもいずれも最終裁断たり得なかったことは、鎌倉幕府が設置した鎮西全般に権限を有する統治機関である鎮西奉行・鎮西探題等と比較して、鎮西における鎌倉幕府出先統治機関として、その権限が劣弱であったことは否定出来ない。鎌倉幕府が地方統治機関として設置した探題には訴訟裁断権と共に軍事統率権を兼備していることが常であるが、六波羅探題が鎮西に有した軍事統率権の存在となると、裁断権以上に稀薄となる。先述の如く六波羅探題設置当初においては、鎮西における武士の狼藉を鎮圧しようとしているが、時代が降るにしたがって、当初の積極的姿勢も影をひそめ、関東の命令の施行、訴訟準備機関的色彩が濃厚となってくる。その中にあって「権執印文書」建長元年八月十一日六波羅御教書によって薩摩国阿多北方前地頭鮫島刑部丞家高法師の所従吉行が、薩摩国新田宮の神王面を破損して逃亡したのに対し、薩摩国守護代に命じて下手人の在所を尋捜し、身柄を六波羅に召し進めることを厳命していること、「宗像文書」正嘉元年四月十四日六波羅御教書により、筑前国宗像社領の名主等が社家に背いて濫妨を働いたのに対し、筑前国守護武藤資能に命じて名主等の所行を相尋ね、濫妨を停止させることを命じていることなどに、六波羅探題の鎮西統治の片鱗がうかがえるに過ぎない。

これに反して鎮西各国守護の管内に対する権限は広範かつ強大であったことがわかる。特に蒙古襲来に備えて鎮西に所領所職を有する東国御家人に対し鎮西下向を命じているが、幕府は下向した東国御家人はその所領が所在する国の守護の命に従って異国防禦に従事することを命じている。(1) 事実、文永十一年の蒙古襲来の際の実戦の指揮に当ったのは武藤・大友氏等の守護であり、六波羅探題が実戦を指揮したことを示す史料は見当らない。さらに幕府は建治元年異国征伐のための梶取・水手等の徴発の権限を武藤経資に与え、山陰・山陽・南海道各国守護は、経資の配分を守り、博多に送ることを命じており、(2) また正応年間鎮西御家人に対する蒙古合戦勲功地配分も武藤経資・大友頼泰の連署によって行なわれている。(3) 蒙古襲来に備える臨戦下の非常措置とはいえ、西国成敗を任務とする六波羅探題が鎮西に有する軍事統率権に対する侵犯であったことは否定出来ない。

さらに六波羅探題が微弱ながらも有していた鎮西における軍事的統率権は、正応六年三月に異国警固合戦進退のための軍事的一切の特命全権を与えられて下向した北条兼時・時家の鎮西派遣をもって完全に消滅したと言える。

注

(1) 「小代文書」文永八年九月十三日関東御教書。
(2) 「東寺百合文書」(ア六十三―七十)建治元年十二月八日関東御教書案。
(3) この場合武藤経資・大友頼泰が如何なる権限によって蒙古合戦勲功地配分状に連署したものか、必ずしも明確ではない。一応この両者が守護として戦闘の際の実際上の指揮者であり、鎮西談議所頭人であったこと等が、連署して配分した理由として考えられる。幕府は蒙古合戦勲功賞について、大友頼泰・武藤経資の二名に特にその配分を命じている所からすれば、幕府特命による権限の行使と考えておく。なお鎮西探題設置後は、鎮西探題が蒙古合戦勲功地配分状を発給している。本書第四章第一節「鎮西御家人と元寇恩賞地」参照。

（四）小　結

以上、西国成敗を目的として設置された六波羅探題の鎮西における権限について考察してきたが、設置直後には幕府の出先機関として、積極的な鎮西全般に及ぶ統治機関としての性格が認められるが、次第に幕府の命令を施行することを主たる任務とするに至り、その後幕府の裁断権付与のための努力にもかかわらず、この面においても訴訟準備取次機関的性格が強く、鎮西における訴訟を六波羅で裁許したものはわずか三例に過ぎない結果に終っている。また軍事統率面でも訴訟裁断権の行使以上にその権限は微弱であった。したがって鎌倉幕府が全鎮西に及ぶ権限を付与した統治機関として設置した鎮西奉行・鎮西探題等と比較した場合、その権限は最も劣弱であったと言わざるを得ない。しかしながら六波羅探題は、各国守護設置後、承久の乱から蒙古襲来に至るまでの長期にわたって鎮西全般に及ぶ権限を有した唯一の幕府出先機関であった。たとえその権限が弱いものであっても、鎮西各国守護の上に立って、鎮西全般に及ぶ権限を幕府より委任された機関は六波羅探題以外には存在しなかった。蒙古襲来前に武藤氏（少弐氏）・大友氏が守護の権限以外に鎮西全般に及ぶ特殊権限を有したとする説には多くの問題があるが、筆者は武藤・大友氏鎮西奉行就任説には否定的である。(1) したがって蒙古襲来前における鎌倉幕府の鎮西統治は、

幕府—六波羅—鎮西奉行—鎮西各国守護

ではなく、

幕府—六波羅—鎮西各国守護

であったことを主張したい。六波羅探題が武藤・大友氏宛に発給した文書は、いずれも守護を有した管国内に関する内容のものであり、管国以外の事柄を武藤・大友氏宛に発給したものは存在しないことによって、このことが明らかである。

この六波羅探題が微弱ながらも鎮西に有した権限に終止符を打たせることになった契機は、蒙古襲来という非常事態の発生であった。すなわち幕府がこの非常事態に際し、鎮西各国守護、特に武藤・大友氏に大幅な軍事指揮権を委任し、さらに鎮西に訴訟裁断機関の設置、北条兼時・時家の派遣を経て、強力な鎮西御家人統率権と最終裁断権を兼有した鎮西探題の新設によって、六波羅探題が鎮西に有した権限は消滅し、六波羅探題管轄の西国より、鎮西のみは離脱することになったのである。(2)

注

（1） 本書本章第一節「鎮西奉行考」参照。

（2） 六波羅探題が鎮西に有した権限は、まず特殊合議制訴訟機関・鎮西談議所の設置によって訴訟裁断権が奪われ、正応六年に異国警固合戦進退のための軍事的一切の特命全権を与えた北条兼時・時家の鎮西派遣をもって、残る六波羅探題が鎮西に有した権限も完全に消滅した。このことは鎮西に関する六波羅探題発給文書が「志賀文書」正応五年閏六月二十二日六波羅施行状をもって消滅していることによっても如実に示されている。したがって六波羅探題が鎮西に有した権限は、北条兼時・時家の鎮西派遣の時点で、事実上消滅したと考えるべきであろう。

第四節　鎮西統治における武藤氏の役割

(一)　大宰府守護所考

鎌倉時代の九州関係史料の中に「宰府守護所」という語が存在することは、既に三浦周行氏が『続法制史の研究』で「大友文書」建久六年八月二十五日肥前国押領使藤原宗家の注進状に肥前国御家人を一番より二十八番に分けて守護所大番を勤仕せしめていることに注目され、これは大宰府に存在した鎮西守護所を警固するために、全鎮西御家人に鎮西守護所大番役を課したものと考えておられる。この「大友文書」については、本章第一節「鎮西奉行考」において考察したので再論することを避けるが、三浦氏は鎮西守護所とは、鎮西全般を統轄する守護所の意味と考えておられる。したがって鎮西惣奉行と同義語として用いられている。しかし鎮西守護所なる語は、三浦氏が造られた歴史的用語であり、鎮西関係の鎌倉時代の史料には鎮西守護所なる語が使用されている例を知らない。ところが「宰府守護所」なる語はしばしば散見するところから、これをもって三浦氏が鎮西守護所と考えられたものと同様な性格の機関、すなわち鎮西全般に及ぶ権限を有する機関としてとらえられる傾向がある。(1)

しかしはたして史料に出てくる宰府守護所と呼称された機関は鎮西全般に及ぶ権限を有していたものであるか否か、検討される必要がある。そのためにはまず宰府守護所と使用されている例を網羅的に検出し、それらを検討することから始めたい。宰府守護所と見える例としては、管見の及んだ限りでは次の十例を挙げることが出来る。

(1)「永弘文書」正治二年十二月二十一日大宰府政所帖「且任度々社家裁判宰府守護所幷前掃部頭入道書状・府官等書札、勿論知行旨、賜大府宣」、「押苅作畠蒔麦、依令追捕在家、牒送宰府守護所」

(2)「青方文書」安貞二年三月十三日関東裁許状案「而如囲所帯証文者、云本領家下文、云母清原三子譲状、云宰府守護所勘状、理致明白也、仍以囲可為彼職云々」

(3)「青方文書」嘉元三年三月日峯貞重陳状案「正元々年十二月七日国々夜討強盗事、不可見聞隠之由、可召進地頭御家人等起請文之旨、被下　関東御教書之間、宰府守護所如被施行之状者」、「依之宰府守護所、或依高麗事」、「宰府守護代々幷遠江前司(北条時定・為時)、同修理亮殿(北条定宗)御時」

(4)「青方文書」嘉元四年七月日峯貞重陳状案「六波羅殿御下知御教書幷文応・弘長宰府守護及当御代御家人役勤仕所見状等備進之云々」、「次宰府守護所催促状二通者、或六斎日二季彼岸殺生禁断事、或百姓臨時役幷替物垸飯等停止事」

(5)「青方文書」年月日欠白魚行覚重申状案「副進一通　宰府前守護少弐資能催促状 七月廿日 付文応元年行覚親父弘高給之」

(6)『宮寺縁事抄』文永四年十月二十三日筥崎宮神官所司等書状「宰府守護方仁遣之状」

(7)『本朝文集』所収文永七年二月日大宰府守護所牒「日本国大宰府守護所牒」

(8)『元史』至元六年(文永六年)六月「命高麗金有成、送還執者、俾中書省牒其国、亦不報、有成留其大宰府守護所者久之」

(9)「東福寺文書」至元八年(文永八年)九月廿五日蒙古国書「日本国請和、於九月十九日、致大宰府、有守護所少弐殿」

(10)『元史』至元九年二月「枢密院臣言、奉使日本趙良弼、遣書状官張鐸来、言去歳九月、与日本国人弥四郎等、至大宰府西守護所」

(1)の宰府守護所は、佐藤進一氏が『鎌倉幕府守護制度の研究』の豊前国の項で述べておられるごとく、武藤資頼が任命されている豊前国守護を指していることは疑問の余地はない。(2)も武藤資頼が在職する肥前国守護所の勘状である。

(3)の正元元年十二月七日関東御教書を施行した宰府守護所施行状とは、具体的には次の「青方文書」を指している。

去年（正元元年）十二月七日関東御教書今年正月十六日於京都到来、写案献之候、如状者、国々夜討強盗事、近年蜂起之間、狼藉之由有其聞、是則守護人地頭無沙汰之所致歟、自今以後隠置悪党等之所々、可被収公也、又如然之後、不可見聞隠之由、相触豊前・肥前・筑前・対馬郡郷地頭等面々、可召進起請文、且於搦進殊張本之輩者、可有恩賞、更□（無カ）緩怠之儀、可相鎮之旨、同可被下知之由、所被仰下也、然者件夜討強盗輩事、守御教書状、自今以後者、不可隠置悪党、不可有見聞隠之由、始自貴殿不漏御所領住人等、可書給起請文候、可令進上関東候、且又於悪党等者、可被搦進其身等也、更不可有緩怠之儀候、恐々謹言、

（正元二年）三月十一日　少弐（資能）在判

平戸又五郎（湛）殿

これは肥前国守護としての少弐資能が肥前国御家人平戸（峯）又五郎湛に施行したもので、これと同様の施行状が武藤資能が守護であった豊前・肥前・筑前・対馬の郡郷地頭に施行されたことがわかり、宰府守護所の権限はそれ以外には及んでいないことがわかる。

(4)の宰府守護所催促状二通とは、次に示す「青方文書」にある肥前国守護武藤資能施行状案を指している。

□（今カ）年五月廿三日関東御教書同七月十七日□（到カ）来、写案献之候、如状者、毎月六斎日并二季彼岸、可禁断殺生事、魚

篭之類、禽獣之彙、重命逾山岳、愛身同人倫、因玆罪業之甚、莫過殺生、是以仏教之禁戒惟重、聖代之格式炳焉也、然則六斎日幷二季彼岸、早禁漁網於河海、宜停狩猟於山野也、自今以後、固守此制、可令下知豊前・肥前・筑前・対馬等国地頭幷知行所々也、若背禁遏之法、有違犯之輩者、可令注進交名之由、所被仰下候也、然者任御教書之状、毎月六斎日幷二季彼岸、不可被殺生候、且給御返事、可令進上関東候也、恐々謹言、

文応元年
七月廿日　　　　　少弐（資能）在判

青方二郎殿

臨時役事、恒例之外、一向可令停□□（止之）由、先度被仰下了、早守彼状、可令下知筑前・肥前・豊前・対馬国□（々カ）地頭等也、若猶有違犯輩者、可令注進交名之由、所被仰下候也、然者任御教書之状、恒例公事之外、於臨時所役者、一向可被停止候、且給御返事、可令進上関東候、恐々謹言、

文応元年
七月廿日　　　　　少弐（資能）在判

青方二郎殿

また弘長の宰府守護の施行状とは次の肥前国守護武藤資能施行状案を指している。

（端書）
「青方二郎殿」

今年三月九日六波羅殿御下知幷所被副下候之同年二月卅日関東御教書案、同四月一日到来、各写案献之候、如御下知状者、条々、一百姓臨時役事、一不可召仕百姓事、一修理幷替物用途事、一垸飯役事、以前条々者、去二月卅日関東御教書如此、任被仰下之旨、早可被相触豊前・肥前・筑前・対馬国々地頭等也、若有違背輩者、可令注

進交名之由、所被仰下候也、然者件条々事、守御教書幷御下知状、可令存知給候、恐々謹言、

弘長元年
四月二日　少弐（資能）在判

青方二郎殿

(5)も(4)と同じ文書について論及したものであり、いずれも宰府守護所の状とは、肥前国守護としての武藤氏の発給文書を意味して使用されている。「同年二月卅日関東御教書案」は「新編追加」に見えるが、それによれば「可被下知在京人幷西国守護人地頭等」とあり、各国守護をして管国内に相触れさせたことがわかる。(6)は同文書の端書として書かれているものであり、同文書が武藤資能宛であるから、筑前国守護武藤資能のことを宰府守護と呼称していることがわかる。

以上宰府守護所とは、武藤氏が守護職を有した豊前・筑前・肥前・対馬・壱岐各国守護の意味に使用されており、宰府守護所すなわち大宰府守護所の権限はこれらの各国に限定されており、それ以外の鎮西各国には大宰府守護所の権限は及んでいないことがわかる。しからば何故武藤氏のみが豊前・筑前・肥前・対馬・壱岐国の守護を称することなく、宰府守護所と称し、それが一般化して通用するようになったのであろうか。大宰府守護所とは武藤氏が守護である場合にのみ用いられた呼称であり、その後、蒙古襲来後、肥前・豊前国守護職は武藤氏の手を離れて北条氏一門に帰するのであるが、その場合宰府守護所と称されることはなかった。そこで武藤氏が守護職を有している場合のみ大宰府守護所と称された理由として、(1)守護の役所が大宰府に存在したこと、(2)武藤氏がこれら各国守護であると共に、大宰少弐として旧律令機構としての大宰府の現地最高責任者であったことなどが考えられる。(1)によるとすれば大宰府に存在する守護所という意味となる。大宰府守護所と呼称される場合、(1)の意味が多分に含まれていることは否定

出来ないが、武藤氏から弘安年間に肥前国守護職を引き継いだ北条時定は、博多に滞在して支配していた。当時博多と大宰府は一体としてとらえられており、博多に存在した鎮西談議所に出頭することも上府と称されていたが[2]、北条時定の場合は宰府守護所と称された例はない。したがって大宰府・博多に存在するだけでは大宰府守護所と称される条件となっていないことがわかる。(2)については武藤氏が守護として管国を支配するに際して、大宰府の最高責任者であることを最大限に活用し、鎮西における大宰府のもつ伝統的権威を利用したことが大宰府守護所の呼称が通用するようになった理由として考えられる。すなわち武藤氏は守護として管国内に発給する文書形式として、大宰府庁の下文と形式的にきわめて類似した独得の守護所下文を創出しており、守護所下文に大宰府府官を連署させ、それに守護である武藤氏が袖判を加える形式をとっている。その一例を示せば次の通りである。

(武藤資能)
(花押)

守護所下　一王房隆顕

可早任　鎌倉殿御下文旨、令領知肥前国三根西郷内正義名田弁免田弐町伍段・久乃名田参町伍段・山田西郷内田地参町・河上宮四足免参町・北久布志良村内小得元園大万園事、

右、今年七月廿三日御下文今月十七日到来偁、可令早一王房隆顕領知所職名田事、肥前国三根西郷内正義名田弁免田弐町伍段・久万名田参町伍段・山田西郷内田地参町・河上宮四足免参町・北久布志良村内小得元薗大万薗事、右、得亡父政貞法師譲当知行之由、雖令申、依不審、仰守護所、被問在庁等之処、無指論人之旨、所令進連署申状也、守先例、可領知之状、依鎌倉殿仰下知如件者、早任御下文之旨、可領知之状如件、

天福元年十一月十八日

大監大中臣朝臣（花押）
大監惟宗朝臣（花押）
監代藤原朝臣（花押）
監代直　宿禰
監代藤原朝臣
監代小野朝臣（花押）
監代　源朝臣
（「河上神社文書」）

このような府官が連署した守護所下文は、これまで次の二十一通が確認されている。

(1)建永元年十月十七日　肥前国守護所牒　武雄神社文書
(2)建保三年十月九日　肥前国守護所牒　武雄神社文書
(3)建保五年正月二十二日　豊前国守護所下文案　末久文書
(4)貞応元年十二月二十三日　肥前国守護所下文案　石志文書
(5)嘉禄元年十二月二十三日　豊前国守護所牒案　高牟礼文書
(6)嘉禄二年九月十四日　筑前国守護所下文案　油座古文書写
(7)貞永元年閏九月九日　豊前国守護所下文案　末久文書
(8)天福元年十一月十八日　肥前国守護所下文　河上神社文書
(9)嘉禎三年十月十一日　肥前国守護所下文案　武雄神社文書

⑽嘉禎四年十月三十日　肥前国守護所下文　山代文書
⑾延応元年九月二十日　肥前国守護所下文　山代文書
⑿仁治二年十月十五日　肥前国守護所下文案　大川文書
⒀仁治二年十一月十二日　肥前国守護所下文案　大川文書
⒁寛元二年八月十八日　肥前国守護所下文　山代文書
⒂建長四年十月二十二日　豊前国守護所下文案　益永文書
⒃建長五年十二月八日　肥前国守護所下文案　実相院文書
⒄建長七年五月二十三日　肥前国守護所下文　深堀文書
⒅康元二年二月十一日　肥前国守護所下文案　多久文書
⒆文応元年六月十七日　肥前国守護所下文案　石志文書
⒇文永九年十一月二十九日　筑前国守護所牒　宗像神社文書
(21)嘉元二年八月二日　筑前国守護所下文案　油座古文書写

かかる形式の守護所下文はこれまで豊前・肥前・筑前各国の御家人にのみ発給されており、これらの国々が武藤氏の守護管内であったことは言うまでもない。しかもこれまでかかる形式の守護所下文を発給している機関に対して、大宰府守護所の呼称が与えられていたわけであるから、大宰府守護所の権限は武藤氏の守護管内にのみ権限を行使していることがわかる。さらに換言すれば、大宰府守護所とは、武藤氏の守護としての権限に対する呼称であり、これまで三浦氏をはじめ多くの人びとによって論ぜられた如く、鎮西全般に及ぶ権限を有する機関に対して与えられた呼称でないことがわかる。したがって蒙古襲来後、武藤氏の守護職が筑前・対馬・壱岐に縮小されたのに伴って、大宰府守護所の呼称もそれらの国々のみに用いられることになり、豊前・肥前両国においては、大宰府守護所の権限は及ばなくなり、それに伴って大宰府守護所の呼称も姿を消すことになったのである。

しかしこの大宰府守護所の権限とは別に、武藤氏は旧大宰少弐として全鎮西に及ぶ権限を行使していた。すなわち武藤氏が大宰少弐として発給した大宰府庁下文は、武藤氏の守護管国を越えて、鎮西全般に発給されており、武藤氏が守護職を解任された後の肥前国に対しても、大宰少弐として署名した大宰府庁の下文を従来通り発給しており、武雄神社の沙汰人職を補任している。(3) したがって武藤氏が兼帯していた大宰府守護所の権限と大宰少弐の権限は厳密に区別さるべきものである。大宰府守護所の権限は鎌倉幕府に発しており、その及ぶ範囲は武藤氏の守護管内に限定されていた。一方、大宰少弐の権限は、旧律令機構としての大宰府の権限を継承したものであり、その及ぶ範囲は鎮西全般に及んでいる。したがって武藤氏の守護管国内では、武藤氏が大宰府守護所の権限と大宰少弐の権限を共に最高責任者として行使する現象が生じている。さらに大宰少弐の権限と大宰府守護所との権限が混同され、大宰少弐の権限が鎮西全般に及んでいるところから、大宰府守護所の権限も鎮西全般に及んでいるとの誤解が生じたものと思われる。

それと大宰府守護所の性格を不明確にした理由としては、文永年間以後、大宰府守護所自体の変質、或いは武藤氏に対する鎌倉幕府による新たな権限の付与が行なわれたことを指摘しておきたい。さきに大宰府守護所の使用例として挙げた(7)〜(10)は、蒙古襲来を目前にした対外的交渉の場における使用例であり、必ずしも実態に即したものとは考え難い面もあるが、大宰府守護所が日本側を代表する鎌倉幕府の出先機関として機能している形跡が認められ、蒙古・高麗側にも鎌倉幕府の出先機関として認識されていることは疑いない。かかる性格はこれまで論じてきた如く、大宰府守護所には認められなかった性格である。このことは蒙古側の大宰府守護所に対する認識不足に基づくものとの見解も成り立つが、鎌倉幕府によって蒙古襲来の危機が増大した文永年間以後、鎮西に今までの単なる守護の権限を越えた権限を有する出先機関の設置が構想された形跡がある。その機関の性格としては、鎌倉初期建久年間に天野遠景が任命された鎮西奉行的なものが構想されたものと思われる。そしてその候補者として、大宰少弐として鎮西全般に及ぶ権限を有し、かつ鎌倉時代初期より三前二島の守護職を兼帯していた武藤氏と、同じく文永年間鎮西に下向した豊後国守護大友氏が浮び上ってきたものと思われる。そして鎌倉幕府によって鎮西全般に及ぶ権限の付与が行なわれた大友氏と武藤氏に対して、鎮西東方奉行・鎮西西方奉行の呼称が行なわれた形跡がある。以下その権限内容について考察を進めることにする。

注

（1）『深堀系図証文』の編者も「鎮西奉行名守護所、貞永元年筑後前司資頼辞彼職、子息石見左衛門尉資能其替、後豊前々司」とあり、鎮西奉行所＝大宰府守護所と考え、鎮西全般に及ぶ権限を有したものと考えていることがわかる。長沼賢海氏も『邪馬台と大宰府』において大宰府守護所に論及しておられるが、「守護所の奉行は大友氏と武藤氏とが併んで補任された」、「武藤は大友氏と同じく守護所の奉行であるが、同氏よりは上席であつたやうである」と述べられており、大友氏が武藤氏と共に大宰府守護所の奉行人であったと考えておられる点など、承伏し難い。同書四〇八〜四一〇ページ参照。

（2）博多が大宰府の外港として、大宰府と一体としてとらえられていたことについては、川添昭二「鎮西談議所」（『九州文化史研究所紀要』一八所収）五ページ参照。

（3）府官が連署する守護所下文には、守護としての武藤氏は袖判を据えているが、大宰府庁下文には武藤氏は執行藤原朝臣と府官の最初に署判するのが一般的形式である。武藤氏が守護職を北条氏一門に奪われた肥前国においても大宰府庁下文には署判を加えて発給しているが、「武雄神社文書」によりその典型的形式を示す。

（端裏書）「たけを　文永六年己巳十二月十七日権大典上野為実□府宣」

下　武雄社本司

定遣当年沙汰人職事

権大典上野為実

右、以人為致当年検注之沙汰、所定遣如件、

文永六年九月　日

執行藤原（武藤経資）朝臣（花押）

大――

権――

少――

大――

権――（花押）

大――（花押）

大――（花押）

大――

少――

大――（花押）

――

――（花押）

――

――（花押）

――
――
――
――（花押）

かかる形式の大宰府府官が連署した文書に武藤氏が署名しているものとしては管見の及んだ限りでは次に示す三十一通を数える。

(1)正治二年十二月二十一日	大宰府政所帖	永弘文書
(2)建暦元	大宰府政所牒案	到津文書
(3)建暦二年四月　日	大宰府在庁官人解状案	書陵部所蔵文書
(4)建暦三年十月八日	大宰府在庁官人解状案	書陵部所蔵文書
(5)建長五年五月　日	大宰府政所牒案	書陵部所蔵文書
(6)文永三年十月　日	大宰府庁下文	武雄神社文書
(7)文永四年正月　日	大宰府庁下文案	阿蘇品保夫氏所蔵文書
(8)文永六年九月　日	大宰府庁下文	武雄神社文書
(9)文永七年壬九月　日	大宰府庁下文	武雄神社文書
(10)文永八年十月　日	大宰府庁下文	武雄神社文書
(11)建治二年正月　日	大宰府庁下文	薩摩国分寺文書
(12)建治三年十月　日	大宰府庁下文	武雄神社文書
(13)弘安三年十月　日	大宰府庁下文	武雄神社文書
(14)弘安五年七月　日	大宰府庁下文	武雄神社文書
(15)弘安九年十一月　日	大宰府庁下文	武雄神社文書

(16)	弘安十年十月　日	大宰府庁下文	武雄神社文書
(17)	正応三年十月　日	大宰府庁下文	武雄神社文書
(18)	正応四年十月　日	大宰府庁下文	武雄神社文書
(19)	正安二年九月　日	大宰府庁下文	武雄神社文書
(20)	正安三年九月　日	大宰府庁下文	武雄神社文書
(21)	正安四年九月　日	大宰府庁下文	武雄神社文書
(22)	嘉元二年九月　日	大宰府庁下文	武雄神社文書
(23)	嘉元三年九月　日	大宰府庁下文	武雄神社文書
(24)	嘉元四年八月　日	大宰府庁下文	武雄神社文書
(25)	徳治二年十月　日	大宰府庁下文	武雄神社文書
(26)	延慶二年十月　日	大宰府庁下文	武雄神社文書
(27)	延慶三年九月　日	大宰府庁下文	武雄神社文書
(28)	元応二年九月　日	大宰府庁下文	武雄神社文書
(29)	嘉暦四年九月　日	大宰府庁下文	武雄神社文書
(30)	元徳二年九月　日	大宰府庁下文	武雄神社文書
(31)	正平十六年八月　日	大宰府庁下文	武雄神社文書

(二)　鎮西東・西奉行考

「鎮西奉行考」の節でも論じたごとく、筆者は鎌倉時代における鎮西全般に権限を有する鎮西奉行は、鎮西各国守護の設置をもって中絶したものとの立場を支持し、鎮西奉行非連続説を述べてきた。この点、武藤氏が鎮西全般に有した権限に鎮西奉行の権限を認められようとする佐藤進一氏とも[1]、さらに武藤・大友両氏の鎮西奉行就任説を主張される石井進氏[2]・川添昭二氏[3]とも見解を異にする。すなわち鎮西各国守護が設置されてから後は、鎮西全般に及ぶ軍事統率権を有したのは六波羅探題であり、武藤氏が有した鎮西全般に及ぶ権限は、大宰府の少弐としての権限の行使であり、これを鎮西奉行の権限と考えることに疑問を提出した。しかし時代の推移と共に武藤氏および大友氏が単なる守護の権限を越えた、鎮西全般に及ぶ権限を鎌倉幕府によって付与されたことは否定できない。その時期は文永年間と考えられる。かかる現象をとらえて、石井進氏はこれはこの時期に新たに付与された権限ではなく、鎌倉時代初期から大友・武藤氏が有していた権限が顕在化したものと考えられ、大友・武藤氏が鎌倉時代初期以来鎮西全般に及ぶ権限を有していたことの傍証とされている。この点、川添昭二氏も大体石井進氏と同じ立場であり、「石井進氏は、建久四年より六年に至る鎮西奉行天野遠景の離任を機として、武藤資頼・中原親能両人の鎮西奉行就任、つまり奉行の複数化を考えられ、次いで鎮西奉行から各国守護への分化を主張しておられる。肯定できる見解である。ただ複数鎮西奉行から各国守護への分化をみたあとも、武藤・大友氏の鎮西奉行的性格は残り、それが蒙古襲来の臨戦体制下で明瞭に認識されたのである」と述べておられる。したがって石井氏と川添氏では、各国守護への分化後における、大友・武藤氏の鎮西惣奉行的権限の強弱についての認識の相違はあるにしても、大友・武藤氏が鎮西惣奉行的権限を連続して保持していたと考えられる点では、石井・川添両氏の見解は一致しており、さらに鎮西惣奉行が天野遠景解任後も存在したとされる点では、相田二郎氏および筆者を除いて久米・三浦・佐藤・石井・竹内・川添氏をはじめ、これまでの多数説であると言うことができよう。

では川添氏が「蒙古襲来の臨戦体制下で明瞭に認識されるようになった」とされる大友・武藤氏における鎮西惣奉

行的権限の強化とは如何なる現象を指したものであろうか。この点について考察すべき史料は、竹内理三編『大宰府・太宰府天満宮史料』巻八に網羅的に収録されており、それにしたがって究明して行くことにする。

「新編追加」によれば文永元年四月日関東御分の唐船を停止せしめる関東御教書を宰府に下したことがわかる。当時、宰府の最高責任者は武藤資能であった。この御教書を周知徹底させる範囲は、大宰府管内全域に及んだものと考えられる。

このことは武藤氏が有する大宰府最高責任者の権限を利用して、鎌倉幕府の命令をその管内に周知させることを意図したものであり、佐藤進一氏が指摘された「如宰府注進者」に示される訴訟準備手続権と同様な性格として考えることが出来る。そして鎌倉幕府が武藤氏が有する大宰少弐として鎮西全般に有する権限を利用して、鎌倉幕府の命令伝達に利用する動きが顕著になってくる。「書陵部所蔵文書」文永元年三月二十日関東御教書案は六波羅探題に対して、大隅正八幡宮神官所司等が訴えた遷宮のための大神宝幷経論以下装束等に関して、子細を相尋ねて成敗すべきことを命じているが、これを受けた六波羅探題は大宰少弐の武藤資能に先例を尋ね明めて、散状を進めることを命じている。さらに「書陵部所蔵文書」文永二年十二月二十六日関東御教書案が二通あるが、一通は大宰少弐入道すなわち武藤資能宛で、他の一通は大友式部大夫すなわち大友頼泰宛のものであり、内容は大隅正八幡宮の遷宮の役を互いに協力して沙汰することを命じたものである。この両者が鎌倉幕府より特命で大隅正八幡宮遷宮の沙汰を命じられたについては、「仍所定其仁也」とあるごとく、従来主張されているように、鎌倉時代初期以来鎮西惣奉行的性格を有していた両者が自動的に任命されたものではなく、種々の経過をへて、鎌倉幕府が特に在地有力御家人である両者を特命で補任していることがわかる。

（端裏書）
「関東御下知案正八幡宮御遷宮大神宝事」

正八幡宮所司神官申条条

一　遷宮大神宝幷経論以下御装束事

右、如解状者、六ヶ国二嶋所令勤仕其役也、寛治造替之後、康和遷宮之時、国司面々所令調進也、又建久造替之後、貞応遷宮之時、官使・府目代已下納置用途物於府庫、雖令調進、於事不法、今度者国衙力難及、任宇佐之例、仰守護人可令調進云々、如宰府申者、神宝以下国々勤仕之条、不及異儀、先例或為大府之沙汰、自京都被調進、或為宰府之沙汰、雖令進宮、於守護人者一切不相綺、府官為（平井）高孫為文為宰府執事、当時致沙汰云々者、康和遷宮之時、国司面々致其沙汰歟、貞応遷宮之時、官使・府目代已下調進之処、於事不法、今度可仰付守護人之由、所司等雖申之、無先例之旨、宰府称之、然者、於今者国衙之力難及、又官使・府目代調進之条、如貞応之時、猶為不法歟、仍所定其仁也、早任旧規、可令調進矣、

一　官使雑事事

右、如所司神官申者、寛治・建久両度造替之時、雑事支配不分明、任宇佐例二百町別一度可致沙汰之由、欲被仰下云々、如宰府申者、依無先々文書、暗難令支配、而寄事於雑事、官使不及催促云々者、建長五年焼失之後、官使帯宣旨下向之処、不及雑事沙汰之間、不致催促、空帰洛之条、神慮有憚、然者一国別官使一人、定其人馬員数、土民無煩之様、可令支配矣、以前両条、大友式部大夫頼泰相共、可令致沙汰者、依仰執達如件、

文永二年十二月廿六日　相模守（北条時宗）在御判
左京権大夫（北条政村）在御判

大宰少弐（資能）入道殿

他の一通の大友頼泰に宛てた関東御教書案も最後の部分が、

以前両条、大宰少弐入道覚恵（資能）相共、可令致沙汰者、依仰執達如件、

文永二年十二月廿六日　相模守在ー

左京権大夫同

大友（頼泰）式部大夫殿

とある以外、全く同文である。

すなわちこれによれば、大隅正八幡宮の遷宮の用途調進をめぐって、正八幡宮所司・神官と大宰府府官との見解が対立していることがわかり、正八幡宮所司・神官は平安時代においては、六ヵ国二島が遷宮大神宝并経論以下装束役を勤仕することになっており、それぞれの国の国司の沙汰として調進されていたが、鎌倉幕府成立後の建久年間の造替の後、貞応年間の遷宮の時は、官使・大宰府目代以下が用途物を大宰府の倉庫に納め置いて、そこから調進する方式に改められたが、この方法は不法であり、今度の場合は既に国衙には調進するだけの能力がないので、宇佐八幡宮の先例によって、各国守護に命じて調進せしめることを主張している。この正八幡宮の要求は、遷宮用途を確保するという現実的問題に直面して、最もその支配力が強力である各国守護人に頼って遷宮用途を確保しようと意図し、鎌倉幕府が各国守護にその旨を命じることを訴えたものらしい。しかしこの正八幡宮が意図する守護人の責任で遷宮用途を調進する方法は、伝統的大宰府の権限を侵犯するものであるとして、大宰府府官の反対に遭遇している。すなわち大宰府の反論は、正八幡宮の遷宮用途を国々が勤仕することに異論はないが、先例は或る時は大府の沙汰として京

都より調進されており、また或る時は大宰府現地の沙汰として調進しており、守護人は一切これに干渉しないことになっており、府官の平井為文が大宰府の執事として沙汰してきたとしている。

ここにはしなくも正八幡宮の遷宮用途の調進方法をめぐって、旧律令機構の大宰府が鎌倉幕府によって設置された守護による伝統的権限の侵犯拡大を排除しようとする姿勢がうかがえる。この両者の見解の対立から、正八幡宮遷宮用途の確保を迫られた鎌倉幕府は、その責任において、在地における有力御家人であり、遷宮用途を現実に調進する能力のある武藤資能と大友頼泰を「其仁」に定めて任命したことがわかる。この時武藤資能が大宰少弐として大宰府の最高責任者であり、さらに三前二島の守護を兼帯しており、大友頼泰もまた豊後国守護であったことは言うまでもないが、正八幡宮側は大宰府による調進に反対しているのであるから、武藤資能が任命されたのは大宰府最高責任者としての武藤資能であることは考えられず、また守護人による調進には大宰府の府官が反対しているのであるから、守護としての武藤資能・大友頼泰ではなく、まさに鎌倉幕府の政策を代行できる者として武藤資能・大友頼泰が適任者として任命されたものと考えられる。両者の主張の対立による妥協策として「所定其仁也」との方策が採用されたわけであるから、宰府少弐・守護の立場を離れた両者が、個人的資格で特命を受けたものでなくては、妥協策としての意味がないと考える。勿論、両者が特命で任命されるについては、武藤資能が有する大宰少弐・三前二島守護を兼帯することによって生じる在地における支配力、豊後国守護として在地に下向している大友頼泰の支配統率力の存在が選考の理由となっていることまで否定するものではない。「書陵部所蔵文書」年月日欠某書状に「六ヶ国二嶋之沙汰ハ、宰府少弐(資能)入道殿幷豊後国守護大友式部殿為沙汰候(4)」とある。これは両者が有する在地における支配統率力を前提として、この両者が正八幡宮遷宮用途調進の責任者に任命されたものと考える。「書陵部所蔵文書」文永四年三月二十六日右少史某奉書案によれば、「正八幡宮神宝御装束事、先々沙汰依不法、今度被定別奉行人之由、関東御下知之上、毎事定無懈怠歟」とあり、鎌倉幕府が別奉行人を定めたことを明確に指摘している。したがって鎌倉幕府によって武藤資能と大友頼泰に課せられた任務は、新たな権限の付与であった。しかも新たに付与された権限の性格は、これまでの守護管国を越えた六ヵ国二島、すなわち日向・大隅・薩摩国を除く、(5)鎮西全域における正八幡宮遷宮神宝幷経論以下装束用途の調達を沙汰するものであり、かかる権限が鎌倉幕府によって両者に付与されたことは、その後の武藤・大友両氏の鎮西における地位を確立する契機となった意味で重要な意義を有する補任であったと考える。

その後、蒙古よりの使節が大宰府に到るようになり、大宰少弐であり、かつ三前二島の守護も兼帯する武藤資頼は、好むと好まざるとにかかわらず、鎌倉幕府の鎮西における代表的出先機関と目されることになったものと思われる。しかも蒙古襲来の危機が増大するに伴って、幕府は武藤・大友氏を鎮西防衛の責任者として異国警固を強化する方針を定めている。

すなわち文永八年九月には、鎮西に所領を有する東国御家人を鎮西に下向させ、守護人の指揮下で異国防禦に専念することを命じているが、(6)「野上文書」文永九年二月朔日大友頼泰書下によれば、筑前・肥前両国要害守護のため、各守護管内御家人・東国より下向の御家人を相催して警固すべきことを関東御教書によって命じられたことを豊後国御家人野上太郎資直に伝えている。肥前・筑前両国は武藤氏の守護管国であるが、蒙古襲来に備えるため、鎌倉時代初期以来の守護支配体制を無視して、大友氏に肥前・筑前両国の要害警固に武藤氏と共に当ることを命じたものと思われる。かかる武藤・大友氏に対する軍事統率権の委任も蒙古襲来必至の臨戦体制下において、新たに付与された権限であり、かかる権限を鎌倉時代初期から有していたと考えられる石井進氏の説、平和時において埋没していた武藤氏・大友氏の権限が蒙古襲来の臨戦体制下で明瞭に認識されるようになったものとされる川添昭二氏とは見解を異にし、筆者はこれをもって新たな権限の付与と考えている。「延時文書」文永九年五月十七日に薩摩国御家人延時忠俊に対する博多津番役、「比志島文書」（文永九年）七月二十五日に薩摩国御家人比志嶋太郎代河田某に対する博多津番役の覆勘状を武藤資能が発給していることは、武藤氏が薩摩国御家人まで異国警固番役のため統率下に入れていたことがわかる。そして文永十一年十月の蒙古の襲来の際、武藤・大友氏が実戦の最高指揮者として、鎮西御家人を率いて戦ったことは、今さら論ずるまでもなく、古来諸書に記述されているところである。幕府は武藤資能の注進によって蒙古襲来を知り、両国の地頭・御家人に防衛することを命じており、(7)大友頼泰に対しては、九国住人等に、非御家人であっても軍功を致す輩には、恩賞を与えることを告知せしめている。(8)

このほか武藤・大友両氏が蒙古襲来の臨戦体制下において、守護の権限を越えた、全鎮西に及ぶ権限を鎌倉幕府より委任されて、蒙古襲来に備えたことが知られる数々の史料が残存していることは、これまでも多くの人びとによって論じられており、この両者に付与された鎮西全般に及ぶ権限を有していることに対して、大友氏を鎮西東方奉行、武藤氏を鎮西西方奉行と一般に呼称された形跡がある。(9)この鎮西東方奉行・鎮西西方奉行が幕府の正式の官職として存在していたとは考えられないが、大友・武藤氏が文永年間以後鎌倉幕府によって付与された権限は、鎮西東・西奉行の呼称をもって一般に慣用されるに相当するものであったことは異論の余地はない。「比志島文書」文永十二年二月日に武藤経資が、全鎮西の国々を結番して蒙古警固に当らせていることは武藤氏が鎮西全般に及ぶ権限を行使していたことを知る最も顕著な例として挙げることが出来よう。

蒙古警固結番事、以使者民部次郎兵衛尉国茂、令啓候、被聞食候て、可令披露給候、恐々謹言、

（文永十二年）
二月四日　　大宰少弐経資在判

進上　竹井又太郎殿

蒙古警固結番事

春三ケ月　筑前国　肥後国
夏三ケ月　肥前国　豊前国
秋三ケ月　豊後国　筑後国
冬三ケ月　日向国　大隅国　薩摩国

文永十二年二月　日(10)

また『調所氏家譜』所収建治二年八月日石築地配符状案は大隅国在庁が国内に博多の石築地役を配分したものであるが、「件石築地役、任関東御教書幷少弐殿御施行之旨、以八月中可終其功之状如件」とあり、武藤氏が関東御教書を施行していることがわかる。しかしこのような武藤・大友氏の鎮西奉行的役割も、その後鎮西各国守護および北条氏一門が蒙古襲来に備えるため下向するに及んで、非常事態に備えて鎮西全般に拡大されていた武藤・大友氏の権限も、次第に彼らに移行還元された形跡がある。すなわち薩摩国御家人で異国警固番役を勤仕した際、文永年間には武藤資能の覆勘状を得ていたものが、建治年間以後は薩摩国守護島津氏の覆勘状が発給されており、その他の国々でも各国守護が管国内御家人に対して発給している。

元来鎌倉幕府の基本方針としては、守護制度が発足してからは、軍事的統率権は守護に付与するのが原則であり、武藤氏・大友氏に守護の管国を越えた軍事統率権を付与することは、蒙古襲来に備えるため緊急やむを得ざる異例のことであった。したがって緊急事態を脱し、鎮西各国守護が下向し、その体制が整備されると、守護制度本来の原則に復して各国守護を単位とする軍事統率権の確立を意図したものと思われる。「大友文書」弘安三年十二月八日関東御教書案に「御家人已下軍兵等者、随守護命、可致防戦之忠」、「島津家文書」弘安九年十二月三十日関東御教書案に「異賊防禦事、鎮西地頭御家人并本所一円地輩、従守護之催、且令加警固用意、且可抽防戦忠功之由、先度被仰下畢、而被定鎮西奉行人等之間、若不従守護命之族出来歟、如然之輩、縦雖致合戦、不可有其賞、可被処不忠也」などとあることは、実戦の場合は守護が指揮者であるとの原則を再確認したものと思われる。この鎮西奉行人とは具体的に何を指しているか必ずしも明確ではないが、蒙古襲来に備えて新設されたものであることは疑いなく、しかも「鎮西奉行人等」と複数であることからすれば、弘安九年十二月の時点では同年七月に設けられた鎮西談議所のこととも考えられるが、もう少し広く解釈して、蒙古襲来に伴って守護の上に設けられた鎮西特殊合議制訴訟機関、北条氏一門の下向、さらにはこれまで論じてきた武藤・大友氏の鎮西東・西奉行人としての権限の付与まで含んでいるものと考えておく。したがってここに示されている鎌倉幕府の守護を中心とする軍事統率権の確立という基本方針からすれば、武藤・大友氏の鎮西東・西奉行的権限の付与は一時的なものであり、早急に武藤・大友氏をして彼らの守護管内に限定した軍事統率という形態に復帰させることが意図されたものと考えられる。その理由は北条氏一門でない武藤・大友氏が鎮西各国守護の上に立つ権限を保有することは容認出来なかったためと思われる。そしてもしそのような権限を有する機関が設立される必要があるとすれば、それには北条氏一門が任命さるべきであり、外様である武藤・大友氏が得宗専制強化の傾向の強い当時において、そのような広汎かつ強力な特殊権限を有する地位を長期的に与えられる可能性はなかった。蒙古襲来の緊急臨戦体制下で、事実上の鎮西奉行的役割を代行したが、北条氏一門が鎮西に下向してくると鎮西談議所頭人、鎮西探題引付衆として、北条兼時・時家さらには鎮西探題を補佐する役割に甘んじざるを得なかったわけである。

以上見てきた如く、武藤・大友氏の鎮西東方・西方奉行的権限の付与は、文永年間に入って蒙古襲来に備えるための臨戦体制下の一時的な現象であり、鎌倉幕府による鎮西統治機関が整備されれば、解消吸収される性格を有していた。また外様である大友・武藤氏を北条氏一門の名越氏等の守護の上に立つ鎮西惣奉行に補任することは考えられず、文永年間以後の鎮西東・西奉行と呼称される権限は、文永年間より弘安年間までの短期間を限って容認されたものと考える。したがって鎌倉幕府の基本的政策から考えても、文永年間以前には、武藤・大友氏が鎮西全般に及ぶ軍事統率権を保有することはあり得なかったと考える。

また訴訟機関としても、武藤・大友氏が文永年間以後、大宰府において鎮西全般に及ぶ御家人の訴訟を尋沙汰するようになった形跡がある。旧律令機構としての大宰府にも問注所が存在し、大宰府管内の訴訟の問注を行ない府官の勘状が発せられていた。また守護所においても守護管内の御家人の訴訟の裁許を行なっていた。特に鎮西守護の場合は「近衛家本追加」寛元三年五月九日「一西国守護人奉行事、於鎮西者、依為遠国、不相鎮狼藉之間、任大将家御時之例、可致沙汰之由、被仰下畢、如不可依御式目」とある如く、西国の中でも特により大きな権限が与えられていたが、その一例として鎮西守護が所務沙汰について裁許することもあった。(11)しかしその場合、当然のことながらその裁許は各守護管内の訴訟に限られていた。ところが関東・六波羅等が鎮西の訴訟を裁許する場合、遠国で訴訟の詳細が不明の場合、大宰府の最高責任者である武藤氏に命じて尋沙汰注進させることがあった。この武藤氏の守護管国外の訴訟準備手続権の行使をもって、佐藤進一氏が鎮西探題の権限を求められようとしたのに対し、筆者は文永年間以前においては、武藤氏が大宰府最高責任者の権限を利用して、関東・六波羅の要請に応じたものであり、文永年間以後は大友氏・武藤氏の権限が、鎮西東方・西方奉行と呼称されるような質的変化があり、それによって各守護管国外の訴訟準備の要請に応じたものであると考えた。しからば鎮西東方・西方奉行と呼称されるのに対応する武藤・大友両氏による訴訟機関の機能行使の実態は如何なるものであったのであろうか。

文永年間以後大宰府に何らかの鎮西全般の御家人の訴訟を尋究する機関が設置されたことは、「書陵部所蔵文書」により文永九年より十年にかけて、大友頼泰が大隅正八幡宮神宝使の訴えにより、豊後国石垣・高田両庄の地頭代に対し、両方子細を相尋ねるため上府することを命じた史料が存在することによって知られる。(12)

大神宝官使申石垣庄地頭代致狼藉之間、欲令参決之処、自高田庄之船津、擬逃上由事、訴状如此、所詮、相尋両方子細、為注進言上、止当時之上洛、共可被上府也、仍執達如件、

文永十年四月十一日　前出羽守(大友頼泰)在判

石垣・高田両庄地頭代殿

このように大友頼泰が弘安七年の鎮西特殊合議制訴訟機関が大宰府に設置される以前に、所務相論を大宰府で裁許するため上府を求めた例はこれ以外にも若干存在する。(13) 大友氏が大宰府で相論を裁許しているところから、鎮西特殊合議制訴訟機関或いは鎮西談議所に先行する鎮西奉行所の独自の訴訟機関の存在を認め、大友頼泰・武藤資能が鎮西東方奉行・西方奉行として鎮西全般に及ぶ訴訟裁断権を有していたとする見解があり、竹内理三・川添昭二両氏がこの見解を支持しておられる。(14)「書陵部所蔵文書」文永九年十二月二十五日大友頼泰書下案に「不日向奉行所、任道理可被明申也」とあることは、鎮西奉行所訴訟機関の存在を確認する有力な根拠として挙げることが出来るかに見える。

さらに武藤資能が守護管国以外の鎮西全般の御家人の訴訟準備手続機能を関東・六波羅の裁許に当って果していたことについては、既に佐藤進一氏によって指摘されているところであり、佐藤氏が例示された以外にも、[15]「延時文書」弘安三年七月六日武藤経資書状によれば、六波羅御教書により、薩摩国在庁種継が訴えた御家人種忠が名田屋敷を押領したことにつき注進することを命じられたため、その尋沙汰のため同じく薩摩国御家人延時三郎の上府を求めており、また「権執印文書」弘安三年八月日平重峯申状によれば、薩摩国新田八幡宮執印重兼等が平重峯が神人を打擲刃傷したことを訴えたため、六波羅が大宰府に御教書を下し、これを受けた大宰府は訴論人に上府を命じ究明しようとしたところ、論人の平重峯は上府したが、訴人の執印重兼が上府しないため訴陳が出来ないことを訴え、これは無実の濫訴をしたため、対決を遁避するものであるので日限を定めて執印重兼等を召し上げられることを訴えている。これによって武藤氏が関東・六波羅より鎮西関係の訴訟裁許のため尋沙汰を命じられた場合、武藤氏の守護管国外の者に対しても、上府を命じ審理を行なっている。その審理のための何らかの訴訟審理機関が存在したことは疑いない。

しかし大宰府において鎮西全般に及ぶ訴訟審理機関が存在したことをもって、直ちに鎮西奉行の訴訟審理機関とされることについては、無条件で首肯することは出来ない。この点については「鎮西奉行考」においても論及したところであるが、大宰府に鎮西全般に及ぶ訴訟審理権を有する鎮西奉行所に属する訴訟機関があり、その頭人として鎮西東方・西方奉行と呼称される大友・武藤氏がその審理に当ったとするならば、両者の連署の召文等が存在することが考えられるが、鎮西談議所が成立する以前には、管見の及ぶ限りそのような文書は存在せず、いずれも大友・武藤氏単独の署判によるものである。また大友頼泰が上府を命じた者はいずれも大友氏の守護管国である豊後国御家人であることが注目される。したがって上府を命じているが、これは大友頼泰が蒙古襲来に備えて、筑前・肥前要害守護のため、大宰府に滞在していたため、豊後国守護として豊後国御家人の相論を審理するため、上府を命じたものとの解釈も可能である。もしこの推定が誤りないとすれば、大友氏は他の鎮西守護と同様豊後国の守護としての権限を、大宰府において行使したに過ぎず、その権限が鎮西全般に及んでいないことは、史料存在の偶然性によるものではなく、豊後国守護としての本来的姿であり、鎮西全般に及ぶことはあり得なかったということになる。その場合は大友氏が豊後国御家人に上府を命じた訴訟審理機関は、武藤氏が主宰する訴訟審理機関とは全く別個のものということになる。したがって大友氏と武藤氏が連署することは本質的に考えられない。しからば武藤氏が有した鎮西全般に及ぶ訴訟審理機関の性格は如何なるものであったのであろうか。武藤氏が主宰する訴訟機関としては、少なくともこれまで二つの訴訟機関の存在が確認されている。一つは旧律令機構として大宰府の権限に基づく訴訟機関であり、その権限は大宰府管内すなわち全鎮西に及んでいる。今一つは武藤氏の守護としての権限に基づく訴訟機関であり、この二つはたとえ共に武藤氏が事実上の最高責任者として兼任していたとしても、別々に機能しており、その見解が相対立する場合のあったことは既に論じてきたところである。したがって佐藤進一氏は鎮西全般に及ぶ訴訟準備手続機能を、武藤氏が有する第三の権限とされ、これを天野遠景の権限を引き継ぐ鎮西奉行の権限とされた。これに対し筆者は根元的には大宰府の権限より発したものと考え、武藤氏が大宰府最高責任者の権限を利用することによって関東・六波羅の鎮西全般に及ぶ訴訟準備尋沙汰の要請に応じたものと考えていることについては、第二章第一節「鎮西奉行考」で詳論したところであるので、あえて重複して論ずることを避ける。もしこの筆者の説が承認されるならば、大友氏は豊後国守護として豊後国御家人に上府を命じたものであり、鎮西東方奉行として上府を命じたものではなく、したがって鎮西談議所の先行形態の鎮西東・西奉行と呼称される機関に附属する訴訟機関は存在しなかったと考える。

しからば史料に鎮西東方奉行・鎮西西方奉行とあることはいかが考えるかという点について論及しておきたい。蒙古襲来を目前にして、鎌倉幕府が文永年間以後、大友・少弐氏に守護の権限を越えた鎮西全般に及ぶ権限を付与した形跡は認められる。この両者の鎮西における卓越した権限に対して、鎮西東方・西方奉行の呼称が生じたのではないかと考える。鎮西東方・西方奉行の具体的史料例については、川添昭二氏が「鎮西談議所」で網羅的に考察しておられるので、付言すべきこともないが、その多くは文書の端裏書に書かれたものであり、後人の筆になる可能性が大きいこと、しかもほとんどが大友氏関係の文書であり、大友氏関係者によって、大友氏が鎮西東方奉行であるとの積極的主張が行なわれた形跡が濃厚であることを指摘しておきたい。このことは「大友文書」に見える中原親能関係の一連の偽文書の作成と一脈通じるものがあると考えられる。

以上、鎮西奉行を非連続的と考える立場に立って、文永年間以後の大友・武藤氏の鎮西全般に及ぶ権限強化変質は認めつつも、なおそれをもって両者が鎮西惣奉行的性格を有するに至ったと考えることには否定的である。鎮西東方・西方奉行は文永年間以後に発生した一般的呼称であり、文永年間以後に武藤・大友氏に付与された権限を鎌倉時代初期にまで遡及させて考えることには賛同できない。

注

(1) 佐藤進一『鎌倉幕府訴訟制度の研究』参照。
(2) 石井進『日本中世国家史の研究』参照。
(3) 川添昭二「鎮西談議所」(『九州文化史研究所紀要』一八所収)参照。
(4) 『大宰府・太宰府天満宮史料』巻八、一一五ページ参照。
(5) 「書陵部所蔵文書」八月二十日左大史小槻某奉書案(『大宰府・太宰府天満宮史料』巻八、一一二ページ所収)によれば、日向・大隅・薩摩三ヵ国が除外された理由は、寛治八年十月十五日の宣旨によってこれらの三ヵ国が除外されたとあり、これら三ヵ国の公田には仮殿の造営用途が課せられ、さらに正殿の造営用途は三ヵ国の荘園・公領に課せられることになっていたことがわかる。同正治元年九月五日官宣旨案参照。

(6) 「小代文書」「二階堂文書」文永八年九月十三日関東御教書。

(7) 「東寺百合文書」(ヨ一―十二) 文永十一年十一月一日関東御教書案、「長府毛利家文書」(六) 文永十一年十一月三日関東御教書案。

(8) 「大友文書」文永十一年十一月一日関東御教書案。

(9) この点についてもこれまで多くの人びとによって指摘されているところであるが、それらを綜合整理して論じられたものに川添昭二氏の前掲論文がある。

(10) しかしこの三ヵ月宛の蒙古警固結番がこの通り行なわれていないことは、発給された異国警固番役覆勘状によって明らかである。

(11) 鎮西の守護が所務沙汰について裁許した例はしばしば確認されるが、守護の所務沙汰についての裁許状が存在するものとしては、「石志文書」貞応元年十二月二十三日肥前国守護所下文案、「禰寝文書」嘉禄元年八月日大隅国守護北条朝時裁許状、同正嘉弐年十月十八日大隅国守護名越時章裁許状、同弘安六年十一月十八日大隅国守護千葉宗胤裁許状などがある。

(12) 『大宰府・太宰府天満宮史料』巻八、一八八～二〇九ページ参照。

(13) 「書陵部所蔵文書」文永十年三月二十三日豊後国守護大友頼泰書下案、同文永十年四月二十日豊後国守護大友頼泰書下案、同文永十年後五月十八日豊後国守護大友頼泰書下案、同文永十年五月二十二日豊後国守護大友頼泰書下案。

(14) 竹内理三氏は『大宰府・太宰府天満宮史料』巻八の綱文において、文永九年以後の大友頼泰には鎮西東方奉行と付しておられることによって推量され、川添昭二氏は「鎮西談議所」において大友頼泰が豊後守護としての立場以外に、鎮西東方奉行であったことを各方面より詳細に論じておられる。

(15) 佐藤前掲書二七二ページ参照。

(三)　鎮西談議所考

蒙古襲来後、鎌倉幕府によって鎮西御家人の訴訟処理のため設置された鎮西談議所の存在については、早くから注目されてきたが、その機構・権限・性格等を明確に知る史料に乏しく、今日なお不明の点が多い。鎮西談議所については相田二郎氏(1)・石井良助氏(2)が論及され、後に佐藤進一氏がこれら先学の諸説を批判、再検討され、『鎌倉幕府訴訟制度の研究』の中で「鎮西談議所」なる一節を設け、網羅的に史料を挙げて論ぜられており、解明可能な範囲の限界に近く、今さら論ずべき点は少ないが、若干の疑問点および愚考を加えたいと思う。

鎌倉幕府は蒙古襲来に備え、鎮西御家人および鎮西に所領を有する東国御家人に異国警固番役を課し、その確保のためには大番役勤仕の免除をも敢えて行なった(3)。従来の慣例をも無視して万事に優先せしめ、鎮西御家人がその所領を離れることを禁ずる一方、鎮西に所領を有する東国御家人に急遽鎮西下向を命じ、また種々の便法を講じて非御家人の御家人化を意図する等の措置を講じた。鎮西談議所の設置もまさに鎮西御家人をして異国警固番役に専念せしむるために採られた諸政策の一つであった。

すなわち従来から大宰府および鎮西各国守護は或る種の訴訟裁断権が与えられていたが、いずれも最終裁断権を与えられるまでには至らず、訴訟準備手続機関、または下級裁判所的性格を脱することができなかった。したがって鎮西御家人は最終的裁断を求めて六波羅、さらには関東に参上する者が絶えなかった。

そこで幕府は鎮西御家人をして異国警固番役に専念させるため、最初は「大友左近蔵人泰広去々年合戦之時、抽忠由事、為訴訟可令参上之旨、雖歎申候、今一両月者、故更異国警固事、不可有緩怠候之間、先以使者可申子細之由、令ロ入候也(4)」、「但要害番、若令指合者、以其隙、可有参府也(5)」という態度を示していたが、ついにその全面的禁止へと態度を硬化した。それと同時に鎮西における訴訟機関の整備強化を図った。鎮西における訴訟機関の整備強化は、弘安七年に設置された特殊合議制訴訟機関や弘安九年に設置された鎮西談議所をへて鎮西探題の成立をもって完成した。

石井良助氏は「新編追加」弘安七年九月十日条に、

条々、急速為有御沙汰、以九州所領相分三方也、於博多可尋沙汰、頼泰(大友)法師、行宗(明石)、肥前、筑前、薩摩、盛宗(安達)、教経(長田)、豊後、豊前、日向、経資(武藤)法師、政行、肥後、筑後、大隅、各守此旨可奉行、云社領云名主、無別子細者、或直返付之、或安堵其身、先可書与下知之状、御下文者、追可有御計也、

とあることをもって、九州に特殊合議制訴訟機関が設置されたとされた(6)。しかしこの特殊合議制訴訟機関は合奉行である大友頼泰・安達盛宗・武藤経資らの管轄国が三守護の本来の管轄国と意識的に重複しないように編成されていたことなど、かえって失敗の原因となり、わずか二年後には、これにかわって設置された鎮西談議所の中に発展的解消することとなった(7)。

すなわち「新編追加」弘安九年七月十六日条および「大友文書」弘安九年七月十八日関東御教書によれば次のように定め、武藤経資・大友頼泰・宇都宮通房・渋谷重郷の四人に命じて寄合成敗させることとした。

鎮西輩訴訟事、守護人可尋沙汰之由、先日被仰下畢、而尚地頭御家人、寺社別当神主供僧、所々名主庄官已下、令参訴関東云々、於自今以後者、非別仰之外、不可参関東・六波羅、有訴訟者、兵庫入道(大友頼泰)、少弐入道(経資)、薩摩入道(宇都宮通房)、河内権守入道(渋谷重郷)寄合、可令裁許、於国難成敗者、可注進子細、雖為越訴、早尋究可注申也、但奉行人中有敵対

事者、残人々可令尋沙汰、以此旨可令相触之状、依仰執達如件、

弘安九年七月十八日　相模守（北条貞時）在判
陸奥守（北条業時）同

大友兵庫頭入道殿（頼泰）

（「大友文書」）

この訴訟機関は博多に設置され、一般に鎮西談議所と呼ばれ、この四人は鎮西奉行人または頭人の名をもって呼ばれているが、これは幕府による正式の呼称ではなく、むしろ一般的俗称と考えられている。(8)

これら四人頭人は弘安七年に設置せられた特殊合議制訴訟機関のように、特にそれぞれの管轄国の設定は行なわれなかったようである。

四人連署による裁許状があるところからすれば、(9)初期には四人の対等な関係による合議制が行なわれたことが推測されるが、時代が下ると共に武藤・大友両氏の権限が増大したようである。(10)また頭人の数の増減および交替について、川添昭二氏は四人頭人以外に奉行人が存在したことには否定的であり、交替については、正応四年半ばよりあまり遠くない時期に、武藤経資・大友頼泰がそれぞれその子の武藤盛経・大友親時にかわったものとしておられる。(11)

鎮西談議所の権限については、相田二郎氏・石井良助氏・佐藤進一氏はいずれも所務沙汰に限られ、検断沙汰は従来通り各国守護の権限に属したものとされた。その根拠とされるところは、『薩藩旧記』前編（七）所収正応元年七月二十九日武藤経資書下案に「爰被上府彼兼藤日、犯科子細之旨雖被申之、於犯過事者、不及談議所沙汰之間、於守護方可致沙汰之由令問答畢」とあることにある。これに対し、川添昭二氏は鎮西談議所が所轄の守護と共に検断沙汰を

行なっている例があることを指摘された。すなわち川添氏が論拠とされた文書は次に示す二通の史料である。

肥前国悪党幷博奕事、可致厳密沙汰之旨、重所仰下也、而或令隠置領内、或憚傍輩、令阿容云々、太無其謂、悪党之由、於令風聞之仁者、不見聞隠、以起請文、可被注申也、仍執達如件、

弘安十年二月十八日　　左近将監（大友親時）御判
　　　　　　　　　　　前遠江守（北条為時）御判

武雄大宮司小二郎（頼門）殿

（「武雄神社文書」）

河棚住人秋丸恒安申、差遣青方四郎（高家）下人弥五郎幷五郎三郎等、令山賊由事、訴状如此、子細見状、為尋沙汰、可被召進其身候、仍執達如件、

正応四年六月廿八日　　前因幡守（大友親時）
　　　　　　　　　　　平（北条定宗）（花押）

青方四郎（高家）殿

（「青方文書」）

この二通の文書は肥前国守護北条為時・北条定宗父子に談議所奉行人大友親時が副うて連署で発給したものとされ、その内容が検断沙汰に属するところから「鎮西談議所の権限は、原則的には所務沙汰にあり、雑務・検断両沙汰

は守護にあったが、肥前の場合、例外的に談議所が守護と共に検断沙汰をおこなっているとしておこう」と指摘された(12)。ただ川添氏は談議所が独自に検断沙汰を行なった事例が見えないし、いずれも肥前国の場合の例であるところから、肥前国だけの特殊事例である可能性もあるとして、結論を保留された。しかし次に示す史料によって談議所は独自に検断沙汰も行なっており、必ずしも肥前国だけの特殊事例ではないことがわかる。

(1)薩摩国上野太郎忠樹以下輩等、破当国新田宮夏越鎮済、依□傷在庁等、御神事延引由事、尤非無其恐歟、然者於狼藉者、尋明実否、可令注進関東也、至御神事者、相触在庁等、先如元可令遂行給候、仍執達件(如脱)、

正応二年八月十七日　前因幡守(大友親時)

沙弥(武藤経資)(13)

在国司殿

（「権執印文書」）

(2)薩摩国開門宮雑掌申、相語守護人被押取御剱并神馬由事、去年十月二日関東御教書副訴状具書案、如此、早任被仰下之旨、為致沙汰、可令出対博多給也、仍執達如件、

正応五年二月五日　前因幡守(大友親時)（花押）

新田宮執印殿

（「権執印文書」）

(3)当国台明寺衆徒申刃傷狼藉由事、去年三月十六日関東御教書副綸旨以下御状文書案文如此、如交名注文者、祐範弟子道印為狼藉人云々、任被仰下旨、為致沙汰、相具彼仁、可被上府候、仍執達如件、

正応五年五月十九日　筑後守（武藤盛経）在判

台明寺少輔御房

（「台明寺文書」）

(4)大隅国台明寺雑掌申刃傷狼藉事、加賀房朝明就五ヶ度催促、令上府、乍番訴陳、無音帰国間、所被下日限奉書也、仍訴状遣之、早付之、可被執進請文候、仍執達如件、

正応五年六月三日　筑後守（武藤盛経）在判

牛屎院郡司殿

（「台明寺文書」）

これによって鎮西談議所がこれまで論じられた如く、その権限は所務沙汰のみに限られていたわけではなく、検断沙汰についても権限を有しており、それは川添氏が述べられた如く肥前国のみの例外的なものではなく、全鎮西に及ぶ検断沙汰権を有していたことは明らかになったものと考える。[14] したがって鎮西談議所の権限は所務沙汰のみに限られ、検断沙汰には及ばなかったとの、旧稿の主張を撤回し、鎮西談議所は所務沙汰のみならず検断沙汰にまで及んでいることを指摘しておく。[15]

鎮西談議所には原則的には最終裁断権が付与されていたにもかかわらず、内容的に鎮西談議所の裁許状と考えられるものは、(1)「禰寝文書」弘安九年閏十二月十八日、(2)『薩藩旧記』前編（七）所収正応元年七月二十九日、(3)同正応二年八月十一日、(4)「大泉坊文書」正応五年十二月二十四日のわずか四通を数えるにすぎない。形式的にも(1)が武藤経資・大友頼泰・宇都宮通房・渋谷重郷の鎮西談議所頭人の四人が連署し、渋谷重郷以外の三人が花押を据えている

のに対し、⑵は武藤経資一人の発給であり、⑶は大友親時・武藤経資の連署、⑷は大友親時だけの発給というようにきわめて固定しない形式を示している。このことは後の鎮西探題裁許状が管見の及ぶ限り二百三十通近く存在し、訴訟機関としてもきわめて整備され、最終裁断権を行使しているのと比較して、訴訟機関としてもきわめて未整備不完全なものであったことは否定できないであろう。しかも鎮西談議所は設置の当初より「於国難成敗者、可注進、雖為越訴、早尋究可注申也」とあることによって、鎮西談議所が実質的には訴訟準備手続機関または下級裁判所的性格を有していたことも否定出来ない。「禰寝文書」弘安九年閏十二月十八日鎮西談議所裁許状においても、大隅国禰寝南俣内山本・光松両名について郡司清親と清方・円幸が相論した際、上府せしめて各訴陳を行なった後、「仍於相論之篇者、所令注進関東也」となり、「深堀文書」正応二年十一月日深堀時仲代沙弥西浄申状によれば、「而依異国事、鎮西雑訴等於宰府有沙汰之間、浄忍為御家人之身、以往古関東御領、称一円地、濫妨地頭職之条、其咎不軽之上者、可被罪科之処、鎮西四人頭人之中。当時《ママ》被経沙汰之最中、只誘取奉行一人注進状、濳上洛之由承及之条、旁不審多之者也、所詮宰府重々被経沙汰之上者、欲被弃捐峯入道浄忍濫訴矣」とあり、鎮西談議所において沙汰を経ても、裁許に不満の者は六波羅・関東に参訴したことが知られ、(16)鎮西談議所設置後も関東裁許状によって裁許が行なわれており、その場合「如宰府注進者」とあることによってもわかるごとく、鎮西談議所の尋沙汰の結果の注進が関東裁許状における裁許の基礎となっていることがわかる。(17)鎮西談議所は尋沙汰するに際して、訴論人を博多に召喚して尋沙汰する場合が多いが、「島津家文書」正応二年十一月十七日伊作庄雑掌・地頭代等和与状によれば、抑留せしめた色々御年貢米、下司名得分身代等を、宰府の御使前において結解を遂げたとあり、また「山田文書」正応三年九月日薩摩国宮里郷地頭大隅忠光重申状案にも奉行所の御使ということが見えているので、談議所の使者を派遣して尋沙汰させたこともあったことがわかる。(18) さらに「青方文書」正応四年六月日河棚住人秋丸恒安申状案によれば、青方高家の下人が山賊を行なったことを訴え、その究明のため清簾の御使を差下されんことを言上しており、これを受けて、正応四年六月二十八日の大友親時・北条定宗連署書下が青方高家に発給されているので、秋丸恒安が鎮西談議所に対して清簾の使者の派遣を求めていることがわかる。

次に佐藤進一氏は、鎮西談議所の権限は「単なる訴訟関係のみならず鎮西に於ける守護地頭御家人の一般的統率事項にも及んだ。すなわちそれは幕府職制上、鎮西武家統率機関といい得る」と指摘された。佐藤氏がかように指摘された理由は、正応年間数次にわたって発給された蒙古合戦恩賞地配分状が、大友・武藤両氏の連署によって発給されており、これは大友・武藤両氏が鎮西談議所頭人の権限に基づいて行なったものであるとの判断による。しかしこの点については必ずしも明確な史料的裏付けはない。当時、大友氏が鎮西に有した権限を根源的にたどれば、少なくとも豊後国守護・鎮西東方奉行・鎮西談議所頭人の各種権限に分けられ、武藤氏に至っては、筑前・対馬・壱岐各国守護、鎮西談議所頭人・大宰少弐として大宰府最高責任者の権限などを兼有していた。そこで蒙古合戦恩賞地の配分が、両者の如何なる権限に基づいて行使されたものであるか判別することはきわめて困難である。佐藤氏は鎮西談議所において、後期になると大友・武藤氏が主導権を有していたことから、これを鎮西談議所頭人の権限に基づくものとされているが、蒙古合戦勲功賞配分については、特に大友・武藤氏宛に次の如き関東御教書が発給されている。

蒙古合戦勲功賞事、交名幷田数注文遣之、早遂検注、守注文可令分付之、屋敷在家畠地等者、追田数分限、可令省充、次神社仏寺免田幷甲乙人給分、河海野畠山等者、暗難配分、然者所出幷所務之故実、分明可令注進、彼状到来之時、面々可成御下文也、但於今年所当者、令収納、可注申員数状、依仰執達如件、

弘安九年十月十九日　相模守(北条貞時)
陸奥守(北条業時)

兵庫頭入道殿(大友頼泰)
大宰少弐入道殿(武藤経資)

(「大友文書」)

したがって蒙古合戦恩賞地配分はこの関東御教書による特命によって両者が委任されたものであり、鎮西談議所の権限とは別の権限と考えるべきであろう。しかしながらこの両者が鎮西談議所頭人であったことから、一般には恩賞地配分も鎮西談議所の権限としてとらえられていた形跡がある。「青方文書」年月日欠某申状案に「(前欠)被宛行配分之条、談議所配分状明鏡也、仍覚真(青方能高)拝領之処、依□(為カ)重高(青方)子息去正応年中相副彼御配分状被譲于真仏(波佐見)、然間当知行無相違歟云々」とあり、この配分状とは、正応二年三月十二日の肥前国神崎庄配分のことを指していることは明らかである。[19]

さらに「武雄神社文書」永仁四年八月日黒尾社大宮司藤原資門申状は新設された鎮西探題に対して、弘安四年異賊合戦勲功賞に漏れたことを愁訴して、傍例に任せて勲功賞に預からんことを訴えたものと考えられるが、「右、異賊襲来之時、於千崎息乗移于賊船、資門乍被疵生虜一人、分取一人了、将又攻上鷹嶋棟原、致合戦忠之刻、生虜二人了、此等子細、於鎮西談議所、被経其沙汰、相尋証人等、被注進之処、相漏平均恩賞之条、愁吟之至、何事如之哉」とあり、鎮西談議所において合戦忠の実否について証人を喚問し、尋沙汰していることがわかり、「且資門自身被疵之条、宰府注進分明也」とあることは、その結果を恐らく関東に注進したものと思われる。[20]これによって鎮西談議所の所管事項が単に訴訟機関にのみ限られたと主張した旧稿の説を撤回し、佐藤氏・川添氏の主張される鎮西談議所が鎮西武家統率機関であったとの説に賛同する。

最後にその存在期間については、上限を弘安九年七月十六日の、前に引用した関東御教書におくことに異論はない。下限については、相田二郎氏は永仁三年以後に及ぶとされたのに対し、佐藤氏は正応五年七月までとされ、それ以後鎮西奉行北条兼時・時家の鎮西下向によって、従来鎮西談議所が有した権限はすべてこれに引き継がれ、永仁三年三月兼時・時家が関東に帰って後、鎮西探題北条実政が就任するまでの約一年半再び鎮西談議所が復活したとの見解を示された。佐藤氏の鎮西談議所復活説の根拠は「来嶋文書」嘉元二年十月二十六日鎮西裁許状中に「爰如厚(斑嶋)所進永仁三年後二月廿四日越後守(北条兼時)・兵庫頭(北条時家)并同年十一月廿四日談議所奉書及永仁五年四月廿一日・同年十月十八日召符案文等者」とあることによって、永仁三年十一月二十四日の時点で鎮西談議所が復活されたものとされた。これに対し筆者は佐藤氏が北条兼時・時家の鎮西下向をもって鎮西探題成立の時期とされ、兼時・時家が聴訴の権を有していた徴証があったことを強調され、その間の鎮西談議所の存在を否定される点に異論を唱え、兼時・時家の鎮西下向が鎌倉幕府の得宗専制の強化に基づき、鎮西探題成立への急速な傾斜を見せつつも、なお従来大友・武藤氏等が鎮西に有した各種権限を完全に剝奪し得ず、兼時・時家に一元的権限の集中が達成されなかった点を指摘し、その意味では、兼時・時家の鎮西下向は鎮西探題成立への過渡的性格を有しているものであり、兼時・時家の鎮西下向をもって鎮西探題の成立と考えられる佐藤氏の説に反対した。かく主張する裏には、兼時・時家の鎮西下向後も鎮西談議所が機能を発揮していたとの主張が存在する。佐藤氏は「山田文書」正安二年七月二日鎮西裁許状に「一、悪口事、右郡司則越州(北条兼時)御下向之時、於引付問答之座、阿礼加登吐悪口畢」とあることから、兼時・時家の下に鎮西談議所とは異なる訴訟審理機関「引付」が設定されたものとされているが、[21] これは新たな引付が設定されたものではなく、従来の鎮西談議所頭人の上にあって、兼時・時家が訴訟を奉行したものとの解釈も可能であり、これだけでは鎮西談議所が廃止されたとの確たる証拠とはなり得ず「来嶋文書」により永仁三年十一月二十四日付で鎮西談議所奉書が発給されている以上、佐藤氏の如くこれをもって復活と考えるより、鎮西談議所は北条兼時・時家の鎮西下向下においてもその機能を保持しており、[22] その機能を完全に停止したのは、鎮西探題北条実政の下で、強力な訴訟機関が設置され、その鎮西引付衆に、かつての鎮西談議所頭人であった大友・武藤・宇都宮・渋谷氏等が補任された時と考えるべきではないかと考える。

以上先学の諸説を紹介しつつ鎮西談議所について愚見を述べてきたが、鎮西統治機関としての鎮西談議所は、弘安九年十月より鎮西探題北条実政の就任までの約九年間、鎮西における所務・検断沙汰権を有し、軍事的御家人統率権も行使しているが、最終裁断権を保有していなかったため、訴訟準備機関、または下級裁判所的性格を脱し得ず、さらに北条兼時・時家の鎮西派遣によって、その実務的機関に過ぎなくなっている。その意味では、異国襲来に備えるために設けられた臨時機関であり、鎮西探題が設置されるまでの過渡的機関で、鎮西探題が設置されれば、その一機関に吸収される性格を有していた。しかし短期間とはいえ、蒙古襲来後の戦後処理において、鎮西統治機関としてきわめて重要な役割を果していることは疑いなく、鎮西特殊合議制訴訟機関、北条兼時・時家の鎮西奉行などより、鎮西統治機関としては実質的役割を果していることは評価されるべきであると考える。

注

（1）　相田二郎『蒙古襲来の研究』三三一ページ参照。

(2) 石井良助「鎌倉時代の裁判管轄(二)」(『法学協会雑誌』五七の一〇所収)参照。
(3) 「小早川家文書」正安元年六月七日関東裁許状は小早河仏心(定平)と小早河一正丸代頼弁が鎌倉番役勤仕に関して相論したものであるが、惣領仏心が庶子一正丸が無沙汰の旨訴えたのに対し、一正丸は「去建治二年為異国警固、可相向之旨、被仰下之間、令居住西国所領畢、彼警固役之仁、被免番役之条、為傍例歟、若無御免者、両役兼帯可為難治之旨、一正所陳申也」と反論しており、裁許においても「警固役輩被免番役之事、無異儀」とある。
(4) 「日名子文書」(弘安六年)三月八日六波羅探題北条兼時書状。
(5) 「野上文書」弘安七年六月十九日豊後国守護大友頼泰書下。
(6) 鎮西特殊合議制訴訟機関については、川添昭二「鎮西特殊合議訴訟機関」(『史淵』一一〇所収)参照。
(7) 鎮西談議所については、最近川添昭二氏が「鎮西談議所」(『九州文化史研究所紀要』一八所収)にこれまでの各説を紹介され、新しい知見を加えて述べられている。
(8) 「深堀文書」正応二年十一月日深堀時仲代沙弥西浄申状。
(9) 「禰寝文書」弘安九年閏十二月十八日鎮西談議所連署裁許状。
(10) 佐藤進一『鎌倉幕府訴訟制度の研究』二九四ページ参照。
(11) 川添前掲論文一二ページ参照。
(12) 川添氏の指摘に大筋において異論はないが、ただ北条為時・北条定宗の権限を肥前国守護としていささかの疑惑も有しておられない点に若干の疑問を有している。勿論それまで肥前国守護であった武藤氏より奪ったことに異論はないが、北条為時が鎮西に下向してきたのは蒙古襲来に備える目的を有していたのであって、肥前国守護となることを目的として下向して来たものではない。したがってあくまで肥前国守護は兼任であり、北条為時の本務は別に存在していたとの見通しを有している。このことは北条為時・定宗が肥前国に居住することなく、博多に居住していたことによって暗示されている。しからば北条為時・定宗の本務は何であったかについては、本稿の論旨からも逸脱するので後日稿を改めて論ずることにする。また川添氏は守護と鎮西談議所頭人が連署して発給するやり方を肥前国の例外的な方法としておられるが、この点も北条為時・定宗が博多に居住していたこと、それに伴って鎮西談議所という訴訟機関が存在したことと無関係ではないと思う。

(13) 佐藤進一氏は前掲書二九七ページにおいて鎮西談議所が発給した文書を年代順に列挙しておられるが本文書はその表に見えない。なお佐藤氏の表に漏れていると思われる鎮西談議所発給文書を佐藤氏の掲示方法にしたがって示せば次の通りである。

	年月日	奉行名	活動事実	関係国名	出典
1	弘安一〇・二・一八	左近将監(大友親時)	尋問	肥前	武雄神社文書
2	正応二・八・一一	沙弥(武藤経資)	判決	大隅	薩摩旧記前編七
3	正応二・八・一七	前因幡守(大友親時)・沙弥(武藤経資)	尋問	薩摩	権執印文書
4	正応四・六・一七	前因幡守(大友親時)・沙弥(武藤経資)	寄進	豊前	益永文書
5	正応四・六・二八	前因幡守(大友親時)	召喚	肥前	青方文書
6	正応四・一二・一三	筑後守(武藤盛経)	召喚	肥前	兼仲卿記紙背文書
7	正応五・二・五	前因幡守(大友親時)	召喚	薩摩	権執印文書
8	正応五・一二・二四	前因幡守(大友親時)	判決	筑前	大泉坊文書

(14) これら鎮西談議所の検断沙汰権行使を知る史料は、川添氏が指摘された肥前国の二例を加えて六例が検出されたわけであるが、このうち③④の史料については、佐藤氏も鎮西談議所の発給文書として挙げておられるが、なお佐藤氏が鎮西談議所の権限が所務沙汰に限られるとされるについては、何らかの理由が存するのかも知れないが、筆者はこれらは鎮西談議所の検断沙汰権行使の具体的例と考えている。たしかに所務沙汰と検断沙汰の区別が明確でないものもあるが、これら四例を検断沙汰に属するものと考える点に異論はないものと考える。しかし次に示す東洋文庫所蔵「兼仲卿記紙背文書」については、武藤盛経の行使された権限自体、および所務沙汰とするか検断沙汰とするかについて若干問題が残っている。

「(端書)□少弐書下案」

筑前国殖木庄雑掌申、乱入本所一円領、抑留運送船致狼藉由事、訴状如此、為沙汰早速可被上府候、仍執達如件、

正応四年十二月十三日　(武藤盛経)筑後守在判

納塚掃部左衛門（定俊）尉殿

この文書について検討するについて、同じく「兼仲卿記紙背文書」に次の如き後欠の筑前国殖木庄雑掌重申状案がある。

七条院法花堂領筑前国殖木庄雑掌謹重言上

肥前国御家人納塚掃部左衛門尉定俊・同国守護代野尻入道□幷糸井左衛門 茂能法師已下 数百人 悪党等 公家武家御沙汰最中、自四辻宮称令拝領、去年十二月十日乱入領家一円当□□（御領カ）、抑留所務、追捕百姓等、住宅致種々狼藉上者、早可被鎮沙汰旨、□（任）傍例欲申下 綸旨於武家子細状、

副進

一通 裁許 院宣案 正応四年六月廿七日 任文殿勘奏幷七条院御譲状・庁下文等可令相伝領掌給之事、

一通 綸旨案 同年十月廿四日 四辻宮被申殖木庄事、陳状早速可令進給之事、

一通 □綸旨案 同年十一月十一日 殖木庄事、忩可被召進陳状之事

二通 奉行新宰相于時友亮御返事案 同年十二月五日 正応五年正月十四日

一通 当国守護少弐書状案 正応四年三月十二日 当国乱入悪党間事

右、当庄領家職事、正応二年八月十日就関東御奏状四辻宮（以下欠）

これによって筑前国殖木庄雑掌が訴えた狼藉とは肥前国御家人納塚掃部左衛門尉定俊・肥前国守護代野尻某・糸井左衛門茂能法師以下数百人の悪党が四辻宮より拝領したと称して、殖木庄に乱入して所務を抑留し、百姓を追捕し、住宅に種々狼藉したとあり、所務抑留とは具体的には運送船を抑留したことを示すものと考えられる。この場合、事件が起きたのは筑前国であり、事件を起したのは肥前国御家人であるという複雑な関係であるので、武藤盛経は筑前国守護として発給したものか、鎮西談議所頭人として肥前国御家人納塚定俊に上府を命じて尋沙汰しようとしたものか必ずしも明確ではないが、属人主義の立場に立って考えれば、武藤経資は鎮西談議所頭人として、肥前国御家人に上府を命じたものと考えるべきではないかと考える。たとえ事件が起きた場所が武藤氏の守護管国内であったとしても筑前国守護の権限として肥前国御家人を尋問のため上府させるということは当時の慣例から考えられない。ただこのように考えるについて、殖木庄雑掌が訴状の中で正応四年十二月十三日武藤盛経召文のこと

を当国（筑前国）守護少弐書状案と称していることが問題となるが、殖木庄雑掌からすれば、武藤盛経は筑前国守護であり、そのことが、正応四年十二月十三日の武藤盛経の召文は鎮西談議所頭人として発給したものと考える私見を全く否定することにはならないと考える。この私見が承認されるとすれば、鎮西談議所が検断沙汰を尋沙汰した例に加えることが出来る。ただしこの場合の訴訟の内容は所務沙汰と検断沙汰が混在しており、むしろ百姓を追捕し、住宅に狼藉し、運送船を抑留する一見検断沙汰に属すると思えることも、所務沙汰に派生して起きたものとも考えられるので一応鎮西談議所が検断沙汰権を行使した具体例からは除外しておく。さらに正応元年七月二十九日武藤経資書下案も相田・石井・佐藤氏の場合、この文書を武藤経資の発給文書としておられないため、「於犯過事者、不及談議所沙汰之間、於守護方可致沙汰之由、令問答畢」とある点にのみ注目されたわけであるが、この文書の差出人が鎮西談議所頭人の武藤経資であることは、竹内理三・五味克夫・川添昭二氏が認めておられ、佐藤氏も差出人が武藤経資であるとすることは保留されながらも、この文書が鎮西談議所の判決文書であることは認めておられるわけであるから、本文書の後段に「所詮、度々触申之処、終以無陳状上、沙汰最中、重押取身代、追出住宅之条、無其謂、然者先令安堵本職幷住宅、可被糺返損物、猶以不被叙用者、載其子細、可注進候」との裁許が出ていることは、「於犯過事者、不及談議所沙汰云々」は談議所の訴訟過程における問答にすぎず、むしろ現実にはこの場合も談議所が審理裁決を行なっている点に注目すべきであると考える。

(15)　この点について、これら鎮西談議所が検断沙汰権を行使したことが知られる史料を見ておりながら、筆者も含めてこの点を看過した理由は、相田二郎氏が指摘された「於犯過事者、不及談議所沙汰之間、於守護方可致沙汰」との正応元年七月二十九日の一節が先入観として存在したためではないかと思われる。この点、肥前国の例外現象とされながらも、鎮西談議所が検断沙汰権を行使していることを指摘され、鎮西談議所関係史料の再検討の契機を作られた川添昭二氏の見解の発表は高く評価さるべきであると考えられる。しかし川添氏も肥前国の例外現象とされたことによってわかるごとく、相田氏によって指摘された鎮西談議所の権限は所務沙汰に限定されていたとの先入観を完全に脱しておられないことがわかる。

(16)　「山代文書」弘安十年十一月十一日肥前国守護北条為時挙状参照。

(17)　鎮西談議所設置期間中に鎮西関係の相論を裁許した関東裁許状としては『薩藩旧記雑録』前編（六）所収弘安九年十一月五

日、「山田文書」弘安十年十月三日、「新田神社文書」正応弐年四月七日、「山田文書」正応二年八月二日、『薩藩旧記雑録』前編（七）所収正応二年八月二十四日、「島津家文書」正応三年二月十二日、「大川文書」正応四年正月十八日、「岡元家文書」正応四年八月二十八日、「島津家文書」正応五年十二月十六日、「島津家文書」正応六年正月十三日、『薩藩旧記雑録』前編（七）所収正応六年五月二十四日、「禰寝文書」永仁三年五月一日等十三通が存在するが、いずれも鎮西談議所の注進によって裁許されている。したがってこれらの裁許は訴論人は異国防禦に専念するため鎮西の地を離れることを禁じられていたので、鎮西談議所が審理を行ない、それに基づいて裁許が行なわれた。したがってこれらはいずれも佐藤進一氏が、対上関係、活動時期未詳の史料、すなわち乙表・丙表（前掲書二九九ページ）に入るものであるが、佐藤氏の表にしたがって、乙表・丙表に漏れたものを補って表示すれば次の通りとなる。

	談議所関係記事引載文書年月日	同上文書名	談議所関係記事要点	関係国名	出典
1	弘安九・一〇・一九	関東御教書	兵庫頭入道・大宰少弐入道宛		大友文書
2	弘安九・一一・五	関東裁許状案	被仰大友兵庫頭入道道忍之処、如執進両方申詞記者	薩摩	薩藩旧記前編六
3	弘安一〇・一〇・三	関東裁許状	如大宰少弐経資法師(法名浄恵)弘安三年十二月五日注進状幷所取進訴陳具書等者	薩摩	山田文書
4	弘安一一・三・二〇	大友親時書下	今月廿日奉行所奉書案幷訴状具書如此	豊後	志賀文書
5	正応元・七・二〇	関東御教書	大宰少弐入道宛	豊前	香春神社文書
6	正応元・九・七	関東御教書	大宰少弐入道宛	肥前	山代文書
7	正応元・一〇・	大神貞行申状案	御奉行所代々之間	豊前	小山田文書
8	正応二・四・七	関東裁許状案	如宰府注進状等者	筑前	新田神社文書
9	正応二・五・二一	北条為時書下案	今年四月廿九日関東御教書及宰府施行各案文如此	肥前	青方文書
10	正応二・八・二	関東裁許状案	如宰府註進状者	薩摩	山田文書
11	正応二・八・二四	関東裁許状案	如宰府今年三月十八日注進状者	大隅	薩藩旧記前編七

12	正応二・一一・一七	伊作庄雑掌・地頭代等和与状	於宰府御使前、遂結解	薩摩	島津家文書
13	正応二・一一・	沙弥西浄申状	鎮西四人頭人	肥前	深堀文書
14	正応三・二・一二	関東裁許状	就大友兵庫入道々忍所取進之訴陳状	薩摩	島津家文書
15	正応三・九・	大隅忠光重申状	以奉行所御使	薩摩	山田文書
16	正応四・正・一八	関東裁許状案	如六波羅執進大宰少弐経資法師(法名浄恵)去年六月廿九日注進状者	肥前	大川文書
17	正応四・二・三	関東御教書案	奉行人依有阿党事		新編追加
18	正応四・六・一八	豊前国在庁請文案		豊前	香春神社文書
19	正応四・八・二八	関東裁許状	就去年十二月十一日宰府注進	薩摩 筑前	岡元家文書
20	正応五・五・一〇	関東御教書	仰筑後前司盛経	豊後	志賀文書
21	正応五・閏六・二二	六波羅施行状	大宰少弐宛	豊後	志賀文書
22	正応五・一二・一六	関東裁許状	就大友兵庫入道々忍去年十月廿日注進状	薩摩	島津家文書
23	正応六・四・二〇	島津忠宗施行状	先度令申子細於談議所之処	薩摩	水引執印文書
24	正応六・五・二四	関東裁許状案	就宰府正応二年三月注進状	大隅	薩藩旧記前編七
25	永仁三・二・二八	税所篤秀・守護代実光連署書下案	任関東御下知御教書幷宰府御施行旨	大隅	肝付氏系図文書写
26	永仁三・五・一	関東裁許状	如大宰少弐経資法師(法名浄恵)・大友兵庫頭頼泰法師(法名道忍)執進陳状幷両方所進証文等者	大隅	禰寝文書
27	永仁三・一〇・四	千竈耀範・坂田宮内左衛門入道連署注進状	本社就被申子細談議所	肥前	櫛田神社文書
28	永仁四・八・	藤原資門申状	於鎮西談議所被経其沙汰	肥前	武雄神社文書
29	欠	某申状案	談議所配分状明鏡也	肥前	青方文書
30	正安元・一二・二〇	関東裁許状案	宰府注進訴陳状子細雖多	肥後	阿蘇家文書
31	正安二・七・二	鎮西裁許状	談議所沙汰之時、致訴訟畢	薩摩	山田文書
32	嘉元二・一〇・二六	鎮西裁許状	永仁三年後二月二十四日越後守・兵庫頭幷同年十一月二十四日談議所奉書	肥前	来嶋文書

33	元応元・九・六	鎮西裁許状	捧請文於河内権守入道本仏訖	肥前	深江家文書
34	元亨四・三・一三	島津氏重書目録	さいふしやうゐ入たうの状の正もん、くうせんの事正をう三年十二月十九日同しやうゐの入たうのほうその正もん、正をう三ねん十一月廿四日	薩摩	島津家文書
35	正中二・四・五	鎮西裁許状	於談議所、雖致沙汰	筑前	宗像辰美所蔵文書
36	元徳元・一〇・	志岐弘円代覚心重申状	仏意亡父所給談議所下知	肥後	志岐文書
37	元徳二・三・		仏意亡父浄智所給談議所御下知分明也	肥後	志岐文書
38	欠	鎮西裁許状案	去々□弘安九年丹波房良晴押領之間、訴談議所被成下知畢	豊前	宮成文書

(18) 前表にも掲げた「櫛田神社文書」永仁三年十月四日の文書には、鎮西談議所頭人の使者が異国征伐のために博多の櫛田宮に剣を送り、その後肥前国神埼郡櫛田神社に剣を返却しようとしたとき、蛇が剣を巻いていたので返却することが不可能となっている状態を調査した報告書を提出したことがわかる。この文書は『佐賀県史料集成』第五巻一八四ページに後欠文書として収録されており、その全文が肥前櫛田神社所蔵縁起に収められている。本文書を最初に紹介されたのは相田二郎氏であり、『蒙古襲来の研究』八四〜八五ページに「右の文書には談議所という如き言葉も入っており、当時のものであるように思われるが、いま写即ち案文の形式で伝わり、正文でないから、真偽の程は確かでないが、参考の為にここに紹介しておく次第である」とあり、多分に疑問視しておられることがわかる。これに対し川添昭二氏は、この注進状の武藤氏の使者である千竈大進房耀範が実在の人物であるところから、「一見縁起臭の強いもののように思われるが、内容を検討してみると信頼性のある史料だとみてよい。内容的にとりたてて疑問視すべき点もない」としておられるが、筆者は本文書自体を史料として使うことには否定的である。しかし談議所が使者を派遣して尋沙汰させていることは傍例があるので、使者には武藤・大友氏の被官が任用されたものとの川添氏の見解は正しいと考える（川添前掲論文四四ページ参照）。

(19) 本書第四章第一節「鎮西御家人と元寇恩賞地」三一五ページ参照。

(20) 佐藤前掲書三一四ページ参照。

(21)　旧稿において、佐藤氏が兼時・時家が聴訴権を有した徴証があることを強調されるあまり、鎮西談議所の存在を否定されるのに急であった点を批判し、兼時・時家の裁許状が存在しないことを指摘した。この点についてはなおその見解を保持しているが、最近紹介された『佐賀県史料集成』十五巻の「実相院文書」の中に兼時・時家の聴訴権の存在を裏付ける史料が存在するので引用しておく。

筑前国四王寺雑掌申壇供寺用并修造事、訴状三通如此、早任関東御教書旨、云壇供寺用等、云修造、可致其沙汰之由、相触本役所可令執進請文給也、仍執達如件、

永仁二年七月二日　(北条時家)兵庫頭御判　(北条兼時)越後守御判

筑前国四王寺雑掌申、壇供寺用并修造事、越後守殿御教書副訴状具書如此、任被仰下之旨、云壇供寺用等、云修造、可被致其沙汰、且可被進請文候、仍執達如件、

（以下欠）

(北条定宗)遠江修理亮殿

筑前国大宰府の四王寺雑掌が壇供寺用および修造について鎮西奉行に訴えたのに対し、その沙汰すべき旨「本役所」に相触れ、請文を執進めることを肥前国守護北条定宗に命じたものである。さらに後欠の文書は、同文書河上社雑掌家邦所進文書目録に、

一通　鎮西越後守殿御教書案永仁二年七月二日

一通　同国守護御代野尻入道施行同年八月五日

とあることから、永仁二年八月五日肥前国守護代野尻入道施行状であったことがわかる。野尻入道については「青方文書」永仁二年十二月二十三日兼城・道恵連署書下、注(14)に引用した「兼仲卿記紙背文書」にも肥前国守護代としてその名が見える人物である。ここに見える「本役所」が具体的に何を指しているかこれだけでは明らかではないが、佐藤氏が指摘された兼時・時家が聴訴の権を有していたことを裏付ける新たな史料である。なおこれまで兼時・時家が連署している現存する文書は存在しない

とされていたが、これによって兼時・時家の連署御教書も発給されていたことがわかり、その意味でも貴重な史料である。このほか兼時・時家の聴訴権を示す史料としては、「永弘文書」永仁二年二月二十一日大友親時施行状は、宇佐八幡宮神官宇佐春基代定基が小田原四郎左衛門尉のため宇佐宮領豊後国田染庄恒任名田畠以下屋敷等を押領されたことを訴え、北条兼時が小田原四郎左衛門尉に参決することを命じたものを大友親時が施行しており、博多において尋沙汰が行なわれたことがわかる。しかしこのことから直ちに鎮西談議所の機能の停止と考えることには賛同出来ない。

(22) 鎮西談議所が機能を停止していたか否かについて、川添昭二氏は「肝付氏系図所収文書写」永仁三年二月二十八日大隅守護代実光および大介兼税所篤秀が、関東下知状および宰府施行状のとおりに、田地・在家・狩倉を肝付郡弁済使兼石に打ち渡しているが、これは正応二年三月の鎮西談議所の注進により、正応六年五月二十四日に関東下知状が出されているので、「宰府施行状」は同日以後永仁三年二月二十八日以前に出されたものと考えられ、かつ「宰府施行状」は鎮西談議所の施行という意味であるので、これによって兼時・時家在任中も「鎮西談議所」が存在したことを示す史料であるとしておられる。さらに「櫛田神社文書」永仁三年十月四日の武藤氏使者千竈大進房耀範・大友氏使者坂田宮内左衛門入道注進状写によって談議所の存在を傍証しておられるが、先述の如くこの文書については疑問視しているので一応採用しないでおく。

第三章　鎮西御家人の研究

第一節　肥前国における鎌倉御家人

(一)　鎌倉御家人の基準

鎌倉時代における鎌倉御家人の数的把握は、鎌倉御家人制度解明の基礎的作業であるにもかかわらず、若干の国について網羅的検出が試みられてはいるが、(1) 全国的規模での鎌倉御家人の検出は未解決の問題として放置されているのが現状である。このことは史料の不足と増減が認められる御家人の実態を、どのような形でとらえるかという方法論的困難さにも由来していると思われる。時間の経過によって増減のある御家人の動きをある静止した時点において横断的に把握することも理論的には考えられるが、史料的制約もあってきわめて限られた国においてしか検出は不可能となる。それにかわる方法としては、種々の欠陥と問題はあるとしても、全鎌倉時代の御家人を平面図に投影した形でとらえる以外にはないであろう。

牧健二氏は『日本封建制度成立史』の中で、鎌倉初期の御家人総数について論及され、『吾妻鏡』文治元年十月二十四日の条に「群参御家人、常胤已下為宗者二千九十六人」とあることから、鎌倉初期における御家人数が予想以上に多数であったことを指摘されたに止まり、さらに進んでその分布状態まで論及されることはなかった。

この点について五味克夫氏は、『日本歴史地図』の一項目として「鎌倉幕府成立前後における地方武士団の出身地」を取り上げられ、地図の上に武士団の分布を表示しようと試みられたことは注目に値するが、その解説の中で五味氏自身が述べて居られる如く、主として『吾妻鏡』によって武士団の抽出を試みられた結果、西国武士団については、東国武士団の場合に比して、極端に簡単かつ不完全な結果に終っている。

『吾妻鏡』にもその記事が少ない西国御家人の実態を把握するためには、現存する古文書によって各国別御家人を抽出するという方法以外にはない。

この点、安田元久氏による「鎌倉時代地頭表」（『地頭及び地頭領主制の研究』所収）は地頭について、全国的規模で検出された労作であり、鎌倉御家人抽出の手懸りとなるものといえる。しかし御家人の中には地頭職を有しない御家人も存在するので、鎌倉時代の人名を抽出し、その一人一人について御家人か非御家人かの判定を行なう必要がある。したがってまず鎌倉御家人の基準を明確にしておかなければ、抽出作業は不可能となる。そこで肥前国御家人の抽出作業に入る前に、鎌倉御家人の基準、特にその中における鎮西御家人の特殊性について考察しておきたい。

鎌倉幕府の御家人制は、建久三年以降、建久末年までに成立したものとされているが、(2)鎌倉御家人となる正式の手続としては、将軍に名簿を捧げ、見参に入り、所領安堵の下文を賜わることによって鎌倉御家人としての地位が確立し、御恩奉公の関係が成立したとされている。安田元久氏は鎌倉御家人制を「鎌倉将軍がその家人たる在地領主を、主従制と恩給制との原理のもとに組織した形態であり、鎌倉政権のもとでの社会的身分体制」と概念規定されている。(3)この概念規定自体に異論はない。しかしながらこの概念規定に従って御家人と非御家人の区別が行ない得るかといえば、決してそうではない。

鎌倉末に出来た当時の訴訟関係用語の概説書といわれる『沙汰未練書』によれば、鎌倉御家人と非御家人の区別を、

一、御家人トハ、往昔以来為開発領主、賜武家御下文事也、開発領主トハ、根本私領也、又本領トモ云、

一、非御家人トハ、其身者雖為侍、不知行当役勤仕之地人事也、

とあり、そこには何ら疑問をさしはさむ余地もないかに見える。しかし鎌倉御家人の個々の具体的問題を考える場合、最初に我々が遭遇する難関は、実にこの鎌倉御家人と非御家人の区別の問題である。このことが単に現存史料の不足のみに起因したものでない事は、既に当時の相論の論点の一つとして、しばしば「為御家人否事」ということが取り上げられており、相論の相手を非御家人と称することが悪口の罪として訴えられていることによっても明らかなように、鎌倉時代から種々まぎらわしい問題を含んでいたことがわかる。

それは一般に承認されている先述の如き鎌倉御家人の基準はあくまで原則であって、多くの例外、および便法によって鎌倉御家人となった者が多数存在し、むしろこれら正式な鎌倉御家人たる手続・条件を欠いた者の方が上廻っていたとさえ考えられる。反面、既に指摘されている如く、在地武士側の自由意志によって御家人化が決定され、非御家人身分に留ることによって御家人役勤仕から逃れることも可能であった。(4)このような在地武士側の自由意志による選択権の存在は、さらに御家人・非御家人問題を複雑難解なものとすることになる。鎌倉御家人制度が頼朝との私的御恩奉公の関係から出発した、私的色彩が濃厚であることは否定出来ないが、頼朝の政権が単なる東国政権から全国的統一政権へと拡大変質するに及んで、かかる私的直接的結び付きのみによって鎌倉御家人制度が支えられないこと

は明らかである。したがって最初に述べた鎌倉御家人たる原則は、頼朝の政権が全国的政権へ変質した時くずれ始めたといえる。逆にこの原則を緩和することなしには、頼朝の政権が全国的政権に拡大することも不可能であったともいえる。

まずその意味で鎌倉御家人たる原則は、西国の在地武士を御家人化する過程において破ることを余儀なくされた。『吾妻鏡』元暦元年九月十九日の条によれば、讃岐国御家人の場合は交名を注進することによって頼朝との間に御家人関係が成立したと思われる動きがあり、幕府は元暦二年五月八日和田義盛に命じて御家人交名を注進せしめており、これによって頼朝との御家人関係が成立したものであろう。西国御家人の場合は、地理的にも戦略的にも、また政治的にも、直接将軍の見参に入った後に御家人関係が成立するという如き悠長な手続きは許されなかったであろう。

次に鎌倉御家人たる条件としては、将軍家より所領安堵の下文を賜わっていたか否かということが問題とされる。御家人か非御家人かの相論が起きた場合、最も有力な御家人であることの証拠となるものは、この将軍家による所領安堵の下文であった。ところがしばしば引用される如く、西国御家人で関東下文によって所領・所職を安堵され御家人となった者はきわめて少数であったとされている。

すなわち「新編追加」所収の天福二年五月一日関東御教書によれば、

一、西国御家人所領事

右、西国御家人者、自右大将家御時、守護人等注交名、雖令催勤大番以下課役、給関東御下文、令領知所職之輩者不幾、依為重代之所帯、随便宜或給本家・領家之下知、或以寺社惣官之下文令相伝歟、

とあり、また「新田八幡宮文書」正応二年十月日薩摩国御家人国分備後次郎惟宗友兼重申状にも、

西国御家人者、以寺社惣官国司領家下文、准関東御恩、令勤仕守護役之条、為先規之由、被定置畢、

とあり、「島津家文書」正応五年八月七日関東御教書案、「多田院文書」正応五年八月十日関東御教書案などにも、天福二年の関東御教書を引用して、「雖為本所進止之職、無殊罪科者、不可被改易之条、天福・寛元所被定置也、然者安堵所職、可勤仕本所年貢以下課役・関東御家人役」と相触れさせている。したがって西国御家人に関する限り、関東下文を帯している者は勿論鎌倉御家人たる事の有力な証拠となることは東国御家人の場合と変わりはないが、関東下文を帯しない鎌倉御家人も存在しており、西国の場合はむしろ前者より後者の方が多かったわけである。しかし西国御家人といえども関東下文を賜わらんため努力しており、関東下文を有する御家人と、関東下文を有せざる御家人とでは或る種の差別が行なわれていることは否定出来ない。本家・領家・寺社惣官・国司等の下文・下知状などをもって、便宜関東下文に准じたとあるが、それらのすべての者が鎌倉御家人の身分を獲得したわけではない。その前提としては鎌倉・京都大番役の勤仕を始め、守護所番役・関東公事などの御家人役勤仕の実績がなければならない。したがって関東安堵の下文を所持することについで、鎌倉御家人であることを立証する方法は、これら御家人役勤仕の実績を示すことであった。この場合問題となるのは、惣領と庶子との関係に関連して、御家人役勤仕の際惣領に寄合勤仕した庶子を鎌倉御家人として認めるか否かということである。鎌倉幕府の御家人制度における御家人役勤仕の原則は、家を単位として、その家の惣領が御家人となり、惣領は一族・郎等・下人らを率いて御家人役を負担することになっていた。このことは鎌倉時代の御家人の相続制が分割相続であったため、御家人役を確保する便宜上、幕府が惣領に一族の全所領の御家人役負担の責任を負わせたものである。そこで惣領は、庶子に所領所職を分割相続させる場

合、鎌倉幕府の御家人役や公事役がかかってきた場合は、惣領に寄り合って、田数の分限に応じて分担させることを付帯条件とした。この方式が鎌倉時代の惣領制と称されるものであり、惣領による庶子統制が強固であった鎌倉時代初期においては、鎌倉御家人役を確保するのに好都合な制度であった。ところが鎌倉時代も中期以降になると、次第に惣領の庶子支配力が低下し、庶子独立化の傾向が強くなった。そして独立性を強めた庶子は、御家人役勤仕の際、惣領に寄り合うことを回避する傾向が生じた。

かかる一般的傾向の中で、鎌倉御家人制の根幹をなす惣領制の原則を固執することは、いたずらに御家人役の減少をもたらす結果となった。したがって鎌倉幕府が御家人役確保のみを目的とするのであれば、惣領制方式を廃止して、独立した庶子家を一個の御家人として把握し、これに直接御家人役をかける方が賢明な方法であったと思われる。しかし惣領制は鎌倉御家人制度の根幹をなす制度であり、平時においては容易に惣領制の原則に手をつけることは出来なかったものと思われる。

この鎌倉御家人制度の基準を根底から動揺させたものは蒙古襲来であった。鎌倉幕府は蒙古襲来の非常事態に対処して、御家人・非御家人を問わず、異国警固番役を課し、勲功賞を与えた。これら異国警固番役を勤仕した非御家人層が、この実績を根拠に独立した鎌倉御家人と称するに至るのは当然のことであった。そしてこのことは惣領の支配を脱して鎌倉御家人となることを意図していた庶子家においても認められる。これに対し惣領御家人は鎌倉御家人の原則論に立って、異国警固番役は非常臨時の課役であり、その勤仕だけでは鎌倉御家人たることの条件とならないと反論した。そして両者の主張は相論となり、鎌倉幕府にその裁定を求めることになるのであるが、幕府は自らの政策によってもたらされた相論であるだけに、調停者としての鎌倉幕府の態度は不明確であり、鎌倉御家人制度の原則と、蒙古襲来という非常事態下における特別立法との矛盾の板ばさみとなり、苦しい立場に追い込まれた。しかし鎌倉幕府もその政策を合理化するため、惣領だけが御家人であるとの惣領制の原則を放棄せざるを得なくなったのである。すなわち「新編追加」弘安七年九月十日では「父祖其身勤仕御家人役之条、帯守護人之状等者、可安堵」とあり、更に「新式目」正応六年五月廿五日には「曾祖父之時、被成御下文之後、子孫雖不知行所領、為御家人可令安堵歟」とあり、『鎌倉年代記』にも、永仁元年五月二十五日評として「以父祖四代為御家人云々」とまで御家人の基準を緩和している。これによれば、曾祖父の時代に関東下文を帯していれば、たとえその子孫が所領を知行していなくても御家人として安堵するというのであるから、少なくとも鎌倉中期以後に独立した庶子家は、独立した御家人ということになる。しかしこれら法令はすべて鎌倉中期以後御家人制度が弛緩した後に出されたものであり、この法令が鎌倉初期においても適用されたわけではない。

以上考察してきたように、鎌倉御家人たる一般原則はあくまで原則であり、実際には地域と時代の推移によって種種の例外と便法が講じられており、鎌倉御家人の基準を固定的に考えることは出来ない。このような事情の中で、御家人と称していることは、御家人と判断する有力な手懸りとなることは勿論であるが、幕府の御家人の基準そのものが動揺しているので、独善的判断による自称御家人が存在していることに留意しておく必要がある。(5)

鎌倉御家人は社会的身分であり、階級ではないので、生産手段の差をもって区別出来ない場合もあり、在地武士側による自由意志による御家人選択権の存在とあいまって、きわめて偶然的要素が介在することにより、御家人判定の複雑困難さは増大すると言わねばならない。

西国御家人、特に鎮西御家人の中に小地頭と称される名主層が存在したことは事実であるが、鎮西の名主即御家人とは断定出来ず、御家人たる名主も居り、また非御家人たる名主もいたのである。結局、鎌倉御家人と非御家人の区別が困難なことは、鎌倉御家人が階級にまで成長分化していなかったことに起因しており、そのことは取りもなおさず階級的基盤を欠いた鎌倉幕府の最大の欠陥であったといえる。

以上鎌倉御家人の基準の推移と鎮西御家人の特殊性を考慮に入れて、肥前国御家人の抽出作業に入ることにする。

注

（1）田中稔「鎌倉幕府御家人制度の一考察―若狭国の地頭、御家人を中心として―」（『中世の法と国家』所収）、同「讃岐国の地頭御家人について」（『日本社会経済史研究』古代中世編所収）、同「鎌倉時代における伊予国の地頭御家人について」（『荘園制と武家社会』所収）、恵良宏「鎌倉時代における豊前国御家人及び在地領主について」（『史創』三所収）、同「豊前国の鎌倉御家人―補遺―」（『史創』六所収）、同「鎌倉時代の豊前国御家人について」（『九州史学』二〇所収）、外山幹夫「豊後国の鎌倉御家人について―その出自と系譜所領の考察―」（『広島大学文学部紀要』一八）、五味克夫「日向の御家人について」（『鹿児島大学文学科論集』七所収）、同「大隅の御家人について」（『日本歴史』一三〇～一三一所収）、同「薩摩の御家人について」（『鹿大史学』六所収）、同「薩摩の御家人について（補遺）」（『鹿大史学』七所収）参照。

（2）安田元久「御家人制成立に関する一試論」（『学習院大学文学部研究年報』一六所収）一一〇ページ参照。

（3）安田前掲論文八七ページ参照。

（4）田中稔「鎌倉初期の政治過程―建久年間を中心にして―」（『歴史教育』一一の六所収）、石井進「文治守護地頭試論」（『史学雑誌』七七の三所収）、安田元久前掲論文一〇八～一〇九ページ参照。

（5）田中前掲論文二八六～二八七ページ参照。それによれば、若狭国太良庄において弘長元年から弘安年間に至る長期間にわたって、御家人丹生出羽房雲厳の遺領末武名名主職をめぐって相論が行なわれたが、その際自称御家人の存在が指摘されている。鎮西においても蒙古襲来後に自称御家人が数多く発生している。

（二）　肥前国御家人の抽出

鎌倉幕府草創期、各国別の御家人交名を守護が幕府に対して注進したものと思われるにもかかわらず(1)、今日守護が幕府に提出した御家人交名は、若干の国を除いてほとんど知ることが出来ない。幕府は文治元年五月八日和田義盛に命じて西国御家人交名を注進せしめんとしたらしく、『吾妻鏡』同日の条に「一、西国御家人交名、仰義盛可令注進事(2)」とある。しかしこの時和田義盛が提出したであろう西国御家人交名は今日全く知ることは出来ない。しかし西国特に辺境の地鎮西在地武士の御家人化工作は、守護人による交名の注進という便法をもって急速に行なわれたらしい。鎌倉時代初期鎮西における国別御家人交名としては、守護である島津忠久によって建久年間に注進された薩摩国御家人交名と大隅国御家人交名が伝えられているが(3)、肥前国については御家人交名は存在しない。ただ案文ではあるが、「大友文書」に次に示す如き肥前国御家人の守護所大番役結番注文が伝えられている(4)。

（朱書）「鎮西地頭御家人等結番事」

（朱書）「親能」
在判

注進　肥前国御家人

可早任御下知旨、勤仕守護所大番事、

九月一日始　　三日番定

一番
曾禰崎平太　　小野小大夫
山浦　三郎　　高田　次郎

横田　太郎
中間略之
高木大夫　大野　四郎
廿八番蠣久八郎新大夫　小保　次郎
山田次郎
右、件御家人守番結之次第、可勤仕守護所大番、仍注進如件、
(マヽ)
建久六年八月廿五日　(朱書)「当国押領使高木大郎大夫」
肥前国押領使大監藤原宗家上

この結番注文について、『大友家文書録』には、「建久六年八月二十五日、依肥前国御家人守護所大番之事、押領使高木太郎大夫藤宗家、作書告之親能、親能乃加袖判」とある。

この文書は建久六年五月征夷大将軍家政所下文案、建久七年十一月十四日平盛時奉書案と共に、南北朝時代に大友氏の祖とされる中原親能の鎮西奉行就任説の支証文書として写されたものであり、特に建久六年五月日征夷大将軍家政所下文案については内容形式共に明らかな偽文書とされており、他の二つの文書についても「中間略之」とあることなど疑点があり、この二文書が偽文書でないとしても袖判が中原親能の花押であることを裏付ける確証はない。ただここに現われる者はいずれも肥前国御家人であることが実証されることが、本文書の内容について信用出来るのではないかとの期待を抱かせる。たとえば曾禰崎平太は「曾根崎文書」建久八年七月日肥前国大田文断簡に見える地頭曾禰崎平太通友のことであり、通友は建久四年四月三日将軍家政所下文案によって肥前国基肄郡内曾禰崎弁堺別符行武名地頭職に補任されている。またこれを注進した藤原宗家は、「高城寺文書」文治二年八月四日源頼朝下文案によ

って肥前国深溝北郷内甘南備峯地頭職に補任されている。この肥前国守護所結番注文が事実を示すものであるとするならば、一番が五人の肥前国御家人によって構成されており、しかも番数が二十八番まであるところから、同一御家人が重複していないとすれば、建久六年当時における肥前国御家人は百四十人ということになる。この百四十人という数は、この当時の御家人交名が残っている若狭・讃岐・伊予・薩摩・大隅国など西国一ヵ国御家人数が大体三十名前後であるのとあまりにもかけ離れていると言わねばならない。ただ讃岐・伊予国御家人交名も偽書説が有力であるように、本文書が信用出来るとの確定的傍証に欠ける。したがって鎌倉時代における肥前国御家人の実態を明らかにするため第一段階として肥前国関係の鎌倉時代の古文書の中から在地武士と思われる人名を抽出し、第二段階ではそれを家別に分類し、第三段階では御家人と確証ある家の抽出を試みることにする。肥前国には御家人交名は残存しておらず、肥前国図田帳については、「実相院文書」正和三年十月十六日鎮西御教書によれば、「肥前国河上社造営用途事、以建久図田帳充課国中歟、将又就嘉禄図田帳被配分否可注申」と肥前国守護代渋谷重郷に注申を命じており、この御教書を受けた渋谷重郷は、同年十月二十八日河上社大宮司に対し「早承分明子細可令注申候」と問合せているが、これによって建久と嘉禄の肥前国図田帳が存在したことがわかるが、先述の建久の肥前国図田帳断簡以外には全く残存せず、「竜造寺文書」文永三年六月日の肥前国検注帳案にも領主名等は記載されていない。したがって御家人を抽出するには全く悪条件の重なっている国ということができよう。その意味では、肥前国と同様の悪条件を有する他の国々における鎌倉御家人抽出の方法論及びその可否をも検討する意図を有している。

かくて鎌倉時代の肥前国在地武士二百七十九家を抽出することに成功した。これらの肥前国在地武士について先述の鎌倉御家人の基準により、次に述べる家々について肥前国御家人と判定した。

相神浦《あいこのうら》氏　相神浦氏は松浦一族で、北松浦郡（現長崎県佐世保市相浦）を本拠としており、「山代文書」寛元二年四月二十三日関東裁許状によれば、証人として肥前国御家人を尋問しているが、その中の一人に相神浦三郎家忠なる者があり、また「比志島文書」弘安九年閏十二月八日岩門合戦勲功人注文に相神兵衛六郎家弘・相神浦次郎入道妙蓮なる者がおり、前者は筑前国那珂東郷岩門十分一金田六郎左衛門尉跡、後者は豊前国阿弥陀仏寺大通新開田地神□院仏性田などの配分を受けている。[5]

相知《あうち》氏　相知氏も松浦一族で上松浦相知（現佐賀県東松浦郡相知町）を本拠としており、「松浦文書」元弘三年七月八日相知蓮賀軍忠状によれば、蓮賀とその子息秀は北条英時誅伐に馳参じ、建武元年三月二十一日後醍醐天皇綸旨によって筑後国下宇治村地頭職半分を勲功賞として給わっており、鎌倉時代以来の御家人であったと考えられる。[6]

青方氏　青方氏は宇野御厨内青方（現長崎県南松浦郡上五島町青方）を本拠としており、「青方文書」文永二年十月二十日六波羅問状に肥前国御家人青方太郎吉高とあり、「青方文書」によって鎌倉御家人としての活躍が知られる。[7]

綾部氏　綾部氏は三根郡綾部（現佐賀県三養基郡中原町）を本拠としており、弘安八年九月晦日「豊後国図田帳」に「下倉成名十六町肥前国御家人綾部小次郎道明後家善阿女子」と見える。また「比志島文書」弘安八年閏十二月二十八日岩門合戦勲功人注文に綾部右衛門三郎重幸なる者が筑前国乙犬丸三分一筥崎執行成員跡の配分を受けている。[8]

有田氏　有田氏は松浦一族で下松浦有田（現佐賀県西松浦郡有田町）を本拠としていたが、「山代文書」寛元二年四月二十三日関東裁許状によれば、肥前国御家人を証人として喚問しているが、その中の一人に有田三郎究がおり、同弘安六年三月二十二日肥前国守護北条時定書下によれば、蒙古合戦証人に有田次郎深があり、同弘安十年十一月十一日肥前国守護北条為時挙状によれば、肥前国御家人松浦一族御厨庄地頭等二十余人が訴訟のため鎌倉に参上しようとして幕府から「鎮西地頭御家人不可参向」として停止された時、有田次郎深は一族の代表として鎌倉に参上している。

有馬氏　有馬氏は高来郡有馬（現長崎県南高来郡南有馬町・北有馬町）を本拠としているが、『吾妻鏡』寛元二年六月二十七日条によれば、有馬左衛門尉朝澄が肥前国高木東郷地頭職について訴訟を行なっているが棄捐されており、同寛元四年三月十三日条にも朝澄が高木東郷・串山郷について懸物押書を捧げており、「深江文書」宝治元年六月五日有馬朝澄譲状案によれば、高来東郷内深江浦地頭職を深江入道蓮忍に譲っている。

安徳氏　「竜造寺文書」嘉禄二年二月日佐嘉御領内小地頭等申状案に豊益名小地頭安徳二郎大夫政定と見え、『吾妻鏡』寛元四年三月十三日条に「肥前国御家人安徳三郎右馬允政康所領事、任舎兄政尚・政家之例、除所職幷安堵下文之外私領、可召上肥前国三根西郷内刀延名三分一之由、越前兵庫助奉行」とあるところから佐嘉御領（現佐賀市）、神崎庄三根西郷（現佐賀県神埼郡神埼町）などに所領所職を有していた御家人であることがわかり、これよりさき『吾妻鏡』寛元二年六月十日条によれば、政康の兄政尚・政家が一族五人の任官のことで所領三分二を召し上げられており、この所領没収が肥前国御家人久有志良左衛門三郎兼継の訴によっていることから、『貞永式目』三十七条で禁じられている「関東御家人申京都望補傍官所領上司事」を犯して所領を没収されたのではないかと思われる。(9)

石志氏　石志氏は松浦一族で上松浦石志（現佐賀県唐津市）を本拠としており、「石志文書」延応元年十月二十四日肥前国守護武藤資能用途銭請取状案に肥前国御家人石志次郎（潔）とあり、同正元二年三月二十九日将軍家政所下文案により、石志源三郎兼が肥前国石志村地頭職を安堵されている。(10)石志氏の所領所職は鎌倉時代、至―壱―潔―兼―壱と相伝され、松浦庄別当職・松浦庄領家職・豊後国八坂下庄木村内四箇名なども領知していた。

一王房隆顕　「河上神社文書」天福元年十一月十八日肥前国守護所下文によれば、一王房隆顕は天福元年七月二十三日関東下文により、亡父政貞法師より譲られた肥前国三根西郷内正義名田并免田弐町伍段、久乃名田参町伍段、山田西郷内田地参町、河上宮四足免参町、北久布志良村内小得元薗大万薗を安堵されている。鎌倉幕府は安堵するに際し、肥前国守護に命じて、在庁等に尋問したらしく、在庁はこれを受けて「無指論人之旨」の連署申状を進めたのでこれにより安堵下文を与え、その下文を肥前国守護が施行しているので、関東下文を有する小地頭クラスの御家人と判定することが出来よう。

板部氏　「安国寺文書」観応二年六月二十日足利直冬下文によれば、肥前国矢俣保内田屋敷并西鴻(島)郷内田屋敷・中津隈庄田地々頭職を板部松愛丸に関東・鎮西代々下知下文以下証文并親父成基貞和六年十月八日譲状に任せて安堵しており、鎌倉時代以来知行していたこれらの所領所職を関東下文によって安堵されていたことがわかる。このほか板部氏は筑後国三瀦庄内木佐木村・牟田口村・葦塚村などにも所領を有しており、これは蒙古合戦勲功賞として配分された可能性もある[11]。

井手氏　井手氏は藤津庄井手（現佐賀県藤津郡）を本拠としているが、「多田院文書」文応元年五月四日追加御式目に「肥前国御家人井手左衛門尉道遠法師申、藤津庄内所領事、沙汰之時評畢云々」とある。

伊万里氏　伊万里氏は松浦一族で、「伊万里文書」によれば、平戸松浦氏の祖とされている峯披の子峯三郎上が、建保六年八月日峯披譲状案[12]によって、伊万里浦・福嶋・楠泊・屋武・田平内粟崎・海夫五嶋党・蒲田網片手を譲られて西松浦郡伊万里（現佐賀県伊万里市）に土着し、その後鎌倉時代、上―留―勝―充と相伝されているが、「伊万里文書」正中三年三月七日源勝譲状案に蒙古合戦勲功地として肥前国神崎庄内田畠屋敷の配分を受けていることがわかり、さらに「公家関東の御公事ハ、分限にしたかいて、よりあいてつとむへき也」とあり、御家人であったことは疑いない。しかし御家人となった時期については、鎌倉初期からであるか、蒙古襲来の際異国警固番役を勤仕することによって御家人身分を獲得したものか不明である。

嬉野氏　嬉野氏は藤津郡嬉野（現佐賀県藤津郡嬉野町）を本拠としているが、宇礼志野通氏子息（犬童黒童）は正応二年三月十二日蒙古合戦勲功賞として、神崎庄田地拾町、屋敷二宇、畠地五段の孔子配分を受けている。(13)

江　氏　江氏は伊佐早庄長野村内浦福地（現長崎県諫早市長野）の本主として、江大郎大夫高宗が正治二年十二月四日に養子源三郎傔仗納に譲り、元久二年二月六日に関東下文を給わり、さらに納が承元二年四月に舎弟源左近将監達に譲り、同三年十二月十三日に達が関東下文を給わり安堵されたと称している。ところが達は建暦三年閏九月にこれら所領を宗像大宮司氏国に沽却し、以後宗像氏が相伝することになっている。(14)

小野氏　「大友文書」建久六年八月二十五日肥前国御家人交名に小野大夫と見えるが、他には所見がない。小野氏の本拠は北高来郡小野（現長崎県諫早市）で西郷氏流とする説(15)があるが、確証はない。

於保氏　於保氏は高木氏と同族で、佐嘉御領於保郷（現佐賀市鍋島町於保）を本拠とし、「大友文書」建久六年八月二十五日肥前国御家人交名に小保次郎と見え、「竜造寺文書」嘉禄二年二月日佐嘉御領内小地頭等申状案に安松於保二郎宗益が他の佐嘉御領内小地頭と共に連署しており、「多久文書」正安二年八月二十五日高木家定請文案に肥前国御家人於保四郎入道《法心》代宗秀、同七月二十五日千葉胤繁注進状案に肥前国御家人於保四郎種宗と見え、於保氏は肥前国執行職、(16)於保地頭職を文治年間に安堵されていたらしい。

大河氏　大河氏は高来郡西郷伊福・大河（現長崎県南高来郡瑞穂町）を本拠としているが、これは綾部幸房が文治二年四月二十九日宇佐宮領である伊福・大河・伊古の所領所職を四男幸明に譲り与えたことによる。(17)幸明は行元・行村・

道行・行則・行吉・女子乙姫などに分割相続させており、三男道行は伊福氏を称しているが、「大川文書」仁治元年閏十月六日関東御教書案により安堵されており、行則も嫡子行元の濫訴を排除して、同仁治二年五月二日関東裁許状により安堵されている。そして道行の孫幸資は、同正安元年十二月二十五日鎮西裁許状で肥前国御家人大河三郎幸資と見える。また永仁三年三月六日藤原幸資譲状に関東御公事は父惟澄の譲状に任せて惣領知行に付いて沙汰すべしとある。さらに同嘉暦二年十月十六日鎮西探題裁許状案によれば、大河左近入道子息七郎行長が正応元年九月二十五日の配分状により、弘安八年岩門合戦勲功賞として、豊前国下長江村地頭職を給与されていることがわかる。

大嶋氏　大嶋氏は宇野御厨内大嶋（現長崎県北松浦郡大島村）を本拠とし、南北朝時代以後松浦一族化しているが、元来は大江氏を称しており、「来嶋文書」文永七年九月十五日沙弥乙啓書状に肥前国御家人大嶋次郎通綱子息又次郎通清と見え、宇野御厨内大嶋地頭職幷検非違所海夫等本司職を相伝しており、暦仁二年には大嶋通綱が京都大番役を勤仕して肥前国守護武藤資能の覆勘状を受けている。(18)

大野氏　「大友文書」建久六年八月二十五日肥前国御家人交名に大野四郎と見える。そのほかに御家人と判定する所見はなく、本拠についても高来郡とする説があるが、(19)確証はない。

大町氏　『吾妻鏡』仁治二年五月二十三日条に「肥後国御家人大町次郎通信与多々良次郎通定相論、当国大町荘地頭職事」とあるが、これは肥前国の誤記ではないかと思われる。この推定に誤りなしとすれば、当国大町荘とは肥後国玉名郡大町庄ではなく、肥前国杵島郡大町庄（現佐賀県杵島郡大町町）ということになる。『荘園志料』ではこの『吾妻鏡』の記事により、大町庄を肥後国玉名郡大町郷に比定しておられるが、「其の地、今詳ならず」としておられる。肥前国大町氏は杵島郡大町庄を本拠としており、「青方文書」永仁七年四月二日鎮西探題裁許状に「肥前国御家人多久弥太郎宗広妻尼蓮阿与大町五郎通有・同六郎通ー隆字有憚・同七郎通定等相論、取籠宗広、押領所領否事」とあり、いずれも通の字を名前の通字としていることも肥前国御家人大町氏の誤記と推定される理由である。さらに多々良次郎通定についても、肥前国には多々良氏、多比良氏共に存在するが、多々良氏は「河上神社文書」正中二年三月十八日文書に多々良盛勝とある。一方多比良氏については平安末杵島郡で勢力があり、平家貞によって追討された日向通良の子孫とされており、「大川文書」元亨三年十一月日の文書に多比良通世と見える。多々良氏が通の字を用いていないのに対し、多比良氏が通の字を用いていること、杵島郡に勢力のあった日向氏の子孫であったことなどからすれば、『吾妻鏡』の多々良次郎通定は多比良次郎通定の誤記の可能性もある。もしこの推定に誤りなしとすれば、杵島郡に居住した多比良氏と大町庄地頭職を争った大町氏は肥後国御家人ではなく、肥前国大町庄に居住した肥前国御家人でなければならないことになる。以上の観点から『吾妻鏡』に見える大町氏は肥前国御家人であり、「青方文書」に見える大町氏の先祖と考えておく（多比良氏参照）。

大村氏　大村氏は鎌倉時代初期は藤津庄（現佐賀県藤津郡）を本拠としていたが、後期には彼杵庄（現長崎県東彼杵郡）に勢力を伸張している。大村又太郎家信が正応二年三月十二日の蒙古合戦勲功地配分(20)により、神崎庄田地三町屋敷の孔子配分を受けた以外、御家人と判定する確たる所見はない(21)。

賀瀬氏　賀瀬氏は鹿瀬庄（現佐賀市）を本拠とした有力在地土豪であり、『歴代鎮西要略』に文治三年十一月十日平盛時奉書の内容を引用し、「肥前国綾部四郎大夫通俊・賀瀬新太郎通宗通俊之弟奥州御供仕条、入神妙之御気色、早可用肥前国第一之御家人、雖有科罪、三箇度可有御免云々」と述べているところから綾部氏の庶子家であることがわかるが、他に所見はない。

鏑久氏　鏑久氏は佐嘉郡鏑久（現佐賀市鏑久）を本拠としたと考えられ、「大友文書」建久六年八月二十五日肥前国御家人交名に鏑久八郎新太夫と見え、「竜造寺文書」嘉暦三年九月二十五日国分季朝請文に「当国鏑久地頭右衛門入道」と見える以外に所見はない。

鴨打氏　鴨打氏は上松浦（現佐賀県東松浦郡）を本拠としており、松浦一族とされているが、元来他氏であったものが、後に松浦一族化したものとされている。(22)「石志文書」正元二年三月二十九日将軍家政所下文案に、石志兼が当国御家人山田四郎種と鴨打源二が闘諍した時、種に与力したため石志村地頭職を没収されたとある。

河崎氏　河崎氏は石志氏の庶子家で、「石志文書」貞応元年十二月二十三日肥前国守護所下文案の中で、河崎五郎登は父の石志次郎至より所領配分を受け、得元名と号して領作し、惣領石志氏から独立し、別御家人として各別の勤を致していたことを主張している。(23)これに対し肥前国守護武藤資能は、本名を離れて別名を立て、独立した御家人となることは松浦一庄の例によるべしと裁決しており、河崎氏は惣領石志氏から独立した御家人として承認されている。

久有志良氏　『吾妻鏡』寛元二年六月十日条に肥前国御家人久有志良左衛門三郎兼継が安徳左衛門尉政尚一族五人の任官のことを幕府に訴え、政尚・政家等は所領三分二を没収されている。久有志良氏の本拠については不明であるが、安徳氏の神崎庄三根西郷について相論しているところからすれば、これに近接した所に居住する御家人であったと思われる。

草野氏　草野氏は肥前国松浦郡鏡社大宮司を相伝しており、『吾妻鏡』文治二年十二月十日条に「肥前国鏡社宮司職事、以草野次郎大夫永平被定補、是且任相伝、且被優奉公労云々」とあり、以後御家人として活躍しており、『竹崎季長絵詞』の中にも松浦郡御厨沖の合戦に活躍した者の一人に草野次郎経永の名を挙げており、「弘安八年豊後国図田帳」に国領小佐井郷七十町を知行する者として肥前国御家人草野次郎経永とあり、恐らくこの所領は蒙古合戦勲功賞として給付されたものと思われる。

黒石氏　「高志神社文書」正安元年九月二十六日鎮西裁許状案に肥前国御家人黒石六郎入道行西後家尼が神崎庄鎮守高志・櫛田両社大宮司本告執行季基と晴気保内の田地屋敷について相論して和与を行なっているが、その他に黒石氏に関する所見はなく、本拠地なども不明である。

小佐々氏　小佐々氏は宇野御厨小佐々(現長崎県北松浦郡小佐々町)を本拠としており、「山代文書」寛元二年四月二十三日関東裁許状によれば、肥前国御家人益田通広と山代固後家尼との相論を裁許する際、周辺の御家人を証人として尋問しているが、その中に小佐々太郎重高なる者が見える。また「伊万里文書」寛元四年八月十三日源上譲状案によれば、小佐々太郎が源上の所領である屋武・楠泊について相論を行なったことがわかる。小佐々氏は南北朝時代以後松浦一族化したが元来は他氏族であったとされている。(24)

後藤氏　後藤氏は墓崎後藤氏或いは後藤墓崎氏を称し、長嶋庄内墓崎村(現佐賀県武雄市)を本拠としている。「後藤家文書」寛元五年二月十四日将軍家安堵下文により、墓崎氏明は親父直明の仁治三年七月二日配分譲状にまかせて、長嶋庄内墓崎村地頭職を安堵されており、「山代文書」弘安五年三月二日肥前国守護北条時定書下によれば、肥前国御家人墓崎後藤三郎入道浄明(氏明)は度々蒙古合戦証人を申請しており、墓崎後藤十郎宗明法師子息五郎頼明は弘安四年蒙古合戦勲功賞として、正応二年三月十二日神崎庄田地三町屋敷一宇畠地一段の孔子配分を受けている。(25)

神田《こうだ》氏　神田氏は松浦庄神田(現佐賀県唐津市)を本拠とする松浦一族であるが、「比志島文書」弘安九年閏十二月

二十八日の岩門合戦勲功人注文に神田五郎糺と見え、筑前国乙犬丸三分一筥崎執行成員跡の配分を受けている。(26)

国分氏　「多久文書」文治四年三月十三日大宰府下文案によれば、藤原季永が文治三年九月十六日関東下文によって肥前国国分寺地頭職を安堵されており、さらに建久五年二月二十五日将軍家政所下文によって再確認されている。その後この地頭職は季俊―季益―忠俊（尊光）―季高（順光）―長季（浄光）―季朝と相伝されており、代替りごとに将軍家政所下文による安堵を受けている。忠俊の時代から国分氏を称しており、筥崎宮領朽井村地頭職（現佐賀県佐賀郡大和町）をも兼有するようになっている。国分氏が地頭職を有した国分寺・朽井（久池井）は国衙、国分寺、同尼寺、などが存在する枢要の地であった。長季と庶子中津隈六郎判官代寂妙妻尼明了が異国警固番役勤仕の方法をめぐって相論したことは著名である。(27)

佐志氏　佐志氏は上松浦を本拠とする有力な松浦一族であるが、「広瀬正雄氏所蔵文書」仁治元年閏十月二日関東裁許状案によれば、肥前国佐志九郎増なる者が妻女草部氏相伝私領である筑前国怡土庄内篠原・安恒両村を地頭清親のために押妨されたことを訴えたのに対し、幕府は「事実者尤不便也、無指其科御家人等所領、争可有其妨哉、早止非分濫妨、任重代相伝之道理、可令知行増彼両村」と裁許しているところから、佐志氏が御家人であったことがわかる。(28)さらに「有浦文書」弘安二年十月八日関東裁許状(29)に肥前国御家人佐志四郎左衛門尉房と見え、松浦庄内佐志村地頭職、田畠、牧、桑垣、船木山などを相伝しており、房は嫡子直、次男留、三男勇と共に戦死し、建治元年七月八日関東下文により、勇の女子源氏（字久曾）が松浦西郷庄内佐志村々田畠を勲功賞として与えられていることがわかる。

寒水井氏　寒水井氏は松浦一族で、松浦庄寒水井（現佐賀県唐津市双水）を本拠としており、(30)「比志島文書」弘安九年閏十二月二十八日岩門合戦勲功人注文に寒水井源三郎が筑前国那珂東郷岩門十分一金田六郎右衛門尉跡の配分を受けている。

志佐氏　志佐氏は松浦一族で宇野御厨内志佐（現長崎県松浦市志佐）を本拠としているが、「山代文書」寛元二年四月二十三日関東裁許状の中に証人として尋問された御家人の中に志佐六郎貞なる者がおり、同弘安十年十一月十一日肥前国守護北条為時挙状に肥前国御家人松浦一族御厨庄地頭等二十余人が所領一円訴訟のため鎌倉に参上しようとして幕府によって中止させられた際、松浦一族の代表として志佐三郎兵衛尉継が有田深・山代栄と共に参上しており、志佐氏が鎌倉時代松浦一族中の有力な御家人であったことがわかる。(31)

志々岐氏　志々岐氏は宇野御厨の式内社志々岐神社（現長崎県平戸市志々伎）の大宮司職を相伝しており、(32)「山代文書」寛元二年四月二十三日関東裁許状の中に証人として尋問された御家人の一人に志々岐宮司家安なる者がいる。元来松浦一族ではなかったが、南北朝時代以後、松浦一族化したとされている。

執行氏　「山代文書」寛元二年四月二十三日関東裁許状の中に証人として尋問された御家人に執行廻なる者がいる。その本拠地は不明であるが、一字名を称していること、山代氏と益田氏の相論を風聞している旨答えているところから、宇野御厨の執行を相伝した者が執行姓を名乗ったもので、宇野御厨内に居住する松浦一族の御家人と考えられる。

白石氏　白石氏は杵島郡白石（現佐賀県杵島郡白石町）を本拠とする御家人で、『竹崎季長絵詞』に「ひせんのくにの御けん（に脱カ）しろいし六郎みちやすこちんより大せいにてかけしに、もうこのいくさひきしりそきて、すそはらにあかる、むまもいられすして、いてきのなかにかけいり、みちやすつゝかさりせは、しぬへかりしみなり」と文永の役における白石通泰の活躍を述べられており、「比志島文書」弘安九年閏十二月二十八日蒙古合戦勲功人交名注文に白石六郎左衛門尉通武が見え、筑前国佐野次郎丸を配分されており、同じく岩門合戦勲功賞として白石美野又次郎通継が肥前国松浦庄内甘木村兵庫馬三郎能範跡の配分を受けている。また「尊経閣文庫所蔵文書」永仁七年六月二十六日鎮西探題裁許状に「以同国御家人橘薩摩三郎左衛門入道慈蓮・白石左衛門次郎通朝、尋問難渋実否」とあり、「仁和寺文書」(33)延慶二年九月十六日鎮西探題御教書案には仁和寺南院領肥前国杵嶋南郷庄一分地頭白石六郎左衛門次郎通朝法師が所務を押妨し、下地中分を行なっていることがわかる。

白魚氏　白魚氏は御家人青方氏の庶子家で、青方家高は五島浦部島（現長崎県南松浦郡中通島）の佐保・白魚（現長崎県南松浦郡若松町）の下沙汰職を二男弘高に譲り、白魚氏を称することになり、弘高の子時高（行覚）は異国警固番役を勤仕し、嘉元三年四月六日には蒙古合戦勲功賞として筑後国三潴庄是友名内田畠荒野を配分されており、これを契機にそれまでの白魚浦住人九郎入道行覚から肥前国御家人白魚九郎入道行覚（「青方文書」嘉元三年十一月日白魚行覚重陳状案）と称するようになっている。白魚氏が御家人と称することの当否をめぐって浦部島地頭峯源藤五貞と長期にわたって相論しているが、「青方文書」正和四年六月二日の鎮西探題裁許状では貞が行覚を白魚浦住人と号した点について「代官并住人之旨令申之条、非指悪口之間、不及沙汰」との裁許を下しているが、その後も白魚行覚は肥前国御家人と称することを改めてはいない。(34)白魚氏の場合は自称御家人であり、結局は幕府によって承認されなかったものと考えられるが、史料に肥前国御家人とあることから、一応参考として掲げておく。

曾禰崎氏　曾禰崎氏は「曾根崎文書」文治三年五月九日源頼朝下文案によって、平通隆はかつて平家領であった肥前国基肄郡内曾禰崎并堺別符行武名地頭職を安堵されており、建久四年四月三日将軍家政所下文案によって曾禰崎通友が同所の地頭職に補任されており、建久八年七月日の肥前国太田文案には「行武七十丁（中原親能）掃部頭沙汰　地頭曾禰崎平太通友」とあり、「大友文書」建久六年八月二十五日肥前国御家人交名注文に曾禰崎平太と見え、弘安元年七月八日将軍家政所下文案により曾禰崎法橋慶増は文永役の勲功賞として豊後国田染郷内糸永名綿貫左衛門入道行仁跡地頭職を給与されており、「弘安八年豊後国図田帳」にも田染郷糸永名三十町肥前国御家人曾根崎淡路法橋慶増とあり、さらに慶増は弘安九年十月二十九日関東下知状案により豊前国佐野次郎丸を岩門合戦の恩賞として給付され、正応二年三月十二日には弘安役の恩賞として肥前国神崎庄配分を受けている。

多久氏　多久氏は小城郡多久（現佐賀県多久市）を本拠としており、「青方文書」永仁七年四月二日鎮西探題御教書に肥前国御家人多久弥太郎宗広と見える。(35)

多比良氏　多比良氏は平安時代末期に平家貞によって追討された日向通良の子孫とされているが、(36)「大川文書」元亨三年十一月日多比良通世申状案によれば、多比良氏は高来西郷郡司、図師であったらしく、「山代文書」観応二年十二月二十五日足利直冬充行状に筑前国三奈木庄内拾町は多比良弥六左衛門尉跡が領知していたことがわかり、恐らくこの地は多比良弥六左衛門尉が蒙古合戦勲功賞として配分されたものと考えられる。さらに大町氏の項で考察した如く、『吾妻鏡』仁治二年五月二十三日の記事が、肥前国御家人を肥後国、多比良氏を多々良氏と誤写したものとすれば、多比良次郎通定は肥前国御家人ということになる。いずれにしても多比良氏が肥前国御家人であったことは疑いないものと思われる。その一族は杵島郡から高来郡にかけて広く繁衍していたものと思われる。

高木氏　高木氏は肥前国在庁官人の系譜を引き、肥前国府に近接する高木（現佐賀市）を本拠として姓としたが、「高城寺文書」文治二年八月四日源頼朝下文案によって高木宗家は深溝北郷内甘南備峯地頭職を安堵されており、「大友文書」建久六年八月二十五日肥前国御家人交名注進状に高木大夫と見え、この注進者は肥前国押領使大監藤原宗家となっており、高木氏が肥前国における在地有力御家人であったことがわかる。その後高木氏は鎌倉時代肥前国各地に所領所職の給付を受けており、その一族が肥前国一宮河上大宮司に就任している。(37)

高田氏　「大友文書」建久六年八月二十五日肥前国御家人交名注進状に高田次郎と見えるが他に所見がない。

武雄氏　武雄氏は武雄社大宮司職を相伝しているが代々将軍家下文を賜わり、将軍家の祈禱をすることによって、鎌倉初期より御家人関係を結んでおり、「武雄神社文書」正応六年五月八日武雄社大宮司頼門着到状案によれば、頼門は肥前国御家人武雄大宮司頼門と称して関東早馬に応じて馳参じており、元亨二年五月日武雄大宮司頼門申状案では肥前国御家人兼武雄・黒髪両社大宮司小次郎入道入真（頼門）と称しており、異国警固番役として博多在津番役を一ヵ年内二百六十日勤仕した覆勘状を受けている。(38)また蒙古合戦恩賞地として神崎庄内加摩多村田畠等の配分を受けている。(39)

値嘉氏　値嘉氏は松浦一族で宇野御厨執行松浦源四郎大夫直の養子松浦十郎連を祖とするとされており、連は宇野御厨内小値賀嶋を寿永三年二月七日直から譲られ、文治四年三月八日関東下文によって安堵されたが、小値賀嶋の本主の子孫尋覚と相論して敗れている。値嘉氏は宇野御厨内に所領所職を有しており、「山代文書」寛元二年四月二十三日関東裁許状の中で肥前国御家人を証人として尋問しているが、その中に値賀余三健なる者の名が見える。(40)

津吉氏　津吉氏は平戸島津吉（現長崎県平戸市津吉）を本拠としているが、「伊万里文書」元久二年正月九日関東安堵下知状案によれば、源重平は肥前国宇野御厨内伊万里浦并津吉嶋両所地頭職に補任されており、「其上且為御家人、且為地頭、可執行所務」とあり、同建保六年八月日源披譲状案によれば、源重平は津吉十郎重平と称されており、平戸松浦氏の祖とされている峯披の小舅であったことがわかる。

墓崎氏　後藤氏が墓崎庄（現佐賀県武雄市）を本拠としたところから、墓崎後藤氏を称し、「後藤家文書」宝治二年二月二十九日関東御教書、同文永十一年五月二十一日関東下知状の如く墓崎次郎直明と称している場合もあるが、後藤氏と同一の家である。後藤氏の項参照。

鶴田氏　鶴田氏は松浦一族で松浦庄大河野鶴田（現佐賀県東松浦郡相知町）を本拠としているが、『吾妻鏡』寛元三年十二月二十五日条によれば鶴田五郎源馴が松浦執行源授と肥前国松浦庄西郷内佐里村・壱岐泊牛牧等について相論し、馴が当知行の旨に任せて安堵されている。(41)

土々呂木氏　土々呂木氏は養父郡轟木（現佐賀県鳥栖市）を本拠としており、「比志島文書」弘安九年閏十二月二十八日岩門合戦勲功人注文に土々呂木又六家直が肥前国松浦庄内石垣村兵庫馬三郎能範跡、土々呂木四郎左衛門入道為能が筑前国乙犬丸三分一筥崎執行成員跡、土々呂木七郎家基が筑前国蒲田別符倉永名をそれぞれ恩賞地として配分されている。

戸町氏　戸町氏は彼杵庄戸町浦（現長崎県長崎市戸町）を本拠としており、「深堀文書」弘長二年三月十八日関東御教書案に肥前国御家人戸八次郎俊長、同文永六年八月十二日関東問状御教書に肥前国御家人戸町小三郎俊基と見え、惣地頭代であったことが知られる。(42)

中野氏　『竹崎季長絵詞』に「ひせんの国の御けにんなかのゝとう二郎」と見え、安達泰盛に近侍していたことが知られるが、肥前国のいずれを本拠とした御家人であるか不明である。肥前国で中野氏を号する御家人には後藤氏の一族に中野五郎頼明があり、蒙古合戦に軍功を樹てているところから、(43)この中野氏と同族であった可能性もある。

長瀬氏　長瀬氏は「竜造寺文書」嘉禄二年二月日佐嘉御領内小地頭等申状案により、恒松名小地頭であったことがわかるが、同嘉禎四年七月二十六日関東御教書案によれば、長瀬南三郎が、幕府から在京中に雑事料銭壱貫四百文を地頭役として勤仕することを命じられており、さらに建長元年五月二十日には蓮花王院造営料として銭弐貫文を六波羅探題に送ることを幕府から命じられている。これは（建長元年）七月二十七日肥前国守護武藤資能書状案によれば、筑前・豊前・肥前・対馬四ヵ国御家人に課せられたことがわかり、長瀬氏が肥前国御家人であったことがわかる。

長野氏　筑前国御家人宗像大宮司氏国は肥前国御家人江源左近将監達より、建暦三年閏九月に伊左早庄長野村内浦福地（現長崎県諫早市）を買得し、氏国は貞応元年七月十三日に関東安堵下文を給わり、嘉禄三年閏三月に舎弟兵衛尉氏経に譲り、氏経はこれを氏業と氏郷に分譲し、長野村を中分し、東方は氏業、西方は氏郷に領知せしめている(44)。氏業は宗像大宮司に就任しているので筑前国御家人を称しているが、氏郷はこの地に土着し、長野小太郎氏郷と称している。この宗像氏の所領買得について船津次郎家重が相伝の由緒を主張し、氏業・氏郷は非御家人であると主張しているが、「宗像神社文書」文永八年十一月十九日関東裁許状案によれば、「宗像大宮司氏実氏国父以後代々給御下文勤仕御家人役勲、仍家重訴訟不及沙汰者」として家重の主張を退けている(45)。

長与氏　長与氏は彼杵庄長与（現長崎県西彼杵郡長与町）を本拠としており、「弘安八年豊後国図田帳」に「飯田郷恵良本村十六町三段小肥前国御家人長与右馬次郎家経」とあり、この所領は長与氏が蒙古合戦勲功賞として給与されたものと思われる。「河上神社文書」永仁二年七月十五日源相政・小野高意連署奉書によれば、河副新合名頭長与左衛門尉家経が河上座主弁髪と理趣院地蔵菩薩供料米について相論しているが、同一人物と思われる(46)。

野尻氏　「兼仲卿記紙背文書」に筑前国殖木庄に乱入して狼藉を行なった者に肥前国守護代野尻入道某がおり、「青方文書」永仁二年十二月二十三日貞城・道恵連署奉書案で浦部嶋住人国末と青方四郎高家の相論の裁許を両方に相触れることを命じられている者に野尻五郎入道があり、これも守護代として職権の行使を命じられたものと思われるが、野尻氏の本拠については不明である。

納塚氏　「兼仲卿記紙背文書」に筑前国殖木庄に乱入して狼藉を行なった悪党の張本人に肥前国御家人納塚掃部左衛門尉定俊の名が挙げられている。納塚氏の本拠は不明である。

波多氏　波多氏は松浦一族で松浦庄波多（現佐賀県伊万里市、東松浦郡北波多村）を本拠とする上松浦の有力在地武士であるが、「山代文書」寛元二年四月二十三日関東裁許状の中に肥前国御家人を証人として尋問しているが、その中の一人に波多源二郎入道がいる。(47)

兵庫氏　「有浦文書」正和三年卯月十六日鎮西裁許状によれば、兵庫馬三郎能範法師（法名妙願）は肥前国御家人山代又三郎栄と松浦庄東嶋の田地について相論しているが、その時の裁許で「妙願為御家人之条、不及子細」とあり、妙願の知行が安堵されている。

平田部氏　「弘安八年豊後国図田帳」に玖珠郡山田郷魚返村戸幡菖蒲泊五町四段六十歩新村肥前国御家人平田部薬王丸と見える。恐らく平田部氏が蒙古合戦勲功賞として配分されたものと思われるが、平田部氏については他に所見がない。

古飯氏　古飯氏は神辺庄内松吉名弐拾町地頭職（現佐賀県鳥栖市神辺町）を本拠としており、「比志島文書」弘安九年閏十二月二十八日岩門合戦勲功人交名注文に古飯三郎兵衛入道が筑前国那珂東郷岩門十分一金田六郎左衛門尉跡、古飯次郎資景が筑後国三毛庄北郷内田在家永利二郎兵衛尉重時跡をそれぞれ配分されている。

法浄寺氏　「高城寺文書」永仁六年三月十一日右衛門尉某書下に肥前国御家人法浄寺太郎入道心蓮後家尼持妙代導蓮が同国御家人於保四郎入道心教と鋤崎田地壱町について相論しており、この田地は心蓮の舎弟法浄寺四郎右馬入道蓮行が建治二年閏三月二十五日に心教より買得して死去したため心蓮が相伝知行していたところ、心教が徳政と称して刈田狼藉したらしい。なお蓮行・心蓮・持妙はいずれも御家人と称している。なお「多久文書」正和元年十二月八日右兵衛尉奉書案にも法浄寺太郎尚康が苅田の事を訴え、於保八郎入道・国分又次郎入道等に実否を尋問し請文を進めることを命じているところから、国府周辺に本拠を有した御家人であったと思われる。

益田氏　益田氏は高木氏の一族とされている。(48)「山代文書」寛元二年四月二十三日関東裁許状に「肥前国御家人通広（益田六郎入道子息）」と見えるが、通広は益田六郎入道と肥前国御家人山代三郎固女子源氏との間に生まれた子であった。

斑嶋氏　斑嶋氏は宇野御厨内斑嶋（現佐賀県西松浦郡鎮西町馬渡島）を本拠とする松浦一族であるが、「斑嶋文書」建治三年四月一日肥前国守護武藤経資覆勘状によれば、斑嶋右衛門三郎滞が同年三月一日より同晦日まで異国警固博多番役を勤仕しており、「有浦文書」弘安九年十月二十九日関東下知状案により斑嶋右衛門三郎滞が岩門合戦の恩賞地として「筑前国那珂東郷岩門拾分壱（金田六郎左衛門尉跡）」を給付され、「比志島文書」の岩門合戦勲功人交名注文の記載を裏付けている。また同文書弘安九年閏十二月二十八日蒙古合戦勲功地配分注文によれば、斑嶋又太郎跡が神崎庄配分残十丁を配分されたことになっている。なお「有浦文書」文保二年十月日斑嶋行覚重申状に肥前国御家人斑嶋源次郎入道行覚とあることによって斑嶋氏が御家人であったことが一層確実となる。(49)

松浦氏　鎌倉時代松浦一族は一般に松浦氏を称することなく、それぞれ本拠地の名称をもって姓としているが、例外的に松浦姓を名乗っている場合もある。「青方文書」建久七年七月十二日前右大将家政所下文案に見える松浦十郎連（値嘉氏）、『吾妻鏡』寛元三年十二月二十五日条の松浦執行源授、「比志島文書」弘安九年閏十二月二十八日の岩門合戦勲功人交名注文に見える松浦次郎延などがその例である。なお松浦次郎延は恩賞地として肥前国松浦庄内加々良嶋田在家兵庫馬三郎跡の配分を受けている。松浦氏一族にはそれぞれ独立した御家人が存在するわけであるから、松浦氏を御家人名として抽出することは不適当であるが、一応参考のため掲げておく。(50) なお南北朝時代以後になるとそれぞれの庶子家の姓の上に松浦一族であることを示すため松浦と付ける現象が生じることを指摘しておく。

峯　氏　峯氏は後に近世大名平戸松浦氏となる家であるが、その始祖は峯披とされており、「伊万里文書」正治元年十一月二日北条時政書状に「其後何事候哉、抑肥前国松浦党清・披・囲・知・重平如本可令安堵」とあるのが披に関する初見であり、披は建保六年八月日伊万里浦・福嶋・楠泊等の所領を庶子の上（伊万里氏祖）に譲っているが、これらの所領は披の舅である本弁済司公文二郎大夫真高より譲られた所であると称している。その嫡流は鎌倉時代、持―繋―湛―答―貞（定）と相伝されているが、肥前国宇野御厨内小値賀嶋地頭職を有しており、それをめぐる青方氏一族との領主権をめぐる相論は「青方文書」で詳細に知ることが出来る。「青方文書」承久三年五月二十六日関東安堵下知状案によって源藤次持が小値賀嶋地頭職を安堵されており、同正元元年七月十六日関東裁許状案に肥前国御家人峯又五郎湛と見えるのを上限として、鎌倉時代を通じて御家人であり、その所領として、平戸・河内・野崎・南黒嶋・小値賀嶋地頭職等を知行していた。(51)

本告氏　本告氏は、神崎庄高志・櫛田両社大宮司職を相伝しているが、(52)「高城寺文書」元弘三年八月日本告執行季持着到状案によれば、肥前国御家人本告執行季持と称している。

矢俣氏　矢俣氏は高来郡山田庄（現長崎県南高来郡吾妻町）を本拠としているが、「比志島文書」弘安九年閏十二月二十八日蒙古合戦勲功地配分注文によれば、矢俣兵衛尉跡信成子息が、薩摩国鹿児嶋郡司職内十分一矢上孫三郎跡の配分を受けており、「大川文書」嘉暦二年十月十六日、嘉暦三年十二月十六日鎮西探題裁許状案に鎮西探題の使節として矢俣弥藤太があり、鎮西探題の命により大河孫三郎入道幸蓮が構築した城郭の破却に従事している。

山浦氏　山浦氏は養父郡山浦村（現佐賀県鳥栖市麓）を本拠としているが、「大友文書」建久六年八月二十五日肥前国御家人交名注文に山浦三郎と見える以外に所見がない。

山代氏　山代氏は松浦一族で、山代氏の祖とされている山代六郎囲は、「山代文書」建久三年六月二日前右大将家政所下文によって、宇野御厨内山代浦地頭職（現佐賀県伊万里市山代）に補任されており、その子山代三郎固は値賀・五嶋惣追捕使幷定使職に関東下知状によって安堵されており、(53)「山代文書」十二月二十五日六波羅探題北条重時書状に肥前国御家人山代三郎固と見えるのを初見として、下松浦における有力御家人として活躍している。

山田氏　「大友文書」建久六年八月二十五日肥前国御家人交名注文に山田次郎とあるほか、「石志文書」正元二年三月二十九日将軍家政所下文案に当国御家人山田四郎種と見えるが、両者の間に関係があるか否か不明であり、その本拠地についても、確証はない。

山本氏　「石志文書」貞応元年十二月二十三日肥前国守護所下文案によれば、山本四郎見は石志次郎壱の庶子で、父の代官として京都大番役勤仕のため上洛したと称しているが、惣領は舎弟の石志次郎潔となっており、この点、見は「所詮、見身乍為嫡子舎弟潔被惣領事、非父之計」と主張しているが、肥前国守護武藤資能は「凡父母存日之処分全不可依嫡庶、只所任賤主之意巧也、然者見得壱譲之上、何称舎兄可及追論哉、早於見者停止非論可領知田地拾町在家参箇所免田壱町公文給也」と述べ、見の主張を退けているが、見が本名を離れて別名を立て、独立することは松浦庄の例によるべしと認める態度を示しており、したがって山本氏は松浦庄石志村山本（現佐賀県唐津市山本）を本拠とする独立した御家人となったものと思われる。(54)

横大路氏　肥前国有力御家人として横大路氏があり、鎮西探題の使節として活躍しているが、「竜造寺文書」嘉禄二年二月日佐嘉御領内小地頭等申状案に国富名小地頭として横大路太郎兼持があり、また「河上神社文書」弘安八年正月十一日沙弥浄西（横大路）・嫡子兼種連署田地寄進状によれば、佐嘉郡山田東郷力武名内字古河田壱町を肥前国一宮河上神社に寄進しており、これらのことから佐嘉御領内を本拠としていたことがわかり、「大川文書」正中二年十二月十三日関東御教書案に当国御家人横大路小次郎入道西迎と見える。また同正応四年正月十八日関東裁許状案によれば宇佐社領肥前国大豆津別符雑掌と相論し、その知行を停止された者に横大路弥三郎種経がある。

横田氏　「大友文書」建久六年八月二十五日肥前国御家人交名注文に横田次郎と見えるが、他に所見がなく、本拠地についても不明である。

吉富氏　「山代文書」寛元二年四月二十三日関東裁許状に肥前国御家人を証人として尋問しているが、その中の一人に吉富右近太郎資業がいる。その本拠地については宇野御厨内と考えられるが不明である。

竜造寺氏　竜造寺氏は高木氏の一族で、「竜造寺文書」文治二年九月二十七日大宰府庁下文案によれば、文治二年八月九日関東下文により藤原季家が平家の謀反に荷担しなかったため、相伝の由緒のある肥前国小津東郷内竜造寺地頭に補任されており、建久五年二月二十五日には将軍家政所下文案によって安堵されている。同嘉禄二年二月日佐嘉御領内小地頭等申状案に肥前国御家人藤原季家と称しており、弘安年間より、それまでの藤原・高木姓を竜造寺姓に改めており、蒙古合戦、異国警固番役勤仕等御家人として活躍しており、筑前国比伊郷地頭職・長淵庄地頭職などを恩賞地として配分されている。

以上肥前国御家人と確認された家は鎌倉時代における在地土豪二百七十九家のうち七十二家の多数を抽出することに成功した。御家人と判定した根拠は、

一、鎌倉幕府よりの所領所職の安堵の下文を有すること。
二、肥前国御家人と明記されていること。
三、鎌倉御家人役を勤仕している確証があること。
四、鎌倉幕府より恩賞地の給付を受けていること。
五、その他御家人と認められる確証あるもの。

以上の基準によって御家人と判定出来る家を抽出したわけであるが、これらは少々厳密過ぎると思われる撰別を行なった結果であり、これらの御家人抽出の条件を備えていないため肥前国御家人と判定することを保留した家々の中にも、肥前国御家人であったことは疑いないと思われる家々が少なくない。

蒙古襲来後設置された鎮西探題はその職務を執行するにあたり、使節に命じて、訴訟の際の尋問、命令の伝達、催促などを行なわせているが、それら使節を委任された者は、有力な在地御家人であった。「近衛家本追加」所収正安二年七月五日の鎮西探題北条実政に対して訴訟に関する指示を与えた関東御教書の一ヵ条に、「一召文事、停止国雑色、可被仰当国守護幷近隣地頭御家人等事」というのがある。すなわち訴訟の際召文を発給する時、従来の国雑色をして召文を取次がせることを停止し、守護および近隣の地頭御家人に命じて催促させることを定めている。したがっ

て鎮西探題より使節を委任された者は、先述の御家人判定の条件を備えていることによって、御家人であることが確認されたものが多い。しかし使節であることが確認された者で、御家人と確定出来なかった家も少なくない。それらの家々には、有河氏[55]・伊勢氏[56]・飯田氏[57]・伊佐早氏[58]・宇久氏[59]・小城氏[60]・河上氏[61]・河棚氏[62]・城戸氏[63]・岸河氏[64]・倉上氏[65]・小家氏[66]・佐留志氏[67]・西郷氏[68]・尻田氏[69]・田所氏[70]・田中氏[71]・立石氏[72]・丹後氏[73]・豊田氏[74]・中津隈氏[75]・早岐氏[76]・別符氏[77]などがある。これらの中には明らかに御家人と思われる者も含まれているが、使節即御家人と断定出来ない点もあるので、一応御家人と判定することを保留する。

また「阿蘇品保夫氏所蔵文書」に安貞元年八月一日の京都大番役を勤仕した肥前衆の結番交名がある。それによると「内裏北門左ヲ堅ル前ニ一ケ国ノ衆扣」とあるが、これは後世に書かれたものでやや史料的信頼性に欠けるが、これらの家々が御家人であった可能性は大いにあると考えられるので、後日の検討のため示しておく。

一番於保次郎大輔、二番成道寺、三番岸川、四番法成(浄カ)寺、五番尼寺、六番国分、七番大財、八番田所次郎、九番綾部、十番牛原、十一番神辺、十二番園部、十三番佐留志、十四番別府、十五番たるミの平太、十六番ちかの与三郎、十七番大村小太郎、十八番花木、十九番湯江、廿番平、廿一番白石、廿二番西川

以上二十二家のうち、既に他の史料によって御家人であることが判明している家は、於保氏・法浄寺氏・国分氏・綾部氏・値嘉氏・大村氏・白石氏の七氏であり、鎮西探題の使節であることが確認されている家は、岸川氏・田所氏・佐留志氏・別府氏などである。このほか御家人であることが判明した家以外の家で地頭職を有していることが明らかである家は、海北氏[78]・今村氏[79]・江田氏[80]・大蔵氏[81]・大塩氏[82]・大財氏[83]・長田氏[84]・堅田氏[85]・神山氏[86]・岸河氏[87]・北原氏[88]・小犬丸氏[89]・城野氏[90]・千綿氏[91]・土窪氏[92]・伴氏[93]・永岡氏[94]・南郷氏[95]・日向氏[96]・肥後氏[97]・広瀬氏[98]・深江氏[99]・諸富氏等[100]がある。

地頭職を有していても御家人になっていない者も存在するので、地頭すなわち御家人と断定することは出来ないが、鎌倉時代から地頭御家人の言葉が存在することによってもわかる如く、地頭職を有することは、御家人身分を獲得することの有資格者であることを意味している。したがって地頭職を有することは異国警固番役などを勤仕する負担能力のあることを示しており、蒙古襲来後の異国警固番役の確保に努めた鎮西の場合は、地頭側に御家人となる意志さえあれば、御家人となるためにはきわめて広き門が開かれていたということが出来る。(101) さらに相田二郎氏は「東妙寺文書」建武二年六月日の「東妙・妙法両寺々領坪付注文写」に見える寄進者と寄進地は蒙古合戦勲功賞として配分されたものを、本人もしくはその子孫が東妙寺に施入したものと推定され、また「櫛田神社文書」に見える神崎庄の一分地頭も蒙古合戦勲功賞として配分されたものではなかろうかと推定しておられる（『蒙古襲来の研究』二八三〜二八八ページ参照）。もし相田氏の推定が正しいとすれば、蒙古合戦に参加し、恩賞地の配分を受けたものとして、肥前国御家人に加えることが出来るであろう。相田氏の推定を根拠として肥前国御家人に加えることが可能となる家々としては伊福氏・池田氏・今村氏・大石氏・長田氏・乙隈氏・黒坂氏・小犬丸氏・香田氏・薦田氏・城野氏・田手氏・田所氏・中元寺氏・築地氏・土窪氏・成松氏・都氏・宮裾氏・森山氏・薬王寺氏・大和氏・吉里氏などがある。また「多久文書」弘安八年四月二十三日肥前国守護北条時定書下案によれば、河上宮五八月会流鏑馬を惣領の催促に従って勤仕すべきことを高木太郎・於保三郎・平野三郎入道・砥田次郎入道に命じているが、これは守護が御家人役として課したものと考えられるので、既に御家人であることが確認されている高木氏・於保氏以外に平野氏・砥田氏も肥前国御家人であった可能性が強い。また肥前国守護北条時定は蒙古合戦勲功賞として、肥前国高来西郷山田庄領家・惣地頭両職を配分されており、その代官に神田聞・田口孫五郎入道法幸・平野行真房がいるが、これらは肥前国御家人が得宗被官化したものとされており、この推定が正しいとすれば、既に御家人を確認されている神田氏、その可能性の強い平野氏と共に、田口氏もまた御家人である可能性が強い家に加えることが出来よう。(102)

このほか蒙古合戦の証人として肥前国守護北条時定より起請文により注申することを命じられた者に、竜造寺小三郎左衛門尉・山代又三郎栄・舟原三郎・河上又次郎・御厨預所源右衛門太郎兵衛尉・益田大夫道円・志佐小次郎祝・志佐三郎入道継・津吉円性御房・平戸平五郎・有田次郎深・大嶋又次郎通清・空閑三郎などがあり、(103)このうち竜造寺氏・山代氏・益田氏・志佐氏・津吉氏・平戸氏(峯氏)・有田氏・大嶋氏などは肥前国御家人であることが確認されている家々である。証人に喚問されていることは蒙古合戦に参加していることを示しているので、少なくとも蒙古襲来後は、他の史料によって肥前国御家人であることが確認されていない舟原氏・河上氏・空閑氏・御厨預所などについても、この蒙古合戦参加の実績によって肥前国御家人に加えることが出来るのではないかと考える。しかしながら御家人となるか非御家人のままでいるかについては、在地武士側の自由意志によること、御家人身分の獲得が必ずしも原則通りに行なわれていないこと、特に蒙古合戦に参加し恩賞地の配分を受けたことをもって御家人であることの条件と認めるか否かについて、蒙古襲来前の戦前派御家人と合戦に参加し恩賞地配分を受けた新興勢力側としばしば見解が分かれ、相論の際の論点となっていることからして、さきに肥前国御家人と判定した家々に比較して、史料的に不確実な部分や、推定部分が残っていることと相俟って、直ちに肥前国御家人と断定することが躊躇されるので、一応御家人であった可能性の強い家として、御家人であることを確認した家々とは区別しておくことにする。以上これまでに抽出された肥前国在地武士を表示し、御家人と確認された家、御家人の可能性が強いが未確定家、上記以外に地頭職を有していることが確認された家を備考で示せば次の通りである。

家名	備考
相神浦氏	御家人
相知氏	御家人
青方氏	御家人
赤自氏	
秋武氏	
秋月氏	
天野氏	東国御家人
海氏	
海北氏	地頭
綾部氏	御家人
荒久田氏	
有川氏	御家人？
有田氏	御家人
有馬氏	御家人
安徳氏	御家人
井手氏	御家人
伊木力氏	
伊古氏	
伊佐早氏	御家人？
伊勢氏	御家人？
伊福氏	御家人？
池田氏	御家人？
一王房隆顕	御家人

家名	備考
泉氏	
板部氏	御家人
今富氏	
今福氏	
今村氏	御家人？
今山氏	
伊万里氏	御家人
岩崎氏	肥後国御家人(104)
岩永氏	
宇木氏	
宇久氏	御家人？
上嶋氏	肥後国御家人(105)
牛原氏	
内嶋氏	
内田氏	
浦氏	東国御家人
浦上氏	
嬉野氏	御家人
江氏	御家人
江串氏	
江田氏	地頭
越中氏	東国御家人
恵利氏	

家名	備考
小城氏	御家人？
小田氏	
小野氏	御家人
於保氏	御家人
大石氏	御家人？
大江氏	
大膳氏	
大河氏	御家人
大河野氏	
大窪氏	
大蔵氏	小地頭
大塩氏	地頭
大嶋氏	御家人
大財氏	御家人？
大貫氏	
大野氏	御家人
大町氏	御家人
大村氏	御家人
長田氏	御家人？
乙隈氏	御家人？
面高氏	
加藤氏	
賀瀬氏	御家人

家名	備考
蛟嶋氏	
鑰尼氏	
蠣久氏	御家人
笠寺氏	
堅田氏	地頭
上村氏	
神山氏	地頭
鴨打氏	御家人
神氏	東国御家人
川田氏	
河内氏	
河上氏	御家人？
河崎氏	御家人
河棚氏	御家人？
河原氏	
神辺氏	御家人？
城戸氏	御家人？
岸河氏	御家人？
北原氏	地頭
北村氏	
久木嶋氏	
久有志良氏	御家人
久布志良氏	

釘貫氏	
草野氏	御家人
朽井氏	地頭
窪田氏	
黒石氏	御家人
黒坂氏	御家人？
桑原氏	
倉上氏	御家人？
小犬丸氏	御家人？
小家氏	御家人？
小佐々氏	御家人
小菅氏	
空閑氏	御家人？
後藤氏	御家人
神田氏	御家人
神浦氏	
河野氏	伊予国御家人(106)
香田氏	御家人？
国分氏	御家人
薦田氏	御家人？
佐志氏	御家人
佐介氏	東国御家人
佐布志氏	
佐山氏	
佐留志氏	御家人？

西郷氏	御家人？
税所氏	
斎藤氏	
酒田氏	
堺氏	
榊氏	筑前国御家人(107)
相良氏	東国御家人
寒水井氏	御家人
差布氏	
鯖岡氏	
志佐氏	御家人
志々岐氏	御家人
塩津留氏	
榕氏	
渋谷氏	東国御家人
島田氏	
島津氏	東国御家人
下津氏	御家人？
下村氏	
執行氏	御家人
成道寺氏	御家人？
定楽氏	
城野氏	御家人？
白石氏	御家人
白魚氏	御家人

尻田氏	御家人？
末安氏	
世戸氏	
曽根氏	
曽禰崎氏	御家人
早田氏	
彼杵氏	
園部氏	御家人？
空田氏	
田河氏	
田口氏	御家人？
田嶋氏	肥後国御家人(108)
田手氏	御家人？
田所氏	御家人？
田中氏	御家人？
田平後藤氏	
多久氏	御家人
多々良氏	
多比良氏	御家人
高木氏	御家人
高田氏	御家人
高橋氏	
高浜氏	
鷹嶋氏	
詫磨氏	東国御家人

橘中村氏	東国御家人
立石氏	御家人？
垂水氏	御家人？
丹後氏	御家人？
千葉氏	東国御家人
千綿氏	小地頭
値賀氏	御家人
中元寺氏	御家人？
津吉氏	御家人
墓崎氏	御家人
対馬氏	
築地氏	御家人？
土窪氏	御家人？
鶴田氏	御家人
寺尾氏	
土々呂木氏	御家人
戸町氏	御家人
戸綿氏	
砥田氏	御家人？
時津氏	
富岡氏	
富崎氏	
富田氏	
伴氏	小地頭
友清氏	

豊田氏	御家人？
奈留氏	
那摩氏	
中川氏	
中津隈氏	御家人？
中野氏	御家人
中林氏	
中原氏	東国御家人
中村氏	
中山氏	
永岡氏	地頭
永崎氏	
長瀬氏	御家人
長野氏	御家人
長与氏	御家人
成松氏	御家人？
南郷氏	小地頭
二階堂氏	東国御家人
尼寺氏	御家人？
西泉氏	
西浦氏	
西川氏	御家人？
蜷河氏	
根事氏	
野尻氏	御家人
野本氏	東国御家人
納塚氏	御家人
波佐見氏	地頭
波多氏	御家人
早岐氏	御家人？
蓮沼氏	東国御家人
花木氏	御家人？
針尾氏	
晴気氏	
日宇氏	
日向氏	地頭
肥後氏	地頭
東嶋氏	
兵庫氏	御家人
平尾氏	
平嶋氏	
平田部氏	御家人
平野氏	御家人？
平原氏	
広瀬氏	地頭
笛江氏	
深江氏	地頭
深堀氏	東国御家人
福嶋氏	
福田氏	
藤崎氏	
藤原氏	
淵　氏	
舟原氏	御家人？
船越氏	
船津氏	
古飯氏	御家人
別府氏	御家人？
北条氏	東国御家人
法浄寺氏	御家人
堀　氏	東国御家人
馬渡氏	
益田氏	御家人
斑嶋氏	御家人
松浦氏	御家人
三浦氏	東国御家人
三間坂氏	
御厨氏	
御墓野氏	
峯　氏	御家人
都　氏	御家人？
宮裾氏	御家人？
宮村氏	
武藤氏	東国御家人
宗像氏	筑前国御家人(109)
本告氏	御家人
森山氏	御家人？
諸富氏	地頭
矢上氏	
矢俣氏	御家人
薬王寺氏	御家人？
安富氏	東国御家人
山浦氏	御家人
山代氏	御家人
山田氏	御家人
山本氏	御家人
大和氏	御家人？
湯江氏	御家人？
与賀氏	
横大路氏	御家人
横田氏	御家人
横岳氏	
吉里氏	御家人？
吉田氏	
吉富氏	御家人
竜造寺氏	御家人

注

（1）『吾妻鏡』元暦元年九月十九日の条に讃岐国御家人交名を引用している。

　讃岐国御家人

注進　平家当国屋嶋落付御坐捨、参源氏御方奉参京都候御家人交名事、

藤大夫資光　　同子息新大夫資重

同子息新大夫能資《員》　　藤次郎大夫重次

同舎弟六郎長資　　藤新大夫光高

野《三野》三郎大夫高包　　橘大夫盛資

三野首領盛資　　仲行事貞房

三野九郎有忠　　三野首領太郎

同次郎　　大麻藤太家人

右、度々合戦、源氏御方参京都候之由、為入鎌倉殿御見参、注進如件、

　元暦元年五月　日

この注進状は一谷合戦後、先陣として讃岐国に渡った橘公業が、讃岐国住人中、志を源氏に寄せている者を注進し、頼朝がこれをもとに讃岐国御家人は橘公業の下知に随って、西海道合戦に向うべきことを命じたものであるが、安田元久氏はこの注進状について、文章・文言に疑わしい点が多く、信憑性が低く、『吾妻鏡』編纂の時代までの間に作られた偽文書としておられる（同氏「御家人制成立に関する一試論」九七ページ）参照。

鎌倉幕府開設後の御家人交名の例としては、「東寺百合文書」ホ一之二十の若狭国における源平両家祗候輩交名注進状がある。

　若狭国

　注進先々源平両家祗候輩交名事

青六郎兼長　　同七郎兼綱

青九郎盛時　　佐分四郎時家
木津平七則高　　薗部次郎久綱
和田次郎実員　　稲庭権守時定
島次郎時兼　　和久里四郎兵衛尉時継
木崎七郎大夫基定　　稲葉三郎時通
国富志則家　　小崎太郎時盛
丹生出羽房雲厳　　大泉七郎家正
宮河権守頼定　　宮河武者所後家藤原氏
虫生五郎頼基　　包枝太郎頼時
井口太郎家清　　榀谷太郎貞通
瓜生新太郎清正　　安賀上座永厳
安賀兵衛大夫時景　　鳥羽源内定範
倉見平太範清　　山西庄司頼宗
同木工允雅宗　　山蔵武者所滋
山東庄司家経　　岩屋太郎信家
永富藤内頼広
右、大略注進如件、
建久七年六月　日　　散位柿下在判
　　散位中原在判
右大将家御時、被指下御雑色足立新三郎清恒之時注進状案

この交名は源平両家に祗候輩の交名で、その出自、所領等の所在については、田中稔氏の前掲論文に詳細に述べられており、そ

れによれば若狭国では、鎌倉時代初期に三十余人であった御家人は、十六、七人が没収され、寛元三年には御家人はわずか十四人になっていたと言われている（同氏「鎌倉幕府御家人制度の一考察」二八三ページ参照）。

また『吾妻鏡』元久二年閏七月二十九日の条には、伊予国御家人三十二人の交名が記載されている。

廿九日甲寅、河野四郎通信依勲功異他、伊予国御家人止守護沙汰、為通信沙汰、可令勤仕御家人役之由、被下御書、載将軍御判、件卅二人名字、所被載御書之端也、善信奉行之、

頼季浅海太郎同舎弟等	公久橘六	光達新三郎
高茂浮穴大夫	高房田窪太郎同舎弟	家員白石三郎
兼恒高野小大夫同舎弟	清員植生太郎同舎弟	家蓮(実)真善房
重仲井門太郎	山前権守同子	信家大内三郎舎弟
高久十郎大夫	余戸源三入道俊恒	高盛久万太郎大夫同弟
永助久万太郎	安任江四郎大夫	家平吉木三郎
高兼同四郎同舎弟	長員別宮大夫	頼高別宮新大夫同舎弟
吉盛別宮七郎大夫	安時三嶋大祝	頼重弥熊三郎
遠安藤衛三大夫同舎弟	信任江次郎大夫	紀六太郎
信忠寺町五郎大夫	時永寺町小大夫	助忠主藤三
忠貞寺町十郎	頼恒太郎	

已上三十二人云々

この交名について八代国治氏（『吾妻鏡の研究』一六〇～一六三ページ）・笠松宏至氏（『中世の窓』一二所収「徳政・偽文書・吾妻鏡」）などはこれらは御家人と認めることが出来ぬとされたのに対し、田中稔氏はこの三十二人を御家人でないとする必然性はないと、御家人交名であることを認めておられる（同氏「鎌倉時代における伊予国の地頭御家人について」二八三～二八五ページ参照）。

なお御家人交名の注進については、石井進『日本中世国家史の研究』一七四〜一七八ページ参照。

（2）鎌倉幕府成立期に東国に比較して西国御家人の数がはるかに少数であったことは当然予想される。『明月記』安貞元年閏三月二十日の条に信濃国の場合「鎌倉近習侍、夙夜勤厚之輩二百余人、居住彼国」とあるのに比較して、西国の場合一国平均三十名前後であったに過ぎないことによっても明らかである。しかし西国の場合は開発領主的名主層を御家人に組み入れることによって、在地土豪の御家人化工作は急速に進展しており、時代が降ると共に一国の御家人数は増加の傾向にあり、若狭国の場合のように御家人が減少しているのはむしろ例外現象であったと思われる。

（3）建久八年十二月二十四日島津忠久内裏大番役支配注文案は『薩藩旧記雑録』前編（一）に大村市来与市左衛門蔵、長谷場文書、江田源助蔵の三種が掲載されており、三者の間には多少の異動があり、特に長谷場文書では他の二本より二名少ない二十二名が記載されている。大村市来与市左衛門蔵によって以下に示す。

内裏大番事、任（被脱）仰下之旨可令参勤人々、

市来郡司　別府五郎　鹿児嶋郡司
河辺平次郎　伊作平四郎　薩摩太郎
頴娃平太　益山太郎　高城郡司
智覧郡司　牟木太郎　江田四郎
在国司　山門郡司　給黎郡司
莫禰郡司　南郷万陽房　小野太郎
指宿五郎　満家郡司　宮里八郎
萩崎三郎　伊集（院脱）郡司　和泉小大夫

右、各守注文之旨、明春三月中企参洛、可令見知役所給也、且鎌倉殿仰旨如此、早可被存其旨之状如件、

建久八年十二月廿四日　右兵衛尉在判

薩摩国御家人中

このほか薩摩国御家人の氏名を知る史料としては「山田文書」文保元年七月晦日薩摩国御家人注文、「島津家文書」建久八年六月日薩摩国図田帳、「新田八幡宮文書」嘉暦三年新田宮沙汰証人交名注文などがある（五味克夫「薩摩の御家人について」参照）。同論文によれば、鎌倉時代初期に三十名前後であった薩摩国御家人は鎌倉時代末期には、少なく見つもっても百名を越えるとされている。また大隅国にも御家人交名が残っている。

大隅国注進御家人交名等事

国方

税所篤用　田原宗房
曽野郡司篤守　小河郡司宗房
加治木郡司吉平　帖佐郡司高助
執行清俊　東郷郡司時房
河俣新大夫篤頼　佐多新大夫高清
弥三郎大夫近（遠）延　禰寝郡司
木房紀太郎良房　西郷酒大夫末能

宮方

政所守平　長大夫清道
源大夫利家　修理所為宗
権政所良清　栗野郡司守綱
脇本三（六）郎大夫正平　太郎大夫清直
六郎大夫（為）高清　矢太郎種元（弥太郎大夫種之）
執行大夫助平　嶋四郎近延
始良平大夫良門　小平大夫高延

新大夫宗房　弥次郎貫首友宗
肥後房良西　敷禰次郎延包
三郎大夫近直
右、件御家人、為上覧、各交名大略注進如件、
建久九年三月十二日　諸司検校大中臣時房
田所検校建部宗房
税所検校藤原篤用
（「桑幡家文書」）

大隅国にも「桑幡家文書」建久八年六月日の大隅国図田帳が残存しており、それらによって大隅国の鎌倉初期の実態を把握することが出来る。五味克夫氏は「大隅の御家人について」において、鎌倉初期の大隅国御家人は国方十四、宮方十九、庄方二、計三十五を確認しておられる。

（4）この守護所大番役が鎮西全般を管轄する鎮西守護所であるか、肥前国守護所であるか見解の分かれるところであるが、筆者は肥前国守護所と考えており、朱書で「鎮西地頭御家人等結番事」とあるが、これは後人の筆になるもので、肥前国御家人以外の他国の御家人等に課されることはなかったと思われる。

（5）長沼賢海『松浦党の研究』二六ページ参照。

（6）長沼前掲書一一二ページ参照。

（7）青方氏については、長沼前掲書一〇ページ、網野善彦「青方氏と下松浦一揆」（『歴史学研究』二五四）、本書第四章第四節「肥前国御家人白魚九郎入道行覚について」四二四ページ、拙稿「地頭代より地頭への書状」（『日本歴史』二七八）、同「松浦党の基盤と変質」（『荘園の世界』所収）、拙編『青方文書』一、二（九州史料叢書）参照。

（8）『歴代鎮西要略』に文治三年十一月十日下文の内容を引用し「肥前国綾部四郎大夫通俊・賀瀬新太郎通宗通俊之弟奥州御供仕条、

入神妙之御気色、早可用肥前国第一之御家人、雖有科罪、三箇度可有御免云々」とあり、これは平盛時奉書であったらしいが、この下文は今日残存していない。また綾部氏は宇佐宮領高来郡西郷伊福・大河・伊古（現長崎県南高来郡瑞穂町）に所領所職を有しており、それらを文治年間に譲られた庶子家は、後に肥前国御家人大河氏となっている。大河氏の項参照。また御家人と確定出来なかった伊福氏も綾部氏の庶子家であった。

（9）吉田東伍『大日本地名辞書』、太田亮『姓氏家系大辞典』共に安徳氏を島原半島高来郡安徳村（現長崎県島原市安中安徳）より起ると推定しておられる。しかし鎌倉時代安徳氏は「河上神社文書」「竜造寺文書」等に見えて、その活躍の舞台は佐嘉御領、神崎庄などにあり、島原半島方面では所見がない。したがって島原半島安徳氏は南北朝以後移住したものか、全く別系統の家か不明である。

（10）長沼前掲書一〇六～一一二ページ、『佐賀県史』上巻四九二～四九四ページ、「石志文書」参照。

（11）「光浄寺文書」参照。

（12）「伊万里文書」参照。

（13）「嬉野家古文書」（『佐賀文書纂』所収）参照。

（14）「宗像神社文書」、拙編『肥前国彼杵庄・伊佐早庄史料』一五二～一五四ページ、『宗像神社史』下巻六八二ページ参照。

（15）太田前掲書参照。

（16）「多久文書」の於保種宗に宛てた正応五年七月五日宇都宮通房・武藤盛経連署書下案に「肥前国執行職事、如文治年中関東御役下知并所帯状等無異儀歟」とあり、「阿蘇品保夫氏所蔵文書」に断簡文書ではあるが「弘安六年癸未夏五月十一日肥前国住人岸川弥二郎兵衛・平野三郎入道・定楽左近入道・多久弥太郎・島田次郎・笠寺三郎入道等、依背肥前執行於保四郎種宗之下知、不相勤博多警固石垣築地已下之役」との記事があり、於保種宗が肥前国執行としてこれら肥前国住人を率いて博多警固番役を勤仕しようとしてこれら住人の抵抗にあったことがわかる。種宗は岸川氏等を住人と称しているが、多久氏は御家人であることが確認されており、岸川氏は小地頭・鎮西探題使節になっており、平野氏も御家人の可能性が強い家々であるので、恐らく於保氏の下知によることなく、独立した御家人として博多警固番役を勤仕しようとしたものと思われる。

(17)「大川文書」文治二年四月二十九日綾部幸房譲状。
(18)「来嶋文書」、長沼前掲書一八〜二三ページ参照。
(19)太田前掲書参照。
(20)「東妙寺文書」正応二年三月十二日蒙古合戦勲功地配分状。
(21)「東福寺文書」元応二年□月二十七日東福寺領肥前国彼杵庄文書目録案、「正慶乱離志裏文書」嘉暦四年七月三日東福寺領肥前国彼杵庄文書目録に彼杵庄内の一分領主として大村氏一族の数多くの氏名が見える。拙編『肥前国彼杵荘・伊佐早荘史料』参照。
(22)長沼前掲書一一四〜一一六ページ参照。長沼氏は鴨打氏は筑後蒲池氏が移住したものではないかと推定しておられが、根拠がとぼしいように思われる。
(23)『佐賀県史』上巻四九二〜四九四ページ参照。
(24)長沼前掲書二五〜二七ページ参照。
(25)「後藤文書」正応二年三月十二日蒙古合戦勲功地配分状案。
(26)長沼前掲書一一五ページ参照。
(27)「実相院文書」正和元年十一月二十二日鎮西裁許状、また「本間文書」正和三年十二月六日鎮西裁許状によれば豊前国天雨田憲行と肥前国御家人本告秀基後家明勝が神崎庄内屋敷について相論した際、長季は鎮西探題より明勝に相触れることを命じられている。
(28)新城常三・正木喜三郎編『筑前国怡土荘史料』参照。
(29)福田以久生「中世所領譲与に関する新史料―松浦党有浦文書―」(『史学雑誌』七七の四参照)。
(30)長沼前掲書一一四〜一一五ページ参照。
(31)長沼前掲書二八ページ、六六〜六七ページ参照。
(32)長沼前掲書一六〜一七ページ参照。

(33) 田中稔「仁和寺文書拾遺」(『史学雑誌』六八の九)参照。
(34) 「青方文書」、本書第四章第四節「肥前国御家人白魚九郎入道行覚について」四二四ページ、拙稿「松浦党の基盤と変質」参照。
(35) 「多久文書」参照。
(36) 水崎雄文「鎌倉初期における九州の政治情勢」(『九州史学』三〇・三一合併号)、正木喜三郎「府領考」(『九州史研究』一四五ページ)、石井進『日本中世国家史の研究』八九ページ参照。
(37) 森本正憲「肥前高木氏について」(『九州史学』四九)、「実相院文書」正和二年十月日河上宮座主弁髪申状案、同元応元年十月二日鎮西御教書案、同文保元年十二月六日鎮西御教書案、同嘉暦二年四月二十五日鎮西裁許状案、同嘉暦二年十一月十日鎮西裁許状案。
(38) 「武雄神社文書」徳治二年三月二十三日平岡為政異国警固番役覆勘状案。
(39) 「武雄神社文書」建武三年三月日武雄安知申状。
(40) 長沼前掲書一〇二ページ参照。
(41) 長沼前掲書一〇一ページ参照。
(42) 「深堀文書」弘安六年十一月十七日六波羅御教書案。佐賀県立図書館に寄託されている「深堀文書」の原本は、虫損により「肥前国彼杵庄戸□地頭深堀弥五郎時□俊基押領香焼杉□」となっているが、内閣文庫所蔵『佐賀文書纂』所収「深堀文書」では虫損部分が補充されており、「肥前国彼杵庄戸八浦地頭深堀弥五郎時仲申、惣地頭俊基押領香焼杉浦由事」となっている。戸町俊基は在地御家人であり、在地御家人が惣地頭に補任されている傍例はなく、「深堀文書」正嘉二年十月二日六波羅御教書案、同正嘉二年十二月二十六日彼杵庄惣地頭代後家尼某請文等に「為惣地頭代押領戸町内杉浦被致狼藉由事」とあることから、『佐賀文書纂』に「惣地頭俊基」とあるのは「代」が脱落しており、「惣地頭代俊基」であったものと思われる。かつて『佐賀文書纂』により、「鎌倉幕府の成立と九州地方の動向」で「惣地頭には東国御家人をもって補任したが、肥前国彼杵戸町浦惣地頭戸町氏は鎮西御家人でありながら、惣地頭と称している唯一の例である」と述べたことをこの際訂正取り消しておく。
(43) 『後藤家事蹟』『北肥戦誌』参照。

(44)「宗像神社文書」文永元年五月十日関東裁許状案。
(45) 拙編『肥前国彼杵荘・伊佐早荘史料』、『宗像神社史』下巻六八二ページ参照。
(46)「正慶乱離志裏文書」嘉暦四年七月三日東福寺領肥前国彼杵庄文書目録に長与氏の一族が散見している。
(47) 長沼前掲書九八〜一〇〇ページ参照。
(48) 太田前掲書参照。
(49) 長沼前掲書九二〜九六ページ、一〇三〜一一五ページ参照。
(50)「山代文書」弘安十年十一月十一日肥前国守護北条為時挙状の中に「肥前国御家人松浦一族御厨庄地頭等二十余人、依所領一円訴訟事云々」とあり、御厨庄内の松浦一族だけでも肥前国御家人として独立していた者が少なくとも二十余人いたことがわかる。「松浦家世伝」には南北朝時代に上・下松浦に割拠独立していた松浦一族の家々七十八家を挙げている。この中には鎌倉時代の古文書によって御家人であることが裏付けられたもの、或いはその名前が散見する家もあるので参考のため引用しておく。

平戸	今福	波多	志佐	山代	相神浦	御厨	相知	川田	寒水井
鴨打	神田	中村	塩津留	城	呼子	北村	大石	牟田部	久保田
大河野	和多々田	佐佐	日宇	山田	宇能木	千北	千千良	田平	福嶋
庄山	船原	津吉	宇久	別府	長田	簗瀬	石志	黒川	清水
吉永	牛方	吉野	有浦	値賀	鶴田	八並	佐志	木島	上大杉
下大杉	伊万里	峯	有田	平野	早岐	住志	吉井	小浜	日高
大島	丹後	小佐々	月川	一部	生月	楠久	木津	福井	大野
白浜	高瀬	有川	江	青方	松尾	奈留	志自岐		

これらの家々の中には長沼賢海氏が元来他氏族であった者が南北朝以後に松浦一族化したとされている中村氏・青方氏・志自岐氏・大島氏・小佐々氏・鴨打氏・宇久氏・津吉氏なども含まれている。
(51)「青方文書」文永八年十一月二十五日将軍家政所下文案。

(52)「櫛田神社文書」寛元二年三月二十六日遠真施行状、「高志神社文書」文保二年四月一日鎮西御教書写。
(53)「山代文書」安貞二年七月三日預所法眼下文。
(54)『佐賀県史』上巻四九二〜四九四ページ、本書第五章第一節「鎌倉時代における松浦党」四五九ページ参照。
(55)「青方文書」正和元年十一月二十一日鎮西探題御教書案。
(56)「実相院文書」正和三年三月二日鎮西御教書案。
(57)「正慶乱離志裏文書」嘉暦四年七月三日東福寺領肥前国彼杵庄文書目録、「青方文書」元徳二年二月三日鎮西探題御教書。
(58)「大川文書」元応二年八月六日鎮西探題裁許状案。
(59)「青方文書」正和元年十一月二十一日鎮西探題御教書案、同正和二年八月十四日鎮西探題御教書案、同正和二年十一月十三日鎮西探題御教書案。
(60)「宗像神社文書」延慶三年十二月六日鎮西探題裁許状、同延慶三年十二月十六日鎮西探題裁許状。
(61)「河上神社文書」文保元年十二月二十五日鎮西探題裁許状、同文保二年八月十日鎮西探題裁許状。
(62)「橘中村文書」正中二年八月二十九日鎮西探題裁許状。
(63)「尊経閣文庫所蔵文書」正和四年三月十六日鎮西探題裁許状、同正和四年七月二十七日鎮西探題裁許状。
(64)「青方文書」嘉元二年六月二十五日鎮西探題御教書案。
(65)「正慶乱離志裏文書」嘉禄四年七月三日東福寺領肥前国彼杵庄文書目録。
(66)「青方文書」嘉元二年六月二十五日鎮西探題御教書案。
(67)「河上神社文書」元徳二年十二月十日鎮西探題御教書、同正慶元年七月二十九日鎮西探題御教書、「実相院文書」元徳二年閏六月十日鎮西探題裁許状案。
(68)「河上神社文書」正和四年五月二十七日鎮西探題裁許状。
(69)「河上神社文書」正和四年五月二日鎮西探題裁許状。
(70)「河上神社文書」正和四年五月二日鎮西探題裁許状。

(71)「尊経閣文庫所蔵文書」正和四年三月十六日鎮西探題裁許状、同正和四年七月二十七日鎮西探題裁許状。
(72)「本間文書」正和三年十二月六日鎮西探題裁許状、「河上神社文書」正和四年五月二十七日鎮西探題裁許状。
(73)「青方文書」元亨三年九月十四日鎮西探題御教書案、「実相院文書」元亨二年十一月二十日鎮西探題裁許状案。
(74)「実相院文書」正安二年八月二日鎮西探題御教書案。
(75)「東妙寺文書」文保二年七月二日鎮西探題御教書。
(76)「尊経閣文庫所蔵文書」永仁七年六月二十六日鎮西探題裁許状。
(77)「櫛田神社文書」元亨三年十一月五日鎮西探題裁許状。
(78)「竜造寺文書」文永三年六月日肥前国検注帳案に杵嶋北郷小安松名地頭海北四郎五郎と見える。
(79)「櫛田神社文書」元亨四年十月二十五日鎮西探題裁許状に「神崎庄一分地頭今村次郎入道妙観今者死去子息覚祐」と見え櫛田宮造営用途を対捍したとして櫛田宮修理別当理善より訴えられている。
(80)「島津家文書」文保元年十二月二十一日将軍家政所下文により、島津忠宗は肥前国福満名地頭職を宛行なわれているが、これは江田忍阿跡とある。
(81)「竜造寺文書」嘉禄二年二月日佐嘉御領内小地頭等申状案に市丸名小地頭として大蔵大夫栄延と見える。
(82)「河上神社文書」正和四年六月二日鎮西探題裁許状に大塩少輔房営雲子息春王丸のことを肥前国殖木田牛鼻地頭と称している。これは春王丸の祖父貞重が仁治二年に武蔵国多磨野内拾町を拝領し、後に肥前国殖木田牛鼻と相博したもので、貞重・営雲・春王丸三代六十年知行していると称している。
(83)「竜造寺文書」嘉禄二年二月日佐嘉御領内小地頭等申状案に福益名の小地頭として大財五郎宗光と見える。現在佐賀市神野に大字名として大財なる地名がある。
(84)「櫛田神社文書」元亨三年九月二十五日鎮西探題裁許状に神崎庄一分地頭長田五郎左衛門入道子息助種と見える。
(85)「河上宮古文書写」徳治二年十月二十四日鎮西御教書写に肥前国諸松名地頭堅田又次郎入道如一と見える。
(86)「櫛田神社文書」元亨三年九月五日鎮西探題裁許状に神崎庄一分地頭神山藤三郎入道子息実氏と見える。

(87)「竜造寺文書」嘉禄二年二月日佐嘉御領内小地頭等申状案に貞清名小地頭に岸河太郎種季と見える。
(88)「河上神社文書」文保元年十二月二十五日鎮西探題裁許状に北原村地頭として「北原太郎不知実名」と見える。
(89)「櫛田神社文書」元亨三年十一月五日鎮西探題裁許状に神崎庄一部地頭小犬丸弥次郎入道祐西と見える。
(90)「櫛田神社文書」元亨三年十一月五日鎮西探題裁許状に神崎庄一分地頭城野右馬三郎入道と見える。
(91)「尊経閣文庫所蔵文書」正和三年十二月十二日鎮西探題裁許状に彼杵庄一分小地頭千綿九郎入道純西と見える。
(92)「櫛田神社文書」元亨四年十月二十五日鎮西探題裁許状に神崎庄一分地頭土窪五郎兼直と見える。
(93)「竜造寺文書」嘉禄二年二月日佐嘉御領内小地頭等申状案に稲吉名小地頭として伴氏女と見える。
(94)「尊経閣文庫所蔵文書」元亨二年十二月二十五日鎮西探題裁許状に彼杵庄の地頭として「永岡四郎法師法名眼覚」と見える。
(95)「竜造寺文書」嘉禄二年二月日佐嘉御領内小地頭等申状案に富吉名小地頭として南郷入道仏念と見える。
(96)「武雄神社文書」九月二十八日関東御教書に長嶋庄地頭日向太郎と見える。
(97)「橘中村文書」元弘三年七月二十日藤原光景着到状に彼杵庄南方地頭肥後又五郎光景と見える。
(98)「青方文書」正応二年三月四日青方能高譲状によれば、能高は宇野御厨庄内小値賀浦部島地頭職を左衛門太郎に譲っているが、左衛門太郎は広瀬左衛門太郎親平のことであり、彼杵庄波佐見に居住していたらしく波佐見左衛門太郎親平とも称している。
(99)「深江文書」宝治元年六月五日有馬朝澄譲状案。
(100)「河上神社文書」元徳二年十二月十日鎮西探題裁許状に杵島北郷諸富名地頭覚忍と見える。
(101)御家人となることは、鎌倉幕府の権威を背景として社会的地位が確立し、独立した御家人として他の支配を排除し、在地における領主制の展開にも有利に作用し、相論等で幕府の裁許を受ける場合も御家人の方が非御家人より有利な裁許を受けられるなど利点も多かった。しかし反面御家人役や関東公事も課せられるのでその経済的負担も大きかったと思われる。したがって御家人への広き門が開かれていても経済的能力のある者が御家人の地位を求めて殺到したかどうかについては若干否定的面がないわけではない。しかし御家人を非御家人と称することは悪口の咎を問われていること、自称御家人の発生など、御家人の方が非御家人より身分的に高いとされていたことは疑いないであろう。

(102)「河上宮古文書写」元徳四年正月日河上社雑掌家邦重陳状写。
(103)「竜造寺文書」弘安五年九月九日肥前国守護北条時定書状、「山代文書」弘安四年八月十日肥前国守護北条時定書下、同弘安六年三月二十二日肥前国守護北条時定書下。
(104) 肥後国御家人岩崎太郎が肥前国神崎庄田地伍町屋敷一宇畠地二段一丈を正応二年三月十二日蒙古合戦勲功賞として孔子配分されているが、後に東国下向御家人安富氏に譲られている(「深江文書」)。
(105)「阿蘇家文書」嘉暦元年十一月十八日肥後上島郷地頭尼妙法同子息義広連署和与状・同嘉暦元年十二月五日鎮西探題裁許状により上嶋氏が肥前国神崎庄内田畠屋敷を蒙古合戦勲功賞として配分されていることがわかる。
(106) 越智通有は「山城淀稲葉文書」弘安八年六月二十五日将軍家政所下文により、筑前国弥富郷替として肥前国神崎庄内小崎郷を宛行なわれているが、「河野文書」建武二年十月四日太政官符案によれば、神崎庄内荒野の替として伊予国吉原郷一方地頭が与えられているので、鎌倉時代を通じて領知したことがわかるが、「東妙寺文書」建武二年六月日東妙・妙法両寺々領坪付注文に河野対馬三郎通貞が成富成松・武藤米富・上条郷志波屋原・荒野及三津城林等を東妙寺に寄附している。
(107)「東妙寺文書」延慶三年四月二十五日高重法師女子初若等連署田地寄進状写によると亡父榊有久藤内三郎入道が弘安合戦の恩賞地として配分された神崎庄中郷南里十七坪一町四丈、十六坪五段四丈を東妙寺に寄進しているが、榊氏は「榊文書」正応二年三月十二日蒙古合戦勲功地配分状に筑前榊定禅領主西順とある。この配分状は偽文書と思われるが、榊氏が筑前国御家人であったことは疑いない。
(108) 肥後国御家人田嶋十郎幸隆は「南権平氏所蔵文書」正応二年三月十二日蒙古合戦勲功地配分状で神崎庄田地五町屋敷一宇畠地二段の配分を受けているが、これも東妙寺に寄進されている。
(109) 筑前国宗像神社大宮司宗像氏は、鎌倉時代肥前国神崎庄五町、小城郡晴気保地頭職、伊佐早庄永野村内浦福地などを領有していた。長野氏項参照、『宗像神社史』下巻六七六～六八二ページ参照。

(三)　肥前国御家人の特質

以上、鎌倉時代における肥前国御家人抽出作業は、現存する鎌倉時代の古文書を主とし、『吾妻鏡』等を参考としながら行なった結果である。したがって南北朝時代以後の古文書および後世の戦記類等によって抽出可能な家々については原則として除外してある。したがって正確に言えば、「鎌倉時代の古文書に見える肥前国御家人」ということになる。かかる限定付きにもかかわらず、肥前国御家人と判定した家数は七十四家に達した。(1) しかしこれは平面的把握であり、かかる方法では時間的変動が全く無視されており、平面図に鎌倉時代を通じての全肥前国御家人を投影する形で抽出されたものが七十四家ということになる。しかしながら肥前国御家人交名も完全な図田帳大田文などが存在しない肥前国の場合は、御家人の時間的変動を求めることは不可能であると言わねばならない。(2) しかもこの七十四家以外に御家人であることの可能性の強い家の数は五十八家を数えている。このことは鎌倉御家人の基準そのものが不明確であり、きわめて偶然的要素によって御家人身分の獲得が行なわれていること、さらに在地武士側にも御家人身分獲得の自由選択権が留保されていたことなどにより、(3) 御家人であることの確証なきものは結論を保留したためである。さらにこれら以外にも明らかに御家人と思われる家もあるが、確たる史料的裏付けのないものは割愛し、他日の検討に委ねている。さらに今日残存する史料の稀少性を考慮に入れるならば、ここで抽出した肥前国御家人数七十四家、或いは御家人である可能性の大きい家五十九家を加えた百三十三家という数字は、極めて内輪の数字であり、実際にはこれをはるかに上回るものであったことは疑いない。もしこの推定に誤りなしとすれば、これまで鎮西各国御家人数の抽出が試みられている、筑前国において二十二家、(4) 筑後国において三十三家、(5) 豊前国二十四家、(6) 豊後国四十二家、(7) 大隅国三十二〜三十五家、(8) 日向国十一家、(9) 薩摩国百家以上となっている。(10) これらの各国別御家人数の抽出の基準がそれぞれ異なっており、単純な比較は出来ないが、肥前国御家人が他の鎮西各国に比較してはるかに多数の御家人の存在が認められることは承認されよう。

この肥前国の特殊性は如何に説明さるべきであろうか。元来肥前国御家人は名主的御家人であり、東国における領主的御家人や薩摩・大隅・日向など南部九州地方に残存した在庁郡司系領主が御家人化したものと比較して、一般的に所領が狭少であったことが認められている。(11)鎮西では地頭職の下文を賜わった者が、惣地頭が補任された場合、名主職を安堵され小地頭と称するのが例であることはすでに多くの人によって指摘されているが、(12)このことは名主層が地頭職安堵の下文を賜わり御家人となっていたことを意味する。肥前国にもこのような小地頭が多数存在していることは、「竜造寺文書」嘉禄二年二月日佐嘉御領内小地頭等申状案に引用されている惣地頭天野左衛門尉政景の請文に「当御領内小地頭あまた候」とあることによって明らかである。しかもこれら小地頭は鎌倉幕府の下文によって地頭職を安堵されているのであるから、先述の鎌倉御家人たるべき条件を具備していたといえる。事実、佐嘉御領末吉小地頭高木南二郎季家は、同じ文書の中で肥前国御家人藤原季家と称しており、また『吾妻鏡』に肥前国御家人と明記されている安徳氏は肥前国佐嘉御領豊益名の小地頭であり、そのほかに肥前国三根西郷内刀延名三分一を領知していた。豊益名・刀延名の田数については明らかではないが、「竜造寺文書」文永三年六月日肥前国検注帳案によれば、佐賀平野部の名の分解は進んでおり、一つの名の田数が一町～二町というものもある。これらのきわめて狭小な所領を有する名主がすべて小地頭となり、御家人となったとは考えられないが、これらの中で安徳氏のように御家人となった小地頭の所領が、領主的東国御家人に比較してはるかに狭小であったことは否定出来ない。したがって同じ鎌倉御家人であっても領主的東国御家人と名主的鎮西北西部御家人の間には単に支配する所領の大小にとどまらず、質的にも大きな相違が存在したことは疑いない。かつて安田元久氏はかかる東国御家人と鎮西御家人の性格の相違が生じた原因について、「九州に於いて領主的武士が多く平家に従って没落し、一武士団を統御する如き中心が一応失われていた状態が丁度鎌倉勢力侵入の時期であったのではないだろうか」[13]と論じられている。たしかに筑前国における原田種直・山鹿秀遠など有力武士が平氏滅亡と運命を共にしたということはあるが、肥前国の場合は平家と運命を共にした有力御家人の存在も認められない。有力武士の没落という点では、辺境の地である鎮西よりもはるかに東国の方が激しいものがあったと思われる。したがって安田氏が指摘されたことが鎮西北西部御家人が名主的御家人として数多く存立した主たる条件ではなく、この地方の御家人が狭小な所領で独立することが可能な条件が平安末期から鎌倉初期に存在したことに注目すべきであると思う。これまでに肥前国御家人の具体的抽出作業の過程において明らかになった如く、庶子家の惣領よりの分化独立が鎌倉初期において比較的早期に進展していたことは注目される。たとえば綾部氏・高木氏・石志氏の場合における庶子独立の過程、さらに松浦党と呼ばれるような松浦一族の独立割拠の状態が存在することが、肥前国御家人を含めた鎮西北西部武士団の存在形態の実態を如実に示している。しかも鎮西北西部武士団には東国武士団において認められる如き惣領制は認められず[14]、これら独立した弱小庶子家が、独立した御家人として鎌倉幕府に把握されたことが、多数の弱小御家人が発生した理由であると考えられる。さらに根源にさかのぼって肥前国において鎌倉幕府時代初期に庶子の独立が進捗し、その存在が可能であった理由として次の如きことが考えられる。

(1) 内陸御家人にあっては、地理的条件により東国に比較して反当り農業生産力が高く、狭小な田地でも独立した生計が可能であり、御家人役の負担に耐え得たこと。

(2) 沿岸部に居住する御家人においては、無尽蔵に近い海を経済的基盤としており、山野・浦・網・海夫・塩屋などが譲状の対象となっていることによってもわかる如く、山野・河海など非農業的得分が主要な得分となっているため、土地よりの得分のみに頼る御家人よりも惣領家の支配を脱して経済的に独立することが容易であったこと。(15)

(3) 辺境地のため政治的・軍事的に強大な勢力の結集が要求されなかったこと。

(4) 複雑な海岸線と多島海のため交通が不便であるという地理的条件。

(5) 肥前国に所領所職を有した東国御家人の在地性が稀薄であり、領主制の展開が緩慢なため、東国御家人と在地御家人との支配・被支配の関係が認められないこと。

などが考えられるが、この点の結論を出すには、他の鎮西北西部武士団の特質の究明、鎮西南部武士団および東国武士団との比較研究が必要であるので、ここでは一応結論を保留しておく。

注

（1）　かつて『日本歴史』一一七に掲載した拙稿「肥前国における鎌倉御家人」における肥前国御家人は、肥前国在地土豪二百十三家中より七十三家を抽出している。数的には今回の抽出された七十四家とほとんど変化がないように見えるが、前回の七十三家には肥前国に所領を有した東国御家人も含まれている。今回はそれらを除外しているから、それだけ肥前国在地御家人の家数が増加していることになり、判定の基準が前回と異なっているので内容的には変わっている。

（2）　五味克夫氏は「薩摩の御家人について」において、薩摩国の御家人の増減について触れられ、鎌倉初期に三十数名であったものが鎌倉時代末期には少なく見つもっても百人を越えるであろうと推測しておられる（同論文二六ページ）。ところが大隅国については同じく五味氏は「大隅の御家人について」（上・下）において、「鎌倉時代初期の御家人数と後期の御家人数とでは総数の上では増加はみられずかえって若干減少している（殆んど変りがない）」と述べておられる。若狭国で御家人数が明らかに減少した例もあり、各国のそれぞれの特殊事情により、時間の経過と共に増加したと断定出来ぬ面がある。肥前国の場合建久六年に百四十人の御家人が存在していたとすれば、平面的な抽出によって確証あるもの七十四家、御家人である可能性のある家を合計しても百三十三家になり、数量的にはあまり増加していないということになる。しかし建久六年の百四十家についてややその数の信頼性に疑問が残るし、肥前国における御家人の抽出作業を行なった実感としては、後期の方がはるかに御家人数は増加していることは疑いないとの確信を有している。

(3) 大隅国では「鎌倉時代初期、幕府のとった諸国御家人把握に関する積極政策、及びそれに対する在国豪族の呼応が源平交替期に動乱のあった大隅ではかなり顕著にみられ、正八幡宮神官等も一旦御家人の列に加わったものと思われる。しかし間もなくその反動として寺社領御家人の脱落がみられ、交名注進のみで御家人たりえた程の幕府との結びつきの弱い西国御家人にあってはこのようなことも可能であったと思われる」(五味前掲論文、下三一ページ)と述べられ、大隅正八幡宮方御家人の非御家人化を指摘しておられる。

(4) 恵良宏「鎌倉期九州における御家人及び在地領主研究」(『九州史学』三〇・三一)参照。

(5) 恵良前掲論文参照。

(6) 恵良宏「鎌倉時代における豊前国御家人及び在地領主について」(『史創』三)、同「鎌倉時代の豊前国御家人について」(『九州史学』二〇)、同「豊前国の鎌倉御家人―補遺―」(『史創』六)参照。

(7) 外山幹夫「豊後国の鎌倉御家人について」(『広島大学文学部紀要』一八)参照。

(8) 五味克夫「大隅の御家人について」参照。

(9) 五味克夫「日向の御家人について」(鹿児島大学『文学科論集』七)参照。

(10) 五味克夫「薩摩の御家人について」参照。

(11) 水上一久「南北朝内乱に関する歴史的考察―特に薩摩・大隅地方について―」(『金沢大学法文学部論集』三)、同論文で薩摩国における鎌倉時代から南北朝時代における在地土豪の性格およびその動静について詳細な分析を行なわれており、その中で薩摩国において郡司的領主層のほかに開発領主的名主の存在を指摘され、鎌倉的地頭御家人的性格を身につけ、惣地頭島津氏と臣従関係を結んで行ったと述べておられる。このほか山口隼正「鎌倉期九州における御家人及び在地領主研究―南部九州―」

（『九州史学』三〇・三一）において、南部九州には在庁郡司系領主の御家人化（いわゆる「在庁御家人」）が多く、これは伝統的に所領が大きい（「大名田堵」）が、この点北九州の場合と対照的であるとされている。

(12)「室園文書」宝治二年九月十三日関東裁許状、安田元久「中世初期における所領給与の一形態―西国の惣地頭について―」（『史学雑誌』五九の二）参照。

(13) 安田前掲論文参照。

(14) 鎮西における名主的御家人には、東国御家人における惣領制的支配方式は元来存在しなかったと思う。このように両者の存在形態、支配形態の相違の根本には、両者の所領の規模の違いと、その所領の分布の違いがあったと思う。東国武士団が広大な所領を有する領主的武士団であり、その所領は鎌倉幕府の恩賞地をも加えれば全国的に分布していたのに反し、鎮西の小地頭と呼ばれる名主的武士団の支配する所領は狭小であり、しかもそれらの所領は一般的に鎮西内のきわめて限定された地域に限定されていた。特にこの傾向は蒙古襲来前に顕著に認められる。したがって東国武士団においては、全国に散在する所領を支配するためにも、惣領に寄合勤仕することを原則とする御家人役勤仕のためにも、惣領制的支配が比較的おそくまで残存する可能性が強かった。しかし平安末期から鎌倉初期にかけて庶子分立が進んでいた鎮西においては、惣領に既に分立した庶子家を統制下に再編成する力はなく、鎌倉幕府もこの鎮西における武士団の存在形態に即応して分立した庶子家を鎌倉御家人として把握したので、庶子分立は固定化し、御家人役勤仕も東国御家人である守護の催促に応じて勤仕させたことによって、一層庶子の独立を助長させることになった。「相良家文書」建長元年七月十三日関東裁許状に引用されている相良頼氏の申状に「当郷（高橋郷）者、以同日譲状、面々被配分畢、仍無惣領輩」と述べていることが注目される。相良氏は東国下向の御家人であるが、肥後国人吉庄に土着しており、この申状の中に鎮西在地御家人の一般的存在形態を端的に示しているように思う。

(15) 網野善彦氏は「荘園公領制の形成と構造」（『土地制度史』1）において、中世を農業のみを基礎とする社会ときめてかかる見方に疑問を提出し、山野河海のもつ独自な意義を強調されている。

第二節　鎮西における東国御家人

鎌倉幕府成立後、多数の東国御家人に対し、鎮西各地の所領所職の給与が行なわれた。彼らは「下り衆」と呼称されることにより、鎮西在地御家人とは区別され、彼ら自身もまた東国御家人たる事を自負していた事は、彼らの鎮西土着化が顕著に認められるに至った鎌倉中期以後においても、東国の本貫地名を名乗り、決して土着した鎮西の国名を名乗らなかったことによっても如実に示されている。下り衆が土着した国名を名乗るようになるのは、土着の度合によって一律には論ずることは出来ないが、一般的にいって南北朝以後であったと言える。このことは鎌倉時代、同じ鎌倉御家人であっても、東国御家人と鎮西在地御家人との間には、存在形態・性格などの面で大きなへだたりがあったためと思われる。

また後述の如く、若干の例外を除いて、[1]鎮西下り衆が東国御家人によって占められていることは、鎌倉時代における下り衆が、自然発生的人口の移動現象ではなく、鎌倉幕府の積極的意図に基づく一貫した政策によるものであることを示している。この点で律令時代における大宰府官人および在庁官人が鎮西に赴任し、任満ちてそのままその地に土着して武士化したのとは若干事情を異にしており、東国御家人といえども鎌倉幕府の所領所職の給付という契機がなければ、自発的に西国に移住するということはない。勿論、鎌倉幕府の所領所職の給付を契機として、その後の所領の拡大が行なわれたことは言うまでもない。したがって鎮西に土着した東国御家人が鎮西と関係を有するに至った契機は何であったかということと、その時期が本稿の主要論点となる。

この点を明らかにするため、鎌倉時代における鎮西に所領所職の給付を受けた鎮西に本貫地を有しない者の網羅的検出が必要となって来る。この点について恵良宏「鎌倉時代の豊前国御家人について」（『九州史学』二〇）、同「豊前国における東国御家人宇都宮氏について」（『九州史学』二四）、外山幹夫「豊後国の鎌倉御家人について」（『広島大学文学部紀要』一八）において、豊前・豊後両国に所領所職を有した東国御家人の検出を試みられており、五味克夫氏も日向・大隅・薩摩国などの多くの御家人研究に関する諸論文でこの点にも論及されており、(2) さらに石井進氏は「九州諸国における北条氏所領の研究」（『荘園制と武家社会』所収）で鎮西における北条氏の所領とくに得宗領の網羅的検出およびその性格の分析を行なっておられる。このほか鎮西に下向した鎌倉御家人の研究は、佐藤進一氏による全国守護制度研究の一環として鎮西守護の研究が行なわれたのをはじめ、(3) 武藤氏(4)・大友氏(5)・島津氏(6)・宇都宮氏(7)・相良氏(8)・渋谷氏(9)・千葉氏(10)・深堀氏(11)・二階堂氏(12)などに関する個別的研究、および鎮西奉行(13)・惣地頭(14)・鎮西探題(15)に関して研究が集中されてきた感があり、これら従来の研究に共通して認められる点は、いずれも有力東国御家人の研究であり、鎌倉幕府の鎮西支配統制の一役を担った者に研究の重点が置かれていたと言える。

勿論これら有力東国御家人の果した役割は、鎌倉幕府の鎮西支配を考える上にきわめて重要であり、今後もなお個別的研究の深化を進めねばならぬ事は言うまでもないことであるが、これら東国有力御家人が鎮西奉行・守護・鎮西談議所頭人・鎮西探題評定引付頭人等の重職を保持しつつ、鎮西二、三ヵ国にまたがる如き広大な所領所職の給与を受けているのに対し、同じ下り衆でも鎮西に散在するきわめて狭小な地頭職の給与を受けて下向して来た弱小御家人もまた多数存在した事実に注目しなければならない。これら弱小下り衆の歴史的役割は、政治的面にのみ注目すれば、前述の有力東国御家人に比較し得べくもないが、かかる遠隔地にしてかつ狭小な所領給与を受けた鎌倉御家人の遠隔地所領支配の形態、鎮西在地土豪との抗争、さらにはそれら在地土豪の抵抗を排除しつつ領主制を確立して行った過程等、社会経済的面からすればきわめて重要な問題が多数残されているように思われる。特に鎮西在地御家人と鎮西下り衆との比較を行なう場合、従来いわれている如く、鎮西在地御家人が小地頭と呼ばれる名主的御家人が大多数であった事から、狭小な地頭職の給与を受けて下向して来た下り衆を比較の対象にした方が、その後の両者の発展を比較する上にも便宜かと思われる。その点武藤・大友・島津氏などの場合は、最初に給与された所領所職の規模が鎮西在地御家人とは格段の相違があったわけであり、本来比較の対象とはならないものである。

しかしこれまで鎌倉時代における鎮西下り衆の網羅的把握は試みられていないのが現状であるので、本稿ではその基礎的作業として、各国別に特に弱小下り衆が鎮西に所領所職を給付された時期および理由に重点を置きつつ、鎮西に所領所職を給付された鎮西以外に本貫地を有する御家人の網羅的検出を試みてみたいと思う。先述の石井進氏の得宗領の網羅的検出は、やや筆者の視点と異なる点もあるが、鎮西在地御家人以外の御家人に対する所領給与という点ではこれらも含まれることになるので、考察過程の重複する部分は、あえて重複して考証することを避けて、石井氏の論文に譲り、主として石井氏と見解の異なる場合にのみ筆者の見解を述べることにする。

注

(1) 東国御家人以外で鎮西に所領所職を給付された例としては、伊賀国御家人八十島頼忠、伊予国御家人河野通有などが給付されている。

(2) 五味克夫「薩摩の御家人について」(『鹿大史学』六)、同「大隅の御家人について」(『日本歴史』一三〇・一三一)、同「日向の御家人について」(『鹿児島大学文学科論集』七)、同「東国武士西遷の契機—薩摩国の場合—」(『歴史教育』一六の一二)などの中で薩摩・大隅・日向に所領を有した東国御家人について論及しておられる。

(3) 佐藤進一『鎌倉幕府守護制度の研究』、川添昭二「鎌倉時代の筑前守護」(『日本歴史』二七四)、同「鎌倉時代の筑後守護」(『月刊歴史』二一〜二四合併号)、同「鎌倉時代の大隅守護」(『金沢文庫研究』一七の三)、五味克夫「薩摩国守護島津氏の被官について」(『鹿大史学』一二) 参照。
(4) 川添昭二「鎌倉・南北朝時代における少弐氏の所領」(『九州文化史研究所紀要』一一)、同「鎌倉期における少弐氏の動向」(『歴史教育』一六の一二) 参照。
(5) 渡辺澄夫「豊後大友氏の出自について」(『大分県地方史』二四)、同「豊後大友氏の下向土着と嫡子単独相続制の問題」(『大分県地方史』二五)、福田豊彦「第二次封建関係の形成過程—豊後国における大友氏の主従制を中心として—」(『初期封建制の研究』所収)、外山幹夫「中世武家の成立に関する一考察—大友氏の場合—」(『日本中世史論集』所収)、同「鎌倉御家人の移住について—大友氏を中心として—」(『日本歴史』二五六)、同「鎌倉期における大友氏の動向」(『歴史教育』一六の一二)、芥川竜夫『豊後大友氏』(戦国史叢書九) 参照。
(6) 大森金五郎「島津忠久は頼朝の落胤といふ説の真偽に就て」(『日本中世史論考』所収)、朝河貫一「島津忠久の生ひ立ち」(『史苑』一二の四)、竹内理三「島津氏源頼朝落胤説の起り」(『日本歴史』四九) 参照。
(7) 恵良宏「豊前国における東国御家人宇都宮氏について」(『九州史学』二四)、稲葉倉吉「宇都宮信房事蹟考」(『豊前』五)、同「宇都宮大友両氏の関係について」(『豊前郷土史論集』) 参照。
(8) 大山喬平「地頭領主制と在家支配—肥後国人吉庄地頭相良氏を中心に—」(『中世社会の基本構造』所収)、瀬戸致誠「鎌倉期における相良氏の動向—主として土地相論を中心として—」(『史創』三) 参照。
(9) 阿部猛「鎌倉幕府の成立と南九州—薩摩国における渋谷一族を中心として—」(『北海道学芸大学紀要』一二の一)、五味克夫「入来院山口氏について—山口文書の紹介—」(『鹿大史学』一一) 参照。
(10) 川添昭二「肥前千葉氏について」(『対外関係と社会経済』所収) 参照。
(11) 後明栄次「領主制の形成過程—肥前国戸八浦地頭深堀氏の場合—」(『九州史学』七)、外山幹夫「肥前国深堀氏の領主制」(『佐世保工業高等専門学校研究紀要』二) 参照。

(12) 瀬戸致誠「薩摩における二階堂氏について」(『史創』二)、東郷義弘「薩摩国の鮫島氏と二階堂氏について」(『史創』六)。
(13) 久米邦武「九州探題」(『史学雑誌』九の七)、三浦周行「武家制度の発達」(『続法制史の研究』所収)、相田二郎『蒙古襲来の研究』、佐藤進一『鎌倉幕府訴訟制度の研究』、石井進「大宰府機構の変質と鎮西奉行の成立」(『日本中世国家史の研究』所収)、竹内理三「鎮西奉行についての一、二の考察」(『魚澄先生古稀記念国史学論叢』所収)、拙稿「鎮西奉行考」(『九州文化史研究所紀要』八・九合併号)、川添昭二「鎮西惣奉行所―北条兼時・時家の鎮西下向―」(『金沢文庫研究』二〇〇)参照。
(14) 安田元久「中世初期における所領給与の一形態―西国の惣地頭について―」(『地頭及び地頭領主制の研究』所収)、山隈惟実「惣地頭について」(『日本歴史』一七〇)、鈴木国弘「惣地頭職成立の歴史的前提―平安末期・国衙支配機構の変質過程―」(『日本史研究』一一四)、工藤敬一「九州の小地頭制とその所領―地頭(職)と御家人の区別に関連して―」(『国史論集』所収)参照。
(15) 佐藤前掲書参照。

(一) 筑　前　国

氏名不詳

『吾妻鏡』文治六年三月九日の条に法金剛院領筑前国怡土庄の地頭職の停止を求めた後白河法皇院宣が引用されている。それによればこれまでも度々院宣を鎌倉に下して地頭職停止を要求していることがわかる。これに対し幕府側は奥州征伐後に仰せに随う旨の請文を院側に提出していたらしく、院側は既に義経・泰衡が滅亡したにもかかわらず、能盛法師相伝の所帯である怡土庄が不知行の状態であるのは不当であるとして、「不云是非、令止地頭給者、可宜事歟」と重ねて頼朝に要求している。これによって文治六年以前に怡土庄に地頭職が置かれたことは明らかであり、その被給与者については明らかではないが、糸島郡地方が旧原田種直の所領として没収されているところから、東国有力御家人に給付されていたと考えられる。その後「仁和寺文書」建久三年八月二十七日仁和寺宮守覚法親王御教書に「能盛入道無違乱知行神妙候」とあるので、幕府は院側の要求を入れ地頭職を停止したものと思われる。後述の如く蒙古襲来後、蒙古合戦勲功賞として、弘安九年十月二十八日怡土庄志摩方三百町惣地頭職が大友頼泰に給付されているのも、文治年間における院側の要求によって地頭職を停止したことと無関係ではないと思われる。

武藤資頼

武藤氏が鎌倉時代初期から、鎌倉幕府の鎮西における政策の最も有力な執行者であったことは、のちに三前二島の守護職を兼帯し、大宰少弐に就任することによって名実共に大宰府の最高責任者となり、少弐氏を称したことによって知られる。最初に鎮西に下向したのは資頼であり、その時期は、「青方文書」安貞二年三月十三日関東裁許状に「嘉禄三年十月十日資頼申状偁、三十余年之間、各以自筆勘申之故、依無不審不加判形」とあることによって、嘉禄三年より三十余年を遡る建久年間であったことが知られる。(1) 武藤氏の本貫地について、川添昭二氏は『吾妻鏡』貞永元年二月二十四日条に、武藤氏が武蔵国六所宮拝殿破壊の修造を奉行していることから、これは武蔵が武藤氏の本貫地であったためとされている。(2) 武藤資頼について、『吾妻鏡』文治五年正月十九日条に「若君御方結構風流、摸大臣大饗儀、藤判官代邦通為有識営此事、而近衛司可相交、平胡籙差様、丸緒付様、不分明之処、三浦介預囚人武藤小次郎資頼（平家家人、監物太郎頼方弟）彼箭事、得故実之由発言、義澄求次、伺御気色、内々雖可召仰之、若君御吉事也、為囚人争役之哉云々、仰曰、早所厚免也、可令沙汰之者、資頼開愁眉、調進之云々」とあり、資頼は平家家人であったため囚人として三浦義澄に預けられていたが、故実を知っていたので、特に頼朝が厚免したことがわかる。(3) その後は頼朝の側近として次第に重用されたらしく、『吾妻鏡』建久二年正月十七日条によれば、平盛時と共に伊勢・志摩両国の平家没官地で、いまだ地頭を補任していない所々を巡検する大役を命じられるまでになっている。三浦義澄に預けられていた囚人の身としては、破格の出世と言うべきであろう。このように頼朝に重用されたことから、鎮西奉行天野遠景が関東に召喚された後に鎮西に派遣されたものと思われる。大友・島津氏など鎮西に守護職を給付された者の下向が行なわれなかったなかで、資頼は自ら下向して、大宰府に居を構え、職務に精励し、旧律令機構の鎮西における統治機関であった大宰府の権限にも関与することによって、大宰府が鎮西に有した権限を鎌倉幕府に吸収することに努め、鎌倉幕府の出先機関の権限を整備拡充することによって、鎌倉幕府の鎮西統治の貫徹を期している。

このような重要な任務を遂行するため下向土着した武藤氏の鎮西における経済的基盤としては、平家に与党したため没官領となった原田種直跡の糸島郡原田庄三千七百町が奥入合戦の勲功賞として給付されたとの説が「武藤系図」に見える。(4) しかし後世少弐氏が滅亡したため、武藤氏の所領関係の史料がとぼしく、そのことを裏付ける確証に欠けるが、弘安八年の岩門合戦の際、その主謀者である武藤景資が筑前国那珂東郷岩門を本拠としていたこと、および蒙古合戦勲功賞配分地と岩門合戦勲功賞配分地を記した「比志島文書」弘安九年閏十二月二十八日の勲功地配分注文によれば、武藤氏が糸島郡を中心とする所領、および筑前国全般に散在する所領、(5) 筑後・肥前・豊前・肥後などにも所領所職を有していたことが明らかである(各国武藤氏項参照)。以上のことから武藤氏が建久年間鎮西に下向して来た武蔵国を本貫地とする有力御家人であったことがわかる。

内舎人大江某

建暦二年十月二十六日に筑前国宗像郡野坂庄今犬名主職を安堵している者は惣地頭兼預所内舎人大江なる人物であった(「宗像神社文書」)。鎮西における鎌倉時代の惣地頭は東国御家人が補任されるのが傍例であるので、この内舎人大江なる人物も東国御家人であったと思われるが、本貫地、給付の時期等は不明であり、他に所見はない。(6)

三浦泰村

宗像庄は八条女院領であったが承久の乱によって幕府によって没収され、将軍家御領となり預所職に三浦泰村が補任された。しかし宝治合戦による三浦氏の没落によって、当然泰村の預所職も没収され、宗像庄の本家・領家・預所職などは宝治元年八月に後嵯峨院に幕府が寄進している(7)。しかし実質的支配権は幕府が保持していたことは疑いなく、乾元元年には替地を条件に宗像庄を全面的に幕府得宗領に取り戻している(8)。

中野助能

『吾妻鏡』寛喜二年二月八日条によれば、信濃国御家人中野助能は、承久勲功賞として筑前国鞍手郡勝木庄を拝領していたことがわかる。勝木庄の本領主勝木七郎則宗は正治年間、梶原景時に与同して召禁じられ、後に許されて筑前国に下向していたが、院西面の武士となり、承久兵乱の際院方に加えられ所領を収公されていたが、この日勝木則宗は許されて、勝木庄を返給されたので、その替として中野助能には筑後国高津・包行両名が与えられている（筑後国中野氏参照）。

中原親能

「宗像神社文書」貞永元年七月二十六日関東裁許状案によれば、宗像社と地頭駿河前司季時（法名行阿）が宗像社修理料をめぐって相論していることにより、季時が筑前国宗像郡東郷曲村地頭職を有していたことが知られる。季時の陳状によれば、この東郷は親父中原親能の時請所となり、その後季時が相伝した由を主張している。したがって季時は鎌倉幕府重職を歴任し、鎮西にも多くの所領所職を有した中原親能の子であり、後述の如く筑後国上妻庄内蒲原次郎丸惣地頭職をも中原親能より相伝している。中原親能が東郷を請所とした時期は傍例からして建久年間と考えられるが、季時以後の相伝関係については所見がない（筑後国・肥前国中原氏参照）。

麻生西念（時家）

「麻生文書」建長元年六月二十六日北条時頼袖判下文により、小二郎資時が筑前国山鹿庄内麻生庄・野面庄・上津役郷三箇所地頭代職を、親父二郎入道西念の譲状に任せて安堵されている。西念は麻生系図によれば麻生時家のことと思われる。麻生氏については長沼賢海氏の「筑前の麻生氏」（『松浦党の研究』所収）なる詳細な研究がある。それによれば麻生氏は下野国より豊前国に下向土着した宇都宮氏の一族で、麻生氏系図で麻生氏の祖とされる朝長につき「朝長成勝寺執行一品房昌寛ニ相嫁、其子広綱・家政両人也、一品房は頼朝大将依為御祈禱師、平家追討之時山鹿兵藤次透（秀）遠跡筑前山鹿庄ヲ頼朝ヨリ下給、其後朝長次男家政ヲ為養子、昌寛ヨリ山鹿庄所々譲与之、見建久、承元、承久御下知也」との記事は信用するに足るとの考証が行なわれているが、なお疑問も残る。しかし麻生氏は東国御家人が下向土着したものであることは疑いない。そこで今日史料の残存する二郎入道西念の名を掲げ、所領給与を受けた時期は建長元年以前、本貫地は不明としておく。なお石井進氏は前記三ヵ所は得宗領であったとされている。[9]

結城朝光

『吾妻鏡』宝治元年十二月二十九日条によれば、下総国御家人結城上野入道日阿（朝光）は、三浦泰村追討の追賞として、筑前国糟屋郡小島庄を給付されている。朝光が恩賞に漏れたのは、北条時頼に対し、自分が鎌倉にいたならば、容易に泰村を誅伐することが出来なかったであろうと述べたことが、過言として咎められていたためであったが、朝光は性廉直で、過言も無私の態度より出たものであり、また関東の遺老であるところから、時頼が特に過言によって恩賞に漏れるのは政道の恥であるとして、宥免して追賞したものであるとされている。朝光が給付された所領所職の内容、その後の相伝関係について知るべき所見は全くない。

河野通有

伊予国御家人河野通有は、弘安四年蒙古合戦の際の活躍で有名であるが、「山城淀稲葉文書」弘安八年六月二十五日将軍家政所下文によって肥前国神崎庄内小崎郷を宛行なわれているが、これは筑前国弥富郷の替所として宛行なわれたものであり、弘安八年以前に通有が筑前国弥富郷を領知していたことがわかる。通有がこの所領を給付された時期については、相田二郎氏は弘安役以前から保有していた所領であり、それ故に伊予国御家人である河野氏が蒙古合戦に馳参じた理由とされている（『蒙古襲来の研究』二六七ページ）。この点について他に傍例が存在することを理由に、河野氏が筑前国弥富郷を弘安四年蒙古合戦勲功賞として給付された可能性が全くないわけではない点を指摘しておく（肥前国河野氏参照）。

大友頼泰

大友頼泰は大友能直の孫で、豊後国守護として、武藤経資と共に蒙古合戦における在地の実戦指揮に当り、戦後の処理にも鎮西談議所頭人として重要な働きをしているが、「大友文書」嘉元三年八月二日鎮西裁許状に「爰如貞親代寂念所進弘安九年十月廿八日御下文者、将軍家政所下、可令早大友兵庫頭頼泰法師法名道忍領知筑前国怡土庄志摩方三百町惣地頭職事、右依弘安四年蒙古合戦之忠、所被宛行也云々者」とあり、「比志島文書」弘安九年閏十二月二十八日勲功地配分注文にもこのことが見える。これによって大友頼泰が弘安九年十月二十八日の将軍家政所下文によって、蒙古合戦勲功賞として筑前国糸島郡怡土志摩方三百町惣地頭に補任されたことが知られる（豊後国大友氏参照）。石井進氏は鎌倉時代末期に大友氏の惣地頭職は六波羅探題・連署を歴任した大仏維貞に移行したと指摘しておられるが(10)、

「大友文書」建武四年十二月二十八日足利尊氏袖判下文に「筑前国怡土庄維貞朝臣跡」を大友氏泰に宛行なっているのは、怡土庄内の一部である維貞知行分を没収して惣地頭である大友氏泰に宛行なったものであり、大友氏が有した惣地頭職が北条氏一門領に移行したことはなく、鎌倉時代を通じて大友氏が保持していたものと考える。この点石井氏とは見解を異にする（豊後国大友氏参照）。

宇都宮通房

宇都宮通房は文治年間天野遠景と共に貴海賀嶋の追討を行なった下野国御家人宇都宮信房の子孫で、豊前国に所領所職の給付を受け、土着して一族繁栄しているが、通房は薩摩入道尊覚と号し、鎮西談議所頭人の一人であったが、「比志島文書」弘安九年閏十二月二十八日蒙古合戦勲功賞配分注文によれば、弘安四年蒙古合戦勲功賞として、筑前国小山田村金田六郎左衛門尉時通跡が宛行なわれている。この金田時通は、岩門合戦の際、武藤景資に与同し、その所領を没収されたものである（豊前国・日向国・壱岐国宇都宮氏参照）。

渋谷重郷

渋谷重郷は河内権守入道本仏と号し、薩摩国に下向土着した相模国御家人渋谷氏の一族で、高城郡に所領を有し高城氏を号したが、鎮西談議所頭人の一人であった。「比志島文書」弘安九年閏十二月二十八日蒙古合戦勲功賞配分注文により、弘安四年蒙古合戦勲功賞として筑前国今原寺今井平地頭職を給与されているが、給付された時期およびその後の領知については不明である（薩摩国渋谷氏参照）。

詫磨時秀

詫磨氏は大友氏の一族であり、大友能直の次男能秀が貞応二年肥後国神蔵庄地頭下司職を配分され土着したのに始まり、時秀は能秀の嫡子であるが、「詫摩文書」弘安九年十月二十八日関東下知状によれば、弘安四年蒙古合戦勲功賞として、岩門合戦によって滅亡した武藤景資跡筑前国志登社地頭職の給付を受けたことが知られる。(11)この地頭職は、その後詫磨氏が一族内で分割相続しているが、「詫摩文書」明応九年十月十四日詫磨氏領筑前国志登村目録が存していることから、明応頃まで詫磨氏領として保持されていたことが知られる（肥後国大友氏参照）。

渋谷有重跡

渋谷有重は宝治合戦勲功賞として薩摩国入来院の地を給付された相模国御家人渋谷定心の孫に当り、弘安四年蒙古合戦に馳参じて戦死したが、正応元年十月三日の蒙古合戦恩賞地孔子配分により、有重の跡孫子亀王・亀鶴・養子平次、公重法師後家に対し、筑前国早良郡比伊郷地頭職田地拾町、屋敷四ヵ所（内二字筑前国長淵庄内）、畠地一町八段（内一町二段筑前国長淵庄内）が配分されている（「入来院家文書」）。この恩賞地は「入来院家文書」応永三十年八月十六日渋谷重長譲状によって重茂に譲られており、渋谷氏の相伝所領として代々譲られていることがわかる（薩摩国渋谷氏参照）。

渋谷致重跡

渋谷致重は渋谷有重の弟であり、「入来院系図」によれば、兄有重と共に弘安四年蒙古合戦の際戦死したとある。「岡元家文書」正応四年八月二十八日関東裁許状案によれば、致重の遺領筑前国下長尾田地をめぐって、女子辰童と妹弥陀童が相論し和与している。したがって筑前国比伊郷下長尾（現福岡市）田地十町は致重が蒙古合戦勲功賞として給与されたものであり、その時期は兄有重跡が配分を受けたと同じ正応元年十月三日と考えられる。なお「岡元家文書」に次の如き筑前下長尾田地相伝系図がある。

（端裏書）
「下長尾系図」

筑前国下長尾田地十町相伝

系図

致重（渋谷平五郎弘安合戦討死忠ニ給）
- 辰童女分（法名明心）　三町内　一町とらミつ　虎光女母
- 弥陀童　分三町 ― 顕心 ― 定賀 ― 尚重
- 惣領定円　分三町　同前

此内一町八長尾内泰平寺　寄進

これによって田地十町が辰童女・弥陀童の二人の遺子と致重の兄で惣領定円（公重）に三町宛分割されており、残る一町が地元長尾にある泰平寺に寄進されたことを示している。なお惣領定円は渋谷有重の項で述べた如く既に死亡しており、定円の後家が領知したものと思われる（薩摩国渋谷氏参照）。

志賀泰朝

志賀氏は大友氏の一族で、大友能直の八男能郷が「志賀文書」貞応二年十一月二日大友能直譲状により、豊後国安岐郷横城山院主職幷勝津留号高国符、長小野・諸田名地頭職などを譲与されたのに始まるが、泰朝は能郷の嫡子で正

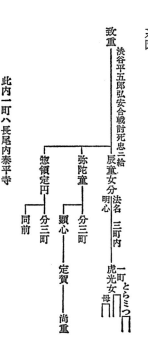

応元年十月三日蒙古合戦勲功賞配分状により、筑前国三奈木庄地頭預所両職田地五町、屋敷三箇所、畠地壱町を配分されている。その後正安三年十二月二十日志賀泰朝譲状案により三奈木庄勲功地は折半され、嫡子貞朝が三奈木庄勲功地半分朝倉四郎給分を、末子貞泰が「同弥五郎兵衛入道給分」を譲与されている（豊後国大友氏参照）。

深堀時光

深堀氏は上総国御家人で、承久の乱恩賞地として肥前国彼杵庄戸町浦地頭職を宛行なわれているが、蒙古合戦に馳参じ、勲功賞として筑前国長淵庄内田地屋敷を深堀明心（時光）が配分されたことが、「深堀文書」文保二年四月二十三日深堀時清請文、同文保二年五月日深堀時清陳状、同元応元年後七月二十二日鎮西探題裁許状に見える。配分状は存在せず、給付された明確な時期は不明であるが、傍例から考えて正応元年十月三日の孔子配分によると考えて誤りあるまい。この勲功地の帰属権をめぐり、深堀氏惣庶間で相論が繰り返されているが、その相論の過程で、庶子深堀吉鶴丸が三奈木庄田地五段を年期を限って知行している（肥前国深堀氏参照）。

田原基直

田原氏は大友氏の一族で、大友能直の庶子泰広を始祖とし、豊後国国東郡田原郷に所領を有したところから田原氏を号するようになり、基直は泰広の嫡子として蒙古合戦に軍功をたて、「入江文書」正応三年七月十三日蒙古合戦勲功賞配分状により、筑前国怡土庄田地拾町屋敷三ヵ所畠地一町五段の孔子配分を受けている（豊後国大友氏参照）。

片穂惟秀

「斎藤文書」正応五年三月二十六日片穂中務丞惟秀が女房たうしやうに与えた譲状によれば、惟秀は陸奥国、駿河国、近江国に散在する所領と共に、筑前国嘉麻郡綱別庄内小法師丸名并金丸別分職を領知していたことが知られる。

石井進氏は片穂氏について、北条得宗に仕えた御内人の一人であるとされている。後家尼たうしやうは嘉元三年正月三十日、嘉元三年八月二日、延慶二年九月二十七日、正和二年九月十一日の譲状によって筑前国綱別庄内金丸地頭代官職を娘有王御前と太郎御前に譲っているが、その後太郎御前の子の曾我資光に元応元年譲られている。石井氏は筑前国綱別庄地頭職は正和二年九月十一日尼たうしやう譲状に「みうちそりやう」とあることから得宗領であったと指摘しておられるので、御内人である片穂惟秀を地頭代に補任したものと考えられる。(12) 曾我氏と片穂氏の関係は、曾我惟重が貞応二年八月六日北条義時安堵状によって津軽平賀郡平賀本郷内知行分村々を安堵されており、片穂惟秀も陸奥国平賀郡中野町井郷沼楯村を領知しているから共に陸奥国御家人と考えられ、惟秀の娘太郎御前が曾我光頼に嫁入りして資光を生み死亡したため、惟秀の後家尼たうしやうは既に太郎御前に譲っていた筑前国綱別庄内金丸・小法師丸名地頭代職を孫の曾我資光に譲ったものと思われる。

由利頼久

「根津嘉一郎氏所蔵文書」正和五年二月二十二日北条種時施行状によれば、由利八郎頼久が正和三年七月二十三日関東下知状により、筑前国小中庄地頭職を宛行なわれていることが知られる。由利氏については『吾妻鏡』文治五年九月七日条に出羽国由利郡の豪族で藤原泰衡の郎従として生捕られ、尋問された際、頼朝をやり込めて、畠山重忠に預けられ、芳情を施すべしと命じられた由利八郎なる者がいるが、両者の関係については知るべき所見はない。このほか長門国美禰郡大峰の地頭に由利氏がある。いずれにしても由利氏は鎮西以外の御家人であったと考えられる。

大仏維貞

「大友文書」建武四年十二月二十八日足利尊氏下文により、筑前国怡土庄内の大仏維貞朝臣跡が大友氏泰に宛行な

われていることによって、鎌倉時代末期に怡土庄に北条氏一門の所領が存在したことが明らかである。(13)

（花押）（足利尊氏）

下　大友孫太郎氏泰

可令早領知筑前国怡土庄維貞（大仏）朝臣跡事

右、所宛行也、早守先例、可致沙汰之状如件、

建武四年十二月廿八日

筑前国怡土庄維貞（大仏）朝臣跡事、所被充行大友孫太郎氏泰也、早任御下文、可被沙汰付代官之状、依仰執達如件、

建武五年正月六日　　武蔵権守（高師直）（花押）

大宰少弐殿（頼尚）

大仏維貞が怡土庄内に所領を有するに至った経過、その時期、および内容などについては不明であるが、石井進氏は「元弘当時、これらの地頭職・惣地頭職はすべて維貞の有に帰していたかどうかは問題であるが、とくに怡土庄内の一部のみに地域を限定してもいないから、一応すべて維貞領であったとみておく」とされているが、この点決め手となる史料に欠けるが、元亨三年の時点で大友貞宗が怡土庄友永方地頭と称していること、(14)「田原卯七氏家蔵文書」建武元年六月十六日雑訴決断所牒(15)によって田原盛直が怡土庄内末永名十町惣領三分二田畠屋敷を当知行相違なしとして安堵されていることなどから考えて、大仏維貞が怡土庄を一円領知していたとされる点には否定的である。

注

（1） 武藤資頼は『吾妻鏡』建久六年三月十日頼朝の東大寺再建供養のため南都に下向した際、随兵として供奉しているので、鎮西下向はこれ以後と考えられる。川添昭二「鎌倉時代の筑前守護」参照。

（2） 川添前掲論文参照。

（3） この点について「筑紫系図」は資頼について次の如き説明を加えている。

資頼、武藤小次郎、大宰少弐、初筑前国下向、法名覚仏、属平知盛一谷籠城、後為虜、以梶原平三景時為婿、憑之謝罪蒙免許、亦巧射也、文治中従頼朝卿奥州退治、討取両城戸太郎国衡、為此賞建久中賜九国岩門少卿種直之跡三千七百町、先是賜奥州大泉賞之、安貞二年八月廿五日卒、六十九歳、

『吾妻鏡』の記事と「筑紫系図」では、前者が三浦義澄に預けられていたとするのに対し、後者は梶原景時の女婿としている。両者共に平家の家人として虜となり、厚免されて鎌倉御家人となった点では共通している。しかし『吾妻鏡』文治元年十月二十四日頼朝の随兵の中に武藤小次郎の名が見えることは、文治五年正月十九日の記事と矛盾することになる。いずれにしても武藤資頼は平家の家人であったものが、後に捕えられ、厚免されて鎌倉有力御家人となったことは疑いない。川添昭二「鎌倉期における少弐氏の動向」参照。

（4） 武藤氏が糸島郡に所領所職を有していたことは、武藤氏の鎌倉時代の断片的所領所職の史料によって明らかであるので、「筑紫系図」に述べる原田種直跡を奥入合戦の勲功賞として給付されたとの説が正しいとすれば、この所領の給付が行なわれたことが先行し、その後資頼が筑前国守護に補任されることになったと考えるべきであろう。

（5） 武藤氏が鎮西各地に有した所領所職は広大なものであったことが推測されるが、後世武藤氏が滅亡したため全貌を把握することができない。川添昭二氏の「鎌倉・南北朝時代における少弐氏の所領」において、今日残存する史料によって武藤氏の所領所職の復元を試みておられる。それによれば、鎌倉時代武藤氏が筑前国に有した所領所職には次の如きものがある。

一、遠賀郡遠賀庄（山鹿庄一部）

一、宗像郡宗像西郷

一、宗像郡宗像東郷土穴、稲本、須恵三箇村名主職

一、糸島郡志登地頭職
一、久重楽万地頭職
一、下座郡内燈油田畠
一、三毛小郷預所職
一、療病寺并極楽寺地頭職
一、嘉麻郡立岩別符
などが検出されている。これらは武藤氏が筑前国に有した鎌倉時代の所領所職の氷山の一角であることは言うまでもない。

(6)『福岡県史』第一巻下一五〇ページ参照。
(7)『葉黄記』宝治元年八月十八日条。
(8)「南禅寺文書」(正安四年)十二月二十一日亀山上皇院宣、乾元元年十二月二十一日亀山上皇院宣、石井進「一四世紀初頭における在地領主法の一型態」(『中世の窓』二)、同「九州諸国における北条氏所領の研究」三三七ページ、『福岡県史』第一巻下一一二ページ参照。
(9)「高野山寂静院文書」延応元年二月八日太政官牒によれば、頼朝が山鹿・粥田両庄の所当二百石を永代を限り一心院護摩用途に寄進しており、以来北条氏も山鹿庄に対し、何らかの権利を留保していたものと思われる。『福岡県史』第一巻下五五〇ページ参照。
(10)石井前掲論文三三五ページ参照。
(11)武藤景資が領知していた志登社地頭職の内容については、川添昭二「弘安八年筑前国岩門合戦について」(『九州史学』一六)参照。
(12)石井前掲論文三三六〜三三七ページ参照。
(13)石井前掲論文三三五ページ参照。
(14)新城常三・正木喜三郎編『筑前国怡土荘史料』(九州荘園史料叢書)、「大友文書」元亨三年九月二十九日鎮西探題裁許状。

(15)「田原卯七氏家蔵文書」(『編年大友史料』自正和二年至正平六年一八〇ページ所収)。

(二) 筑後国

和田義盛

『吾妻鏡』文治五年三月十三日の地頭職停止の要求の院宣に対する源頼朝の請文に「又鎮西三瀦庄地頭義盛を令停止候ひし次第も、如此候き」とあることによって、和田義盛が筑後国三瀦庄地頭職を領知していたことがわかり、院側の要求に応じて停止したことがわかる。

天野遠景

「室園文書」宝治二年九月十三日関東裁許状によれば、筑後国上妻庄内蒲原次郎丸惣地頭職は天野遠景、中原親能、駿河前司季時、陰陽頭忠尚と相伝されている。これよりさき文治二年に蒲原次郎丸地頭職は次郎丸名名主吉田能茂の祖父家秀に安堵されており、惣地頭が補任された後は、地頭職安堵の下文を賜わった者は、名主職を安堵せしめ、鎮西では小地頭と号することになっている。天野遠景が惣地頭に補任されたのは、遠景が鎮西奉行を解任された建久四年以前(1)であることは疑問の余地はなく、「足阿申云、建久御下文者、親能拝領地頭職之後、被成下早」とあることから、中原親能が惣地頭となったのも建久年間であり、建仁元年十一月日に親能が下文を発給していることにより、建仁元年は親能がその任にあり、建保三年には親能の子の季時がその任に就いており、仁治二年頃以来忠尚が就任したらしい。忠尚以後の相伝関係については所見がなく、いずれも惣地頭得分の収納を図るのみで、在地に下向土着したことは認められない。

相良宗頼

肥後国山北西安寺石堂碑文により、相良宗頼が筑後国高橋村大塚村三十三丁を領知したことが知られる（「相良家文書」）。宗頼は相良頼景の次男に当る。給付の時期および理由は不明であるが、長兄長頼・三男頼平と共に遠江国より鎮西に下向したとあるから、鎌倉初期、親父頼景より配分を受けたものと思われる。なお嫡子長頼は肥後国球麻郡内人吉庄地頭職を元久二年七月二十五日関東下知状により安堵されており、宗頼は嘉禄三年三月に死去している(2)（肥後国相良氏参照）。

相良頼平

前項同碑文に、相良頼平が筑後国三池郡玉村・今村・山崎村・中浦村を領知したとある。頼平は相良頼景の三男である（肥後国相良氏および前項参照）。

大友能直

大友能直は筑後国守護を兼任しているが、「鷹尾家文書」天福二年九月二十二日関東御教書案によれば、筑後国瀬高庄内鷹尾別符の十名の内一在・倉光両名は本名名主忠頼の後家の譲を得て、能直が領家円勝寺の下文を給わり、さらに能直は安松・三郎丸名を押領したが、能直の死後、能直の子息豊前七郎秀直は亡父譲状に任せて安堵下文を給わり、鷹尾別符地頭と称し、瀬高上下庄を濫妨し、出入船を妨げ土民をわずらわし、年貢を対捍したので、政所紀元保は六波羅・関東に訴えている。この相論は、天福二年十月二十八日六波羅探題の鷹尾預所に対する施行状に「任今年九月廿二日関東御教書、両方召決之処、秀直濫妨無所遁歟、然者先令元保安堵、且可令注進也」とあることにより、元保が勝訴になっているが、これは秀直の濫妨を停止したものであり、能直・秀直が鷹尾別符内に所領所職を有していたことは明らかである。したがって能直が安堵下文を給わった時期は、能直が死亡した貞応二年以前ということになる(3)(豊後国大友氏参照)。

名越朝時

鎌倉幕府は嘉禄三年名越朝時の北野社領筑後国御井郡河北庄地頭職を、北野宮寺の解状によって停止し、社家の進止としている。

御判

下　北野宮寺領筑後国河北庄住人

可令早停止越後守朝時朝臣地頭職、如元為社家進止事、

右、任宮寺解状之旨、停止彼職、可為社家進止之状、所仰如件、以下、

嘉禄三年八月廿一日

(「北野社文書」)

同文書弘安三年四月七日六波羅探題裁許状案によれば、筑後国御家人北野太郎家重と北野社雑掌が筑後国河北庄地頭職について相論しているが、雑掌の陳状によれば、この地頭職は正治二年に家重の祖父家兼が没収されたが、その後建仁ごろに関東下文を掠め給わり知行していたが、罪科により再び没収され、かわって名越朝時が拝領したとある。しかしその後北野社が正治二年の下文を捧げて訴えたので、嘉禄三年八月二十一日の関東下知状により北野社に元の如く避進められたと申しているので、雑掌の陳状にある関東下知状とは前掲文書のことを指していることがわかる。したがって名越朝時が河北庄地頭職を知行したのは短期間であり、その給付の時期は建仁年間以後嘉禄三年以前

ということになる。当時名越朝時が大隅国守護職を有していたことは確認されているが、筑後国守護をも兼任していた可能性がある。

すなわち佐藤進一氏の『鎌倉幕府守護制度の研究』によれば、筑後国守護であった大友能直が貞応二年に没して以後、『吾妻鏡』仁治二年六月十六日の記事により、朝時の子の時章が筑後国守護であったことが確認されるまでの間、不明とされているが、罪科により没収された筑後国御家人の有した地頭職が朝時に与えられていることは、筑後国守護としての朝時に与えられたものではなかろうか。もしこの推定に誤りなしとすれば、名越朝時が筑後国守護となったのは、大友能直が没した貞応二年以後の可能性が大きく、したがって朝時に河北庄地頭職を給付したのも、貞応二年以後嘉禄三年以前の約四年間の間ということになる。そして恐らく時章は父朝時より筑後国守護職を譲られたものと考えられる。

中野助能

『吾妻鏡』寛喜二年二月八日条に、同日信濃国御家人である中野助能に、筑後国高津・包行両名が、北条泰時の沙汰により充行なわれたとの記事が見える。これは助能に承久の乱恩賞地として筑前国勝木庄が給付されていたが、勝木庄の本領主勝木則宗の児童の芸能が抜群であったため、将軍頼経が感嘆して、則宗が承久の乱の際院西面武士として戦ったため所領を収公され、妻息従類が悉く離散しているのを不便に思い、則宗に勝木庄を返給したので、中野助能に替として筑後国高津・包行両名が与えられたものである。なお中野助能は「市川文書」建久三年十二月十日将軍家政所下文により、信濃国高井郡内中野西条幷檣山地頭職を充行なわれており、承久元年正月二十七日実朝の鶴岡八幡宮右大臣拝賀の儀に列し、公暁の阿党阿闍梨勝円を生捕りにした人物である。

多賀谷光村

寛元二年十二月九日関東下文により、筑後国瀬高下庄内中嶋屋敷を多賀江光村は給付されている。(4) 多賀江氏は多賀谷氏とも称しているが、多賀谷氏は武蔵国埼玉郡多賀谷を本貫地とする武蔵国御家人であり、「深江文書」弘長二年五月六日将軍家政所下文により、武蔵国南田嶋村内在家幷筑後国瀬高下庄内小犬丸名田畠幷中屋敷地頭職を平乙鶴丸が亡父多賀谷光村の正元元年十一月二十七日譲状に任せて安堵されているが、正和年間光村の子息多賀江八郎入道蓮光(重政)の時没収され、(5) 安富氏に給付されている(筑後国、肥前国安富氏参照)。

深堀能仲

深堀氏は上総国伊南庄内に所領所職を有する上総国御家人であるが、深堀仲光が承久の乱勲功賞として摂津国吉井新庄末里法師跡地頭職を充行なわれ、嘉禄二年正月これを嫡子能仲に譲っているが、能仲は吉井新庄の沙汰人百姓等の対捍に悩まされ、(6) その領知権の行使が困難なため、しきりに替地を関東・六波羅に愁訴し、(7) 建長二年十月二十三日将軍家下文により、承久勲功地の替として筑後国三池庄北郷内甘木村(東西)深浦村地頭職を給付されている。(8) しかし能仲はさらに替地を要求し、五年後の建長七年に肥前国彼杵庄戸町浦地頭職を給付されて転じており、深堀氏が深浦村地頭職を保有したのは、五年の短期間に過ぎなかった(肥前国深堀氏参照)。

横溝資重

「横溝文書」正元元年十二月二十六日将軍家政所下文案により、横溝五郎法印生阿は筑後国三潴庄内高三潴村地頭職に補任されている。横溝氏は陸奥国糠部郡を本貫地とする工藤氏の一族で、『吾妻鏡』に将軍側近の武士として活躍しており、横溝五郎法印生阿は、承久の乱の際北条泰時に従って京都に上り、勲功をたてた横溝五郎資重と同一人物と思われる。横溝馬次郎資為は弘安四年の蒙古合戦にも参加したらしく、嘉元三年四月六日鎮西探題北条政顕の蒙古合戦勲功賞配分状により、筑後国三潴庄田脇村（牛尾田孫太郎跡）田地五町屋敷二宇が孔子配分されており、この地に土着している。

安芸師時（三池氏）

安芸氏は大友氏の一族で、肥後国鹿子木西庄下村地頭を相伝していたが、安芸師時が「梁瀬氏所蔵文書」弘安二年十二月二十八日将軍家政所下文により、肥後国鯰郷内得次名の替所として、筑後国竹野庄内得久・金丸名主職を与えられているが、「中村光穂氏所蔵文書」元亨四年二月十三日安芸貞宗（道覚）の所領処分状によれば、安芸氏はこのほか筑後国に三池南郷内田畠地頭職を有しており、嫡子貞鑒・次男貞政・三男貞家に分割相続させている。安芸氏はこのほか上野・下総・河内・土佐・肥後国に散在する所領所職を有しており、鎮西探題引付衆として安芸木工助入道の名が見える東国より下向の有力御家人であった。(9) なお石井進氏は「大宰府神社文書」康永二年四月十日沙弥琳覚寄進状に筑後国三毛南郷堺村田地は「為関東先代得宗領内」とあることにより、得宗領であったことを指摘されているが、「元弘当時でも三毛南郷全体が得宗領であったかどうかは疑問がのこる」とされているごとく、恐らく得宗領であったのは堺村のみであったと考える(10)（肥後国大友氏参照）。

田原泰広

田原泰広は大友能直の庶子で、相模国より下向して豊後国国東郡田原郷に所領を給与されているが、「川瀬佐一氏家蔵田原文書」弘安二年十二月二十八日将軍家政所下文によって筑後国田口村地頭職を豊前国入学寺の替として宛行なわれている。この所領は鎌倉時代を通じて田原氏が相伝しており、「田原卯七氏家蔵文書」建武元年六月十六日雑訴決断所牒により田原盛直に筑後国田口村惣領西方三分二が安堵されている（筑前国、豊前国田原氏参照）。

武藤盛資

「比志島文書」弘安九年閏十二月二十八日岩門合戦勲功地配分地注文によれば、武藤盛資が弘安八年岩門合戦勲功賞として筑後国竹井庄領家職が配分されている。盛資は資能の子で、経資・景資の弟に当り蒙古合戦にも「為宗人々」としてその名が見え、筑前国療病寺并同国極楽寺地頭職の配分を受けており、岩門合戦にも兄景資に荷担せず、惣領経資と行動を共にしたことがわかる。石井進氏は「志岐文書」元徳二年三月日宮地村地頭仏意重陳状案に志岐家弘が「得宗肥後国健軍郷・筑後国竹井庄御代官職」を相伝していると述べていることを根拠に、竹井庄が得宗領であったことを論証され、盛資が給付された領家職も幕府の所有する所職であった可能性があることを指摘しておられる(11)（筑前国武藤氏参照）。

安富頼泰

「深江文書」正和四年四月三日関東御教書、正和四年五月十二日鎮西施行状により、武蔵国御家人多賀江八郎入道蓮光より没収された筑後国瀬高庄鷹尾別符中嶋屋敷は安富頼泰に給付されている。その後鷹尾別符雑掌道慶と屋敷新開の地に年貢を課することの可否をめぐって相論しているが、鎮西探題は頼泰の主張を認め、道慶の訴訟を棄捐している(12)。安富氏は肥前国高来郡東郷深江村小地頭として鎌倉より下向している（肥前国安富氏参照）。

名越宗長

「東寺百合文書」（ゆ十四―廿一）最勝光院領所領目録に「一、筑前国　三原庄東郷西郷　関東備前守北山出羽入道息女、本年貢米三百石　綾被物二重内七月御八講一重九月御月忌一重　七月兵士十人　近年所済二十石内東郷四貫東（西カ）郷四貫令弁済之処、去文永七年以来、

寄事於蒙古人、一向無所済」とあるところから、石井進氏は「関東備前守」は北条氏一門であり、肥前国河副庄の惣地頭であった佐介朝房か豊後国石垣庄別符地頭であった名越宗長と推定され、(13)川添昭二氏も名越宗長と比定されている。(14)いずれにしても三原庄に北条氏一門の所領が存在したことは疑いないが給付の時期は不明である。なお同目録に筑前国とあり、「大友文書」康暦元年五月二日足利義満袖判下文にも「筑前国三原乙隈」とあることから、筑後国御原郡にあった三原庄が筑前国に属したことがあった（石井氏説）、その一部が筑前国に属したもの（川添氏説）とされているが、かかる所領目録で国名を誤記することはしばしば散見する所であり、(15)この場合も誤記の可能性が強いと考える。

注

（1）天野遠景の鎮西における活動年代の下限を佐藤進一氏が建久二年八月一日とされたのに対し（『鎌倉幕府訴訟制度の研究』二八三ページ）、石井進氏は「宇佐宮勘注」（『益永家記録』三所収）に建久四年の宇佐宮正殿造営奉行人として「藤内民部遠景」とあることを理由として、建久四年まで引き下げておられる。今石井氏の説に従っておく。
（2）「相良家文書」寛元元年十二月二十三日関東裁許状。
（3）『福岡県史』第一巻下二〇九〜二一一ページ参照。
（4）「深江文書」嘉暦四年八月二十日鎮西探題裁許状。
（5）「深江文書」元亨四年三月二十日鎮西探題裁許状に「本主多賀江八郎入道蓮光亡父光村屋敷也」と見えるのをはじめ、正和四年四月三日関東御教書、正和四年五月十二日鎮西探題裁許状、嘉暦四年八月二十日鎮西探題裁許状などには、いずれも多賀谷氏ではなく、多賀江氏を称している。
（6）「深堀文書」寛喜元年九月三日関東御教書によれば、深堀能仲は恩賞地摂津国末里入道領草刈村に対する井田太郎政綱の濫妨を訴えており、また同仁治三年八月一日六波羅御教書によれば、深堀能仲が高野山守護のため相向わんとしたところ、吉井新庄の沙汰人百姓が催促に従わずとあり、恩賞地を給付されて入部した東国御家人に対する在地勢力の不服従運動の一端を示している。これと同様の恩賞地給付者に対する在地勢力の抵抗運動は各所で生じたものと考えられるが、幕府側は当然のことながら「事実者、太自由也、早随其催、可令勤仕彼役也、若尚令難渋者、召上其身於京都、可令相尋所存旨」と在地勢力の恩給者に対する抵抗を排除する姿勢を示している。

(7) 「深堀文書」(ていゐいくわん年)七月六日北条泰時書状、同(ていゐいくわん年)十二月一日北条泰時書状、同(かていニねん)二月十日北条泰時書状。

(8) 川添昭二編『筑後国三池荘史料』参照。

(9) 川添昭二編『筑後国三池荘史料』、『福岡県史』第一巻下五八〇～五八四、五九三～五九九ページ、宮崎百太郎「三池氏について」(『三池史談』八)、大城美知信「三池氏についての系譜的考察」(『有明地歴論叢』一)参照。

(10) 石井進「九州諸国における北条氏所領の研究」(『荘園制と武家社会』所収)三三九ページ参照。

(11) 石井前掲論文三三九ページ参照。

(12) 「深江文書」元亨四年三月二十日鎮西探題裁許状案、同嘉暦四年八月二十日鎮西探題裁許状案。

(13) 石井前掲論文三三七ページ参照。

(14) 川添昭二編『元寇防塁編年史料』四二七ページ参照。

(15) 拙稿「前後の見境」(『日本歴史』三〇七)参照。

(三) 肥前国

天野遠景

「竜造寺文書」嘉禄二年二月日佐嘉御領内小地頭等申状案によれば、天野遠景が惣地頭として佐嘉領内住人に種子を下行して雇作させた先例を申しており、鎮西奉行天野遠景が肥前国佐嘉御領の惣地頭であったことが知られる。(1) この惣地頭職は、遠景の後中原親能、神庄司、堀親家、天野政景、右衛門大夫某、中村五郎、蓮沼忠国、西蓮と相伝されている。(2)遠景が最初に惣地頭職を給付された時期は不明であるが、遠景が鎮西奉行を解任され、鎮西を離れた建久四年以前であることは言うまでもあるまい。その後嘉禄年間に至る約三十年間に八人の惣地頭が補任されていることから、彼らの下向は勿論あり得ず、代官支配による得分の収得が目的であったと思われる。『肥前旧事記』所収「竜造寺文書」延慶二年九月二十七日鎮西探題御教書によれば「肥前国佐嘉郡末吉名地頭蓮沼三郎兵衛入道行全代養子以広申、当名下地並加徴米事、重訴状副具書如此」とあり、(3)末吉名地頭蓮沼三郎兵衛入道行全が竜造寺六郎入道家益と下地と加徴米について相論しているところから、『佐賀県史』では忠国の子孫が引き続いて末吉名の惣地頭を世襲したものかとしておられる。一般に同一箇所の惣地頭職が子孫に世襲されることは異例としておられるが、筑前国怡土庄志摩方三百町を世襲した大友氏の例や、肥前国長嶋庄惣地頭職を世襲した橘薩摩氏の場合など、在地に土着している場合や、大友氏の如く鎮西に所領所職を有している場合など、時代が下ると惣地頭の世襲化も行なわれたものと思われる。しかし「金沢文庫古文書」に佐嘉庄が金沢氏一族の所領と見えることから、鎌倉時代末期には惣地頭職は金沢顕実であったものとされている(4)(筑後国天野氏参照)。

千葉常胤

鎌倉時代初期から下総国御家人千葉氏の一族が肥前国小城郡に所領を給与されたとの説があるが、川添昭二氏は「肥前千葉氏について」の中で、千葉氏の小城郡伝領に関する史料で最も信をおくに足るのは「宇佐大鏡」に「小城東西并伴部保等在家役往古宮召也、以嘉承年年(マヽ)中比、自宇佐宮御実験定、本在家三ヶ郷并二百余門也、門布等自宮召之、而文治以後千葉介押妨云々」という地頭宇佐昌通の訴状であり、千葉常胤の小城郡伝領は薩摩における平家没官領の給付と同時期であるとしておられる。文永年間以後千葉頼胤・宗胤等の名が肥前国関係文書に散見するようになるので、肥前国に所領を有していたため、蒙古襲来に際して、異国警固番役に従事するため下向し土着したものと考えられ、『大友文書録』所収正中三年正月二十三日関東御教書案に府調進の神宝料を対捍したものとして、肥前国小城郡東方地頭千葉太郎胤貞の名が見える（薩摩国千葉氏参照）。

氏名不詳

肥前国彼杵庄に惣地頭職が置かれていたことは、惣地頭代が彼杵庄戸町浦の得分権をめぐって、上総国御家人深堀氏と正嘉年間より弘安年間に及ぶ相論を行なっていることによって知られる（「深堀文書」）。その氏名、本貫地は不明であり、惣地頭代として在地御家人戸町氏等が代行していることから、惣地頭の在地下向は行なわれなかったものと思われる。給付の時期については「深堀文書」正嘉二年十二月二十六日彼杵庄惣地頭代馬入道性観後家尼請文に「抑御庄惣地頭所務六十余年所勘之所ゝ、于今無異儀」と称しているところからすれば、正嘉二年から六十余年前の建久年間に惣地頭の補任が行なわれたことになる。

天野政景

「高城寺文書」承元二年七月二十二日河副庄公文所下文案は河副庄内に建立された極楽寺の免田一丁を田所藤原宗実に領掌させているが、この公文所下文に次の如き惣地頭の安堵外題が加えられている。

如状者、尤有其謂、任証文旨、令領作、可勤行彼寺役状如件、

惣地頭左衛門尉　御判

これにより河副庄にも惣地頭が存在したことが明らかになるが、この惣地頭左衛門尉は天野遠景の子息で、佐嘉御

領の惣地頭でもあった天野左衛門尉政景と同一人物であったものとされている。(5) この惣地頭職も佐嘉御領の場合と同様、最初に給付されたのは天野遠景であり、その後中原親能などをへて、承元年間天野政景が領知していた可能性もある。このほか河副庄に権限を有した東国御家人として、石井進氏は大江広元・大仏朝房・北条為時・北条定宗・規矩高政を挙げておられるが、これらが天野政景と同じくすべて河副庄の惣地頭であったか否かは不明である。(6)

相良宗頼

肥後国山北西安寺石堂碑文に、相良宗頼が「肥前之寺井」を領知し、遠江国より下向したことが見える（「相良家文書」）。宗頼は、相良頼景の次男であり、長兄長頼、三男頼平と共に鎮西に下向したことになっている。「肥前之寺井」の所在は不明。給付の時期および相伝関係も明らかでない（筑後国、肥後国相良氏参照）。

三浦泰村

神崎庄は鎌倉幕府成立後、院御領として兵粮米の停止を受けていたが、承久の乱により没収され、幕府は地頭に三浦泰村を補任した。(7) しかし宝治合戦による三浦泰村の滅亡により、地頭職を停め、幕府から後嵯峨院領として寄進されている。このようにして再び皇室領となったが、現実には幕府が支配権を留保し、不知行の闕所の状態にあったと思われる。そこで蒙古襲来後の恩賞地配分に苦しんだ幕府が、かかる状態の神崎庄を恩賞地の対象とし、正応年間多数の鎮西御家人に勲功賞として孔子配分することになったものと思われる(8)（筑前国三浦氏参照）。

野本行員

野本氏は武蔵国比企郡野本村を本拠とする御家人であるが、肥前国高来東郷は平家没官領として、地頭職は後白河院時代に将軍家より賜わり、地頭に野本行員が補任された。高来東郷は深江・有間・加津佐・串山などを含む現在の島原市付近から有馬あたりを指しており、後には東郷庄とも称しており領家は仁和寺であった。「保阪潤治氏所蔵文書」承久三年八月三十日関東下知状によれば、高来西郷を武蔵国稲毛本庄と交換し、高来西郷が慈円の所領となり不輪の地となった時、それまで高来西郷が仁和寺に進めていた年貢は、東郷地頭行員の沙汰として仁和寺に進めることになっている。行員が地頭に補任された時期は明らかではないが、その後この地頭職は越中氏が領知しており、越中氏は東郷惣地頭職と称しているので、野本行員が補任された地頭職も惣地頭職であったと思われる。

野本時員

野本時員は東郷惣地頭行員と兄弟であるが、平家没官領高来西郷の地頭に補任された。補任の時期および地頭職の内容も行員と同じであったものと考えられる。ところが先述の承久三年八月三十日関東下知状により、西郷と武蔵国稲毛本庄と相博し、西郷は慈円の一円所領となり不輪の地となった。これにより時員の地頭職も消滅したものと思われる。(9) そこでそれまで時員が領家仁和寺に進めていた年貢は、東郷地頭行員が肩代わりして、その責任で西郷の分まで仁和寺に進めることになったものと思われる。

中原季時

中原季時は中原親能の子供で、筑前国東郷曲村地頭職、筑後国上妻庄内蒲原次郎丸名惣地頭職などを親能の後を襲って領知したことは既に述べたが、肥前国長島庄に何らかの権限を有していたことは、次に示す「武雄神社文書」によって明らかである。

肥前国武雄黒尾大宮司家門申、長嶋庄地頭日向太郎入道、以当社号長嶋内、押取質人四人由事、於守護所、彼是可遂一決之由、所令下知駿河守季時入道也、早可遂其節之状、依仰執達如件、

（貞応二年カ）九月廿八日　　　　　　（北条義時）前陸奥守（花押）

前大宰少弐（資頼）殿

これによって武雄黒尾大宮司家門と長島庄地頭日向太郎入道が質人四人を押取ったことについて相論した際、幕府は肥前国守護所において裁決すべきことを訴論人に伝達することを中原季時に命じたことがわかる。この文書の発給された時期は年欠のため明らかではないが、北条義時が陸奥守を辞したのは貞応元年八月十六日であり、さらに義時が没したのが貞応三年六月十三日であるので、この文書が発給されたのは貞応元年か二年のいずれかとなる。したがって季時が長島庄に権限を有するようになったのは、貞応二年以前ということになる。しからば季時が長島庄に有した権限とは如何なるものであったのであろうか。寛喜三年十二月二十四日長島庄名主僧長順なる者は長島庄花嶋村田吉名田地を武雄社の射礼田として寄進しているが、寄進の趣旨は「且為　聖朝安穏天長地久　大将軍家　家門繁昌、且惣地頭家子々孫々皆願円満」と称している。これにより長島庄に惣地頭が存在したことがわかる。さらに東国御家人の橘薩摩氏は承久勲功賞の替として長島庄の惣地頭職を給付されて下向・土着するのであるが、「橘中村文書」建長五年八月二十七日関東裁許状に「嘉禄之比、被付前地頭駿河守季時法師之間、追其跡薩摩前司公業法師并子息公義令知行」とあり、これによって中原季時が長島庄に有した権限が、惣地頭の権限であったことが明らかとなる。以上の考察により中原季時は長島庄惣地頭職を領知し、その給付の時期は傍例の如く親父中原親能が給付された所職を相伝した可能性が大きいが、一応貞応二年以前としておく[10]（筑前国中原氏参照）。

橘公業

中原季時の後を襲い長島庄惣地頭となった橘公業の父橘公長は元来平知盛の家人で、平重衡東国進発の際従軍を命ぜられたが、平家の家運已に傾くを見て、源家に志を寄せ、子息公忠・公成（業）を相具し、まず遠江国に下向し、ついで鎌倉に参着し、加々美長清に属して子細を申し、鎌倉御家人たることを許諾されたとあり、(11)その後公業は頼朝の側近の武士として『吾妻鏡』にもしばしばその名が見え、元暦元年九月には先陣として讃岐国に渡り、彼国の住人を帰伏せしめ、また奥入合戦にも従軍して出羽国秋田郡小鹿島地頭職等を給わっている。橘氏が肥前国に所領を有したことを知る初見は、「小鹿島文書」嘉禎四年十月二十八日将軍家政所下文が公業の譲状に任せて、肥前国長島庄上村地頭職を嫡子公員に安堵していることである。この所領は承久の乱後、橘氏先祖伝来の所領である伊予国宇和庄の替として給付されたものである。宇和庄は公業の先祖が藤原純友を討取って以来居住し、子孫が相伝してきたところであったが、太政大臣西園寺公経が年来望申していたらしい。これに対し公業は咎もないのに召し放たれることの不当を訴えたが、公経も幕府に書状を送り、「此所望不事行、似失老後眉目、於今者、態令下向可被申所存之趣」を伝えた。これに対し幕府は「御下向之条、還依可為事煩、早可有御管領」として、公業の領掌を止め、西園寺家領に付すことの断を下している。(12)しかし公業が主張する如く、咎なく召し放たれたものであったので、幕府も中原季時の跡の長島庄惣地頭を給付したものと思われる。その後の橘氏の長島庄の領有相伝、領主制の展開過程については、「小鹿島文書」「橘中村文書」により比較的詳細にわかるが、庶子配分支配方式により、鎌倉中期以後早期に土着を果している。(13)

二階堂基行

二階堂基行は相模国懐嶋内殿原郷(14)を本拠とし、伊勢国益田庄・尾張国西門真庄・参河国重原庄・陸奥国信夫庄内鳥和田村等、全国に散在する所領を有する相模国御家人(15)であり、二階堂氏一族は鎌倉幕府政所執事および鎌倉幕府評定衆・引付衆などを歴任する有力御家人であり、基行自身も鎌倉評定衆にその名を連ねているが、「二階堂文書」仁治元年十月十四日の基行譲状により、さきの所領と共に肥前国鏡社を子息の行氏に譲っており、同年閏十月二十日将軍家政所下文により安堵されている。鏡社は肥前国上松浦郡鏡村（現在唐津市）にあって、『吾妻鏡』文治二年十二月十日条によれば、鏡社宮司職は草野永平に安堵されており、肥前国御家人草野氏が鎌倉時代宮司職を相伝している。したがって二階堂氏が領知した鏡社の内容は明確ではなく、その後の進退領掌についても所見なく、勿論、在地に土着下向した形跡は認められない（薩摩国二階堂氏参照）。

越中政員

『吾妻鏡』寛元四年三月十二日条に、越中政員が有馬朝澄と肥前国高来郡串山郷（現在長崎県南高来郡小浜町・南串山町）について相論し、関東において評定され、政員の訴えは棄却されている。[16]その後「深江文書」文永二年七月二十九日肥前国守護所使等傷実検状において、高来東郷内深江村小地頭安富頼清は惣地頭越中長員の狼藉を訴えており、その後も小地頭安富氏と高来東郷惣地頭兼預所越中氏は深江村の所務についてしばしば相論を行なっており、越中氏が寛元四年以前から高来東郷の惣地頭であったことが知られる。恐らく武蔵国御家人で、東郷地頭であった野本行員の後を襲ったものであろう。越中氏については、しばしば『吾妻鏡』に将軍の随兵としてその名が見えるが、その本貫地については確証がない。そして越中氏は代官支配を行なっており、鎌倉時代末期以後は肥前国関係史料にも所見がなく、鎮西に土着することはなかったものと思われる。

武藤資能

与賀神社社格昇進願書[17]に見える建長三年八月八日に鋳造された与賀郷荘鎮守宮洪鐘の銘に、「右奉為天長地久祈願円満也、殊為本家領家預所沙弥成阿、地頭豊前々司藤原朝臣資能安穏泰平」と見え、武藤資能が与賀庄の地頭であったことがわかる。「大友文書」正平六年十二月十九日足利義詮安堵下文により、大友氏時に肥前国与賀庄を勲功賞として与えているが、これは頼尚跡とある。さらに「筑紫古文書追加」正平七年正月十六日大宰筑後左近将監入道宗祥が注進した亡父筑後入道妙恵（貞経）本領注文に肥前国与賀庄、千栗と見える。川添昭二氏は「与賀庄に少弐氏が関係をもつようになったのは、資頼以降貞経以前の間とみてよかろう(18)」と述べておられるが、これを資頼以降建長三年以前と訂正することが出来よう。

安富頼清

「深江文書」文永二年七月二十九日肥前国守護所使等傷実検状に、肥前国高来東郷深江村小地頭安富民部三郎入道心空（頼清）と見えるのが、安富氏の地頭職領知を知る初見である。これよりさき宝治元年六月五日に高来東郷内深江浦地頭職は、有間朝澄より深江入道蓮忍に譲られており、さらに建長六年四月四日に深江村地頭職は沙弥蓮仏より嫡子平持澄に譲られており、建長六年の時点においては、深江浦地頭職は、在地土豪深江氏が領知していたことが知られる。したがって安富氏が深江浦地頭職を領知するようになったのは、建長六年以後文永二年以前ということになる。しかし「深江文書」弘安十年十月三十日武藤経資召文によれば、惣地頭越中氏との相論の際、安富氏の地頭代定心は正員地頭安富氏が鎌倉に在るため正員地頭の下国を待って、裁許されんことを申しており、安富氏がこの頃まで鎌倉にあったことが知られ、安富頼泰は幕府の異国警固番役のための東国御家人の鎮西下向命令によって下向し、鎮西探題設置によって右筆の任に当り、その後鎮西引付衆の設置により、頼泰は二番引付にその名を連ねている(19)。以後嘉元三年七月九日関東下知状によって肥後国大野別符岩崎氏の所領所職を相伝安堵されており、そのほか筑後国瀬高庄鷹尾別符を加えるなど、鎮西における経済的基盤としての所領の拡大に努めている（筑後国・肥後国安富氏参照）。

深堀能仲

「深堀文書」建長七年三月二十七日将軍家政所下文によって、深堀能仲が肥前国彼杵庄戸町浦地頭職に補任されている。この地頭職は本主肥前国御家人戸町氏が罪科により没収された後、承久の乱勲功賞として給付された筑後国甘木村東西深浦村地頭職の替として給付されたものである。先述の如く彼杵庄には既に建久年間に惣地頭が置かれているので、深堀氏が給付されたのは惣地頭職ではない。深堀氏は上総国御家人で、正員地頭は上総国に居住し、庶子をこの地に派遣する代官支配を行なっていたが、蒙古襲来後、異国警固番役に備えるため、庶子配分支配方式に改め、庶子がこの地に土着し領主権の拡大に努めている。深堀氏については「深堀家文書」三百九十四通が現存しており(20)、東国御家人の鎮西下向の実態を最も詳細に知ることが出来る(21)（筑後国深堀氏参照）。

北条時宗

『建治三年日記』六月十三日条に「城務被通使者之間、罷向松谷別荘之処、被仰云、肥前・肥後国安富庄地頭相大守可有御拝領之由、内々有御色、只今可被成進御下文、且御下文者、可為康有之奉書云々、仍書御下文持参山内殿」とあり、建治三年時宗が肥前・肥後両国の安富庄地頭職を領知したことが知られるが、その後の相伝関係については明確ではない。安富庄の所在地については、『荘園志料』も未勘郡の荘園としている如く、その所在地は不明である。しかし「島田文書」建久二年十月日長講堂領所領注文、同年月日欠宣陽門院所領目録、「八代恒治氏所蔵文書」応永十四年三月日宣陽門院所領目録等にその名が見えるほか(22)、「河上神社文書」正応五年八月十六日河上宮造営用途支配惣田数注文に「安富庄二百四十丁八反就関東御教書定了元五百六十七丁四反二丈」とあり、肥前国では有数の広さの荘園であったことがわかる。注記の部分の意味がこれだけでは明らかではないが、関東御教書によって五百六十七丁四反二丈あったものが二百四十丁八反に半減したことと、建治三年に得宗領となったことと関係があるのかも知れない。また「中村令三郎氏所蔵文書」貞和六年十一月日中村勇申状、同貞和六年十二月中村近申状では肥前国安富庄内配分地は重代相承の地で、関東御下文御下知以下次第証文等を帯して当知行相違なしと主張しており、安富庄配分地が鎌倉幕府によって配分されたことがわかる。安富庄と共に中村勇・近が挙げている筑前国怡土庄・同国志登社がいずれも蒙古合戦勲功地配分の対象となった所であることを考えれば、建治三年に得宗領となった安富庄を弘安四年蒙古合戦勲功地が不足したため放出したことも考えられる。安富庄が恩賞地配分の対象とされたことを知る史料としては、このほかにも「青方文書」建武四年七月日青方高直目安状案に「肥前国青方孫四郎高直同舎弟弥三郎高能申同国安富庄配分事」とあり、「当庄則恩賞之地、不撰内外戚、被支配松浦御一族歟」と述べており、同康永二年四月十一日青方高直譲状にも「ゆつりあたうをぬしやうかところ、ちんせいのくにやすとミのしやうのはいふんのち」、同貞和六年十一月日青方重等申状案にも「同国安富配分田地在家等地頭職」などとある。

河野通有

「山城淀稲葉文書」弘安八年六月二十五日将軍家政所下文により、筑前国弥富郷の替所として神崎庄小崎郷が宛行なわれている。「河野文書」建武二年十月四日太政官符案により、河野通盛が神崎庄内荒野の替として伊予国吉原郷一方地頭職を安堵されたことにより、鎌倉時代神崎庄小崎郷を河野氏が領知していたことがわかる(筑前国河野氏参照)。

武藤景資

「比志島文書」弘安九年閏十二月二十八日蒙古合戦勲功地配分注文によれば、武藤五郎左衛門尉経平法師に対し、肥前国那久野村地頭職が配分されているが、景資跡とあるから、武藤景資が岩門合戦によって敗れ没収されるまでこの地頭職を領知していたことが知られるが、景資以前の相伝関係等については所見がない。同地頭職の所在地については、現在の東松浦郡鎮西町名護屋付近が比定される(筑前国武藤氏参照)。

北条時定

北条時定が蒙古襲来後、武藤経資にかわって肥前国守護となったのは、弘安四年二月以後とされているが[23]、「比志島文書」弘安九年閏十二月二十八日蒙古合戦勲功地配分注文により、肥前国守護としての遠江前司時定は、肥前国高木西郷山田庄領家・惣地頭両職を配分されている。時定は北条時頼の弟で、肥後国阿蘇郡小国郷に所領を有し、『満願寺年代記』には建長七年北条六郎殿時定阿蘇下向とあり[24]、文永十一年小国満願寺を建立している。その後山田庄の領知に関する史料としては「河上宮古文書写」元徳四年正月日河上社雑掌家邦重陳状写によれば、正安三年六月十一日寄進状により、山田庄内高久守山郷の得分物をもって祈禱を勤修するため肥前国一宮河上社に寄進された。ところが山田庄領家兼地頭故遠江前司(北条為時)の代官神田聞・田口孫五郎入道法幸・平野行真房等[25]が下地を押領したため相論となり、関東に注進し四番引付矢野兵庫允の奉行により沙汰を経、正和四年十一月二十三日に関東の裁許を蒙ったことが述べられている。最近この正和四年の関東裁許状案が実相院に存在することがわかったが[26]、それによれば正和四年の山田庄領家兼地頭は北条随時であったことがわかり、和与によって訴訟を止めている。和与の内容は、随時代平野行真房は守山村の下地と新田検注以下所務を領家に付すべきであるとの訴訟は撤回するが、領家職に対する今後の河上社の対捍は中止し、これまでの未進は免除するというものである。正和四年にはなお北条随時は鎮西探題に就任していないので、これによって肥前国守護北条時定に給付された山田庄領家惣地頭両職は、肥前国守護領として相伝されることなく、石井進氏が推定された如く時定(為時)―定宗―随時―治時と相伝されたことが明確となった。[27] このように肥前国守護としての北条時定に与えられた蒙古合戦勲功地が、肥前国守護領としてではなく、北条時定の子孫に相伝されていることは注目される。得宗領であった特殊性から直ちに一般化することはできないが、鎌倉時代における守護が有した所領の相伝を考える上での材料を提供していると言えよう。

詫磨泰秀

詫磨泰秀は詫磨能秀の六男で、大友能直の孫に当り、先述の弘安四年蒙古合戦勲功賞として筑前国志登社地頭職の配分を受けた詫磨時秀の弟であるが、「詫摩文書」正応二年三月十二日の蒙古合戦勲功地孔子配分によって、肥前国神崎庄田地拾町屋敷三宇畠地四段四丈の孔子配分を受けている。このほか配分状は存在しないが、同時に詫磨直秀が神崎庄倉戸郷、詫田郷内田地五丁・屋敷八ヵ所・畠地二ヵ所、[28] 詫磨道秀も神崎庄内崎村郷内江口・南里田地を勲功賞として配分されている[29](筑前国詫磨氏・肥後国大友氏・詫磨氏参照)。

安富頼泰

「深江文書」正和四年八月十三日安富頼泰譲状によれば、頼泰は子息与三郎貞泰に対し、肥前国神崎庄内勲功田地屋敷荒野等を譲っているが、この安富氏が相伝した神崎庄勲功地は、同文書正中二年七月九日鎮西探題御教書に神崎庄竹村郷内屋敷以下とあり、さらに同貞和七年四月二十日足利直冬安堵下文によれば、直冬は安富泰治が領知していた神崎庄蒲田郷内中嶋、同庄内倉戸郷藤木田畠屋敷山野□地頭職を嘉元三年七月九日関東下文、嘉暦・正中・元徳鎮西度々下知状等に任せて安堵しているが、これによって安富頼泰が所有し、代々安富氏に相伝された神崎庄勲功地は、肥後国大野岩崎太郎が弘安四年蒙古合戦勲功賞として正応二年三月十二日に孔子配分された神崎庄蒲田郷加納中嶋里屋敷一宇・蒲田郷加納用作所牟知里畠地とまさに一致しているので、岩崎氏が配分された勲功地を岩崎氏より何らかの方法手段により進止権を譲られたものであることがわかる（肥後国安富氏参照）。

島津忠宗

「島津家文書」文保元年十二月二十一日将軍家政所下文によって、薩摩国守護島津忠宗は肥後国菊池庄領家職の替として、肥前国松浦庄内早湊村・同国福万名地頭職（江田忍阿跡）が宛行なわれている。翌文保二年三月十五日には忠宗から四男時久に譲られており、その後松浦庄早湊村は島津忠氏が領知していたらしく、『和泉家譜』所収文和元年十月二十六日沙弥某施行状によれば、足利尊氏の観応二年十一月二日の安堵の下文に任せて、島津師久に安堵されている。しかし島津氏一族がこの地に土着した形跡はない（肥後国・薩摩国島津氏参照）。

越後孫四郎

石井進氏は『後藤家事蹟』所収建武元年十二月二十五日大友貞載施行状に「坊所保領家職拾分一越後孫四郎跡」、「山代文書」康永二年十一月二十六日一色道猷宛行状に「西坊所保越後孫四郎跡除先給田地百町屋敷畠地以下可依田数領家職」とある越後孫四郎と、「河上神社文書」文保二年十一月三日代官賢親和与状に「西良所保越後万寿殿知行分名々」、同文保二年十一月二十五日鎮西探題裁許状に「西坊所保今号西良所」「同国西良所保越後万寿殿知行分名々」とあることから西坊所保と西良所保は同一の保であり、したがって越後孫四郎と越後万寿は同一人物または一族であり、北条氏一門であることは疑いないとしておられる。実名が判明しない点に不安が残るが、石井氏の考証により、北条氏一門の所領としておく。(30)

注

（1）　この惣地頭と小地頭との関係及び性格については、多くの人々によって論及されているが、安田元久「中世初期における所領給与の一形態—西国の惣地頭について—」(『地頭及び地頭領主制の研究』所収)、山隈惟実「惣地頭について」(『日本歴史』一七〇)、『佐賀県史』上巻四九六～四九九ページ、森本正憲「肥前国佐嘉御領と別名」(『史淵』一一〇)参照。

(2) 西蓮については、「竜造寺文書」八月一日沙弥某書状に「肥前国佐嘉御領末吉名内竜造寺小地頭南三郎末益与惣地頭西蓮依令諍論、申賜召文御教書、雖召下、彼末益相逢両方散欝憤、令和与候了」と見える。『佐賀県史』では西蓮は蓮沼忠国の入道名であろうかと同一人物説をとっておられるが(同書五〇一ページ)、南三郎末益は高木季家の子で長瀬南三郎と同一人物と考えられるので、長瀬南三郎が建長年間に活躍していることからすれば、この書状は建長年間かそれ以後のものらしく、惣地頭がしばしば交替していることからすれば忠国と西蓮は別人ではなかったかと考えられる。

(3) 『佐賀県史』上巻五〇一ページ参照。

(4) 石井進「九州諸国における北条氏所領の研究」三四九ページ参照。

(5) 『佐賀県史』上巻五〇〇ページ参照。

(6) 石井前掲論文三五〇ページ参照。

(7) 『葉黄記』宝治元年八月十八日、同八月二十七日条。

(8) 拙編『肥前国神崎荘史料』参照。

(9) この点石井進氏は前掲論文三四八ページにおいて、後に北条時定が蒙古合戦勲功賞として給与された肥前国高来西郷山田庄領家惣地頭両職とあるのを、肥前国高来西郷と山田庄の領家惣地頭職と理解しておられるようである。しかしこの場合の西郷とは高来東郷に対する高来西郷のことであって、西郷とは高来郡の山田郷・神代郷など島原半島の西側諫早寄りの地方の汎称であり、山田郷・神代郷と同格の意味の西郷ではない。したがって、高来西郷内山田庄の意味である。このことは「深江文書」正応元年十月二十三日宇佐宮作料銭請取状に肥前国高来東郷有馬庄内深江村とあるのと同じ記載の仕方である。さらに「山田庄と同じく関東御領であったものが北条氏一門領とされた点、注目される」と述べておられるが、北条時定が蒙古襲来恩賞地として「山田庄と同じくこの郷の『領家・惣地頭両職』が遠江前司時定(為時)に与えられた」ものでないことを指摘しておく。勿論時定が山田庄領家・惣地頭両職を給与される背景として、かつて将軍家領であった高来西郷が慈円の所領となった際、高来東郷地頭が西郷の年貢沙汰を兼務する方法により、西郷に対しても関東ロ入権が留保されていたものと考えられ、そのことが時定に対する山田庄領家・惣地頭職の給付となったものと考えられる。

(10) 拙編『肥前国長嶋荘史料』参照。
(11) 『吾妻鏡』治承四年十二月十九日条、なお橘氏の出自については塩谷順耳「武士団の東北移住—橘氏（小鹿島氏）を中心に—」（『歴史』一九）に詳細に論じられている。
(12) 『吾妻鏡』嘉禎二年二月二十二日条。
(13) 拙編『肥前国長嶋荘史料』参照。
(14) 二階堂基行の懐嶋領有については百瀬今朝雄・田辺久子「中世の懐嶋」（『神奈川県史研究』三）参照。
(15) 二階堂氏の御家人としての性格については、『吾妻鏡』建保六年十二月二十六日条に「右大将家御時被定仰云、随兵者、兼備三徳者、必可候其役、所謂譜代勇士、弓馬達者、容儀神妙者也、亦雖譜代、於疎其芸者、無警衛之恃、能可有用意云々」とあったが、基行については「雖非武士、父行村已居廷尉職之上、容顔美麗兮達弓箭、又依為当時近習、内々企所望云、乍列将軍家御家人、偏被定号於文士之間、並于武者之日、於時有可逢耻辱之事等、此御拝賀者、関東無双晴儀、殆可謂千載一遇歟、今度被加随兵者、子孫永相続武名之条、本懐至極也云々、仍恩許、不及異儀云々」とあり、随兵たる者の三徳兼備からは程遠い存在であったことがわかる。
(16) 『吾妻鏡』寛元二年六月二十七日条によれば、有馬朝澄が肥前国高木東郷地頭職について幕府に訴えているので、この時から有馬氏は惣地頭越中氏と高来東郷地頭職について相論していたものと思われる。
(17) 竹内理三編『大宰府・太宰府天満宮史料』八巻四五ページ参照。
(18) 川添昭二「鎌倉・南北朝時代における少弐氏の所領」一〇〇ページ参照。
(19) 川添昭二「鎮西評定衆、同引付衆について」（『歴史教育』一一の七）参照。
(20) 「深堀文書」は佐賀県立図書館に九巻の巻子本として所蔵されており、『佐賀県史料集成』四として刊行されている。
(21) 後明栄次「領主制の形成過程—肥前国戸八浦地頭深堀氏の場合—」（『九州史学』七）、外山幹夫「肥前国深堀氏の領主制」

（『佐世保工業高等専門学校研究紀要』二）参照。

(22)『御料地史稿』四一〇ページ参照。

(23) 武藤経資が肥前国守護の権限を行使した下限は「武雄神社文書」弘安四年二月十八日武藤経資施行状であり、北条時定がかわって肥前国守護に就任したことを知る初見は、「山代文書」弘安四年八月十日北条時定書下である。この間に守護職は武藤経資から北条時定に移ったとされている。佐藤進一『鎌倉幕府守護制度の研究』二二六ページ参照。

(24) 北条時定が肥前国守護就任前に肥後国阿蘇社領に関して発給した文書としては、「阿蘇家文書」寛元四年十二月十九日北条時定下文、同弘安元年六月二十四日北条時定下文、同（弘安二年）十二月十八日北条時定書状などがある。

(25) 北条時定の代官神田聞・田口法幸・平野行真房らは在地肥前国御家人が得宗被官化したものであり、鎮西引付衆にも名を連ねている（川添昭二「鎮西評定衆、同引付衆について」参照）。なお川添氏は田口・平野・神田氏などを探題被官に分類しておられるが、これらは北条時定の代官であり、「実相院文書」正和四年十一月二十三日関東裁許状によって平野氏が鎮西探題就任前の北条随時の代官を勤めていることからすれば、正確には得宗被官であったものが、たまたま随時が鎮西探題に就任したため鎮西引付衆に抜擢されたわけである。このことは北条実政・北条英時時代の引付衆からこれら三人の名前が消滅していることによってもこの間の事情が明らかである。

(26) この文書は『佐賀県史料集成』一の「実相院文書」、拙編『鎌倉幕府裁許状集（上）』にも収録されていないので、全文を掲げる。

肥前国河上社雑掌家邦与山田庄領家兼地頭遠江守随時（北条）代行真相論守山村事、

右、就宰府注進訴陳状具書、欲有其沙汰之処、令和与訖、如行真今月廿日状者、当村下地幷新田検注以下所務可付領家之由、雖番訴陳、所詮閣所存止訴訟也、向後不可違乱、次領家職事、本自当知行無相違之上、有限本田号起請田壱町四段弐丈中所当米、自今以後不可有対捍之由、社家出状之上者、不及子細、依為社領成和与儀之間、於以前未進者、所被奉免也云云、如家邦同日状者、守山地頭職事、賜御寄進御下文、社家知行之処、或被返付下地、或打止新田検注収納之条、無謂之旨、依領家訴訟、雖番訴陳、以和与之儀、止訴訟之由、令出状之上者、不及子細、次領家職事、社家本自不可対捍、以前未進者奉免之間、不可致

沙汰云云、此上不及異儀、守彼状、向後相互無異論可致所務者、依鎌倉殿仰下知如件、

正和四年十一月廿三日

相模守平朝臣(北条基時)御判
武蔵守平朝臣(金沢貞顕)御判

(27) 石井前掲論文三四八ページ参照。
(28) 「詫摩文書」正和五年十月二十五日詫磨道覚譲状案、拙編『肥前国神崎荘史料』参照。
(29) 「詫摩文書」文保弐年六月十九日詫磨道秀譲状。なお詫磨氏一族の神崎庄をはじめとする蒙古合戦勲功地配分については、本書第四章第一節「鎮西御家人と元寇恩賞地」参照。
(30) 石井前掲論文三五〇ページ。なお西良所保、越後万寿に関する史料としては、石井氏が挙げられた史料以外に「河上神社文書」建武弐年三月四日松浦一族等連署和与状があり、西良所保新保新給人知行分名々に拾参町捌段を引募っているが、「仍任越後万寿殿時和与之状」とある。坊所は現在佐賀県三養基郡上峰村に上坊所・下坊所の地名が存在する。

(四) 肥後国

大江広元

『吾妻鏡』文治二年二月七日条に「今日、広元賜肥後国山本庄、是義経・行家謀逆之間計申事等、始終符合、殊就被感思食、被加其賞之随一也云々」とあり、鎌倉幕府公文所別当大江広元が義経・行家探索の功により、蓮華心院領山本庄を給与されたものらしい。このほか広元は「相良家文書」建久八年閏六月日肥後国球磨郡田数領主等目録により、球磨郡鎌倉殿御領五百丁の預所職を有したことがわかるが、「平河文書」弘安六年七月三日関東裁許状、同年月日欠平河道照申状によれば、この預所職は球磨郡永吉井西村の預所職で給付されたのは建久三年であったが、嘉禄

元年に広元から外孫近衛中将実春に譲られ、さらに弘安六年十月に武藤景資に給されたが、二年後の岩門合戦により景資が滅亡したため、弘安九年に備前々司入道に与えられている。(1) 石井進氏はこの備前々司入道は北条氏一門であり、佐介朝房か名越宗長のいずれかと推定しておられる。

相良頼景

相良頼景の孫相良頼重と、頼景の嫡子にして頼重の伯父に当る相良長頼との相論を裁許した「相良家文書」寛元元年十二月二十三日関東裁許状によれば、肥後国泉新庄内山井名を頼景が嘉禄三年より四十余年前の文治年間より領知していたこと、このほか頼景が肥後国求麻郡多良木内古多良・竹脇・伊久佐上・東光寺の四箇村を建保二年次男宗頼に譲り与えていることから、文治年間に頼景がこれら所領を給与されたものと考えられる。相良氏の本貫地については下り衆ではなく肥後国在地御家人ではないかとの説もあるが、(2) 相良氏が京都・鎌倉に屋地を所有していること、「相良家文書」正応六年七月二十日相良頼氏譲状案によれば、頼氏が六郎頼宗に遠江国相良堀内以下を譲っていること、および同文書肥後国山北西安寺石堂碑文に遠州より兄弟三人（長頼・宗頼・頼平）が鎮西に下向したとあることなどを根拠として、一応遠江国相良より下向したものと考えておく。しかし相良氏の本貫地についてはなお将来検討する必要があることを問題提起したい。頼景の嫡子長頼が元久二年七月二十五日将軍家下文によって、平家没官領たる球麻郡内人吉庄地頭職を軍功により宛行なわれたのを始め、(3) その所領は豊前・筑後・肥前の各国にも及んでいるが、これら散在する広大な所領を庶子配分支配方式によって支配しており、後に庶子の一人相良頼氏が建長元年七月十三日関東裁許状に引用された陳状の中で「如頼氏申者、当郷者、以同日譲状、面々被配分畢、仍無惣領輩」と述べている如く、相良氏の場合、他の東国下り衆に比較して、鎌倉初期に土着し、惣領と庶子の支配関係が稀薄なことは注目すべき現象であり、その存在形態に鎮西在地御家人と類似した性格を有していた。この点、相良氏の本貫地を考察する場合に留意さるべき問題点の一つである（筑後・肥前・豊前国相良氏参照）。

北条時政

「阿蘇家文書」建仁三年三月二十九日北条時政下文によって阿蘇岩坂郷預所に宇治惟次、地頭代に宇治惟時子息を補任していることにより、この預所・地頭職は北条時政が領知していたことが明らかになるが、これよりさき建久七年八月一日北条時政が宇治惟次を阿蘇社大宮司職に補任していることによって、阿蘇社領全体を北条氏が支配する地位にあったものとされている。(4) その後鎌倉時代を通じて阿蘇社、その末社の甲佐・健軍・郡浦三社領についても北条氏が得宗領として支配しており、特に肥後国阿蘇郡小国郷には北条時頼の弟の北条時定が弘安前後に下向し、肥前国守護となり、その一統の定宗（肥前国守護）、随時（鎮西探題）、治時と相伝されているが、既に石井進氏が詳論されているので省略する（肥前国北条時定参照）。

大友能直

「詫摩文書」建永元年八月日長浦行西譲状によれば、行西の私領であった(5)肥後国鹿子木東庄内橘村・武部桑薗・神田村・津久々浦の田地五十九町余のうち長浦村田地十六町を菊池永富に寄進し、残りの村々田畠は指したる由緒があることを理由として、豊後国守護大友能直に永代を限って譲り、能直の子息詫磨能秀は貞応二年行西の子息遠秀に代官職を宛行なっている。(6) その後「詫摩文書」承元三年十二月十一日将軍家政所下文案により、能直は肥後国神蔵庄近部鳥栖地頭下司職に補任されている。さらに同文書貞応三年五月二十一日関東下知状によれば、能直が存生中に次男能秀に譲った所領として、神蔵庄内石丸名・同田所職・同図師職・小石丸・弥石丸・阿良宮・吉弘名田畠・久末寺名・陳村（井土々呂木）・年預職・得丸・三郎丸・与安（付惣別当職）・千見・重富・上家分倉富名等・同国飽田郷内・真三大夫沙汰惣社敷地内・屋敷在家免田散在名田畠黒石原・大野別符内尾崎村・鹿子木東庄内・長浦三郎遠秀沙汰橘村・弁五郎丸・南山室村地頭・加治尾名（伴平次宗次方）などを挙げており、また『大友文書録』所収嘉禎二年三月十七日大友能直の子息親秀が三男田北親泰に譲与した肥後国味木庄内一楽・真万・秋永名、津留木村等地頭職、付税所公文、国侍所司職、豊福庄内久具十郎同三郎領（付焼米小藤次名）地頭職等も親秀が親父大友能直より譲られた所領所職であった。(7) また「太宰府神社文書」正和二年九月十六日鎮西裁許状によれば、天満宮安楽寺少別当信朝と大友貞宗代寂念とは肥後国富塚・片俣両庄について相論しているが、信朝が両庄は一円神領であるのに貞宗が押領していると訴えたのに対し、寂念は両庄は大友能直より貞宗まで五代相伝の地であり、御公事も勤仕している地であると反論している。この相論の裁許は貞宗の知行を停止し、両庄を社家に返付することを命じているが、大友能直以来との主張はともかく、それまでこの両庄を大友氏が領知していたことは疑いない。これによって大友能直は豊後国のみならず肥後国にも広大な散在する所領所職を有していたことがわかり、詫磨・田北氏などの庶子に配分されたことがわかる（豊後国大友氏参照）。

尼御前

「相良家文書」寛元元年十二月二十三日関東裁許状によれば、相良頼重と伯父相良長頼は祖父相良頼景が給付された肥後国泉新庄内山井名について相論しているが、長頼は山井名の押領と狼藉の罪科により、長頼の所領であった人吉庄半分を没収されている。この没収された半分は人吉庄北方と称されており、寛元二年に尼御前に給与されている。(8)「相良家文書」正和元年十二月二日鎮西探題裁許状案に「当庄北方得宗御領」とあり、さらに同文書元弘四年正月日相良長氏代同頼広申状案に「而以関東権威、去寛元年中横被押領当庄半分之間、連々雖経訴訟、不事行之刻、幸今奉逢　聖明之御代、開年来愁眉之条」と述べていることなどから、寛元元年に幕府が没収して得宗領となし、尼御前に給付していることがわかる。尼御前についてはわからないが、御領と称していることなどから、石井進氏の北条氏一門か関係者であろうとの説に従うべきものと考えられる(9)。

小代重俊

「小代文書」宝治元年六月二十三日鎌倉将軍家下文により、小代重俊は子息重康の宝治合戦の勲功賞として肥後国野原庄地頭職に補任されている。小代氏は武蔵国御家人であり、武蔵国入西郡内勝代郷村々幷屋敷のほか越後国青木地頭職・中河保地頭職・安芸国見布乃庄地頭職・土佐国稲吉乙松名等各地に散在する所領所職を有しており、同文書文永八年九月十三日関東御教書によれば、幕府は異国防禦と領内の悪党鎮圧のため小代重俊の子息に鎮西下向を命じており、これを契機として小代氏の庶子がこの地に土着したらしく、南北朝時代には肥後国野原西郷一方地頭と称している。

北条時宗

肥前国の項で述べた如く、『建治三年日記』六月十三日条により、北条時宗が肥後国安富庄地頭職を賜わったことが知られるが、相伝関係、代官などについては所見がない（肥前国北条時宗参照）。

武藤入道某

「比志島文書」弘安九年十二月二十八日蒙古合戦勲功地配分注文によれば、島津長久は蒙古合戦の為宗人々として、肥後国相良領少卿入道跡を配分されている。少卿入道が具体的には誰を指しているか確証はないが、弘安八年岩門合戦の際、武藤景資に荷担して没落した者が考えられる。しかしそれらの中には少卿入道は比定出来る者が見当らない。或いは弘安四年閏七月十三日に没している景資の父武藤資能（覚恵）のこととも考えられるが、確証がないので不明としておく。島津長久は島津久経の弟、中沼大炊助と号し、信濃国守護代として信濃国に居住していたが、蒙古襲来に備えて鎮西に下向し、六月二十九日の壱岐嶋の合戦および同閏七月七日肥前国鷹嶋合戦で活躍しており、(10) それに対する恩賞として給付されたものである（薩摩国島津氏参照）。

橘薩摩公阿

「小鹿島文書」正応元年十一月二十一日関東下知状により、肥後国求磨郡内久米郷半分地頭職が宛行なわれているが、その後鎌倉時代の相伝関係については所見がないが、「相良家文書」観応二年十月五日一色道猷感状に、橘遠江入道道公以下の凶徒が足利直冬に与同して、肥後国球磨郡内所々で合戦を行なったとあり、その後同文和四年四月五日一色道猷地頭職宛行状によれば、肥後国球磨郡久米郷東方橘遠江入道跡田地弐拾町が相良式部丞に宛行なわれていることから、橘薩摩氏は所領を没収され、相良氏に進止権が移行したことがわかる（肥前国橘薩摩氏参照）。

安富頼泰

肥前国安富氏の項で述べた如く、安富頼泰が肥前国高来東郷深江村小地頭職を給与されたのは、建長六年以後文永二年以前の期間であるが、その後鎮西に下向した安富頼泰は鎮西探題二番引付に就任している。「深江文書」嘉元三年七月九日関東下知状により、肥後国大野別符内岩崎村（瑠璃童女跡）を安堵されており、同正和四年八月十三日安富頼泰所領譲状によれば、頼泰は子息与三郎貞泰に対し、肥後国大野別符内岩崎村地頭職、(11) 肥前国神崎庄内勲功田地屋敷荒野等を譲っている。この安富氏が相伝した神崎庄勲功地は、肥後国御家人岩崎太郎某が孔子配分されたものを何らかの事情により進止権が岩崎氏から安富氏に移ったことは、肥前国安富氏の項で述べた通りであり、大野別符岩崎村地頭職も神崎庄勲功地と同様岩崎氏から安富氏に譲られたものであることは疑いない（肥前国安富氏参照）。

島津忠宗

「島津家文書」文保元年十二月二十一日将軍家政所下文により、忠宗は日向国高知尾庄・肥前国松浦庄内早湊村・肥前国福万名地頭職・豊前国副田庄が宛行なわれているが、これは肥後国菊池庄領家職の替とあり、したがって文保元年以前に忠宗が菊池庄領家職を領知していたことが知られるが、その給付された時期については所見がない。また同文書元亨元年九月六日島津忠宗置文に、嫡子貞久の沙汰たるべき所々として肥後国本渡島が見える。天草島の志岐浦など六ヵ浦（佐伊津張・鬼池・蒲牟田・大浦・須志浦・志木浦）が、建暦以後寛喜以前に得宗領化しているので(12)、蒙古襲来に備えて鎮西に下向した文永年間以後に得宗領本渡島の一部所領所職が忠宗に給付されたものと思われる（肥前・豊前・日向国島津氏参照）。

葛西禅尼

「詫摩文書」文保二年七月五日北条高時袖判安堵状によれば、長崎治部左衛門尉宗行法師に肥後国葦北庄佐敷・久多良木両浦を葛西殿御時例に任せて安堵している。葛西殿については「北条氏一門の相当の有力者、おそらくは得宗家と密接な関係をもつ女性と考えられる。推測してみるならば、葛西谷に住んでいた女性ではないか」との石井進氏の考証がある(13)。

規矩高政

「詫摩文書」建武二年六月一日雑訴決断所牒により、詫磨宗直は肥後国大浦・皆代地頭職を給付されているが、この地頭職は鎌倉時代末北条氏一門で肥後国守護であった規矩高政跡とあり、鎌倉末この地頭職を高政が領知していたことが知られ、北条氏滅亡による高政の没落により詫磨氏に給付されたものと思われる。規矩氏が肥後国守護職権行使の初見は「相良家文書」嘉暦二年五月十日規矩高政施行状とされており、(14) したがってこの規矩氏への給付も嘉暦年間前後と考えられるが確証はない。規矩氏は肥後国にこれ以外にも所領を有していたと思われるがその領知について知るべき史料はない。(15)

得宗領

このほか肥後国における得宗領と思われる所領として、石井進氏は宇土庄・六箇庄をあげておられる。同氏前掲論文三六一〜三六二ページを併せて参照されたい。このうち宇土庄については『華頂要略』承久三年六月十日尊長法印所領譲状によれば、尊勝寺領筑前国長淵庄と共に蓮花王院領肥後国宇土庄が挙げられている。尊長法印は『吾妻鏡』に承久三年合戦の張本人と記載されている人物であり、戦に敗れて逃亡し、隠遁七年に及びついに鎌倉幕府によって安貞元年六月七日に京都で捜し出され、防戦の末自害しているので、その所領は幕府によって没収されたことは疑いなく、以来得宗領となったものと思われる。長淵庄が後に蒙古襲来勲功賞地として勲功のあった鎮西御家人に配分されていることによっても、このことが裏付けられる。

注

(1) 川添昭二「鎌倉・南北朝時代における少弐氏の所領」一〇四ページ、石井進「九州諸国における北条氏所領の研究」三六〇ページ参照。

(2) 杉本尚雄「北条氏の九州政策——寛元二年肥後人吉庄の下地中分について——」(『熊本大学教育学部紀要』八)。この中で杉本氏は、相良氏は薩摩伊作氏の同族ではないかと想定され、相良氏はこの地方から出て遠江に移り、さらに鎌倉初期に故地に帰ったのではないかと推定しておられる。

（3）「相良家文書」元弘四年正月日相良長氏代同頼広申状案によれば「当庄者、依為平家没官領、祖父相良三郎永頼被宛行平家追討恩賞之条、御下文明鏡也、而以関東権威、去寛元年中横被押領当庄半分」とある。

（4）石井前掲論文三五二ページ参照。

（5）これらの所領は行西が嘉応元年に藤崎宮神官弥太郎大夫（仮名三郎丸）の手より現直二千五百疋で買得したものである。

（6）「詫摩文書」建長五年八月二十七日関東裁許状案。これら大友能直から譲られた所領所職を基盤として、詫磨氏一族は肥後国に散在する所領所職を拡大しているが、鎌倉時代に詫磨氏一族が肥後国に有した所領所職は、本文で述べた能直から譲られた所領所職以外に次の如きものがある。

詫磨時秀（詫磨能秀長男）

肥後国神蔵庄地頭下司職（但除舎弟分）、木部鳥栖拾参町（但除舎弟分残所）、

（「詫摩文書」弘長二年八月三十日詫磨能秀譲状案）

詫磨直秀（詫磨能秀次男）

肥後国神蔵庄内平丸名、上家分倉富名、石丸名内五郎久資（同女子二人分）、同石丸名内後家六郎屋敷田所職、下司給内伍町、門内鳥栖内拾参町（在家屋敷等）、同国内大野別符中尾崎名内南尾崎、肥後国鹿子木東庄内南山室地頭職、

（「詫摩文書」弘長二年八月三十日詫磨能秀譲状案）

肥後国神蔵庄内鳥栖村拾参町屋敷五ヶ所、

（「詫摩文書」弘長三年五月十日詫磨時秀譲状案）

詫磨頼秀（詫磨時秀長男）

肥後国神蔵庄地頭下司職（付給田内拾町）木部名、与安名（但面々子息等にゆつるをのぞいて残分）、同内鳥栖田畠在家等（但面々ゆつりあたふる残分）、石丸名（付志水）同所職等、白河津本司職、小石丸名同所職等（弥石名内譲状申付門内参町公田

六反)、阿良社敷地、亀甲、黒石原、

(「詫摩文書」建治元年十月十九日詫磨時秀譲状案、同弘安十一年四月二十五日詫磨時秀譲状案)

鶴菊(詫磨時秀次男)

肥後国神蔵庄木部名内田地十町、同名陣屋敷、下司給田内五町、小石丸名田屋敷、石丸屋敷等、

(「詫摩文書」弘安十一年二月二十四日詫磨時秀譲状案)

詫磨貞重(詫磨時秀子息)

肥後国神蔵庄内十禅師板井屋敷所職等、七八わりの屋敷職、与安名内田壱町、

(「詫摩文書」弘安十一年四月二十五日詫磨時秀譲状案)

犬王丸(詫磨直秀長男)

肥後国神蔵庄内小春武名付同庄下司給伍町内弐町、同国内鹿子木東庄内南山室村、

(「詫摩文書」文永九年六月十一日詫磨直秀譲状案)

詫磨顕秀(詫磨能秀子息)

肥後国合志郡村吉田地参町屋敷一宇、

(「詫摩文書」徳治二年十月二十二日鎮西探題北条政顕蒙古合戦勲功地配分状)

詫磨泰長(詫磨長秀長男)

肥後国神蔵庄内千見名地頭職、同庄内石乃名地頭職幷一庄図師職、弘納名地頭職(但除女子幷舎弟分)、十禅師神主職、惣別当職、門内鳥栖田地屋敷(但女子等分除之)、あきたの郡内惣社名宮敷地以下地頭職、

(「詫摩文書」弘安弐年卯月三十日詫磨長秀譲状案)

詫磨秀氏(不明)

肥後国鹿子木東庄南山室名政所職、

(「詫摩文書」永仁四年七月五日前太政大臣家政所下文)

詫磨幸一丸（詫磨貞重子息）
肥後国神蔵庄内与安・石丸名内田地弐町、鳥栖内田地壱町、十禅師宮一大夫屋敷等、同七祝屋敷所職、
（「詫摩文書」延慶弐年正月二十日詫磨貞重譲状案）

一房丸（詫磨頼秀孫）
肥後国神蔵庄地頭職・木部・鳥栖・与安・石丸名、同職等、弥石名内門内四丁、阿良社敷地、亀甲村、
（「詫摩文書」正和五年三月十七日詫磨頼秀譲状案）

竹熊丸（詫磨道覚嫡子）
肥後国神蔵庄内小春武名半分地頭分、同庄下司給五丁内弐町、天草四ヶ浦所領所職幷定使給、同国鹿子木東庄南山室村、同所名政所職、同庄惣下司給、勝福寺寺名田一丁浮免、同国限牟田庄名田地廿丁四反四分一、当知行二丁三丈、同国大野庄今吉名田地屋敷三ヶ所、同所馬背井料一丁内八反、東修理田五反・同仁王講田、
（「詫摩文書」正和五年十月二十五日詫磨道覚譲状案）

松熊丸（詫磨道覚次男）
肥後国神蔵庄内小春武名半分地頭分中分田地内伍町二反、屋敷二所、同庄下司給伍町内二丁、同国鹿子木東庄南山室村内田地二丁三反、
（「詫摩文書」正和五年十月二十五日詫磨道覚譲状）

詫磨親幸（詫磨道秀次男）
肥後国神蔵庄内寺名、重富名、門内鳥栖、久末名、得丸名、
（「詫摩文書」文保弐年六月十九日詫磨道秀譲状）

詫磨貞政（詫磨親政子息）
肥後国神蔵庄内木部内三丁、鳥栖一丁、石丸内かきもと五反、光吉名内三丁内二丁、小石丸内牟田二反、こもまち丁、
（「詫摩文書」元亨三年十一月六日詫磨親政譲状案）

詫磨宗政（詫磨貞政子息）

肥後国神蔵庄内田地畠、

（「詫摩文書」元亨四年二月二十九日詫磨貞政譲状案）

このほか詫磨氏は筑前・肥前国に配分された蒙古合戦勲功地および相模国大友庄内名田在家・鎌倉山王堂谷地・豊後国大野庄内板井迫名田屋敷・同宮迫名同上家分屋敷・堀池名地頭職并浮田上家分田畠及公文職・鎮守若宮八幡宮大宮司職など各地に散在する所領所職を有しており、庶子分割配分により支配させている。

（7）これらの所領について故田北学氏は『増補訂正編年大友史料』（二）一三五ページで次の如く述べておられる。「味木庄とは現今の熊本県上益城郡高木村の事也、高野村と甘木村と合併して高木村と称するに至りしもの也。『甘木』は昔は『味木』と書きたり。現今高木村の中に、甘木、五楽、秋永等の部落存す。豊福庄は現今の熊本県下益城郡豊福村地方の事也。久具と称する部落豊川村に現存す。焼米は現在熊本県玉名郡東郷村の中に存する一部落也。田北親泰が譲受けし焼米ノ小藤次が名は、果して此の東郷村の焼米なりしかは尚研究を要す」。なお高木村は上益城郡御船町、豊福村は下益城郡松橋町、東郷村は玉名郡菊水町に町村合併により変更されている。

（8）「相良家文書」寛元四年三月五日相良長頼譲状。その中に「但、於中分北方者、本領之習、上訴申所、返給ル例有り、いわんや寛元二年之尅、一旦ノ傍輩之コラシメニ、中分被召候て、尼御前之御領ニ罷成候ひぬ」とあり、長頼と長重の相論が喧嘩両成敗的に中分して没収され、尼御前の御領にされたことがわかる。

（9）石井前掲論文三五八ページ参照。

（10）「比志島文書」弘安五年二月日薩摩国御家人比志島時範軍忠状、同弘安五年四月十五日島津長久起請文。

（11）「深江文書」嘉暦二年五月二十六日造宇佐弥勒寺米銭送状によれば、「肥後国玉名郡大野別符岩崎村地頭安富左近将監《（頼泰）》知行田地拾町五反」とある。

（12）「志岐文書」元徳元年十月日志岐弘円代覚心重申状案、同元徳二年三月日宮地村地頭仏意重陳状案、石井前掲論文三五八ページ参照。

(13) 石井前掲論文三六一ページ参照。
(14) 佐藤進一『鎌倉幕府守護制度の研究』二三〇ページ参照。
(15) 大浦は本渡島大浦で得宗領であった。皆代は飽託郡飽田村に存在する。

(五) 豊前国

宇都宮信房

宇都宮信房は下野国御家人であるが、文治三年鎮西にあった天野遠景と共に貴海島を追討すべしとの頼朝の命令により鎮西に下向し、自ら渡海して勲功を施したとある。(1) その功により、「佐田文書」建久三年二月二十八日源頼朝下文により、豊前国伊方庄地頭職を安堵されているが、この地頭職は前地頭貞種が貴海島の平家追討に従わず、また奥入合戦にも参加しなかった両度の過怠によって地頭職を停止された跡に信房が補任されたとある。また同文書延慶二年六月十二日鎮西探題裁許状によれば、豊前国田河郡柿原名地頭職も右大将家御代、板井兵衛尉種遠の跡を信房が拝領したものであることがわかる。この板井種遠のことは、『吾妻鏡』元暦二年七月十二日の条に「菊池・原田以下同意平氏之輩掠領事、令彼朝臣尋究之由、二品令覆奏給之間、範頼事、神社仏寺以下領不成妨者、雖不上洛、有何事哉、企上洛可有後悔者、可相計之趣、重被下　院宣之間、平家没官領、種直・種遠・秀遠等所領、原田・板井・山鹿以下所処事、被定補地頭之程者、差置沙汰人、心静可被帰洛之由、今日所被仰遣参州之許也」とあり、原田種直・山鹿秀遠と共に鎮西における平氏勢力の中心的存在として所領を没収されたことがわかる。(2) 板井氏は大宰府官人大蔵氏一族で、その所領は豊前国仲津郡城井郷、築城郡伝法寺庄、豊前国税所職など広大な所領を有しており、これら没収地がそのまま宇都宮信房に給与されたものとされている。(3)鎌倉時代宇都宮氏は信房―景房―信景―通房―頼房と相伝されているが、庶子一族を鎮西に下向させて所領の経営に当らせたらしく、その勢力は豊前国全般に拡大しており、野仲氏・山田氏・成恒氏・深水氏・大和氏・西郷氏・如法寺氏・友枝氏・広津氏・城井氏・佐田氏(以上豊前国)、山鹿氏・小田氏(以上筑前国)、蒲池氏(筑後国)等は後世すべて宇都宮氏の一族と称しており、これによっても宇都宮氏の勢力範囲の一端を推測することができよう。(4)

通房の鎮西下向は文永年間とされているが、蒙古合戦では「為宗人々」の一人として豊前国上毛郷内原井村・阿久封村を恩賞として与えられており、(5)さらに正応三年十月四日には上毛郡安雲村の替として、豊前国佐田庄地頭職が宛行なわれている。(6)そして通房は蒙古襲来後の鎮西における統治機関の整備に際して、大友頼泰・少弐経資・渋谷重郷と共に鎮西談議所頭人に任じられ、その子の頼房も鎮西探題設置後は評定衆・引付衆として参与している。そして鎌倉時代後期には、豊前国における宇佐宮領に対する侵犯により、所領所職の拡大、在地土豪の被官化を推進したとされている。(7)南北朝時代以後における一族の分布状態から推測すれば、鎌倉時代における宇都宮氏は、庶子配分支配方式による支配を行なったものと考えられる(筑前国、日向国、壱岐国宇都宮氏参照)。

武藤資能

武藤資能が寛喜二年五月から弘安四年六月まで豊前国守護であったことは明らかであり、(8)その子景資が豊前国を基盤として岩門合戦を引き起していることから、資能が豊前国に所領を有しており、それを景資が相伝したものと推測されるが、鎌倉時代豊前国における武藤氏の所領は史料上具体的には検出することが出来ない。(9)

相良長頼

「相良家文書」宝治三年三月二十七日鎌倉将軍家下文により、相良長頼は宝治合戦勲功賞として、豊前国上毛郡成恒名地頭職を宛行なわれ、その後建長三年三月二十二日譲状により、子息六郎頼俊に譲り、さらに頼俊は弘安十年五月二日女子字葉伊路に永代譲渡している。しかし後に再び惣領家に返付されたらしく、興国四年二月十二日相良祐長置文によれば、祐長は庶子に所領を配分した際、豊前国成恒名を三郎兵衛尉頼房に配分している（肥後国相良氏参照）。

下総三郎

飯田久雄氏は瀬戸内海の門戸である門司関を支配した下総氏を「すくなくとも文永以前に門司関地頭に補任されて下向した所謂西遷御家人であることに間違いない」とされた。(10) また石井進氏は平氏没官領となった門司関がのちに北条氏の支配下に置かれ得宗領となり、得宗被官である下総氏が管理するようになったものとされている。(11) なお下総氏はこの地に土着して門司氏を称するようになり、大内・毛利氏の支配下にあって門司関六ヵ郷を領有していた。

田原泰広

田原泰広は大友能直の庶子であるが、「川瀬佐一氏家蔵田原文書」弘安二年十二月二十八日将軍家政所下文により、筑後国田口村地頭職を宛行なわれているが、これは豊前国入学寺の替とある。したがって弘安二年以前に泰広が豊前国入学寺を宛行なわれていたことがわかるが、その給付の時期および理由については不明である（筑後国田原氏参照）。

金沢実政

石井進氏は金沢文庫所蔵年月日欠称名寺寺用配分置文に「上総入道殿御跡　規矩郡　米八石三升三合一勺九才 銭十四貫六百六十三文」とあることから門司関の後背地一帯を含むこの地域を金沢実政が支配しており、その後この規矩郡を金沢氏一族が相伝し、実政の子の鎮西探題に補任された政顕、その子で肥後国守護で建武元年春頃北九州地方で叛乱を起した規矩高政、その弟の糸田貞義に伝領されたものと考証されており、実政が規矩郡を給与されるようになった時期は、弘安二年頃と推定されている。(12)

二階堂泰行

「二階堂文書」嘉元二年五月二十六日関東下知状により、蒙古襲来に備えるために鎌倉より薩摩国阿多北方に下向した二階堂泰行に対して、豊前国金田庄内金田村地頭職幷菊池九郎次郎高貫跡が宛行なわれている。岩門合戦で武藤景資に与同して所領を没収された者として金田六郎左衛門尉時通があるので、この金田村地頭職も金田氏が没収された跡である可能性が強い。二階堂氏は南北朝時代までこの所領を相伝していることが知られる(13)（肥前国・薩摩国二階堂氏参照）。

島津忠宗

「島津家文書」文保元年十二月二十一日将軍家政所下文により、肥後国菊池庄領家職の替として、薩摩国守護島津忠宗に豊前国副田庄（副田三郎二郎種信跡）が給与され、代々相伝されているが、「藤野文書」応安七年六月日島津伊久代本田泰光重申状案によれば、副田庄は味方の輩が当知行しているので、薩摩国内の闕所地をその替として宛行なわれんことを武家方に要求している。さらに「島津家文書」応永四年六月五日九州探題渋川満頼書下によれば、島津伊久は副田庄が大内義弘の被官人に押妨されたことを訴えており、渋川満頼は大内義弘に対して、下地を伊久に沙汰付することを命じている。守護領国化の進展過程の中で島津氏が鎌倉時代に給与された遠隔地所領も不知行となり、大内氏被官の押妨するところとなり、島津氏の支配を離れたものと思われる。副田庄は永承二年後冷泉天皇の御願により、筑前国大宰府安楽寺に金堂が建立された際寄進されて以来安楽寺領として室町時代まで領掌されており、副田氏は大蔵氏一族の豊前国御家人として土着し、このほかにも散在名を知行していたことが知られる。副田種信が領知していた副田庄地頭職が没収された理由は不明であるが、それが島津忠宗に宛行なわれた理由について、飯田久雄氏は「島津氏の鎮西探題出仕のための根拠地として与えられたものであろうか」と推定しておられる(14)(薩摩国島津氏参照)。

糸田貞義

鎮西探題北条政顕の子で兄の規矩高政と共に北九州で叛乱を起した左近大夫将監貞義は豊前国糸田庄を本拠として糸田氏を称したとされている(15)。

大仏家時

石井進氏は「佐田文書」観応二年正月三十日一色道猷宛行状に宇都宮公景が勲功賞として宛行なわれた豊前国吉田庄は大夫家時跡とみえることから、家時は北条氏一門であり、大仏維貞の子ではないかと推定しておられる(16)。

北条泰家

石井進氏は「大友文書」建武元年十二月二十二日雑訴決断所牒案に宇佐郡御沓村地頭職は泰家法師跡とあり(17)、「秋吉文書」貞和六年十月日深見秋吉盛基申状案に、豊前国上野村泰家跡一分地頭職と見えることから(18)、北条氏一門の泰家法師が領知していた得宗領であったと論じられている。

備前兵庫頭入道宗演

石井進氏は「鶴原文書」建武五年正月二十三日足利尊氏袖判下文により田口泰昌が勲功賞として宛行なわれた豊前国平嶋は備前兵庫頭入道宗演跡と見えるところから、宗演は北条氏一門と考えられており、名越氏一族ではないかと推定しておられる(19)。

注

（1）『吾妻鏡』文治三年九月二十二日条。
（2）「到津文書」正和元年十二月二十七日鎮西探題裁許状。
（3）恵良宏「豊前国における東国御家人宇都宮氏について」参照。
（4）これら後世宇都宮氏一族と称した家々の中には、本来在地土豪が宇都宮一族化したものもあったので、これらすべてが宇都宮一族と考えることには疑問がある。同様な現象は松浦氏の場合にも他氏の一族化が存在したことが長沼賢海『松浦党の研究』によって指摘されている。
（5）「比志島文書」弘安九年閏十二月二十八日蒙古合戦勲功地配分注文。
（6）「佐田文書」正応三年十月四日関東下知状。
（7）恵良前掲論文参照。
（8）佐藤進一『鎌倉幕府守護制度の研究』参照。
（9）川添昭二「鎌倉・南北朝時代における少弐氏の所領」参照。恵良宏氏は豊前国規矩郡吉田保を領有した吉田氏は武藤氏の一族であり、吉田資時がはじめてこの地に土着したものとされている。「少弐系図」「吉田系譜」を論拠としておられるが、吉田氏が武藤氏一族であった点、確証に欠ける。同「豊前国の鎌倉御家人について―補遺―」（『史創』六）参照。
（10）飯田久雄「門司関と門司八幡宮」（小倉豊文編『地域社会と宗教の史的研究』所収）。なお恵良宏氏も門司氏を移住御家人としておられる。「鎌倉時代における豊前国の御家人及び在地領主について」（『史創』三所収）参照。
（11）石井進「九州諸国における北条氏所領の研究」三四〇ページ参照。
（12）石井前掲論文三四二ページ。このほか「金沢文庫文書」年月日欠称名寺寺領年貢米注文にも「廿二石七斗六合一勺九才規雉（矩）郡」とある。『神奈川県史』資料編(2)古代・中世(2)三一七ページ参照。
（13）飯田久雄編『豊前国荘園史料』(一)金田庄項はしがき参照。
（14）飯田前掲書副田庄項はしがき参照。

（15）石井前掲論文三四三ページ参照。
（16）石井前掲論文三四三ページ参照。
（17）石井前掲論文三四三ページ。「大友文書」建武二年二月二十九日武藤頼尚施行状案（深見盛顕宛）、同建武二年二月二十九日武藤頼尚施行状案（如法寺信勝宛）、同建武弐年卯月三日宇佐盛顕請文案、同建武二年四月五日如法寺信勝請文案。
（18）この文書は「秋吉系図」に引用された文書であり、石井進氏はこの年の二月に観応と改元されているにもかかわらず貞和の年号を用いていることに疑問を投げておられるが、この申状は足利直冬に提出され、足利直冬が証判を与えているものであり、直冬支持勢力が観応改元後も貞和の年号を用いるのは常態であり、何らこの点に関して疑問を抱かれる必要はない。
（19）石井前掲書三四四ページ。このほか恵良宏氏は「中島氏系図」により、尾張国中島郡の郡領であった中島氏が、延応元年宇佐郡高家郷内、高家、乙咩、小長井三ヵ村の地頭職に補任されたとあることを論じておられるが、確証に欠けるので一応除外しておく。

（六）豊　後　国

中原親能

「志賀文書」貞応弐年十一月二日大友能直譲状により、能直は豊後国大野庄地頭職を女房平氏（尼深妙）に譲っているが、この所領は養父中原親能より能直が譲られたものであることは、「副渡関東御下文親父掃部頭入道譲状以下具書等」とあり、中原親能の譲状を具書として副え渡していることによって知られる。したがって親能が豊後国大野庄地頭職を給付されたのは、少なくとも親能が死んだ承元二年以前であることは確実であり、恐らく建久年間にまで遡らせることが出来るであろう。能直が豊後国に有した多くの所領所職の中に、親能より譲られたものがこのほかにも存在していることは疑いないが、大野庄地頭職以外は裏付けるべき確証がない(1)。

大友能直

大友能直の出自については諸説があり、必ずしも明確ではないが、『明月記』建保元年五月十四日条に「故親弘（能）入道養子左衛門尉〔実父三浦之輩〕云々」、『吾妻鏡』建保元年五月二十二日条に「又去十四日、故掃部頭親能入道猶子左衛門尉能直、在六波羅家、三浦輩者、依有外家好、其身警固」とあることは、ほぼ真実に近いと考えられ、少なくとも当時大友能直の出自についてこのような説が流布していたことは疑いない。また大友氏が相模国大友郷を本拠とする相模国御家人であり、鎌倉時代における所領所職の給与状態から考えて、源頼朝と私的密接な関係によって結ばれていたことは十分推測し得る。大友能直が豊後国に所領所職を有するに至った最初の時期は不明であるが、中原親能の猶子として建久年間を下るそう遠くない時期であろう。能直が鎮西に有した所領は、能直が死ぬ直前に女房尼深妙・惣領親秀・庶子志賀能郷等へ譲り与えた「志賀文書」貞応二年十一月二日大友能直所領配分状、および同延応弐年四月六日尼深妙所領配分状により、豊後国・肥後国に及ぶ広大な所領所職であったことが知られる。以後、大友氏一族は庶子配分支配方式による典型的惣領制を展開し、豊後国守護として豊後国全般にわたってその所領を拡大したことは、「弘安八年豊後国図田帳」により詳細に知り得るが、大友氏一族の豊後国の所領所職の存在形態については多くの人びとによって論及されているので、ここでは省略する。[2]

平林頼宗

『碩田叢史』所収「平林文書」嘉禎二年七月二十八日将軍家政所下文によれば、平林頼宗は豊後国毛井社地頭職に補任されており、「弘安八年豊後国図田帳」にも海部郡国領毛井村十町地頭信濃国御家人平林弥太郎入道親継とある。同文永五年十一月九日平林頼敏譲状によれば、この毛井社地頭職は頼宗が承久合戦勲功賞として宛行なわれたものであることがわかり、同文永八年十二月二十二日将軍家政所下文によれば、信濃国英多庄八郎丸内平林屋敷内桑井傔仗屋敷等が平林親継に安堵されており、平林氏が図田帳に記載されている如く、信濃国御家人であったことが裏付けられる。

相模七郎殿母御前辻殿

「弘安八年豊後国図田帳」に豊後国国東郡安岐郷成久名三十七町を相模七郎母御前が領知したことが見える。相模七郎とは北条時頼の子の北条宗頼と考えられるが、(3)その給付の時期および由来は不明であり、他に所見もない。辻殿については同図田帳に「田原郷　六十町　宇佐宮領　本郷　四十町　本守護所豊前大炊入道(親秀)女子持明院別当之後室之跡、而豊前六郎蔵人泰広或号借上質券、或得相伝之由申処、辻殿雑掌論之」と見える。

八十島頼忠

宇佐本「弘安八年豊後国図田帳」に豊後国国東郡田原郷小野一万名十町は伊賀国住人八十島左衛門太郎頼忠の私領とある。同図田帳三浦本・平林本には、宇佐本に住人とあるのを御家人とある。図田帳が作られた時点では、大友氏一族の田原泰広が借上げていたとあるので、八十島氏は不知行であったと思われる。給付の時期および由来は不明であるが、鎮西以外の西国御家人で鎮西に所領給与を受けたことを知り得る数少ない例である。

名越公時

「弘安八年豊後国図田帳」に豊後国国東郡田染郷吉丸名二十一町は名越尾張入道が領知していたことが知られる。名越尾張入道とは公時のことと考えられるが、給付の時期および由来等は不明。

信濃伊勢入道殿跡

「弘安八年豊後国図田帳」に「国領国東郡三百町地頭職信濃伊勢入道殿跡」とあり、敬称を付しているところから東国有力御家人であることは疑いなく、後藤碩田は二階堂盛綱と考証しているが、給付の時期および由来等は不明。

名越宗長

「弘安八年豊後国図田帳」に「豊後国速見郡石垣荘別府六十町地頭職名越備前左近大夫殿」とある。名越備前左近大夫について、石井進氏は「書陵部所蔵文書」文永十年六月九日平宗長挙状案によって、平宗長が豊後国石垣庄内弁分を自らの所領と称していることから、名越氏の一族である名越宗長であるとされている。(4) 給付の時期および由来は不明。

北条貞時

「弘安八年豊後国図田帳」に「豊後国速見郡日出津島七十町地頭職相模守殿」とある。弘安八年の相模守は執権北条貞時であるが、給付の時期および由来は不明である。

工藤致清

「弘安八年豊後国図田帳」に「豊後国速見郡山香郷広瀬六町六段大遠江国御家人内田工藤三致清跡三郎致持相続」とある。これよりさき「工藤勲文書」元久二年二月二十八日豊後国国宣写によれば、「豊後国速見郡山香郷広瀬地頭職宮内少輔治時跡三分弐・同跡三分壱を工藤九郎致春」が勲功賞として拝領したとあるが、内容に疑問があるので、給付の時期および由来は不明として置く。

川村清秀

「弘安八年豊後国図田帳」に「豊後国大分郡稙田庄千歳名十八町相模国御家人川村新五郎清秀法名戒恵」とあるが、

給付の時期および由来は不明。

三浦介

「弘安八年豊後国図田帳」に「豊後国大分郡高田庄二百町内百八十町領家城興寺、地頭職三浦介殿」とある。敬称を付しているところから東国有力御家人であることは疑いなく、後藤碩田は三浦泰盛、或いは三浦頼盛・三浦宗景等に比定しようとしているが確証に欠け、給付の時期および由来等も不明。

畠山重末

「弘安八年豊後国図田帳」に「豊後国大分郡阿南庄吉藤名七段畠山十郎重末」とあり、三浦本には御家人とある。後藤碩田は畠山重忠弟重清の子重宗の流なるべしと考証しているが確証に欠け、給付の時期および由来等も不明。

市川宗清

「弘安八年豊後国図田帳」に「豊後国大分郡笠和郷国分寺十町地頭甲斐国住人市川左衛門宗清五郎」とあり、三浦本には「地頭甲斐国御家人市川左衛門五郎宗清」とある。給付の時期および由来は不明。

相模四郎左近大夫

「弘安八年豊後国図田帳」に「豊後国大分郡笠和郷内梨畑、大略為畠地代不分明地頭相模四郎左近大夫殿」とある。相模四郎左近大夫について後藤碩田は名越公時とし、石井進氏は北条師時としておられる。(5) 名越公時のことは同図田帳に名越尾張入道と見えるので、石井氏の説に従っておく。給付の時期および由来は不明。

駿河前司入道

「弘安八年豊後国図田帳」に「豊後国海部郡臼杵庄二百町領家一条前殿下跡地頭職駿河前司入道殿」とある。後藤

碩田は駿河前司入道を北条業時に比定しているが確証に欠け、給付の時期および由来は不明。

北条貞時

「弘安八年豊後国図田帳」は「豊後国海部郡国領佐賀郷百五十町地頭相模守殿」とある。相模守は北条貞時と考えられるが、「柞原八幡宮文書」年月日欠由原宮年中行事次第に「佐賀郷流鏑馬事、先年佐賀四郎惟憲知行当郷之時、依惟憲之触穢、一旦令誂当社弁宮（官）守房之処、惟憲窂籠之後者、依非分之詑際之間、令神事陵遅者也、彼佐賀郷者、相模守殿御領給主安東平右衛門入道蓮聖」[6]とあるので元来佐賀四郎惟憲が領知していたものを、弘安八年以前に得宗領に組入れられたものと考えられる。

新田陸奥守

「弘安八年豊後国図田帳」に「豊後国大野郡三重郷百八十町新田陸奥守殿」とある。敬称を付しているところから、東国有力御家人であることは疑いなく、後藤碩田は新田陸奥守を新田基氏に比定しているが確証に欠ける。給付の時期および由来は不明。

相模三郎入道殿女子

「弘安八年豊後国図田帳」に「豊後国大野郡井田郷八十町五段地頭職相模三郎入道殿女子」とある。後藤碩田は相模三郎入道を北条時輔に比定しているが確証に欠ける。「島津家文書」建武元年二月二十一日後醍醐天皇綸旨により、豊後国井田郷地頭職（菊王丸跡）が勲功賞として島津貞久に与えられているが、北条氏一門領であったものが、鎌倉幕府の滅亡により欠所となり、勲功賞の対象地になったものと考えられる。給付の時期および由来は不明。

大鷹頼胤

「弘安八年豊後国図田帳」に「豊後国日田郡大肥庄六十町領家安楽寺別当御房、地頭職上野国御家人大鷹四郎頼胤跡当知行不分明」とある。弘安八年の時点で不知行の状態にあったものと考えられる。給付の時期および由来は不明。

川越安芸前司

豊後国国東郡香賀地庄地頭であった河越安芸入道は、建武新政府によって所領所職を没収され、それら所領所職は田原貞広に三分二、田原貞挙に三分一宛勲功賞として配分されている。(7)「弘安八年豊後国図田帳」には「豊後国国東郡香地郷六十町、地頭川越安芸前司」とある。後藤碩田は川越重頼の末流重輔に比定しているが確証はない。しかし鎌倉幕府の滅亡によって所領所職を没収されていることは、東国御家人であった可能性が強い。給付の時期および由来は不明。

遠江式部大夫女子

石井進氏は「松成文書」年月日欠来縄郷福成名相伝次第に「せんたい御いちそくとうたうミのしきふのたゆふとのゝによし御しやうニ給ハらせ給て、せんたいめつはうまて、そのあとちきやう」とあることから北条氏一族の遠江式部大輔女子が給付され、その後鎌倉幕府滅亡まで知行していたものとされた。(8)「弘安八年豊後国図田帳」には国東郡来縄郷郷司は来縄妙惟房となっているが、「松成文書」では同郷司職は宇佐宮神官たねとしから大友いちもちに寄進され、いちもちから子息おうたの三郎くらん人ちかむねに譲られたが、ちかむねが駿河殿に荷担して没収され闕所になったので、遠江式部大夫女子に恩賞として与えられたとある。駿河殿に荷担して没収された事件について、石井氏は嘉元三年の連署北条時村が侍所別当駿河守北条宗方に襲われて殺され、その後宗方が誅伐された事件ではないかとされている。その後公家一統の時没収されて高田とくさう丸に恩賞として給付されたとある。

「入江文書」建武元年十一月二十五日後醍醐天皇綸旨によって、塚崎次郎貞重は規矩高政跡の豊後国玖珠郡岩室村地頭職を勲功賞として給付されていることから、この地頭職を規矩高政が領知していたことがわかる。なお「弘安八年豊後国図田帳」によれば、岩室村十三町は岩室六郎良信が領知していることになっている。したがって規矩高政が領知するようになったのは弘安八年以後ということになり、他の鎮西各国における高政の領知の時期から類推すれば、恐らく鎌倉時代末期と考えられる(9)(肥後国規矩氏・豊前国金沢氏参照)。

注

(1) 中原親能の出自については渡辺澄夫「豊後大友氏の出自について」(『大分県地方史』二四)参照。

(2) 渡辺前掲論文、外山幹夫「豊後国の鎌倉御家人について—その出自と系譜・所領の考察—」(『広島大学文学部紀要』一八)、渡辺澄夫「豊後大友氏の下向土着と嫡子単独相続制の問題」(『大分県地方史』二五)、福田豊彦「第二次封建関係の形成過程—豊後国における大友氏の主従制を中心として—」(安田元久編『初期封建制の研究』所収)、外山幹夫「鎌倉御家人の移住について—大友氏を中心として—」(『日本歴史』二五六)、芥川竜男『豊後大友氏』(新人物往来社)参照。

(3) 石井進氏は相模七郎を北条宗頼の子兼時に比定しておられるがその理由については特に示されていない。宗頼が相模七郎と称されたことは『吾妻鏡』にしばしばその例が見えるので宗頼に比定しておく。

(4) 石井前掲論文三四五ページ、川添昭二『注解元寇防塁編年史料』四二七ページ参照。

(5) 石井前掲論文三四六ページ参照。

(6) 『大分県史料』(九)、一三一ページ、石井前掲書三四六ページ参照。

(7) 「入江文書」建武元年十一月二十五日後醍醐天皇綸旨、「草野文書」建武元年十一月二十八日豊後国守護大友貞載施行状、「竹田津文書」建武元年十一月二十八日豊後国守護大友貞載施行状写、「草野文書」建武元年十一月三十日豊後国国宣、「竹田津文書」建武元年十一月三十日豊後国国宣、同建武二年三月二十六日竹田津道景請文。

(8)　石井前掲論文三四七ページ参照。
(9)　石井前掲論文三四六ページ参照。

(七)　日向国

島津忠久

「建久八年日向国図田帳」によれば、日向国島津庄一円庄二千二十丁、および寄郡千八百十七町臼杵郡伊富形十五丁・大貫十二丁、児湯郡宮頸三十丁、諸県郡穆佐院三百丁・救二院九十丁・真幸院三百二十丁、宮崎郡飫肥北郷四百丁・飫肥南郷百十丁・櫛間院三百丁等の地頭は島津忠久であったことが知られる。島津忠久がこのように広大な地頭職を有するに至った契機は、「島津家文書」元暦二年八月十七日源頼朝下文によって島津庄下司職に補任されたことにある。その後忠久は島津庄惣地頭と称されているが、(1) これにより忠久は在地庄官を統轄する地位を与えられたが、「或背忠久之下知、毎事令対捍之由、有其聞」(2)「嶋津庄々官等、不随惣地頭忠久下知」(3)とある如くその命令に従わぬ者が多く、幕府は忠久に命じて対捍の輩を注申せしめ、それらの者の所領を没収して忠久に与えたことが、多くの所領所職を保有する結果となったものと考えられる。しかし建仁三年忠久は比企能員に連座して、大隅・薩摩・日向国守護職を没収され、この時これら地頭職も共に没収されたものと思われる。その後鎌倉時代には日向国に島津氏はほとんど所領を有せず、没収された島津庄日向方の所領所職は北条氏一門が継承して領知したとされている。(4)

中原親能

「建久八年日向国図田帳」によれば、日向国島津庄寄郡柏杵郡新名五十丁・浮目七十丁、児湯郡新納院百二十丁・

調殿十六丁、および宮崎郡宮崎庄三百町等の地頭職を中原親能が有していたことが知られる。宮崎庄・調殿は宇佐宮領である。その給付の時期については確証はないが天野遠景が鎮西奉行を解任された後、建久八年までの間と考えられる（筑前国・肥前国・豊後国・大隅国・薩摩国中原氏参照）。

宇都宮信房

「建久八年日向国図田帳」によれば、宇都宮信房は八条女院領日向国国富庄内久目田八丁没官領地頭、および島津庄寄郡没官御領田代六十八丁を領知していたことが知られる。給付の時期および由来は不明（筑前国・豊前国・壱岐国宇都宮氏参照）。

伊東氏

日向国伊東氏は伊豆国伊東氏の系譜を引く東国御家人が土着したものとされている。この点疑問の余地はないと思われるが、所領給与の上限を建久年間に求め、「建久八年日向国図田帳」に故勲藤原衛門尉或いは故勲藤原左衛門尉不知実名とあるのを伊東氏に比定する『日向国史』の説や『日向記』所収「伊東文書」建久元年正月二十六日源頼朝下文により工藤祐経が日向国地頭職を勲功賞として宛行なわれたとする点については確証に欠ける。しかし「大光寺文書」永仁六年十月二十九日伊東祐教田地寄進状をはじめ多く伊東氏関係文書が存在することは、おそくともこの時点以前における伊東氏の日向国所領保有を裏付けるものであるが、一応給付の時期および最初に給付された人、由来は不明としておく（5）。

右馬助殿広時

五味克夫氏は「建久八年日向国図田帳」に前斎院領平群庄の地頭預所右馬助殿広時とある人物について、敬称を付

していることから東国御家人と推定しておられる。(6)

尾藤時綱

「桑幡文書」正安三年十二月二十四日関東寄進状によれば、幕府は異国降伏祈願のため、大隅国正八幡宮に御内人尾藤左衛門尉時綱領であった日向国臼杵郡田貫田を寄進していることから、尾藤時綱がそれ以前領知していたことがわかるが、給付の時期および由来については不明である。(7)「建久八年日向国図田帳」によれば多奴木田十丁は宇佐宮領となっている。

島津忠宗

「島津家文書」文保元年十二月二十一日将軍家政所下文により、島津忠宗（道義）は、肥後国菊池庄領家職の替として、日向国高知尾庄を宛行なわれており、その後代々島津氏の所領として相伝され、「藤野文書」応安七年六月日島津伊久代本田泰光申状によれば高知尾庄の安堵を求めている(8)（肥後国・薩摩国島津氏参照）。

北条泰家

「比志島文書」年月日欠足利尊氏・足利直義所領目録に「日向国富庄同」とあり、この「同」が北条泰家の旧所領を示す「同」であることは明らかであるので、この地が得宗領であったことは疑いない。その給付の時期は明らかではないが、得宗領が増加した鎌倉時代末期と考えられる。(9)

野辺久盛

五味克夫氏は「櫛間院地頭職相伝系図」に「先朝御代申披本領之由緒、建武元年三月廿一日為勲功賞、令拝領」とあることから、武蔵国野辺郷を本貫地とする野辺久盛が鎌倉時代末期に日向国櫛間院に所領を得て下向土着したものとされ、北条氏と被官関係を結び、その所職は地頭代官的所職であったものと考えておられる。[10]

益戸行直

五味克夫氏は「相良家文書」正和二年八月四日鎮西探題裁許状に、肥後国人吉庄南方地頭相良蓮道代道心と日向国穂北郷地頭代心生と所従の逃亡について相論した際、益戸四郎左衛門尉行直に命じて実否を尋問せしめているところから、常陸国茨城郡益戸村を本貫とする益戸氏がこの地に下向してきていたものとされている。他に所見はなく、勿論、給付の時期および由来等は不明である。[11]

注

（1）「島津家文書」文治三年五月三日源頼朝下文。

（2）「島津家文書」文治二年四月四日源頼朝下文。

（3）「島津家文書」七月十日関東御教書。

（4）日向国守護について、佐藤進一氏は島津氏が没収された後、北条氏一門に引継がれたとされたが（『鎌倉幕府守護制度の研究』二三一ページ）、石井進氏は時政―義時―重時―長時―義宗―久時―守時という重時流へ相伝されたものと推測されている（「九州諸国における北条氏所領の研究」三六六ページ）。五味克夫氏は北条守時が日向国守護兼島津庄日向方総地頭であったと述べられており（「日向の御家人について」二二ページ）、石井氏は更に建武元年七月、島津庄日向方の中心部南郷に起った北条氏与党の蜂起事件の張本人の中に守時の家人が含まれていたこと、「比志島文書」年月日欠足利氏恩賞地目録に「同（日向国）嶋津庄守時」とあること、『古文書纂』二、建武二年六月二十一日後醍醐天皇綸旨に嶋津庄日向方柏原別府幷新保地頭職が英時跡とあったこと等を挙げて、この地域が北条氏一門領であったことを論証しておられる（石井前掲論文三六六ページ）。

（5）故勲藤原左衛門尉を工藤祐経であるとする説について、五味克夫氏は「見解がわかれているが、やはり通説の伊東氏とするのに従っておきたい」と述べられており（五味前掲論文二ページ）、日高次吉氏もこの説を肯定しておられる（日高次吉『宮崎県の歴史』五五ページ）参照。

（6）五味前掲論文二ページ。なお五味氏は「建久八年日向国図田帳」に日向国諸県郡安楽寺領馬関田庄地頭須江太郎不知実名とある人物について、「相良家文書」建久八年閏六月肥後国球磨郡田数領主等目録写に蓮華王院領人吉庄政所で鎌倉殿御領五百丁の中百五十丁、公田九百丁の中豊永四百丁の中三百丁の地頭であった「藤原高家　字須恵小太良」と同一人物であろうと推定しておられる。やや疑点も残るし、たとえ同一人物であっても東国御家人であったかどうか不明であるので除外しておく。
（7）日高次吉編『日向国荘園史料』（一）七二ページ、石井前掲論文三六七ページ。
（8）日高前掲書高知尾庄参照。
（9）日高前掲書国富庄参照、石井前掲論文三六三ページ、五味前掲論文二三ページ参照。
（10）五味前掲論文二二ページ参照。
（11）五味前掲論文二三ページ参照。

（八）大隅国

島津忠久

「建久八年大隅国図田帳」により、島津庄新立庄七百十五丁、寄郡七百十五丁八段三丈の地頭は島津忠久であったことが知られる。しかし前述の如く、忠久は比企能員に連座して、建仁三年大隅国守護職を没収され、その後北条義時―名越朝時―時章と相伝されたと同様、島津庄大隅方地頭職も北条氏一族の名越氏一門に相伝されたらしい。名越時章が文永九年二月騒動により非業の死を遂げると、守護職は没収され、千葉宗胤がその職に補任されている。この時、一時島津庄大隅方地頭職も名越氏から没収されたらしいが、間もなく地頭職は名越氏に返されたらしい。

すなわち『薩藩旧記』所収調所氏譜祐恒伝建治二年八月日大隅国石築地役配符案によれば、島津庄新庄七百五十丁七十五丈、寄郡七百五十丁八段一丈の地頭職は名越尾張守公時が知行していたことが記載されており、「曽木文書」

嘉元三年九月二十六日鎮西裁許状に大隅国菱刈郡惣地頭名越遠江（公時）と見える。さらに弘安・正応年間島津庄大隅方肝付郡弁済使と地頭名越公時は、地頭代の非法をめぐって相論している。また石井進氏は「鹿屋文書」元徳二年八月日鹿屋院雑掌兼信申状に「当院惣地頭名越尾張孫次郎殿」とみえ、「牛屎文書」観応二年九月六日足利直冬下文に「肝付郡百参拾町名越尾張守跡」とあること、「深堀文書」建武四年十二月二十六日某下文案に「大隅国岸良村尾張前司高家跡事」とあることを論拠に、鎌倉幕府が滅亡するまで名越氏が地頭職を保持し相伝されたものとしておられる(1)（日向国・薩摩国島津氏参照）。

中原親能

「建久八年大隅国図田帳」によれば、中原親能が大隅国正八幡宮領千二百九十六町小の地頭であったことが知られる。しかし『吾妻鏡』元久元年十月十七日条によれば、源頼朝生存中に大隅国正八幡宮寺の訴によって、地頭職を停止していることがわかる（筑前国・肥前国・豊後国・日向国・薩摩国中原氏参照）。

注

（1） 石井進「九州諸国における北条氏所領の研究」三六八ページ。五味克夫氏は「文永九年、北条氏の一族争いにまきこまれて非業の最後をとげたのちも、地頭職についてはその後も時章・公時・時家・貞家・高家と相伝している。（中略）勿論名越氏は島津荘大隅方の惣地頭として郡・院・郷の地頭職を併せ有したといっても、名越氏自らが大隅に下向してきたわけではない。現地の荘務は一切代官に委任したことは勿論である」として名越氏の代官として肥後氏を挙げておられる（「鎌倉時代の御家人並びに島津荘大隅方の荘官について」『鹿児島史学』一二所収、「名越氏と肥後氏」『鹿児島中世史研究会会報』三〇所収）参照。

（九） 薩摩国

島津忠久

島津氏の出自については、在地土豪説、源頼朝落胤説等があり、にわかに断定する決定的史料に欠けるが、島津氏が鎮西以外の全国各地に散在する多くの所領所職を有していることは、島津氏の在地土豪説を否定するに足る傍証であり、鎌倉時代初期薩摩・大隅・日向・越前等の守護職および惣地頭等の重職を兼帯していること、さらに建仁三年比企能員の縁者として連座していることは、島津氏が東国有力御家人たることの証左といえる。よって源頼朝落胤説については知るべくもないが、頼朝側近の東国に出自を有する有力御家人と考える。島津忠久が薩摩国島津庄と関係を有することになったことを知る確証は、「島津家文書」元暦二年八月十七日源頼朝下文によって、忠久が島津庄領家近衛家の下文により島津庄下司職を安堵されたのを初見とし、同文治二年四月三日源頼朝下文によれば島津庄地頭に「先日以彼忠久令補任畢」とあり、同文治三年五月三日源頼朝下文には「島津庄惣地頭惟宗忠久」とある。「建久八年薩摩国図田帳」によれば島津庄一円御領および寄郡をはじめ各地に散在する弐千五百九十一丁六段の地頭職を有していたことが知られる。その後建仁三年比企能員に連座して薩摩国内の所領所職も没収されたが、翌々年の元久二年には薩摩国の所領所職のみ返付されていたことが知られる。(1) 島津氏の場合も忠久・忠時の二代は鎌倉にあってほとんど下向することがなく、三代の久経の時蒙古襲来に備えるため任国に下向したもので、その時期は建治元年とされている。その間は酒匂・本田・猿渡・鎌田・東条・中条氏等譜代被官が守護代として薩摩国の経営に当ったものとされている。(2) その後の薩摩国内の島津氏の所領所職の拡大、相伝・配分等については本稿では省略する。

千葉常胤

「島津家文書」文治二年八月三日源頼朝下文によれば、千葉常胤がこれよりさき島津庄寄郡五箇郡々司職に補任されていることがわかり、代官字紀太清遠の非道狼藉を停止することを命じている。五箇郡とは高城郡・東郷別符・入来院・祁答院・甑島のことである。「建久八年薩摩国図田帳」によれば没官領四百十一町二段の地頭として千葉常胤の名が見える。(3)「入来院家文書」建長二年四月二十八日関東裁許状によれば「故右大将家御時、千葉介雖給惣地頭、至名主職者、無相違」とあり、これらの地頭職は上総介秀胤が寛元四年六月七日に勘気を蒙って評定衆を除かれ、上総国に追放され、さらに翌年宝治合戦に連座して滅亡するまで相伝されたが、その後相模国御家人渋谷氏がこれにかわって入部した。したがって千葉氏は薩摩において広大な惣地頭職を給付されたにもかかわらず、代官支配による得分収取に終始し、土着して領主権の拡大を図ることがなかった。このことについて川添昭二氏は「常胤は源平合戦の勲功によって島津庄寄郡五箇郡の郡司職に補されたのである。ただその職の収取は得分だけであり、国司の下知に従わねばならないものであった。しかるに常胤の代官紀太清遠はその埒をこえてみだりに庄家に乱入して種々の非法を行なったとしてその狼藉を停められている。常胤の得た惣地頭職の本来的性格に根ざすものである」と指摘しておられる。(4)しかしこれは常胤が得た惣地頭職の特殊な例ではなく、鎌倉時代初期における惣地頭の一般的性格であった。したがって千葉氏が薩摩国に土着し領主権を伸張出来なかった主たる理由は、東国御家人が鎮西に有する所領支配形態が質的に変化する蒙古襲来後まで薩摩国内の所領を保持することが出来なかったことが千葉氏一族がこの地に土着・繁衍出来なかった原因と考えるべきであろう。

中原親能

「建久八年薩摩国図田帳」に「大隅正八幡宮御領二百二十五町内、一円御領荒田庄八十町鹿児嶋郡内地頭掃部頭」と見えるが、大隅国正八幡宮の神官僧侶の訴えにより、源頼朝生前に大隅国内の中原親能の地頭職が停止されたと同時に薩摩国の地頭職も停止されたものと考えられる。このほか「島津家文書」建久九年二月二十二日関東御教書により、島津忠久に惟澄所領が与えられているが、これは「前掃部頭知行惟澄所領」とあり、建久九年以前は中原親能が知行していたことがわかる。惟澄は平家に荷担して所領を没収された阿多氏一族と考えられる（筑前国・肥前国・豊後国・日向国・大隅国中原氏参照）。

鮫島宗家

「二階堂文書」嘉元三年六月日鮫島光家申状によれば、薩摩国阿多郡地頭職は、建久三年八月二十五日高祖父鮫島四郎宗家が拝領したものと陳じており、『薩藩旧記』前編巻一所収建久五年二月日関東下知状は宗家を薩摩方阿多郡地頭并八箇所名主職に補任しており、「建久八年薩摩国図田帳」によれば阿多郡公領没官領百九十五町四段、加世田別符内村原十五町没官領地頭佐女嶋四郎とある。(5) この阿多郡地頭職は、平家に味方して鎌倉幕府によって所領を没収された薩摩国住人阿多氏が領知したものと考えられる。その後阿多地頭職は南方と北方に二分され、北方を嫡子家高に譲与し、南方は庶子宗景に譲与されたらしい。その後「水引執印文書」宝治元年十月二十五日関東裁許状および関東御教書によれば、薩摩国新田八幡宮所司神官等は阿多郡北方地頭鮫嶋家高の非法を訴えており、幕府は家高の罪科遁れ難しと断じ、家高の地頭職を改補し、二階堂行久に与えており、鮫島氏は以後南方地頭職のみを保有している。(6)

二階堂行久

前述の如く鮫島氏より没収された薩摩阿多北方地頭職は、鎌倉幕府評定衆の一人である二階堂行久（法名隠岐常陸入道行日）に与えられた。その時期は不明であるが、「水引執印文書」宝治元年十月二十五日関東裁許状に「於阿多郡北方行願知行分地頭職者、被改補他人畢」とあるので宝治元年十月からさほど遠くない時期に二階堂行久に給付されたものと考えられ、建長元年には行久が薩摩国阿多郡北方地頭として鎌倉永福寺修理用途を沙汰すべきことを命じられている。(7)その後この地頭職は行久の二女藤原氏（尼忍照）に文永三年六月十日に譲られ、蒙古襲来に際し幕府が鎮西に所領を有する東国御家人に対し、速やかに器用の代官を差下し、異国防禦に従事すべきことを命じた時、正員地頭二階堂行景の後家忍照は子息三郎左衛門尉泰行を鎮西に下向せしめた。二階堂氏が鎮西に土着したのはそれ以後のことである（肥前国・豊前国二階堂氏参照）。

渋谷光重

相模国高座郡渋谷庄を本貫地とする渋谷光重は、宝治合戦に連座して薩摩国の所領所職を没収された千葉秀胤の後を襲って宝治合戦勲功賞として薩摩国入来院を給付され、子息定心をはじめ五人の兄弟に配分支配させたことが、この地に渋谷氏一族を繁衍させることになり、蒙古合戦に軍功をたて、恩賞地を給付されたことによって、その所領は筑前国にも散在することになった。渋谷氏の薩摩国入来院における発展については、既に多くの人びとによって論及されているので、本稿では省略する(8)（筑前国渋谷氏参照）。

小川季能

五味克夫氏は甑島の地頭であった小川氏は、所伝によれば元来武蔵国多西郡内小川郷の住人で相模国二宮を領していた小川小太郎季能が承久の乱の功により甑島を給付され、その子の季直の時下向土着したとされているが、恐らく宝治合戦の結果闕所地となった甑島の新地頭として補任され下向したものとしておられる。『高城沿革史』所収建長六年正月二十日関東下知状によれば、高城信久と小河季張が甑下島郡司職について相論し、小河季張が勝訴しているが、その中で信久は「宝治元年季張為新補之地頭、令混領之条無其謂云々」と陳じており、「凡常胤以後代々地頭之時、不帯各別証文之間、為地頭進止之条無異儀」として地頭の郡司職進止が承認されたものとされ、東国御家人の西国下向の一例としておられる。給付の時期および由来等について疑点がないわけではないが、東国御家人が土着したものであることは疑いないであろう。(9)

斑目泰基

斑目氏は橘姓であるが、「斑目系図」によれば、出羽国斑目郷住人斑目右馬助以広は、文治年間関東に参向して鎌倉御家人の身分を得たことになっている。斑目以広、その子惟広のことは『吾妻鏡』にも記事が見える。すなわち『吾妻鏡』元暦二年正月一日源頼朝が鶴岡八幡に参詣した際以広が供奉しており、橘大膳亮惟広以下一族は、宝治元年六月二十二日三浦泰村と共に宝治合戦で討死していることがわかる。「斑目文書」正応元年八月十一日渋谷行蓮譲状によれば「斑目兵衛二郎入道聖蓮ハ、為舎弟上、異国警固の代官として、忠をいたすあひた、薩摩国祁答院柏原の内、河口の野弁其内のあらひ新田弥源次入道作等をハ譲渡也」とある。行蓮は祁答院地頭渋谷重松のことであり、その舎弟とされている聖蓮は斑目泰基の法名とされている。泰基の養父惟基も宝治合戦に連座して所領を没収されている。

これらのことから、五味克夫氏は、宝治合戦で所領を没収された斑目泰基が、縁戚関係等何らかの縁故によって渋谷氏の庇護を受け、薩摩国祁答院へ下向土着し、所領を譲与されたものと推定しておられる。(10)

千竈時家

千竈氏の本貫地は尾張国千竈郷であったが、島津氏より島津庄寄郡河辺郡地頭職を召し上げて、得宗領とした北条貞時の被官として地頭代官職を領知し、さらに承久の乱の際京方に味方したため所領を没収された河辺郡司が有していた河辺郡司職を兼帯していた。「千竈文書」嘉元四年四月十日千竈時家譲状によれば、嫡子六郎貞泰に「さつまのくにかハへのこほり《(川辺郡)》のちとう御代官職ならひにくんし職の事、かうとのゝむら《(神殿村)》、きよミつのむら《(清水村)》、ミやしたのむら《(宮下村)》、たゝしこのにかむらハ母一このゝち、のまのむら《(野間村)》、いしはしりのむら、くへたのむら《(久恵田村)》、たのへのむら《(田辺村)》、たへたのむら《(田部田村)》、くすハらの大くほのむら、ミやのむら《(宮村)》、かこのむら《(鹿籠村)》、ハうのつ《(坊津)》、ならひにようさくふん、ゐほしかたはた、ハたそいたけたのまへ、かりやのそハ、次しま〳〵の事、くち《(口)》五嶋、わさのしま、きかいかしま、大しま」、次男経家に「さつまのくに、かハへのこほり《(川辺郡)》の内、おのゝむら《(小野村)》、なかたのむら《(永田村)》、ちしのむら、しもやまたのむら《(下山田村)》、ならひにようさくふん、まつの木田、次ゐらふのしま焉」、三男熊夜叉丸に「さつまのくにかハへ《(川辺)》の内、のさきのむら《(野崎村)》、ひらやまのむら《(平山村)》、かミやまたのむら《(上山田村)》、大とまり《(大泊)》の津、ならひにようさくふん、ひらやま《(平山)》に壱丁、次しまの事七嶋矣」、女子ひめくまに「さつまのくに、かハへのこほり《(川辺郡)》の内ふるとのゝむら《(古殿村)》はんふん、ならひにようさくふん、大みとう、次とくのしま、たゝし一このゝちハちやくし六郎さたやすかふんたるへし」、女子いやくまに「さつまのくに、かハへのこほり《(川辺郡)》の内、ふるとのゝむら《(古殿村)》はんふん、ならひにようさくふん、ミやした《(宮下)》のしやうくわうハうのあとの田壱丁、次やくのしまのしものこほり、たゝし一このゝちハちやくし六郎さたやすかふん」、いやくま母に「さつまのくに、かハへのこほり《(川辺郡)》の内、きよミつのむら《(清水村)》、ミやしたのむら《(宮下村)》、ならひにようさくふん、かミやまたのその《(上山田薗)》の田たゝし一このゝちハミなちやくし六郎さたやすかふんたるへし」などを譲っているので、嘉元四年以前に川辺郡および南西諸島に散在する所領所職を有していたことが知られる。(11) この千竈氏は鎌倉幕府滅亡の際も北条氏と運命を共にすることなく、同郡在地領主として薩摩国の南朝方として活躍している。(12) しかし「二階堂文書」観応三年正月二十一日足利直冬下文によれば、「薩摩国河辺郡地頭職得宗跡」が二階堂行存に勲功賞として与えられているので、得宗領の部分は没収されたものと思われる。(13)

大井小四郎

大井氏は紀姓で、武蔵国荏原郡内大社、永富郷を本貫地とし、大井兵衛次郎実春については、『吾妻鏡』元暦元年三月二十二日条に、伊勢国の平家追討の命を受けているのを初見としてしばしばその名が見えるが、「大井文書」延慶三年四月三日平行重譲状案によって、大井小四郎が伊勢国鹿取上郷の所領と共に薩摩国祁答院柏原内平河の所領を領知していたことが知られる。大井氏は祁答院地頭渋谷氏と縁戚関係で結ばれていたところから、斑目氏の場合と同様祁答院に所領を有するようになったものと思われる。(14)

相模六郎時敏

石井進氏は「島津家文書」康永二年三月二十六日足利尊氏袖判下文により、島津宗久が越中国田中保惣領分同国横江三郎入道跡の替として、薩摩国加世田別符を宛行なわれているが、この地が「相模六郎時敏跡」とあることに注目され、姓を欠くこと、および名前などから類推して北条氏一族であるとされた。そして元応二年には島津一族が加世田別符の地頭を保持していた形跡があるので、北条氏一門領となったのは、元応二年以後元弘以前であるとされている。(15)

注

(1) 佐藤進一『鎌倉幕府守護制度の研究』一七六ページ参照。
(2) 五味克夫「薩摩国守護島津氏の被官について」(『鹿大史学』一二所収)参照。
(3) 千葉常胤が給付された四百十一町二段の地頭職の内訳については、五味克夫「薩摩国建久図田帳雑考」(『日本歴史』一三七)参照。
(4) 川添昭二「肥前千葉氏について」(森克己博士還暦記念論文集『対外関係と社会経済』所収)三〇九ページ参照。
(5) 五味前掲論文参照。

(6) 鮫島氏は駿河国富士郡鮫島を本貫地としているが、『吾妻鏡』治承四年八月二十日条に、源頼朝が伊豆国を進発して相模国土肥郷に赴いた際、扈従した輩は伊豆・相模両国御家人許であったとあるが、その扈従輩の交名の中に鮫島四郎宗家の名が見え、さらに元暦元年六月十七日条に宗家は頼朝の御前に召されて右手の指を切らされているが、これはその前日の一条忠頼暗殺の際、御方討の罪科があったためとされている。このように宗家は頼朝の挙兵以来側近の御家人であったことがわかる。東郷義弘「薩摩国の鮫島氏と二階堂氏について」(『史創』六)参照。

(7) 「二階堂文書」建長元年八月九日関東御教書。

(8) 井ヶ田良治「南九州における南北朝内乱の性格」(『日本史研究』一七)、阿部猛「鎌倉幕府の成立と南九州―薩摩国における渋谷一族を中心に―」(『北海道学芸大学紀要』一二の一)、同「南北朝―戦国の動乱と辺境武士団―薩摩における渋谷一族を中心として―」(『北海道学芸大学紀要』一四の二)、永原慶二「中世村落の構造と領主制」(『中世の社会と経済』所収)、石村みち子「地頭職相伝上に於ける女性の地位―入来文書を中心に―」(『国学院雑誌』六二の一一)、五味克夫「入来院山口氏について」(『鹿大史学』一一)、佐川弘「中世入来院領における在地構造の変質(上・下)」(『史学雑誌』七三の四・六)、杉山博「相模国高座郡渋谷庄について」(『史苑』二五の三)、五味克夫「東国武士西遷の契機―薩摩国の場合―」(『歴史教育』一六の一二)。

(9) 五味克夫「薩摩の御家人について」(『鹿大史学』六)、同「薩摩国甑島地頭小川氏の史料」(『鹿大史学』一〇)、同「東国武士西遷の契機」参照。

(10) 五味克夫「薩摩国祁答院一分地頭斑目氏について―斑目文書の紹介を中心に―」(『鹿児島大学文学科論集』四)、同「東国武士西遷の契機」参照。

(11) 五味克夫編「長島千竃文書」(『鹿児島県史料拾遺』一〇)、石井進氏は「九州諸国における北条氏所領の研究」で「しかし口五島・七島以下の南島諸島に該当すると思われる十二島地頭職は忠久以後、忠久―忠義(忠時)―久時(久経)―忠宗―貞久―生松丸(宗久)へと嘉禄から元徳にいたるまで相伝されており、千竃時家処分状の記載と矛盾することは問題である。この点はしばらく疑問としておきたい」としておられるが、千竃氏が有した南西諸島の所領所職はいずれも地頭職とは明記されておらず、島津氏が地頭職を有していたとしても一向差支えないのではないかと考える。石井前掲論文三六九ページ参照。

(12) 五味編前掲書解説参照。
(13) 石井前掲論文三六九ページ参照。
(14) 五味克夫「薩摩祁答院一分地頭斑目氏について」、同「東国武士西遷の契機」参照。
(15) 石井前掲論文三七〇ページ参照。

〔一〇〕 壱岐国

宇都宮盛房

「比志島文書」弘安九年閏十二月二十八日岩門合戦勲功地配分注文によれば、宇都宮盛房に対し、岩門合戦勲功賞として、壱岐瀬戸浦預所職が配分されている。盛房は宇都宮通房の二男であり、薩摩太郎左衛門尉と号した（筑前国・豊前国・日向国宇都宮氏参照）。

〔付　表〕

氏名	本貫地	所領所職	給付年	給付理由
氏名不詳		筑前国怡土庄地頭職	↑文治六	
武藤資頼	武蔵	〃　糸島郡他	建久	奥入合戦勲功賞
内舎人大江某		〃　野坂庄惣地頭	↑建暦二	
三浦泰村	相模	〃　宗像庄預所職	承久三	承久乱勲功賞
中野助能	信濃	〃　勝木庄	↑寛喜二	〃
中原親能	鎌倉	〃　宗像郡東郷村地頭職	↑承元二	
麻生時家	下野	〃　山鹿庄・麻生庄・野面庄上津役郷地頭代	↑建長元	
結城朝光	下総	〃　小島庄	宝治元	宝治合戦勲功賞

河野通有	伊予	〃　弥富郷	↑弘安八	
大友頼泰	相模	〃　怡土庄志摩方三百町惣地頭	↑弘安九	蒙古合戦勲功賞
宇都宮通房	下野	〃　小山田村金田六郎左衛門尉跡	↑弘安九	〃
渋谷重郷	相模	〃　今原寺今井手地頭職	↑弘安九	〃
詫磨時秀	大友一族	〃　志登社地頭職	弘安九	〃
渋谷有重跡	相模	〃　早良郡比伊郷地頭職	正応元	〃
渋谷致重跡	相模	〃　下長尾田地	正応元	〃
志賀泰朝	大友一族	〃　三奈木庄地頭・預所両職	正応元	〃
深堀時光	上総	〃　長淵庄田地屋敷	正応元	〃
田原基直	大友一族	〃　怡土庄田地屋敷畠地	正応三	〃
片穂惟秀	陸奥	〃　嘉麻郡綱別庄内小法師丸名幷金丸別分職	↑正応五	
由利頼久	陸奥?	〃　小中庄地頭職	正和三	
大仏維貞	北条氏一門	〃　怡土庄	↑元弘	
和田義盛	相模	筑後国三瀦庄地頭	↑文治五	
天野遠景	伊豆	〃　上妻庄内蒲原次郎丸惣地頭職	↑建久四	
相良宗頼	遠江	〃　高橋村大塚村三十三丁		
相良頼平	遠江	〃　三池郡玉村・今村・山崎村・中浦村		
大友能直	相模	〃　瀬高庄内鷹尾別符一在・倉光名	↑貞応二	
名越朝時	北条氏一門	〃　河北庄地頭職	貞応二―嘉禄三	
中野助能	信濃	〃　高津・包行名	寛喜二	承久勲功賞替
多賀江光村	武蔵	〃　瀬高下庄内小犬丸名田畠鷹尾別符中嶋屋敷地頭職	寛元二	
深堀能仲	上総	〃　三池庄北郷内甘木村東西深浦村地頭職	建長二	承久勲功賞替
横溝資重	陸奥	〃　三潴庄内高三潴村地頭職	正元元	
安芸師時	大友一族	〃　竹野庄内得久・金丸名主職三池南郷内田畠地頭職	弘安二	

田原泰広	大友一族	筑後国田口村地頭職	弘安二	岩門合戦勲功賞
武藤盛資	武蔵	〃　竹井庄領家職	弘安九	
安富頼泰	鎌倉	〃　瀬高庄鷹尾別符中嶋屋敷	正和四	
名越宗長	北条氏一門	〃　三原庄東郷西郷		
天野遠景	伊豆	肥前国佐嘉御領惣地頭	↑建久四	
千葉常胤	下総	〃　小城郡	文治	
氏名不詳		〃　彼杵庄惣地頭	建久	
天野政景	伊豆	〃　河副庄惣地頭	↑承元二	
相良宗頼	遠江	〃　寺井		
三浦泰村	相模	〃　神崎庄地頭	承久三	承久勲功賞
野本行員	武蔵	〃　高来東郷地頭職	↑承久三	
野本時員	武蔵	〃　高来西郷地頭職	↑承久三	
中原季時	鎌倉	〃　長島庄惣地頭	↑貞応二	
橘公業	鎌倉	〃　長島庄上村惣地頭	↑嘉禎四	
二階堂基行	相模	〃　松浦郡鏡社	↑仁治元	
越中政員		〃　高来東郷惣地頭	↑寛元四	
武藤資能	武蔵	〃　与賀庄地頭	↑建長三	
安富頼清	鎌倉	〃　高来深江村小地頭	建長六↓	
深堀能仲	上総	〃　彼杵庄戸町浦地頭職	建長七	
北条時宗	北条氏一門	〃　安富庄地頭職	建治三	
武藤景資	武蔵	〃　那久野村地頭職	↑弘安八	
河野通有	伊予	〃　神崎庄小崎郷	弘安八	
北条時定	北条氏一門	〃　高来西郷山田庄領家・惣地頭両職	↑弘安九	蒙古合戦勲功賞
詫磨泰秀	大友一族	〃　神崎庄田地屋敷畠地	正応二	〃

安富頼泰	鎌倉	〃 神崎庄竹村郷内屋敷	↑正和四	
島津忠宗		〃 松浦庄内早湊村福万名地頭職	文保元	
越後孫四郎	北条氏一門	〃 西坊所保	↑文保二	
大江広元	鎌倉	肥後国山本庄	文治二	
相良頼景	遠江	〃 泉新庄内山井名	文治	
大江広元	鎌倉	〃 球磨郡五百丁預所	建久三	
北条時政	北条氏一門	〃 阿蘇社領	建久七	
大友能直	相模	〃 鹿子木東庄内村々田畠等	建永元	
尼御前	北条氏一門	〃 人吉庄北方	寛元二	
小代重俊	武蔵	〃 野原庄地頭職	宝治元	宝治合戦勲功賞
北条時宗	北条氏一門	〃 安富庄地頭職	建治三	
武藤入道某	武蔵	〃 相良領	↑弘安九	
橘薩摩公阿	鎌倉	〃 求磨郡内久米郷半分地頭職	正応元	
安富頼泰	鎌倉	〃 大野別符内岩崎村地頭職	嘉元三	
島津忠宗		〃 菊池庄領家職	↑文保元	
葛西某	北条氏一門	〃 葦北庄佐敷・久多良木両浦	↑文保二	
島津忠宗		〃 天草島六ヶ浦	↑元亨元	
規矩高政	北条氏一門	〃 大浦・皆代地頭職	↑元弘三	
宇都宮信房	下野	豊前国伊方庄地頭他	建久三	
武藤資能	武蔵	〃		
相良長頼	遠江	〃 上毛郡成恒名地頭職	宝治三	宝治合戦勲功賞
下総三郎		〃 門司関	↑文永	
田原泰広	大友一族	〃 入学寺	弘安二	
金沢実政	北条氏一門	〃 規矩郡	弘安二頃	

二階堂泰行	相模	豊前国金田庄内金田村地頭職幷菊池九郎次郎高貫跡	嘉元二	
島津忠宗		〃 副田庄（副田三郎二郎種信跡）	文保元	
糸田貞義	北条氏一門	〃 糸田庄	↑元弘	
大仏家時	北条氏一門	〃 吉田庄	↑元弘	
北条泰家	北条氏一門	〃 宇佐郡御沓村・上野村地頭職	↑元弘三	
備前兵庫頭入道宗演	北条氏一門	〃 平嶋	↑元弘三	
中原親能	鎌倉	豊後国大野郡大野庄	↑承元二	
大友能直	相模	〃 （省略）	↑承元二	
平林頼宗	信濃	〃 毛井社地頭職	嘉禎二	承久勲功賞
相模七郎殿母御前辻殿	北条氏一門	〃 国東郡安岐郷成久名三十七町	↑弘安八	
八十島頼忠	伊賀	〃 国東郡田原郷小野一万名十町	↑弘安八	
名越公時	北条氏一門	〃 国東郡田染郷吉丸名二十一町	↑弘安八	
信濃伊勢入道殿跡		〃 国東郡三百町地頭職	↑弘安八	
名越宗長	北条氏一門	〃 速見郡石垣庄別符六十町	↑弘安八	
北条貞時	北条氏一門	〃 速見郡日出津島七十町地頭職	↑弘安八	
工藤致清	遠江	〃 速見郡山香郷広瀬六十六段大	↑弘安八	
川村清秀	相模	〃 大分郡稙田庄千歳名十八町	↑弘安八	
三浦介		〃 大分郡高田庄二百町内百八十町地頭職	↑弘安八	
畠山重末		〃 大分郡阿南庄吉藤名七段	↑弘安八	
市川宗清	甲斐	〃 大分郡笠和郷国分寺十町地頭	↑弘安八	
相模四郎左近大夫	北条氏一門	〃 大分郡笠和郷国分寺内地頭	↑弘安八	
駿河前司入道	北条氏一門	〃 海部郡臼杵庄二百町領家前殿下地頭職	↑弘安八	
北条貞時	北条氏一門	〃 海部郡国領佐賀郷百五十町地頭	↑弘安八	
新田陸奥守	上野	〃 大野郡三重郷百八十町	↑弘安八	

相模三郎入道殿女子	北条氏一門	〃　大野郡井田郷八十町五段地頭職	↑弘安八
大鷹頼胤	上野	〃　日田郡大肥庄六十町地頭職	↑弘安八
川越安芸前司		〃　国東郡香賀地庄地頭	↑弘安八
遠江式部大夫女子		〃　来縄郷福成名	↑元弘三
規矩高政	北条氏一門	〃　玖珠郡岩室村地頭職	↑元弘三
島津忠久		日向国島津庄寄郡惣地頭	↑文治二
中原親能	鎌倉	〃　島津庄寄郡・宮崎庄地頭	↑建久八
宇都宮信房	下野	〃　没官領地頭	↑建久八
伊東氏	伊豆	〃	
右馬助殿広時		〃　平群庄地頭預所	↑建久八
尾藤時綱		〃　臼杵郡田貫田	↑正安三
島津忠宗		〃　高知尾庄	文保元
益戸行直	常陸	〃	↑正和
北条泰家	北条氏一門	〃　国富庄	↑元弘三
北条英時	北条氏一門	〃　島津庄日向方柏原別府新保地頭職	↑元弘三
野辺久盛	武蔵	〃　櫛間院	↑元弘三
島津忠久		大隅国島津庄寄郡惣地頭	↑文治二
中原親能	鎌倉	〃　正八幡宮領千二百九十六町三段小地頭職	↑建久八
名越公時	北条氏一門	〃　島津庄寄郡惣地頭	↑建治二
島津忠久		薩摩国島津庄・寄郡惣地頭	↑文治二
千葉常胤	下総	〃　島津庄寄郡五箇郡司職	↑文治二
中原親能	鎌倉	〃　大隅正八幡宮領荒田庄地頭	↑建久八
中原親能	鎌倉	〃　惟澄所領	↑建久九

鮫島宗家	駿河	薩摩国阿多郡地頭職	建久三	
二階堂行久	相模	〃　阿多郡北方地頭職	宝治元↓	
渋谷光重	相模	〃　入来院	宝治	宝治合戦勲功賞
小川季能	武蔵	〃　甑島郡司職	宝治	
斑目泰基	出羽	〃　祁答院柏原内河口野	宝治↓	
千竈時家	尾張	〃　島津庄寄郡河辺郡地頭代・郡司職	↑嘉元四	
大井小四郎	武蔵	〃　祁答院柏原内平河	↑延慶三	
相模時敏	北条氏一門	〃　加世田別符	元応二↓	
宇都宮盛房	下野	壱岐国瀬戸浦預所職	弘安九	岩門合戦勲功賞

本表作成については、東国御家人が鎮西において本拠とした国（例えば武藤氏の筑前、大友氏の豊後・肥後、島津氏の薩摩、相良氏の肥後、宇都宮氏の豊前、深堀氏の肥前等）における一族の所領については、最初に所領給与を受けた者、およびその所領のみを掲げ、その後に獲得した所領などについてはすべて省略した。ただし本拠とした国以外の鎮西各国に散在する所領については網羅的に掲示してある。また同一所領が他氏族の東国御家人間に相伝されている場合も、原則として最初に給与された者のみを掲げ他は省略してある。ただし特に掲示の必要ありと認めたものについては掲示したものもある。最初の被給与者および給付年代不明の場合は知り得る上限の者および年代をもって示し、↑印を付してある。

（一一）　鎮西下向東国御家人の問題点

以上各国別に鎌倉時代鎮西に所領を給付された鎮西以外に本貫地を有したと見られる御家人について網羅的に検出を行なってきたが、全体を通じて見られる特徴的現象および問題点を概観指摘しておきたい。それに先だち注意を喚起しておきたいことは、このような網羅的検出作業において、常に問題となることは、今日現存する史料に基づいてなされることによる、史料残存の遇然性と残存史料が全体のきわめて一部に過ぎないという限界性の問題である。しかしこのことは歴史学一般の問題であり、ここだけの問題ではない。したがって今日残存する史料という前提に立って網羅的に検出したものであって、実際に鎮西以外に本貫地を有する御家人で鎮西に所領給与を受けた者は、これまで検出したものをはるかに上廻るであろうことは言うまでもない。したがってこれから論ずることは、これまで検出した家々を前提として論じたものであることをことわっておく。

第一に特筆さるべきことは、これまで検出した重複を含めた約百三十の鎮西以外に本貫地を有すると考えられる鎮西に所領を有する御家人中、本節のはじめにおいても触れたように、筑前国弥富郷・肥前国神崎庄小崎郷を給付されている伊予国御家人河野通有、豊後国国東郡田原郷小野一万名十町を給付されている伊賀国御家人八十島頼忠、薩摩国島津庄寄郡河辺郡地頭職および同郡司職を給付された尾張国御家人千竈時家の三例を除いて、他はすべて鎌倉時代における東国と西国の境とされた尾張国より東の東国御家人によって、鎮西下り衆が占められていることである。

かかる現象は鎮西に限らず全国的に認められる現象であり、このことは鎮西における所領所職が、東国御家人に対する所領給与の対象地に供されたことが知られ、消極的には鎌倉幕府の東国御家人に対する優遇策の一環であり、積極的には平氏の地盤であった鎮西に対し、東国御家人を配置することによって、鎌倉幕府が全国統治を推進しようとした政策の一端として理解することができよう。

逆に鎮西御家人が鎮西以外に所領給与を受けた例はない。したがって鎌倉幕府の御家人に対する所領給与はきわめて政治的意図に基づいて行なわれたことがわかる。

次に下り衆の鎮西に所領給与を受けた理由について考察すれば、先述の如く明確な由来の不明の者も少くないが、その理由のわかった者については、次の如き類型に分類して考えることが出来ると思う。

(イ)鎌倉幕府の鎮西支配のための何らかの特殊権限を付与され、その経済的基盤として給与されたもの
(ロ)源平争乱勲功賞
(ハ)奥入合戦勲功賞
(ニ)承久乱勲功賞
(ホ)宝治合戦勲功賞
(ヘ)蒙古合戦勲功賞
(ト)岩門合戦勲功賞
(チ)蒙古襲来に備え東国御家人土着化の経済的基盤強化のため給付されたもの
(リ)得宗領拡大政策の一環として給付されたもの(1)

(イ)の典型的例としては、鎌倉初期鎮西奉行天野遠景が筑後国上妻庄内蒲原次郎丸惣地頭、肥前国佐嘉御領惣地頭を給付されていたこと、および中原親能が天野遠景解任後上記惣地頭職を相伝し、さらには豊後国大野庄・日向国島津寄郡一分地頭・大隅国正八幡宮領地頭・薩摩国正八幡宮領地頭を有していたことなどがあげられ、これは彼らが鎮西に有した特殊権限に対する経済的基盤として給付されたものと考えられる。さらに守護設置後において、豊後国守護大友氏、筑前・豊前・肥前国守護武藤氏、薩摩・大隅・日向国守護島津氏、大隅国守護名越氏、肥前国守護北条時定、肥後国守護規矩高政等がいずれも各管国内にそれぞれ地頭職を有していたことが検出されたことは、鎌倉時代における守護の経済的基盤を考える上での材料となる。一方鎌倉末期に設置された鎮西探題の場合は、北条氏一門とし

て鎮西に所領を有した者が鎮西探題に就任した例は認められるが、特に鎮西探題領と認めらるべき所領の検出がなかったことは注目さるべき点であり、共に今後の研究課題として残されている問題である。なお鎌倉幕府が鎮西支配のための何らかの特殊権限を付与し、その経済的基盤として所領を給与した場合、一般的傾向として、鎌倉時代初期においては、惣地頭職の頻繁な交替によってもわかるように、所領は特殊権限に付随したものとして相伝される傾向が強かったが、鎌倉中期以後は、特殊権限に対して給付された所領が、特殊権限を解任された後も家領として一族間に相伝される傾向があったように思われる。勿論これは一般的傾向であり、例外も認められるので、結論は保留するが、今後鎌倉武士団の領主制の問題とも関連して究明さるべき問題と考える。

(ロ)の典型的例としては、豊前国伊方庄地頭職と日向国没官領地頭を給与された宇都宮信房、薩摩国島津庄寄郡五箇郡司職を給与された千葉常胤、薩摩国阿多郡地頭職を給与された鮫島宗家などをあげることが出来るが、その対象地は平家没官領および平家与同者所領を宛てられていることは当然のことである。(ハ)(ニ)(ホ)(ヘ)(ト)については各項において述べており特に重複して説明するまでもないが、(チ)の具体的例としては、二階堂泰行に対する豊前国金田庄内金田村地頭職幷菊池九郎次郎高貫所領の給与をあげることができる。蒙古襲来後、鎮西在地御家人に対する新規の所領給与は、蒙古合戦勲功賞配分および岩門合戦勲功賞配分以外は行なわれていない。蒙古合戦勲功賞配分は、東国御家人・鎮西御家人を問わず、大友・武藤氏連署配分状および鎮西探題配分状によって給付されている。ところが二階堂泰行に対する所領給与は、嘉元二年五月二十六日関東下知状の形式によって、鎌倉幕府が直接宛行なっている。正応以後鎌倉幕府が直接関東下知状および将軍家政所下文の形式によって所領給与が行なわれた例としては、二階堂泰行の場合以外にも、橘薩摩公阿に対する肥後国求磨郡内久米郷半分地頭職の給付、および島津忠宗に対する日向国高知尾庄・肥前国松浦庄内早湊村・肥前国福万名地頭職・豊前国副田庄の給付の例がある。これらの被給付者がいずれも東国御家人であることが注目され、鎌倉幕府の鎮西下向東国御家人に対する配慮より発していることは明らかであろう。これは蒙古合戦勲功賞に漏れた者に対する追賞とも考えられるが、給付に際し蒙古合戦勲功賞と明記されていないこと、東国下向御家人に限られていることなどから、東国下向御家人を鎮西に土着せしめて、異国警固に専念させるための鎌倉幕府の政策の一端を示すものと考え、蒙古合戦勲功賞とは区別して考えたい。特に島津氏は同じ鎮西に守護職を有しながら大友・武藤氏（少弐氏）に比較して最も鎮西下向土着がおくれていたことから、島津氏の鎮西土着に特別の配慮がなされたものと思われる。

次に各国別の分布状態を見れば、豊後国に最も多くの東国御家人の所領が検出されている。このことは豊後国に「弘安八年豊後国図田帳」が存在し、それ以外の国については、薩摩・大隅・日向三ヵ国の建久八年の各図田帳が存在するのみで、他の国々については完全な図田帳・大田文が存在しないため脱漏があることに基因しているとも考えられる。しかし元来豊後国が関東御分国であったことが、豊後国に多数の東国御家人領が存在した理由ではないかと考えられる。また北西部各国には零細な東国御家人領が多数散在しているのに対し、日向・大隅・薩摩のいわゆる奥三国には少数の東国御家人が広大な所領を占めていたことが顕著な現象として認められる。このことは鎌倉時代における両地域の所領の分解の問題とも関連している問題と考えられる。

次にこれら東国御家人の所領支配形態について見れば、鎮西に所領給与を受けた東国御家人で、惣領が一族を率いて実際に下向した例はほとんどなく、鎌倉初期において下向土着したと思われるのは武藤氏のみではなかったかと思われる。他の東国御家人は鎮西に所領給与を受けても、惣領は東国にあって下向せず、代官支配方式と庶子配分支配方式によって、遠隔地所領の支配を行なうのが一般的方式であった。一般的に言えば、広大な所領給与を受けた者が、庶子配分支配方式を行ない、狭小な所領の給与を受けた者が代官支配方式を行なったと言える。

東国御家人の代官は、北条氏得宗領のように広大な所領が存在する場合は、得宗被官である片穂氏・千竈氏の如く東国より派遣されて地頭代官の職務を遂行し、終にはそのままその地に土着した者もあるが、多くは被官化した在地御家人を地頭代として採用した場合が多い。このような代官支配方式による所領は、単なる経済的得分の収取の対象たるに止まり、その地に土着して領主制を確立する点に欠ける憾みがあったことは否定出来ず、在地領主層の抵抗に遭遇すれば、たちまち不知行となり、進止権の行使が不可能となる危険性が存在していた。

一方、庶子配分支配方式の場合は、庶子が在地してその地に領主権を確立し、所領の拡大に努め、一族が繁栄する反面、庶子家が惣領家より独立分離する傾向が認められる。しかし零細な所領給与を受けた東国御家人の場合は、たとえ庶子配分支配方式の方がすぐれていることがわかっていたとしても、代官支配方式に頼らざるを得なかったであろう。したがって庶子配分支配方式を行なうことが可能なのは、武藤氏・大友氏・島津氏・宇都宮氏の如く、鎮西に広大な所領を給与された者に限られていた。しかも庶子配分支配方式の利点により、益々所領の拡大を図ったので、代官支配方式に頼る東国御家人との所領の差は広がることになり、領主制確立の点でも両者の間に大きな格差が生じることとなった。

鎌倉初期における武藤・大友・島津氏の鎮西支配方式を比較した場合、東国御家人の遠隔地所領支配の三つの典型的型が示されていると思う。

武藤氏型　　惣領鎮西下向　　庶子配分

大友氏型　惣領在東国　庶子配分
島津氏型　代官支配(2)

鎮西在地における領主権の伸張の観点からすれば、武藤氏型が最も有利であり、ついで大友氏型がこれに次ぎ、島津氏型が最も不利な立場にあったことは言うまでもない。このことは現実に鎌倉時代における三者の鎮西在地における支配関係の差として歴然と現われる結果となっている。

鎮西に狭小な所領給与を受けた東国御家人が大友氏型もしくは島津氏型の所領支配形態を余儀なくされたことは当然のことであった。しかし蒙古襲来は、東国御家人の鎮西における所領支配形態をも一変させることになったのである。すなわち鎌倉幕府の鎮西に所領を有する東国御家人の鎮西下向土着化策は、島津氏型より大友氏型、さらに大友氏型より武藤氏型への支配形態の転換を余儀なくさせたのである。この一事をもってしても蒙古襲来の社会的変革に与えた影響は深く大きく、かつ多方面に及んでいたことが知られる。

鎌倉幕府の積極的意図による東国御家人に対する鎮西所領給与にもかかわらず、鎌倉初期には東国御家人の顕著な移住土着化が行なわれず、蒙古襲来という非常事態に対処するための幕府の緊急命令によってようやく東国御家人の鎮西下向土着化が活発化したことは、鎮西が関東より遠く離れた辺境の地に存在するという地理的条件と共に、鎌倉時代における細分化された鎮西在地土豪層の所領の存在形態、および蒙古襲来後下向した東国御家人の鎮西における困難に満ちた領主制の展開過程にも示されている如く、フロンティア的要素は既に鎮西の地には失われつつあったためと思われる。河合正治氏は東国御家人の西遷の原因について、芸備両国に移住した東国武士団について考察され、東国における領主制の展開が壁に突き当たり、西にフロンティアを求めて移住したとの説明を行なわれている。(3)

この点東国における領主制の限界説については今後さらに実証的考察の必要がある問題であるが、筆者は鎮西に関する限り、東国御家人をして鎮西下向を余儀なくせしめたものは、東国御家人の経済的要因に基づくものというより、むしろ鎌倉幕府の権力を背景とした積極的政治的・軍事的意図を契機として行なわれたものであることを指摘したい。この筆者の主張に対し、外山幹夫氏は大友氏の場合を考察されて東国御家人の自主移住説の立場に立って筆者の説を批判され、(4)その後芥川竜男氏も外山氏の説に賛同された。(5)芥川氏は外山氏の筆者に対する批判の要点を次の四点にあるとしておられる。便宜引用すれば次の通りである。

①幕府には、御家人の利益保護者としての重大な側面があり、御家人の意志と無関係に他に移住することを命ずるほどの強制力をもっていたか、この点は疑わしい。

②移住を達成した御家人について、地頭職を得てから移住するまでの時期をみると、恣意性に富み、法則性を認め難い。

③移住の時期についてみると、鎮西においてはかつて平家の基盤であったことからみて、瀬野氏の主張する「積極的政治的軍事的意図」による移住であるならば、鎌倉初期においてこそ多いはずが、実際の移住は鎌倉中期以降に盛んになっている。

④関東にあっては、それほどの豪族的領主でなかった者が、移住してから以後は大きな封建領主に成長している。

この四点を挙げておられる。

この点について筆者の見解を述べることにするが、これらの批判点の中には筆者の説に対する若干の誤解に基づくものもある。筆者は鎌倉幕府の東国御家人に対する所領給与即東国御家人の鎮西下向を求めたものとは考えていないことである。勿論、東国御家人に対する平家の基盤であった鎮西の所領の給付に政治的・軍事的幕府の意図があったことは疑いない事実である。しかし筆者が東国御家人の移住の契機となった原因として挙げている「積極的政治的軍事的意図」とは鎌倉時代初期における所領給与を指しているものではなく、蒙古襲来に備えて幕府が鎮西に所領を有する東国御家人に対する下向命令を指していることをまず明らかにしておきたい。

①の批判に対しては、左記の如き関東御教書が「小代文書」「二階堂文書」に存在することを指摘することによって答としたい。

蒙古人可襲来之由、有其聞之間、所差遣御家人等於鎮西也、早速自身下向肥後国所領、相伴守護人、且令致異国之防禦、且可鎮領内悪党者、依仰執達如件、

文永八年九月十三日

相模守（北条時宗）（花押）

左京権大夫（北条政村）（花押）

小代右衛門尉子息等

蒙古人可襲来之由、有其聞之間、所下遣御家人等於鎮西也、早速差遣器用代官於薩摩国阿多北方、相伴守護人、且令致異国之防禦、且可鎮領内之悪党者、依仰執達如件、

文永八年九月十三日

相模守（花押）

左京権大夫（花押）

阿多北方地頭殿

この指令を受けてそれまで鎮西に下向していなかった鎮西に所領を有する東国御家人が鎮西に下向するようになった点は外山氏も認めておられるのであるから「御家人の意志と無関係に他に移住することを命ずるほどの強制力」をもっていたか否かの外山氏の疑問は解消するものと考える。「小早川家文書」正安元年六月七日関東裁許状によれば、庶子小早河一正丸は「去建治二年為異国警固、可相向之旨、被仰下之間、令居住西国所領畢」と述べ、惣領小早河仏心も「建治二年仏心同可発向之由、被仰下云々、爰嫡庶西国居住之条勿論」とあり、小早川氏の場合、嫡庶共に、建治二年の異国警固のため西国所領に下向すべしとの幕府の命令に応じて下向したことが明らかであり、「二階堂文書」元徳元年十二月二十五日鎮西探題裁許状によれば、二階堂氏の場合も「為異賊警固、可差下子息隠岐左衛門入道々忍于時在俗行存亡父於鎮西之由、正応五年依被成御教書道忍下向」とあることによって明らかである。

②の地頭職を得てから移住するまでの時期をみると、恣意性に富み、法則性は認め難いとされる点、どの時点で移住を達成したとするか、その判定はなかなか困難であるが、所領の配分をもって移住と考えられないことは勿論であり、恣意性に富んでいることは当然であるが、外山氏自身も認めておられるごとく蒙古襲来を契機として、東国御家人の鎮西下向土着が推進されたことは否定出来ない。

したがって東国御家人の鎮西下向に恣意性が認められたとしても、蒙古襲来が東国御家人の鎮西下向土着に果した役割を過小評価することは出来ない。また東国御家人の鎮西下向の時期的恣意性が存在したとしても、その前提としては、鎌倉幕府による所領所職の給与が存在するのであって、それなしに東国御家人が自主的にフロンティアを求めて移住することは考えられず、事実そのような例は存在しない。

③の「積極的政治的軍事的意図」による移住であるならば、鎌倉初期においてこそ多いはずとの批判は、先述の如

く筆者の意見に対する誤解であり、鎌倉中期以降に盛んになっていることが、筆者の説に対する否定の論拠にならないと考える。④の関東にあっては、それほどの豪族的領主でなかった者が、移住してから以後は大きな封建領主に成長したことをもって自主的移住の論拠としておられるが、これは結果をもって動機を類推されたものであり、論証方法として適当でなく、これだけで自主的移住説の論拠とはなり得ないと考える。鎌倉時代における領主制の展開を考えるならば、移住後に領主として発展していることは歴史的発展の法則によるものであって、そのことと移住の自主性云々の問題とは別の問題と考えるべきと思う。以上筆者の説に対する疑問点について筆者の見解を明らかにしてきたが、筆者の説に対する批判点が納得できるものであれば、自説を撤回するのにやぶさかではないが、少なくとも現時点においては特に従来の説を変更する必要はないと考えている。

注

（1）　鎮西における北条氏所領の問題点については、石井進氏が「九州諸国における北条氏所領の研究」において、㈠分布状況、㈡所領の内容、㈢代官の類型、㈣形成過程、㈤得宗領と一門領について詳細に論及しておられるので重複して論ずることは省略する。

（2）　五味克夫「薩摩国守護島津氏の被官について」（『鹿大史学』一二）参照。

（3）　河合正治「東国武士団の西遷とその成長―芸備両国を中心として―」（『史学研究記念論叢』所収）、また五味克夫氏も「東国武士西遷の契機」（『歴史教育』一六の一二）で東国武士の西遷の契機について薩摩国の場合について論及しておられるが、「西遷の契機は東国での所領の喪失、惣庶の分立に伴う庶子の本貫地における所領経営の困難性、縁族の西遷及び在地領主としての発展が彼等を追随して西遷せしめたものといえよう」と河合氏に近い見解を述べておられる。

（4）　外山幹夫「鎌倉御家人の移住について―大友氏を中心として―」（『日本歴史』二五六）参照。

（5）　芥川竜男『豊後大友氏』（新人物往来社）参照。

第四章　蒙古襲来の社会的影響

第一節　鎮西御家人と元寇恩賞地

鎌倉時代の歴史を考察する場合、好むと好まざるとにかかわらず、蒙古襲来の与えた影響を無視することは出来ない。

その影響は経済的・社会的・政治的等全般に認められる。戦前における元寇研究の盛況に比して、戦後昭和二十年代にはこの分野の研究が少なかったが、三十年代以後は戦前の研究とは視角の異なった研究が盛んに行なわれるようになった(1)。戦争が社会変動に大きなかかわりがあることは、戦前・戦後の変化の大きさを見れば、特に説明するまでもなく、戦争が社会変動に及ぼす影響を過小評価する如き見解は容認出来ない。

蒙古襲来に際して、鎌倉御家人はもとより、非御家人・凡下輩まで進んで異国警固番役に応じ、合戦にも参加したが、これらの行動は、かつて戦前に賞揚されたように、挙国一致、尽忠報国、滅私奉公の精神にのみ由来するものではなく、戦後の恩賞に預ることを期待しての行動であったことは否定出来ない事実である。このことは合戦の場合に証人をつくっておき、戦後の恩賞要求に備えていたことによっても明らかである。ここでは蒙古合戦に参加した鎮西御家人にとって関心事の一つであった元寇恩賞地について考察してみたい。

注

（1）　戦前・戦後の蒙古襲来関係の論文目録としては川添昭二氏が『福岡地方史談話会会報』五号（昭和四十二年五月）に掲載された「元寇関係文献目録」に網羅的に掲示されていて便利である。なおそれによれば戦後二十年代には一篇の論文も発表されていないことがわかる。

（一）　恩賞地配分状の存在する勲功地

元寇恩賞地に関する実証的研究としては、鏡山猛「元寇の役恩賞地の配分について」（『史淵』六、昭和八年三月）[1]、相田二郎「蒙古襲来合戦に於ける御家人の恩賞について」[2]（『国史学』二九、昭和十一年十二月）、久保田収「弘安役賞罰打切説の誤謬」（『史学雑誌』五〇の六、昭和十四年六月）などがあり、今さら論ずべき余地はきわめて少ないのであるが、鎮西御家人関係の史料を披見していて、前述の諸論文に漏れている若干の史料も発見されたので、それらの点を補足しつつ、これら諸論文で比較的論及されていない元寇恩賞地を給付された者の進退領掌の具体的例に視点を置いて考察してみたい。

周知の如く、文永五年正月高麗国の使者潘阜が蒙古国書をたずさえて大宰府に到着したのを最初として、その後再三再四の蒙古使節の来日が見られ、鎌倉幕府はことごとくこれを拒否したことから、蒙古襲来が必至の情勢となったので、それに備えるため文永八年九月十三日、関東御教書によって鎮西に所領を有する東国御家人の本人、それが不可能な場合は器用の代官を鎮西に派遣し、所領の存在する国の守護の命令に従って異国防禦と領内の悪党を鎮圧することを命じた。(3)一方、鎮西各国守護に対しても、下向した東国御家人を指揮して筑前・肥前両国の要害を守護することを命じた。(4)かくて文永九年五月には博多津番役が開始され、薩摩国御家人延時忠俊、(5)同比志嶋太郎代河田右衛門尉(6)がこれに従事し、大宰府において筑前国守護武藤覚恵（資能）の覆勘状を受けている。さらに武藤資能の注進によって、蒙古軍の襲来を知った幕府は、武藤資能・大友頼泰の両人が九国全体の住人等を指揮して異国防禦に当ることを命じたが、(7)非常の際を理由に、非御家人であっても軍功があった者は抽賞されることを普く告知することによって、異国警固番役の確保を図ろうとした。(8)一方、非御家人の側では、鎌倉幕府の先例を無視した臨戦非常事態対処政策につけ込んで、異国警固番役を勤仕することによって在地における領主制の確立を有利に展開させようとの意図を有していた。したがってそれぞれ意図する所は異なるが、異国警固番役の勤仕という現象面においては、鎌倉幕府と非御家人層との利害は一致した。非御家人・凡下輩が進んで異国警固番役の勤仕を果した所以も実にここにある。

反面、御家人側からすれば、これまで自己の支配下にあった非御家人・凡下輩が鎌倉幕府の催促に応じ、異国警固番役を勤仕することは、とりもなおさず彼らが自己の支配下から離脱、独立することを意味し、決して好ましい政策ではなかった。しかし御家人側にもこれら鎌倉幕府の政策に強く抵抗することが出来ない理由が存在した。それは蒙古襲来に備える挙国体制の確立という大義名分であり、さらに根源的に遡って考えれば、在地における庶子家・非御家人・凡下輩等の独立によって、彼らをして御家人役を寄合勤仕せしめることが出来ず、御家人役が減少しつつあったことにある。

鎌倉幕府が非御家人・凡下輩に異国警固番役を課した意図およびその御家人制度に及ぼした影響については別に論ずるので、詳細はその項に譲り、ここでは深く論及することを避けるが、御恩・奉公の双務的関係によって結ばれている鎌倉主従道徳の上からすれば、戦終って鎌倉幕府に対する恩賞地要求が提出されたことは当然のことであった。御家人・非御家人層の恩賞地要求運動、およびそれに対する鎌倉幕府の施策等については、相田二郎氏の「地頭御家人の戦功とその検知」「地頭御家人の勲功の賞」(『蒙古襲来の研究』所収)に詳論されており、今さら論ずべき点は少ないが、同論文に漏れているものおよび修正さるべき点若干を指摘しておきたい。

相田氏は文永初度の合戦の恩賞の沙汰に関する現存する唯一の史料として、「山代文書」建治元年十月二十九日将軍家政所下文によって松浦一族の一人である山代弥三郎諧の子息亀丸(栄)が肥前国恵利地頭職に補任された例を挙げられ、これは竹崎季長の絵詞に見える御恩奉行安達泰盛が恩賞として百二十余人に下文が下されたと述べた中の一通であり、この下文は時宗の署判を加えた恩賞充行の下文として今日伝わる唯一のものであるとされている。(9)ところが次に示す「曾根崎文書」によって、肥前国御家人曾禰崎法橋慶増が、将軍家政所下文案によって、豊後国田染郷内糸永名綿貫左衛門入道行仁跡の地頭職を文永十一年蒙古合戦の賞として宛行なわれていることがわかる。

将軍家政所下　豊後国田染郷内糸永名綿貫左衛門入道行仁跡

可令早曾禰崎法橋慶増為地頭職事

右、文永十一年蒙古合戦賞在郷名字相違之間、所成改也者、早守先例、可致沙汰之状、所仰如件、以下、

弘安元年七月八日　　案主菅野

知家事

令左衛門少尉藤原

別当相模守平朝臣(北条時宗)在御判(10)

曾禰崎氏は平姓で、文治三年五月九日源頼朝下文案によって、平通隆がかつて平家領であった肥前国基肄郡内曾禰崎幷堺別符行武名地頭職に補任されている。したがって鎮西では数少ない源頼朝の地頭職安堵の下文を有する御家人であった。後に慶増は岩門合戦の恩賞として豊前国佐野次郎丸（兵庫馬次郎兵衛入道跡）を宛行なわれ[11]、さらに弘安四年蒙古合戦勲功賞として肥前国神崎庄田地五町・屋敷・畠地の孔子配分を受け[12]、「弘安八年豊後国図田帳」にも田染郷糸永名三十町肥前国御家人曾根崎淡路法橋慶増と見える。

さらに恩賞地宛行の下文は残っていないが、「山代文書」の建治元年十月二十九日よりも約三ヵ月早い同年七月八日に蒙古合戦勲功賞の給付が行なわれていたことを知る史料が残っている。すなわち福田以久生氏によって紹介された「有浦文書」（『史学雑誌』七七の四）弘安二年十月八日関東裁許状案の中に恐らく将軍家政所下文と思われる次の如き文書内容が引用されている。

如建治元年七月八日御下文者、可早以源氏字久曾領知肥前国松浦西郷庄内佐志村々田畠等事、右亡父佐志源次郎勇蒙古人等合戦之時、莅戦場殞命畢云々者、任申請之旨、所宛行也、早守先例、可令領掌云々者、

この裁許状は肥前国御家人佐志四郎左衛門尉房嫡孫熊太丸代家康と房の三男勇女子源氏（字久曾）代締との松浦庄内佐志村地頭職に関する相論を裁許したものであるが、房は嫡男直・二男留・三男勇を率いて蒙古合戦に馳参じ、全員戦死しており、これら戦死者の遺領をめぐって嫡子直の子の熊太丸と三男勇の女子源氏が相論しているが、この蒙古合戦勲功賞地が勇の遺族としての女子源氏に対して給付されたことの証拠として引用されたもので、惣領熊太丸の濫訴が不当であることを主張しているものである。これに対し幕府は「次勲功賞□（事ヵ）、云熊太丸父直、云氏女父勇、共於戦場殞命間、熊太兄弟幷氏女預其賞畢是七、然則、於勇分領者、停止熊太濫妨、可令以氏女領掌」と裁許している。

これによって勇女子源氏が亡父勇の蒙古合戦勲功賞として建治元年七月八日に松浦西郷庄内佐志村々田畠を給与されたことがわかり、女子源氏だけでなく、熊太丸兄弟も亡父直の勲功賞を給付されていることがわかる。したがってこの恩賞地給付は、文永の役に関するこれまでに知られている最も早い給付例であるということが出来る。これによって相田氏が文永初度の合戦に関する恩賞地給与の唯一の残存史料とされた「山代文書」による建治元年十月二十九日より早い建治元年七月八日、さらに弘安元年七月八日の三例の文永の役についての恩賞地配分が行なわれたことが知られる。

それにしても再度の蒙古襲来必至の情勢の下で、文永の役に対する恩賞地配分がきわめて例外的であり、後の弘安の役の恩賞地配分に比較してきわめてその給付例が少ないことには変りはない。先述の建治元年十一月一日に百二十余人に恩賞が与えられたとの安達泰盛の言葉も、史料残存状態から考えて、実際に交付されたかどうか疑問であるといわざるを得ない。

しかし弘安の役後、蒙古襲来の危機が一応回避されると鎮西御家人の恩賞地要求運動はますます激しさを加え、それに伴って戦功の実否を尋究するための証人喚問が行なわれている。文永の役の場合は各国守護がこれを行なっているが(13)、弘安の役以後は、大宰府において集中審理が行なわれた形跡がある。すなわち豊後国守護大友頼泰は、豊後国御家人で蒙古軍功を申し出た野上資直・小田重成・帆足通俊(14)らの合戦の子細を尋問するため、森朝通・野上資直らに上府することを命じ、要害番の合間を指合せて出頭すべきことを求めている。このことはたまたま豊後国守護である大友頼泰が大宰府に詰めていたため上府を命じたものか、或いは大宰府に証人尋問の専門機関が新設されたものか不明であるが、鎮西奉行の再設置、鎮西特殊合議制訴訟機関、鎮西談議所の新設などによる鎮西各国守護の権限の吸収移行が行なわれつつある一般的傾向から考えるならば専門機関が新設された可能性が強い。このように戦功に関する証人喚問が続けられ、弘安の役終結後もなかなか恩賞地の配分が行なわれなかった。恩賞地配分遅延の理由は、戦功の確認に慎重を期したこと、蒙古襲来の危機が全く回避されていないため臨戦態勢を維持していることなどが考えられるが、幕府が配分すべき恩賞地を求めることに苦慮したこと、戦功の確認とも関連して公平な配分に種々困難な事情が存在したことが最大の理由と考えられる。

しかし弘安八年十一月鎌倉における霜月騒動の全国的波及により、鎮西でも筑前国岩門合戦が起きるに及び、鎌倉幕府も蒙古合戦恩賞地の早期配分政策を施行して、鎮西御家人層の人心の収攬に努めざるを得なくなった。かくて文永・弘安の役に軍功のあった鎮西御家人を対象として、弘安九年十月二十八日関東下知状によって大友一族詫磨時秀に岩門合戦で敗死した武藤景資の没収地である筑前国志登社地頭職を配分したのを皮切りに(15)、以後数次にわたって恩賞地の配分を行なっている。しかし鎌倉幕府の恩賞配分政策を不満とする鎮西御家人の中には、一揆して恩賞地の早期配分を要求して鎌倉に参上し、直接幕府に訴えようとする者も現われた(16)。このように恩賞地要求問題をめぐって不穏な動きが認められる中で、鎌倉幕府は特に関東御教書を発給して、蒙古襲来に際して鎮西における軍事的指揮者であり、かつ鎮西各国守護を兼任し、また当時設置されていた鎮西談議所頭人でもあった武藤経資と大友頼泰の両人に、蒙古合戦勲功地の公平かつ迅速な配分を期待してその権限を委任している(17)。

蒙古合戦勲功賞事、交名并田数注文遣之、早遂検注、守注文可令分付之、屋敷在家畠地等者、追田数分限、可令省充、次神社仏寺免田并甲乙人給分・河海野畠山等者、暗難配分、然者所出并所務之故実、分明可令注進、彼状到来之時、面々可成御下文也、但於今年所当者令収納、可注申員数状、依仰執達如件、

弘安九年十月十九日

相模守（北条貞時）
陸奥守（北条業時）

兵庫頭入道殿（大友頼泰）
大宰少弐入道殿（武藤経資）

（「大友文書」）

この関東御教書は、鎮西御家人をして異国警固に専念せしめるため、鎌倉幕府が行なった諸政策の一環と考えられるが、結果的には最も困難な恩賞地配分問題の処理を武藤・大友氏に委任することによって、責任を一時的に回避した鎌倉幕府の巧妙な政策とも言える。

かくて正応年間、武藤・大友両氏による坪付を明記した同一形式の蒙古合戦恩賞地孔子配分状が発給され、さらに嘉元三年・徳治二年の二回、鎮西探題北条政顕による追加配分が行なわれたことがわかる。

相田二郎氏はこれらの配分について、弘安九年十月から十二月にかけての配分を第一回配分、正応元年十月三日の配分を第二回配分、正応二年三月十二日の配分を第三回配分、正応三年七月十三日の配分を第四回配分、正応五年以後における異国合戦賞は、追って御計あるべしとの御教書を下した事をもって第五回の勲功賞の沙汰、嘉元三年四月六日の配分を第六回の配分、徳治二年十月二十二日の配分を第七回の配分とされた。

相田氏が論及されていない配分状としては、正応二年三月十二日曾禰崎淡路法橋慶増宛（「曾根崎文書」）のものと年月日欠の「竜造寺文書」がある。曾禰崎慶増宛のものは、『蒙古襲来の研究』の補注によって補われている（同書三〇八ページ参照）。

「竜造寺文書」にある配分状は次の如き断簡案文である。

弘安四年蒙古合戦勲功賞、肥前国米多続命院配分事

田地五町

河副木原内

一所副六段

一所四段居屋敷

一所一町

一所九段馬渡

一所東元七段

一所一段■《タ》カエラ

一所一町井尻

一所五段米多続命

屋敷

続命院村

（以下欠）

被配分者および配分者、配分の年月日を欠いているが、肥前国三根郡米多郷（現在三養基郡三根町）があり、続命院の地名も残っている。被配分者の名前を最初に記していないことなど、形式にも若干の疑義が残るが、案文のため写

し落したとすれば被配分者は恐らく竜造寺氏一族の肥前国御家人であったと考えられる。米多続命院を配分したことを知る史料は他に全く見当らないが、「弘安四年蒙古合戦勲功賞肥前国米多続命院配分事」の書出しは正応年間の大友頼泰・武藤経資両名連署の配分状の形式に類似しており、正応元年の第二回配分はすべて地頭職の配分であること、第三回配分はいずれも肥前国神崎庄に限られていることなどから、正応三年七月十三日の第四回配分と同じ時に出された配分状の断簡案文ではないかと考えられる。相田氏が述べられた七回の配分以外に行なわれた配分状の可能性もあるが、なお確証に欠けるので結論を保留する。以上述べてきた今日鎮西関係御家人で蒙古合戦勲功賞の配分状を有する者および配分年月日がわかっている者について、被配分者・配分地・配分年月日・配分者・典拠文書を年月日順に表示すれば次の如くなる。

被配分者	配分地	年月日	配分者	典拠文書
肥前国、佐志勇跡女子源氏（宇久曾）	肥前国松浦西郷庄佐志村々田畠	建治元年七月八日	将軍家政所	有浦文書
肥前国、山代亀丸（栄）	肥前国恵利地頭職	建治元・一〇・二九	将軍家政所	山代文書
肥後国、竹崎季長	肥後国海東郷地頭	建治元・一一・一	将軍家政所	竹崎季長絵詞・塔福寺文書
肥前国、曾禰崎慶増	豊後国田染郷内糸永名三十町綿貫左衛門入道行仁跡地頭職	弘安元・七・八	将軍家政所	曾根崎文書・豊後国図田帳
豊後国、大友頼泰	筑前国怡土庄志摩方三百町惣地頭職	弘安九・一〇・二八	将軍家政所	大友文書(18)・比志島文書
肥後国、詫磨時秀	筑前国志登社地頭職豊前々司景資跡	弘安九・一〇・二八	北条貞時・北条業時	詫摩文書

筑後国、田尻種重子息	薩摩国鹿児島郡司職十分一矢上孫三郎跡	弘安九・閏一二・二二	北条貞時・北条業時	田尻文書
薩摩国、渋谷有重跡孫子亀王・亀鶴・養子平次公重法師後家	筑前国早良郡比伊郷地頭職、田地拾町、屋敷四ヶ所(二字行武名二字長淵庄)畠地八町八段（六段若国名一町二段長淵庄）	正応元・一〇・三	武藤経資・大友頼泰	入来院家文書
大隅国、禰寝清親	筑前国早良郡比伊郷地頭職田地五町屋敷三箇所(一宇東吉名内、二宇長淵庄内)畠地一町（二段四丈下乙王丸名内、七段長淵庄内）	正応元・一〇・三	武藤経資・大友頼泰	禰寝文書
薩摩国、武光師兼	筑前国早良郡七隈郷地頭職田地参町屋敷二箇所（一宇比伊郷上乙王丸名内、一宇三奈木庄井上名内）畠地六段（三段二丈七隈郷内、二段三丈長淵庄内）	正応元・一〇・三	武藤経資・大友頼泰	入来院武光家文書
薩摩国、国分寺友兼	筑前国早良郡七隈郷地頭職田地参町屋敷二箇所（一宇七隈郷内、一宇三奈木庄内）畠地六段（長淵庄内）	正応元・一〇・三	武藤経資・大友頼泰	国分寺文書（薩藩旧記所収）
豊後国、志賀泰朝	筑前国三奈木庄地頭預所両職下庄木部郷田地伍町六郎丸名内屋敷参箇所成吉名内畠地一町	正応元・一〇・三	武藤経資・大友頼泰	志賀文書
肥前国、山代栄	肥前国神崎庄田地拾町屋敷三宇畠地五段中	正応二・三・一二	武藤経資・大友頼泰	山代文書
肥前国、墓崎後藤宗明子息頼明	肥前国神崎庄田地三町屋敷一宇畠地一段	正応二・三・一二	武藤経資・大友頼泰	武雄鍋島家文書
肥前国、宇礼志野通氏子息	肥前国神崎庄田地拾町屋敷二宇畠地五段	正応二・三・一二	武藤経資・大友頼泰	嬉野家古文書

犬童黒童			友頼泰	
肥前国、深堀時仲	肥前国神崎庄田地三町屋敷一宇畠地一段	正応二・三・一二	武藤経資・大友頼泰	深堀文書
肥前国、青方家高	肥前国神崎庄田地三町屋敷一宇畠地一段	正応二・三・一二	武藤経資・大友頼泰	青方文書
肥前国、曾禰崎慶増	肥前国神崎庄田地伍町屋敷一宇畠地三段三丈	正応二・三・一二	武藤経資・大友頼泰	曾根崎文書
肥前国、大村家信	肥前国神崎庄田地三町屋敷（以下欠）	（正応二・三・一二）	武藤経資・大友頼泰	東妙寺文書(19)
肥後国、詫磨泰秀	肥前国神崎庄田地拾町屋敷三宇畠地四段四丈	正応二・三・一二	武藤経資・大友頼泰	詫摩文書
肥後国、大野岩崎太郎	肥前国神崎庄田地伍町屋敷一宇畠地二段一丈	正応二・三・一二	武藤経資・大友頼泰	深江文書
肥後国、大野田島幸隆	肥前国神崎庄田地五町屋敷一宇畠地二段	正応二・三・一二	武藤経資・大友頼泰	南又祐氏所蔵文書
筑前国榊定禅領主西願	肥前国神崎庄田地三町屋敷一宇畠地一段	正応二・三・一二	武藤経資・大友頼泰	榊文書(20)
筑前国、宗像長氏	肥前国神崎庄田地五町	正応二・三・一二	（武藤経資・大友頼泰カ）	宗像社家文書惣目録(21)
肥前国（武雄大宮司頼門カ）	肥前国神崎庄内加摩多村田畠	正応二・（三・一二カ）	（武藤経資・大友頼泰カ）	武雄神社文書(22)
豊後国、田原基直	筑前国怡土庄高祖郷末永名田地拾町屋敷三宇志摩方松成名内為末目畠地一町伍段	正応三・七・一三	武藤経資・大友頼泰	入江文書
筑後国、横溝資為	筑後国三潴庄田脇村牛尾田孫太郎跡田地	嘉元三・四・六	北条政顕	河原文書

	五町屋敷二宇			
薩摩国、二階堂泰行女子藤原氏代景重・景忠	薩摩国給黎院田地五町屋敷二宇	嘉元三・四・六	北条政顕	二階堂文書
肥前国、白魚行覚	筑後国三潴庄是友名田地屋敷	嘉元三・四・六	(北条政顕ヵ)	青方文書(23)
肥後国、詫磨顕秀	肥後国合志郡村吉村吉又次郎入道教西跡田地三町・教西跡屋敷一宇	徳治二・一〇・二二	北条政顕	詫摩文書
不明	肥前国米多続命院河副木原内田地五町・続命院村屋敷	不明	不明	竜造寺文書

注

(1) 鏡山猛『九州考古学論攷』所収。

(2) 相田二郎『蒙古襲来の研究』所収。

(3) 「小代文書」文永八年九月十三日関東御教書、「二階堂文書」文永八年九月十三日関東御教書。

(4) 「野上文書」文永九年二月朔日豊後国守護大友頼泰書下、同文永九年卯月二十三日藤原景泰施行状。

(5) 「延時文書」文永九年卯月三日延時忠俊・延時忠恒連署譲状、同文永九年五月十七日武藤資能覆勘状。
延時忠俊は蒙古襲来に備えるため、親父忠恒の代官として大宰府に参上し、異国警固番役に従事するに際し、万一合戦で打死する場合を覚悟して、出陣を前に所領所職などをすべて嫡子に譲っている。

(6) 「比志島文書」(文永九年)七月二十五日武藤資能覆勘状、延時忠俊は四月十七日より五月十六日まで、河田右衛門尉は六月二十四日より七月二十四日までいずれも一ヵ月間異国警固番役に従事している。

(7) 「大友文書」文永十一年十一月一日関東御教書。

(8) 前掲文書に「且九国住人等、其身縦雖不御家人、有致軍功之輩者、可被抽賞之由、普可令告知」とあり、また「武雄神社文書」延慶二年六月日武雄社大宮司藤原国門申状案にも「重訪故実、至異国合戦者、不謂京家・凡下・浪人・非御家人、令致忠者、可被行賞之旨、被定置之間、不論貴賤、所被忠賞也」とあり、「青方文書」嘉元二年十一月日峯貞・長重陳状案にも「至異

賊合戦賞者、無足浪人・非御家人・凡下輩等、依忠勤被賞翫」とあり、異国警固番役催促の際の幕府の公約が履行されていたことがわかる。具体的例としては五島の住人白魚行覚が筑後国三潴庄是友名の配分を受けている。しかしこの異国警固番役勤仕による恩賞地の給付が御家人身分の獲得を意味するか否かについては意見の分かれるところであり、種々相論の種となった。

(9) 相田前掲書二六〇〜二六二ページ。

(10) 『大分県史料』(九)四二八ページ。この文永初度合戦勲功賞については渡辺澄夫氏が「元寇防塁の乱杭及び恩賞等の史料」(『日本歴史』一三二)で紹介されている。

(11) 「曾根崎文書」弘安九年十月二十九日関東下知状案。

(12) 「曾根崎文書」正応二年三月十二日蒙古合戦勲功賞配分状案。

(13) 「都甲文書」建治三年六月十五日豊後国守護大友頼泰召文、「白井文書」建治三年七月五日豊後国守護大友頼泰問状。

(14) 「野上文書」弘安七年六月十九日豊後国守護大友頼泰召文、同弘安八年三月二十七日豊後国守護大友頼泰召文。

(15) 伊予国御家人で弘安の役で活躍した河野通有が弘安八年以前に筑前国弥富郷を領知しており、その替所として肥前国神崎庄内小崎郷を給付されている。

将軍家政所下

可令早越智通有領知肥前国神崎庄内小崎郷事、

右、為筑前国弥富郷替所被宛行也者、早守先例可致沙汰之状所仰如件、以下、

弘安八年六月廿五日　案主菅野

令左衛門少尉藤原　知家事

別当陸奥守平朝臣(北条業時)(花押)

相模守平朝臣(北条貞時)(花押)

可令早越智通有領知肥前国神崎庄内小崎郷事、

右、任今年六月廿五日関東御下文、可令致沙汰之状如件、

弘安八年七月十六日

修理亮平朝臣（北条兼時）（花押）
武蔵守平朝臣（北条時村）（花押）

（「山城淀稲葉文書」）

さらに尊経閣文庫所蔵『武家手鑑』に左記の関東御教書がある。

肥前国神崎庄荒野事、守先例如元可令領掌之状、依仰執達如件、

延慶二年三月十日

陸奥守（北条宗宣）（花押）
相模守（北条師時）（花押）

河野六郎（通有）殿

これによって伊予国御家人河野通有が神崎庄に所領を給与されたことは明らかである。また「実相院文書」によれば、河上社雑掌と河野通有は神崎庄小崎郷に課せられた河上社造営用途をめぐって相論しているが、通有は事を神崎庄鎮守櫛田宮の造営に寄せて対捍していたらしく、鎮西探題未補の間その職を代行した北条種時は、これを不当として急速に弁済することを命じている。

肥前国河上社雑掌申、同国神崎庄小崎郷所課当社造営用途事、重訴状如此、如状者、寄事於櫛田造宮対捍云々、太無謂、任先下知之旨、急速可被致其弁、若猶不叙用者、殊可有其沙汰、仍執達如件、

正和五年二月廿四日

左近将監（北条種時）御判

河野対馬前司（通有）殿

また建武二年十月四日太政官符によって建武新政府は越智通盛に肥前国神崎庄内荒野の替所として、伊予国吉原郷一方地頭職を安堵しているから（「河野文書」）、建武二年まで河野氏が神崎庄内の荒野を知行していたことは明らかである。『河野家譜』や『予章記』などは、この神崎庄の給付をもって蒙古合戦勲功恩賞によるものとしている。これに対し相田氏は弘安四年蒙古合戦

勲功恩賞が給付された初見は弘安九年十月二十八日付の「詫摩文書」であるとの説（『蒙古襲来の研究』二六七ページ）を堅持されている立場から、筑前国弥富郷は河野氏が弘安の役以前から保有していた所領であり、それ故に伊予国御家人である河野氏が蒙古合戦に馳せ参じた理由であると推定された。この相田氏の説は河野氏出陣の理由を説明するにはきわめて説得力のある説明である。しかし相田氏の説の前提には三つの仮説があって、その上に成立している説である。第一の仮説は弘安九年十月二十八日以前には弘安役の恩賞が行なわれることがなかったとの説であるが、後述するように弘安九年十月二十八日以前にも恩賞地給付が行なわれていた徴証がある。第二の仮説は河野氏が弘安四年以前から筑前国弥富郷を知行していたものとの推定であるが、そのことを裏付ける確証は全くなく、さらにこの仮説に疑問を抱く積極的理由として、鎌倉時代を通じて東国御家人以外の御家人が鎮西に所領を給与された例は管見の及ぶ限りわずか三例しかない。したがって第三の仮説である従軍将士は鎮西住人に限られ、かつ恩賞を受けたのも鎮西住人のみであるであるとの相田説と関連してくるが、伊予国御家人である河野氏が弘安合戦に参加し、鎮西に恩賞地を給されたことは否定し難い事実であるので、河野氏が有した筑前国弥富郷については更に再検討する必要があり、弘安合戦による勲功賞として給与された可能性もあり得ることを指摘し、なお確証に欠けるので結論は保留したい。これが蒙古合戦勲功賞として給付されたものであるとすれば、相田氏の三つの仮説はすべてくずれることになる。

(16)　左記の「山代文書」をもって、蒙古合戦恩賞地配分について不満を有する松浦一族が一揆したことを示すものと指摘されたのは長沼賢海氏である（『松浦党の研究』六六〜六八ページ）。

肥前国御家人松浦一族御厨庄地頭等二十余人、依所領一円訴訟事、可令参上之由、令申候之処、鎮西地頭御家人不可参上之旨、去弘安八年十月十七日被下御教書候之間、雖令相留候、彼輩訴訟難黙止之由、依令歎申候、一族中佐志三郎兵衛尉継法師・有田次郎深法師・山代又三郎栄等令参上候、以此旨可有御披露候、為時恐惶謹言、

弘安十年十一月十一日　　前遠江守平為時（花押）

進上　平左衛門入道殿

長沼氏の指摘は正しいものと考えられる。

(17)　武藤経資・大友頼泰が如何なる権限に基づいて恩賞地配分を行なったかについては異説がある。鏡山猛氏は両氏が有した守

護の権限によって執行したものと考えられており（『史淵』六「元寇役恩賞地の配分に就いて」一三九ページ）、佐藤進一氏は鎮西談議所頭人の権限によって沙汰したものと考えられている（『鎌倉幕府訴訟制度の研究』二九六ページ）。相田二郎氏は両者の権限については特に論及されていない。「青方文書」年月日欠某申状案に「□被宛行勲功之条、談議所配分状明鏡也」とあり、談議所が配分状を発給したことになっている。しかし武藤・大友両氏が鎮西に有した各種権限を厳密に区別して考えることは困難である。守護の権限によるとすれば、両者の管国以外の国々の御家人に対しても配分状を発給している点が納得出来ないし、鎮西談議所頭人の権限によるとすれば、残る薩摩入道（宇都宮尊覚〔通房〕）、渋谷権守入道（本仏〔重郷〕）の二人が参与していないことに疑義が残る。したがって鎮西談議所頭人の権限をはじめ両者が有した各種権限と実績を背景として、武藤・大友両氏に対して、弘安九年十月十九日関東御教書による特命によって配分を委任されたものと考えるのが最も妥当ではないかと考える。筆者は大友・武藤両氏が有した鎮西における特殊権限に対して、文永年間頃から鎮西東方奉行・鎮西西方奉行の呼称が第三者によって与えられているので、この点を理解した上で用いるならば、大友・武藤氏が鎮西東方奉行、鎮西西方奉行の権限で恩賞地配分を行なったと称しても差支えないと考えている。

(18) この配分状は残っていないが、「大友文書」嘉元三年八月二日鎮西探題裁許状に「爰如貞親(大友)代寂念所進弘安九年十月廿八日御下文者、将軍家政所下、可令早大友兵庫頭頼泰法師法名道忍領知筑前国怡土庄志摩方三百町惣地頭職事、右依弘安四年蒙古合戦之忠、所被宛行也云々者」とあることによって大友頼泰が弘安九年十月二十八日に将軍家政所下文によって給与されたことがわかり、「比志島文書」弘安九年閏十二月二十八日の文書に副えられている蒙古合戦并岩門合戦勲功地配分注文にも記載されている。

(19) 尾欠であるが神崎庄配分状であるから正応二年三月十二日付、配分者が武藤経資・大友頼泰の連署によるものであることは疑問の余地はない。

(20) 「櫛文書」の配分状は内容・形式にも疑問がある。すなわち「櫛文書」の最初の書出の部分は「弘安四年蒙古合戦時随関東御使并守護命自保志賀向博多致警固賞肥前国神崎庄配分事」とあり、他の配分状がいずれも「弘安四年蒙古合戦勲功賞肥前国神崎庄配分事」とあるのと著しく異なるが、一応表示しておく。神崎庄の配分については拙編『肥前国神崎荘史料』（九州荘園史料叢書二）参照。

(21) この配分状は残っていないが、「宗像社家文書惣目録」に、

一、肥前国神崎庄五町分文書
一通、田地注文幷坪付　正応二年三月十二日
弘安四年蒙古合戦勲功之地也、
社務長氏代　奉行両判

とあり、武藤経資・大友頼泰連署の正応二年三月十二日の蒙古合戦勲功賞配分状によって、神崎庄田地五町が配分されたことがわかる。また「宗像神社文書」建武元年雑訴決断所牒によって、宗像社大宮司氏長に肥前国神崎庄内当知行分五町が安堵されている。

(22) この配分状も残存していないが、「武雄神社文書」建武三年三月日武雄安知申状によれば「欲早且依元弘以来御法、且任正応二年配分状、沙汰給弘安四年蒙古合戦恩賞地神崎庄内加摩多村田畠等事、右彼田畠者、於弘安異国襲来恩賞、四十余年当知行無相違」と述べており、正応二年三月十二日の配分状によって神崎庄の配分を受けたことがわかり、足利尊氏の外題安堵により安堵されている。

(23) 「青方文書」嘉元三年十一月日白魚行覚重陳状案に備進した具書の目録として「一通異賊合戦勲功御配分御下文嘉元三年四月六卅日」とあり、同正和三年二月十七日鎮西探題御教書案に「白魚九郎入道行覚与藤津孫三郎入道教信・住吉次郎孝景相論筑後国三潴庄是友名内田畠荒野事、行覚則住吉四郎為孝跡当名田地屋敷等者、為弘安四年蒙古合戦勲功賞、嘉元三年以来知行無相違之処、教信田地参町余・畠地荒野押領之由訴之」とあるから嘉元三年四月六日鎮西探題北条政顕によって白魚行覚に対し、弘安四年蒙古合戦勲功賞として、筑後国三潴庄是友名内田畠荒野等が配分されたことがわかる。

なお相田氏も前掲書二九一ページで白魚行覚が嘉元三年四月六日付の異賊合戦勲功賞の配分を受けたことを指摘され、配分された所領は佐保内であったと推定された。しかし佐保は白魚氏が居住した五島中通島南端の地名であり、現在は長崎県南松浦郡若松町佐尾と称している。したがって勲功賞地とは全く無関係である。相田氏の推定は同書補注によって誤りであることが指摘されているが、筑後国三潴庄是友名であることまでは論及されていない。拙編『筑後国三潴荘史料』(九州荘園史料叢書一四)

参照。なお「青方文書」年月日欠白魚行覚重申状案の具書目録に「一通　関東御教書（蒙古合戦勲功追可有御計由事、正応五年十一月卅日）」とあり、正応五年十一月三十日付で勲功賞に漏れた白魚氏に対し、後日蒙古合戦勲功賞を与えるとの関東御教書を与えていることがわかる。或いはこの関東御教書を支証として鎮西探題に訴え、筑後国是友名を恩賞地として給付されたのかも知れない。

（二）恩賞地配分状の存在しない勲功地

このほか勲功地配分状は存在しないが、勲功賞として給与されたことが明らかな所領、および勲功賞地であることの明記はないが、種々の条件によって勲功賞地であると推定出来る所領所職は、鎮西御家人の譲状その他関係文書に散見するところである。この点についても相田二郎氏の前掲書に詳論されているが、なおそれに漏れたもの若干を追加することができる。

「石志文書」に次に示すごとき関東下知状案がある。

可令早松浦石志四郎壱領知豊後国八坂下庄木村内四箇名（得一鴨河木苔紀四郎）事、

右、為筑前国益丸替所被充行也者、早守先例可致沙汰之状、依仰下知如件、

弘安十年十二月十八日

前武蔵守平朝臣（北条宣時）御判

相模守平朝臣（北条貞時）御判

これによって肥前国御家人で松浦一族の石志壱《かさむ》が弘安十年以前に筑前国益丸を給付されていたことがわかり、この時その替所として豊後国八坂下庄木村内四箇名(1)が給与されていることがわかる。しかも正安元年十月八日石志壱譲状

に「ふんこのくにくんこうのち」とあるから豊後国八坂下庄木村内四箇名が勲功賞として与えられたことがわかる。「くんこうのち」だけでは蒙古合戦恩賞地か岩門合戦勲功地のいずれか判然としないが、壱の親父兼《かなう》は文永十一年十月十六日嫡子二郎を相具して蒙古合戦に馳せ参ずるに際し、息災で帰還することもおぼつかないため、先祖相伝の私領を手継証文を副えて壱に譲っており、さらに弘安四年閏七月十六日再度出陣する際に、「又かやうにゆつりたてまつりてのちにたといいつれの子ありといふとも四郎（壱）よりほかにたふへからす候」と前述の譲状に貼紙しており、石志兼が文永・弘安両度の蒙古襲来の際合戦に参加していることは明らかであり、したがって「勲功」とは蒙古合戦の勲功と考えることに異論はあるまい。さらに蒙古合戦勲功地配分以前に、鎮西在地御家人が本貫地以外の他国に所領給与を受けた例は稀であるから、石志壱が領知していた筑前国益丸も蒙古合戦の恩賞として給与されていたものと考えるのが自然であろう。恐らく文永・弘安の両度の合戦に馳せ参じて戦功を樹てた親父兼が筑前国益丸の給付を受け、それが何らかの不都合が生じて替所として豊後国八坂下庄木村内四箇名が給与されたものではなかろうか。この見解に誤りなしとすれば、前節の注(15)で述べた伊予国御家人河野通有が弘安八年六月二十五日将軍家政所下文によって筑前国弥富郷の替所として肥前国神崎庄内小崎郷を給与されたのと全く同じケースとなり、結論を保留した筑前国弥富郷が蒙古合戦勲功賞として河野通有に給与された可能性が強くなる。

また「深堀文書」文保二年五月日深堀時清（時行）陳状によれば、筑前国長淵庄内田地屋敷等は、祖父明心（時光）が弘安四年蒙古合戦賞として拝領したものであると称している。さらに元応元年後七月二十二日鎮西探題裁許状によれば、長淵庄田地伍町屋敷参箇所であったことが知られる。

明心は先述の正応二年三月十二日蒙古合戦勲功賞配分状によって、肥前国神崎庄田地参町の配分を受けた深堀時仲の親父であり、時清は時仲の嫡子である。明心は正応二年六月二十六日に時仲との連署譲状によって、筑前国長淵庄を二男の清光（時直）に譲っているので、明心が長淵庄を勲功賞として配分されたのは正応二年以前であることは明らかである。しかも深堀氏が長淵庄ばかりでなく筑前国三奈木庄にも所領を有していたことが明らかであるから、(2)正応二年以前に筑前国長淵庄・三奈木庄(3)を勲功賞として配分されたのは、先述の渋谷有重・禰寝清親・武光師兼・国分寺友兼・志賀泰朝に対する正応元年十月三日の配分と同時であることが浮び上ってくる。すなわち以上の考証によって明心が筑前国長淵庄を配分された時期は正応元年十月三日であるとの結論に達する。

　また「竜造寺文書」正和二年二月九日鎮西探題御教書によれば竜造寺家実の祖父持善（家益）の遺領として筑前国（早良郡）比伊郷田地在家、筑後国荒木村内田地等地頭職を挙げている。家益の兄季時・季友は共に弘安合戦で戦死しており、家益も壱岐の大瀬戸で戦ったとされているので、これらが蒙古合戦勲功賞として給付されたことは疑いなく、また建武三年七月十八日竜造寺修善着到状によれば、筑前国長淵庄一分地頭竜造寺又六入道と称しており、さらに観応二年十二月日竜造寺家政申状案によれば、「筑前国日比郷《長淵庄》田地五町」は先祖相伝の所領と称しているので、家益が正応元年十月三日の配分状によって筑前国早良郡比伊郷・長淵庄内田地・屋敷等(4)を配分されたものと推定して誤りないであろう。筑後国荒木村内田地も蒙古合戦勲功賞として配分されたものと考えられるが、配分の時期は不明である。ただ荒木村は筑後国三潴庄内であることから、横溝資為・白魚行覚などの配分の例から類推すれば、嘉元三年四月六日の配分と同時に配分されたものかも知れない。

　「岡元家文書」正応四年八月二十八日関東裁許状案によれば、渋谷平五郎致重女子辰童と妹弥陀童が亡父致重の遺領について相論しているが、遺領の中に筑前国下長尾田地（現福岡市長尾）があり、同貞和三年三月六日沙弥定円（渋谷重基）外二名連署譲状写によれば、「筑前国相良（早）郡内下長尾水田弐町柒段同刑部次郎屋敷」は弘安合戦勲功として相伝してきたとあり、これは弘安四年蒙古合戦勲功地として渋谷致重に正応元年十月三日に配分されたものと思われる。致重は渋谷有重の弟であり、共に弘安四年の蒙古合戦で戦死しており、その遺族に恩賞地が与えられたものであろう。「岡元家文書」筑前下長尾田地相伝系図によれば、致重が弘安合戦討死の忠によって筑前国下長尾田地十町が配分され、辰童女（明心）と弥陀童と惣領定円の三人で三町宛分割し、残り一町は長尾内泰平寺に寄進されたことになっている。この分割が先述の和与の内容を示すものであろうか。また「入来院家文書」嘉暦三年十二月二十一日渋谷惟重遺領注進状案に、

一、筑前国早良郡下長尾庄
　　田地拾町内
　　　弐町　当知行分
　　　畠弐段　当知行分
　　屋敷四ヶ所内
　　　当知行分
　　　一所　検校次郎
一筑後（前）国三奈木庄富永名内
　　及杖河原畠壱町　名主自

とあり、これも渋谷惟重が蒙古合戦勲功賞として正応元年十月三日に配分されたものに間違いないであろう。『清色

亀鑑』正中二年七月日渋谷重名重陳状案によれば、亡父惟重の遺領として筑前国早良郡長尾郷内田畠屋敷と共に筑後(前)国永淵庄内畠地幷薗を挙げているので、これも勲功賞地に含まれていたものと思われる。惟重は渋谷一族で寺尾氏を号した重経の二男で、弘安合戦で戦死した有重・致重は重経の兄明重の子であるので、従弟の関係になる。

次に正応二年三月十二日の肥前国神崎庄配分については、相田二郎氏は神崎郡櫛田神社の縁起に「去弘安年中蒙古襲来の時、当社を関東領となされ、於公田者、合戦輩四百余人に配分せらるといへ共、到神事料田者、社家に除きつけらるる間」とあることをもって神崎庄の所領が勲功の士四百余人に配分されたことは、古文書に示す如き正確さは望めないが、縁起の文章は先ず信用に値するとされた。

そして「東妙寺文書」建武二年六月日東妙・妙法両寺寺領坪付注文写をもって寄進主と寄進領を示す注文とされ、全部がそうであるとは断定出来ないが、その大部分は他国他所の豪族でたまたま神崎庄内に蒙古合戦勲功賞の配分を受けたものが、その本人もしくはその子孫が東妙寺に施入したものと推定され、さらに櫛田神社の修理費に関して訴訟した神崎庄一分地頭たちも正応二年三月十二日の配分を受けた者と推定しておられる。そのほか神崎庄の配分を受けたと思われる徴証について述べておられるが、それに漏れたもので蒙古合戦勲功賞地と称しているもの若干を追加しておく。

「伊万里文書」正中三年三月七日源勝譲状案によれば、嫡孫ふくとう丸に譲られた所領所職の中に「一所　勲功地同国か□《(ん)》さきの庄内田畠屋敷」とあることによって松浦一族である伊万里氏が神崎庄配分を受けたことが知られるが、ほかにはこの点に関する史料は全く存在しない。

また「近藤文書」永仁五年十月二十二日荒木宗心(宗家)譲状に「一、ありたのひやうゑ二らうすけくにかもうこかせんくんこうのちひせんのくにかんさきのしやうのうちてんち五ちやうかはんふんの事、すけくにかこけならひににょしのけいしやうをあひそへてゆつりあたふるところ也」とあることによって、有田兵衛二郎資国が蒙古合戦勲功賞として神崎庄田地五町の配分を受けたことがわかり、[5]その後資国の後家および女子が筑後国御家人荒木宗心に譲ったものらしい。有田氏は肥前国御家人で松浦一族が有名であるが、松浦一族の有田氏は一字名を名乗っているので、資国は恐らく肥前国の有田氏ではないと思われる。そのほか竜造寺氏一族、筑前国などにも有田氏と称する氏族があり、有田氏でなく在田氏を当てるとすれば、豊後国日田郡在田郷を本拠とする御家人の可能性もあるが一応不明としておく。また詫磨泰秀は正応二年三月十二日の蒙古合戦勲功地孔子配分状によって神崎庄の配分を受けていることは既に述べたが、このほかにも詫磨一族で神崎庄の配分を受けたことが知られる者に詫磨直秀と詫磨道秀がある。すなわち「詫摩文書」正和五年十月二十五日詫磨道覚譲状案によれば、道覚は嫡子たけくま丸に所領所職を譲っているが、その中に「一、ひせんの国かんさきの庄くらとのかう、たくたのかうのうち、てんち五丁、やしき八ヶ所、はくち二ヶ所、つほ〳〵くんこうのしやうの御くたしふミに見へたり」とあり、勲功地神崎庄倉戸郷、詫田郷内田地五丁、屋敷八ヵ所、畠地二ヵ所を相伝したことが知られるが、これらの所領所職は「右のしよりやうちとうしき、ならひにしよ所くらハ、しんふなをひてのゆつり状をゑて、くわんとう御下文御け同前給ハり、あるいハへつさうてんのところ、ある□（いハカ）くんこうのしやうにあつかて、ちきやうせしむるところなり」とあり、道覚の親父直秀が勲功賞として給わったことがわかる。直秀は詫磨時秀・顕秀・泰秀と兄弟である。また「詫摩文書」文保二年六月十九日詫磨道秀譲状によって道秀は相伝の所領を次男詫磨親幸に譲っているが、その中に「肥前国神崎庄内崎村郷内江口、南里卅三坪六反二丈中、卅四坪七段」と見える。これについては勲功賞との文言はないがこれも蒙古合戦勲功賞として与えられたものであることに異論はないであろう。これにより詫磨一族で蒙古合戦勲功賞の配分を受けた者は時秀・直秀・顕秀・泰秀・道秀の五人となり、一族中でこれまでに恩賞地配分を最も多く検出された家ということになる。そのことはとりもなおさず、詫磨氏における庶子独立の進展を示す現象と言えよう。

また「実相院文書」正和元年十一月二十二日鎮西裁許状は、河上社雑掌家邦と神崎庄勲功人下津八郎満法師（法名道本）以下輩幷惣検校為秀が河上社の造営用途の弁済についての相論を裁許したものであるが、これによって下津満が蒙古合戦勲功賞として神崎庄を配分されたことがわかる。裁許の中で「造営者、可為一国平均役之旨、就 院宣・関東御教書雖成施行、勲功人等不叙用」とあり、蒙古合戦勲功賞として神崎庄の配分を受けた勲功人たちが、一国平均の役である肥前国一宮河上社の造営用途を対捍したことがわかる。これに対し幕府は「縦雖為勲功之地、不可泥平均役之旨、正安年中重被仰畢」との内容の御教書を発給して河上社の造営用途の確保を図ったものらしい。しかし多くの造営用途対捍に関する鎮西裁許状が存在することは、幕府の命令が遵守されなかったことを如実に示している。下津満についてはいずれの国の御家人であったか不明であるが、給付の時期は正応二年三月十二日の配分と考えることに異論はなかろう。

また「本間文書」正和三年十二月六日鎮西探題裁許状によれば、豊前国天雨田憲行と肥前国御家人本告秀基後家との神崎庄内屋敷についての相論を裁許している。この屋敷は異賊合戦の恩賞として憲行が拝領したところであることが明記されており、憲行が正応二年三月十二日の配分により給付されたものと思われる。

また「深江文書」正和四年八月十三日安富頼泰譲状によって「一所肥前国神崎庄内勲功田地屋敷荒野等」が三郎貞泰に譲られているが、それと共に正応二年三月十二日神崎庄の配分を受けた肥後国大野岩崎太郎の所領と思われる

「一所　肥後国大野別符内岩崎村地頭職」も譲られているから、これよりさき嘉元三年七月九日の関東下知状により、安富頼泰が肥後国大野別符内岩崎村（瑠璃童女跡）を知行するようになった時、岩崎氏が配分された神崎庄も一緒に領掌するに至ったものと考えられる。したがって安富氏が相伝する勲功地神崎庄は岩崎氏が配分されたものが安富氏に移行したもので、安富氏が独自に配分されたものではない。(6)

このほか「門司文書」元弘三年八月日下総親胤申状によれば、陸奥国会津内荒田村田畠在家等は、「蒙古人警固之忠、去正応年中令拝領之、当知行于今無相違者也」と述べている。下総氏（門司氏）については、西遷御家人説、得宗被官説(7)などがあるが、相田氏は蒙古合戦恩賞地として鎮西以外の所領が与えられた例は全くないとしておられるので、唯一の例外ということになる。このほか「弘安八年豊後国図田帳」に見える豊後国以外の鎮西の国々を本貫地とする御家人の所領は、蒙古合戦勲功賞として配分された可能性が強い。このような推定を下す理由として、先述の如く蒙古合戦勲功賞配分が行なわれる以前に、鎮西を本貫地とする御家人が自己の本貫地以外の国に所領所職を給付されている例がきわめて稀であることを挙げることが出来る。(8)このことは鎮西御家人は、蒙古合戦に戦功を抽ずる以前には、恩賞を受ける機会が存在しなかったためと思われる。したがって鎮西御家人は鎌倉時代初期に本領安堵を受けて以後、本領周辺における所領所職の移動は若干認められても、他の東国御家人の如く、遠く本貫地を離れて所領を安堵されるということは考えられなかったのである。ところが弘安八年の「豊後国図田帳」には豊後国御家人・東国御家人と共に左に示す若干の豊後国以外の鎮西各国に本貫地を有する鎮西御家人が認められる。

肥前国御家人綾部小治郎道明後家善阿女子(9)　速見郡山香郷下倉成名十八町

肥後国御家人菊池三郎武弘(10)　大分郡阿南庄光一松名十五町

肥前国御家人草野次郎経永(11)　海部郡小佐井郷七十町
肥前国御家人曽根崎淡路法橋慶増　国東郡田染郷糸永名三十町
肥前国御家人長与右馬次郎家経(12)　飯田郷恵良本村十六町三段小、大分郡阿南庄武宮名四町九段
筑前国御家人原田七郎種秀(13)　玖珠郡山田郷栗本名新庄八町
肥前国御家人平田部薬王丸(14)　玖珠郡山田郷魚返村戸幡菖蒲迫新庄五町四段六十歩

このうち曽根崎慶増が領知する田染郷糸永名三十町は、先述の如く弘安元年七月八日将軍家政所下文によって文永十一年蒙古合戦賞として給せられたことは明らかであり、肥後国御家人菊池武弘が領知する阿南庄光一松名十五町は、「柞原八幡宮文書」正慶元年正月十一日由原宮年中行事次第の中に「光一松名者、菊池三郎二郎房高為蒙古勲功賞、令拝領当名地頭職」とあることによって、菊池氏が弘安八年以前に蒙古合戦勲功賞として給付されたものと考えてよいであろう。その他の者については蒙古合戦勲功賞で配分されたとする確証はないが、原田・草野氏は蒙古合戦における活躍が諸書に伝えられる家々であるから勲功賞を給せられた可能性は大きいと言える。以上の理由によって「豊後国図田帳」に見える鎮西他国の御家人は蒙古合戦勲功賞として給されたと推定したいのである。その給付の時期は曽根崎氏以外は不明であり、また豊後国御家人の中にも豊後国内に勲功賞を給付された者が存在する可能性はある。しかし「豊後国図田帳」には給付の由来が示されていないので、豊後国御家人について勲功地を抽出することは不可能である。そこでここでは鎮西他国御家人についてのみ指摘するに止める。

またかつて長沼賢海氏は左記の「石志文書」に見える石志四郎壱に対する弘安八年十一月二十五日関東御教書による松浦庄領家職の充行をもって弘安の役の勲功賞として給与されたものではないかと推定しておられる(『松浦党の研

究』一一〇ページ)。

肥前国松浦庄領家職事、付地頭等知行之分領各可沙汰付于地頭之状、依仰執達如件、

弘安八年十一月廿五日　相模守御判

陸奥守御判

大宰少弐入道殿(経資)

去年十一月廿五日関東御教書今年正月廿日到来、案文如此、如状者、肥前国松浦庄領家職事、付地頭等知行之分領、各可沙汰付于地頭之由、所被仰下也、然者当庄内石志村田地十五町二反畠地二丁八反一丈、在家十六宇、土毛村畠地一丁二反、在家八宇、任御教書状、早可被知行候、仍執達如件、

弘安九年二月九日　沙弥在判

石志四郎殿

この松浦庄領家職を鎌倉幕府が石志壱に充行なっていることについて、蒙古合戦勲功賞と全く見えない点に疑問は残るが、先述の如く石志氏が文永・弘安両度の蒙古合戦に参加していることなどから、これが長沼氏の推定の如く蒙古合戦勲功賞である可能性は強い。しかし確証はないので結論は保留する。

これまで述べてきた勲功地給付の徴証とあわせ考えて、弘安九年十月二十八日関東下知状による詫磨時秀の筑前国志登社地頭職の配分をもって弘安合戦勲功地配分の初見とする相田説は修正されねばならぬ可能性が強くなる。

さらに相田氏は正応元年・二年・三年の配分所領の所在と拝領者との関係について論及しておられるが(『蒙古襲来

の研究』三〇四ページ)、その中で次の如く述べておられる。

第二回の筑前国の七隈郷、比伊郷、三奈木庄、長淵庄は、豊後、大隅、薩摩の三箇国、第三回の肥前国の神崎庄は筑前、肥前、肥後の三箇国、第四回の筑前国怡土庄は、豊前国一国の地頭御家人が拝領していることになっている。いま遺る事例に依ってかくの如き事実を見ると、第四回の怡土庄の配分に与かった者には、豊前国と共に筑後、日向両国の地頭御家人も入っていたものと推定し得るのではなかろうか。もし以上の推測に誤りがないとすれば、幕府は鎮西九箇国を三分し、その恩賞の所領地も又三区に分けて、正応元年から逐年三回に亘って附与したものであって、この三回の間には何等その前後に依って差等を付けたのではなく、唯便宜上これも鬮によって次第を立てたというべきであろう。

この相田氏の推定はきわめて明快整然としている。しかしこれまで述べてきた相田氏の理論構成に漏れている勲功地に関する徴証史料の発掘によって、残念ながら相田氏の推定理論は崩壊したと言わねばならない。すなわち肥前国に居住する東国御家人である深堀明心(時光)が筑前国長淵庄田地屋敷を勲功地として配分されていること、さらに肥前国御家人竜造寺家益が筑前国比伊郷田地・在家・長淵庄などを配分されていることによって、豊後・大隅・薩摩の三ヵ国以外に肥前国を加えなくてはならなくなり、また第三回の神崎庄配分を豊前国御家人天雨田憲行が受けていることによって筑前、肥前、肥後のほかに豊前が加わり、さらに第四回の被配分者が豊前次郎蔵人基直とあることから豊前国御家人としておられるが、豊前次郎蔵人基直は大友氏一族田原泰広の子で、田原氏は豊後国田原郷を本拠としたことから、田原氏を号し、「弘安八年豊後国図田帳」に「田原郷六十町、宇佐宮領、本郷、四十町、本守護所豊前大炊入道(大友親秀)女子持明院別当之後室之跡、而豊前六郎蔵人泰広或号借上質券、或得相伝之由申処、辻殿雑掌論之」とあり、親秀の女子が領知していたのを、借上質券があると号したり、買得相伝したと称して押領し、相論中であったらしい(15)。したがって田原氏の豊後国の基盤は、鎮西下向間もないこの時点においてなお不安定なものであるが、その後の田原氏の活動からみて、豊後国を本拠としたとすべきである(16)。相田氏が豊前次郎蔵人基直に見える豊前を居住地を示したものと解されたのは不当であり、基直は大友一族で東国御家人であるところから本拠地を示す国名は省略されているのである(17)。したがって相田氏の如く東国御家人についてもあえて下向した本拠地を問題とされるならば、田原氏は豊後国とすべきであり、「第四回の怡土庄の配分に与かった者には、豊前国と共に筑後、日向両国の地頭御家人も入っていたものと推定し得るのではなかろうか」との推定は成立しないことになる。したがって被配分者の本拠地の根拠がくずれると、「もし以上の推測に誤りがないとすれば、幕府は鎮西九箇国を三分し、その恩賞の所領も又三区に分けて、正応元年から逐年三回に亘って附与したもの」との推定結論も否定されざるを得なくなる。

最後に蒙古合戦勲功地の替所を与えられた者について述べておく。鎌倉時代恩賞地の新給が行なわれた場合、その恩賞地の本主と新恩受給者との間に紛争が起きることはしばしば生じているが、恩賞地給与に際して幕府側に不手際があった場合、紛争があまりにこじれた場合など恩賞地の替所が与えられる。このほか恩賞地に不満の場合、幕府に要求して替所が与えられる場合もある(18)。蒙古合戦の替所としては、石志氏・河野氏の場合等について述べたが、特に河野氏の場合、筑前国弥富郷給与の理由が明確でないため、種々問題が生じた点については先述の通りである。しかし次に述べる山代氏の場合は、蒙古合戦勲功地の替所が与えられた明確な例として挙げることが出来る。

可令早松浦山代(栄)又三郎領知

筑後国八院萱藤三入道唯仏跡田地公事足拾参町在牟田、屋敷分弐拾参箇所、牟田薗九箇所事、
右、為肥前国恵利村替所被充行也者、早守先例可令領掌之状、依仰下知如件、

正応四季九月二日

陸奥守平朝臣（北条宣時）（花押）
相模守平朝臣（北条貞時）（花押）

肥前国恵利村は山代栄が亡父山代弥三郎諸の文永蒙古合戦の勲功によって、建治元年十月二十九日将軍家政所下文で地頭職に補任されたものであるが、その替所として筑後国三潴庄内八院萱藤三入道唯仏跡田地公事足拾参町（在牟田）、屋敷分弐拾参ヵ所、牟田薗九ヵ所が与えられたことがわかる。栄の陳状によれば「唯仏依為悪党、被収公所帯畢、為勲功之賞拝領彼跡」と称している[19]。恵利村の替所として八院が与えられた理由については必ずしも明確ではないが、「山代文書」正応元年九月七日関東御教書によれば、山代栄と恵利弥次郎兼綱後家尼蓮阿并千葉太郎宗胤代行蓮が恵利村名主職について相論しており、この時は山代栄の知行が安堵されているが、本主恵利氏およびそれをバックアップする東国下向御家人千葉氏等の抵抗のため、その知行権の行使が困難をきわめたことに起因したためではないかと推測される。

以上、蒙古合戦勲功地とわかる徴証のあるものについて述べてきたが[20]、相田氏によって論証されたものも含めてこれまでに知り得たものを表示すれば次の如くなる[21]。

被配分者	配分地	推定配分年月日	典拠、備考
綾部道明後家	豊後国速見郡山香郷下倉成名十八町	↑弘安八	豊後国図田帳

菊池武弘	豊後国大分郡阿南庄光一松名十五町	↑弘安八	豊後国図田帳、柞原八幡宮文書正慶元年正月十一日由原宮年中行事次第案
草野経永	豊後国海部郡小佐井郷七十町	↑弘安八	豊後国図田帳
長与家経	豊後国飯田郷恵良本村十六町三段小・大分郡阿南庄武宮名四町九段	↑弘安八	豊後国図田帳
原田種秀	豊後国玖珠郡山田郷栗本名新庄八町	↑弘安八	豊後国図田帳
平田部薬王丸	豊後国玖珠郡山田郷魚返村戸幡菖蒲迫新庄五町四段六十歩	↑弘安八	豊後国図田帳
河野通有	筑前国弥富郷	↑弘安八・六・二五	山城淀稲葉文書弘安八年六月二十五日将軍家政所下文
河野通有	肥前国神崎庄内小崎郷	弘安八・六・二五	同右、筑前国弥富郷替所
北条時定	肥前国高木西郷山田庄領家惣地頭両職	↑弘安九・閏一二・二八	比志島文書蒙古合戦恩賞地配分注文
武藤経資	筑前国三毛小郷預所職	〃	〃
武藤盛資	筑前国療病寺并同国極楽寺地頭職	〃	〃
宇都宮通房	豊前国上毛郷内原井村・阿久封村・筑前国小山田村金口六郎左衛門尉時通跡	〃	〃
草野継永	筑前国久重楽万地頭職景資跡	〃	〃
白石通武	筑前国佐野次郎丸	〃	〃
渋谷重郷	木工助三郎入道々念跡筑前国今原寺今井手地頭職	〃	〃
嶋津長久	肥後国相良領少卿入道跡	〃	〃
戸次重秀	□人行地死去　□□重長跡	〃	〃
武藤経平	肥前国那久野村地頭職豊前々司景資跡	〃	〃
竹井五郎入道	豊後国岩手彦太郎跡	〃	〃
河辺次郎	肥後国梁瀬宮禔矢上孫三郎泰継跡	〃	〃

臼木氏家子息	薩摩国鹿児嶋郡司職内十分一矢上孫三郎跡	〃	〃
米生種盛子息	〃	〃	〃
田尻種宗子息	〃	〃	〃
田尻種継跡	〃	〃	〃
米生種有子息	〃	〃	〃
矢俣信成子息	〃	〃	〃
野中宗通	〃	〃	〃
香西定度	〃	〃	〃
田尻親賀子息	河辺孫二郎配分跡十丁	〃	〃
斑嶋又太郎跡	肥前国神崎庄配分残十丁	〃	〃
石志壱	筑前国益丸	↑弘安一〇・一二・一八	石志文書弘安十年十二月十八日関東下知状
石志壱	豊後国八坂下庄木村内四箇名（得一鴨河木苔紀四郎）	弘安一〇・一二・一八	〃
深堀時光	筑前国長淵庄内田地屋敷・三奈木庄	正応元・一〇・三	深堀文書文保二年五月日深堀時清陳状
竜造寺家益	筑前国比伊郷田地・在家・長淵庄	〃	竜造寺文書正和二年二月九日鎮西探題御教書
渋谷（寺尾）惟重	筑前国早良郡下長尾庄田地拾町畠弐段屋敷四所、三奈木庄富永名内及杖河原畠壱町	〃	入来院家文書嘉暦三年十二月二十一日平重広譲状
渋谷致重跡	筑前国早良郡下長尾田地弐町七段屋敷	〃	岡元家文書正応四年八月二十八日関東裁許状案
上島惟秀	肥前国神崎庄内田畠屋敷	正応二・三・一二	阿蘇家文書嘉暦元年十一月十八日尼妙法・沙弥義弘和与状案
伊万里氏	肥前国神崎庄内田畠屋敷	〃	伊万里文書正中三年三月七日源勝譲状案
有田資国	肥前国神崎庄田地五町	〃	近藤文書永仁五年十月二十二日荒木宗心

			譲状
詫磨直秀	肥前国神崎庄倉戸郷・詫田郷田地五丁、屋敷八ヶ所、畠地二ヶ所	正応二・三・一二	詫摩文書正和五年十月二十五日詫磨道覚譲状案
詫磨道秀	肥前国神崎庄内崎村郷内江口、南里田地	〃	詫摩文書文保二年六月十九日詫磨道秀譲状
榊藤内三郎入道	肥前国神崎庄内田地	〃	東妙寺文書延慶三年四月二十五日高重法師女子等連署寄進状写
下津満	肥前国神崎庄	〃	実相院文書正和元年十一月二十二日鎮西裁許状
天雨田憲行	肥前国神崎庄屋敷	〃	本間文書正和三年十二月六日鎮西裁許状
山代栄	筑後国八院萱藤三入道唯仏跡田地公事足拾参町屋敷分弐拾参箇所牟田薗九箇所	正応四・九・二	山代文書正応四年九月二日関東下知状、肥前国恵利村地頭職替
竜造寺家益	筑後国三潴庄内荒木村内田地等地頭職	不明	竜造寺文書正和二年二月九日鎮西御教書

注

（1）八坂庄は豊後国速見郡にあり、「豊後国図田帳」には八坂荘、二百町、宇佐弥勒寺領とあり、下荘百町、領家八幡検校法印女子とあるが、木村内四箇名については記載がない。

（2）「深堀文書」元応四年七月二十二日鎮西裁許状によれば、深堀時清（時通・時行）と清光の子息吉鶴丸とが長淵庄について相論して和与を結んだ際、「於長淵庄所領者、至于吉鶴丸十五、依去与深堀孫太郎時行、改名時清、被成御下知畢、然者時行知行年記之程者、三奈木拾町分内五段三段成吉下谷口二段津留八郎次郎作可有知行、彼吉鶴丸、自十六歳長淵知行之時者、於三奈木田者可被返也」とあり三奈木庄にも配分地を有していたことがわかる。

（3）長淵庄は現在福岡県朝倉郡朝倉町長淵に当り、三奈木庄は福岡県甘木市三奈木にあった荘園で近接している。

（4）「竜造寺系図」に「家益六郎、名村金、法母同上、兄季時与蒙古合戦時、与季友共警固博多防戦、兄弟討死、因是家益継家督、賜肥州竜造寺邑及筑前比伊郷・筑後荒木邑地頭職」とある。

（5）「近藤文書」乾元二年二月二十二日大江宗戒譲状にも「ありたのひやうゑ二らうすけくにかもうこかせんのくんこうのちひせんのくにかんさきのしやうのうちてんち五ちやうかはんふん事」と見える。なお「近藤文書」については、『蒙古襲来の研究』補註によって補われている。

（6）安富氏は東国御家人で肥前国高来東郷深江村地頭職を領知していたが、異国警固番役勤仕のため鎮西に下向し、鎮西探題設置によって右筆の任に当り、その後鎮西引付衆の設置によって、安富頼泰が二番引付にその名を連ねている。

（7）飯田久雄「門司関と門司八幡宮」（小倉豊文編『地域社会と宗教の史的研究』所収）、石井進「九州諸国における北条氏所領の研究」（竹内理三博士還暦記念会編『荘園制と武家社会』所収）三四一ページ、川添昭二『注解元寇防塁編年史料』（福岡市教育委員会刊）二七六ページ参照。

（8）鎮西を本貫地とする御家人が、蒙古合戦勲功地配分を受ける以前に、本貫地以外の国に所領所職の給与されている例としては、「上杉家文書」文永八年十二月二十九日将軍家政所下文によって肥前国御家人高木六郎入道（進西）が豊後国竹本名の替として、武蔵国比企郡内犬岡郷名主職を与えられており、高木氏が文永八年以前に豊後国竹本名を領知していたことがわかる。高木六郎入道については、「高城寺文書」弘安八年二月二十三日肥前国守護北条時定書状に高木六郎入道進西と見えるが、鎮西御家人が東国に所領給与を受けている例も珍しい。このほか「河上神社文書」正和四年六月二日鎮西裁許状によれば、大塩春王丸は祖父貞重が仁治二年に武蔵国多磨野内拾町を拝領し、その後肥前国殖木田牛鼻と相博した旨を陳じているが、大塩氏については他に所見なく、鎮西御家人か否かの判別も出来ず、仁治二年に給与された由来も明らかではない。

（9）肥前国御家人綾部氏は肥前国三根郡綾部（漢部）を本拠とする御家人で、「比志島文書」弘安九年閏十二月二十八日岩門合戦勲功交名注文に綾部右衛門三郎重幸なる者が、筑前国乙犬丸三分一筥崎執行職成員跡の配分を受けている。『北肥戦誌』には文永の役で活躍した者の中に綾部又三郎幸重の名を挙げている。

（10）肥後国御家人菊池武弘については他に所見がない。菊池武房の弟で蒙古合戦に活躍した菊池三郎有隆（赤星祖）があるが、有隆と武弘が同一人物か否かも不明である。「柞原八幡宮文書」に見える菊池三郎二郎房高と武弘との関係も不明。川添昭二氏は『菊池武光』で「入来院文書」元亨四年十二月十六日鎮西裁許状に見える永利如性の所領である薩摩国薩摩郡石上村が没収され、それを菊池三郎以下が勲功賞として拝領したとある菊池三郎を「豊後国図田帳」の菊池武弘と同一人物と考えられ、勲功賞とは蒙古合戦勲功賞ではないかとされているが、確証がないので一応保留しておく。

(11) 肥前国御家人草野経永は、『吾妻鏡』にも見える筑後国在国司・押領使草野永平の子孫で、永平は肥前国松浦郡鏡社大宮司職にも補任され、代々相伝した。経永については『竹崎季長絵詞』弘安四年閏七月五日の肥前国松浦郡御厨海上合戦で活躍していることが見える。

(12) 肥前国御家人長与家経は肥前国彼杵庄長与村を本拠とする御家人で、彼杵庄関係史料に数多く出てくる。拙編『肥前国彼杵庄・伊佐早庄史料』(九州荘園史料叢書七)参照。家経については「河上神社文書」永仁二年七月十五日源相政・小野高意連署奉書に「同国《肥前》河副新合名頭長与左衛門尉家経」と見え、肥前国一宮河上座主弁髪と理趣院地蔵菩薩供米について相論を行なっている。

(13) 筑前国御家人原田種秀は筑前国糸島郡地方を本拠とする御家人で、平安末の大宰少弐原田種直の子孫とされている。『八幡愚童記』などに原田一族の蒙古合戦における活躍を伝えている。

(14) 肥前国御家人平田部薬王丸は他に所見がなく、その本貫地など不明である。

(15) 外山幹夫「豊後国の鎌倉御家人について」(『広島大学文学部紀要』一八所収)参照。

(16) 田原泰広は「川瀬文書」弘安二年十二月二十八日将軍家政所下文案によって筑後国田口村地頭職を安堵されているが、これは豊前国入学寺の替として宛行なわれており、弘安二年以前に豊前国に所領を有していたことがわかる。しかし弘安二年にこれを放棄しており、他にも散在所領を有していた可能性はあるが、大友一族である田原氏を豊前国を本拠とする御家人とする根拠はない。

(17) 蒙古合戦勲功地配分状では、鎮西御家人の場合は姓の上に国名を付けているが、東国下向の御家人である深堀時仲・田原基直の場合は省略されている。しかし同じ大友一族である志賀泰朝・詫磨泰秀の場合は豊後・肥後国とある。深堀・田原氏と志賀・詫磨氏の相違は両者の土着の程度の差に由来するものであろうか。

(18) 上総国御家人深堀氏は承久の乱勲功賞として摂津国大工田𠌃末里入道跡地頭職を賜わっているが、その替所を幕府に要求し、建長二年十月二十三日筑後国甘木村を替所として与えられたが、さらにその替所を要求したらしく建長七年三月二十八日将軍家政所下文案によって肥前国戸八浦を与えられ、ようやく落着した例がある。

(19)「山代文書」永仁六年五月二十六日鎮西探題裁許状。

(20) このほか家譜・系図等に蒙古合戦勲功地の配分を受けたとの記事が見えるものは多いが、ここでは確証あるもののみに限り、家譜その他後世の編纂物等のみで知られるものは除外した。たとえば川添昭二氏は豊後国日田氏が蒙古合戦勲功賞を配分されたことを知る史料として、「豊后日田郡司職系図」の記事を挙げておられる。それによって日田永基が文永の役の恩賞として豊後国安岐郷弁分弘永以下五ヵ名を給与され、日田永資が弘安の役の恩賞として筑前国三奈木庄田地十町畠屋敷などを拝領したことがわかるとされ、内容・用語といい、確かな史料によって書かれているものとされている。(「豊後日田氏について」『九州文化史研究所紀要』一六所収)。このほか西牟田永家が「肥前国神崎郡中数箇」(「西牟田系図」)、江上種宗が「賜肥前国神崎庄内之地并筑後国山門・山下二郡之内」(「江上系図」)などいずれも蒙古合戦勲功賞と称しているが、勲功地の地名が実際に配分された地名と一致することをもってにわかに信ずることは出来ない。勿論否定する確たる根拠もないが、確証あるものとの原則によって除外した。

(21) この表には蒙古合戦勲功賞と明記されているもので配分状の存在しないもの、および蒙古合戦勲功賞地と考証したものについてのみ掲げた。したがって相田氏による「東妙寺文書」建武二年六月日東妙・妙法両寺寺領坪付注文写に見える寄進主と寄進領、および神崎庄の一分地頭の存在をもって蒙古合戦勲功賞地の名残りとする見解は十分その理由があると考えられるが、既に相田氏が表示しておられるし、やや疑問点も残るので除外してある。神崎庄の配分地の跡と考えられる所領などについては、拙編『肥前国神崎荘史料』参照。なお「山代文書」観応二年十二月二十五日足利直冬充行状によれば、松浦西原鬼熊丸に、勲功地肥前国養父郡牛原村半分の替として、筑前国三奈木庄内拾町が与えられているが、これは多比良弥六左衛門尉跡とある。多比良氏は肥前国高来郡多比良を本拠とする御家人であり、恐らく正応元年十月三日の配分によって給与されたものと思われるが、一応確証なきものとして除外しておく。また「中村令三郎氏所蔵文書」貞和六年十一月日中村勇安堵申状によれば、松浦中村勇は当知行地の安堵を足利直冬に申請し安堵されている。その当知行地は「筑前国怡土庄恒吉・末弘両名地頭職・田畠屋敷曠野・同庄友永方光永分目田地・同国志登社堂田壱町四段将軍家拝領地・肥前国安富庄配分地田畠等」とあり、これらは「為重代相承之地、帯関東御下文御下知以下次第証文等、当知行無相違者也」と述べており、これらの所領は関東下文を帯する鎌倉時代相伝の所領であり、将軍家拝領地と称している怡土庄、志登社は蒙古合戦勲功地配分の対象地となっていること、安富庄が建治三年に北条時宗の得宗領となっており、鎌倉時代の配分地といえば、蒙古合戦勲功地・岩門合戦勲功地配分が直ちに想起されるなど、これらの所領が蒙古合戦勲功地であった可能性が大きいが、なお疑点も残るので指摘するにとどめ、結論は保留する。なお「中村令三郎氏所蔵文書」貞和六年十二月日中村近安堵申状にも同様のことが認められる。

（三）　恩賞対象地の性格

鎌倉幕府が蒙古襲来後の戦後処理の一つとして、蒙古合戦に軍功を抽んでた御家人の恩賞地要求の処理があったことは、これまで早くから多くの人びとによって指摘されているところであるが、恩賞地として給付すべき恩賞地の対象となるべき土地の不足が、鎌倉幕府をして御家人の要求を満足させることが出来なかった最大の理由であったことは異論のないところである。しかもこれまで見てきた如く、恩賞地は鎮西の土地がこれに当てられている。文永の合戦に対する恩賞地は、いずれも被配分者の本貫地に近い、たまたま何らかの理由で闕所となっていた適宜の地が恩賞地として給付されている。したがって恩賞を給付された者も少なく、恩賞対象地に共通した性格は認められない。

ところが弘安の合戦後の恩賞は、恩賞要求も激化し、要求する御家人数も増加したところから、文永の場合の如く、無秩序に闕所地を求めて、これを適宜配分するという鎌倉幕府が創設以来の軍功のあった御家人に対する恩賞地給付の方法では、とうてい多くの恩賞地を要求する御家人を満足させることが不可能となった。そこで創出された方法が広大な所領を細分し、孔子配分によって公平に分配する方法であった。しかしそのような広大な所領が鎮西に存在したわけではない。そのような中にあって孔子配分の対象となった恩賞地はどのような性格の土地であったのであろうか。

この点について相田二郎氏は、「幕府が多数の将士に細分して充行った諸庄郷が何れも筑前肥前両国内のものであることは実に注目に値する。筑前国七隈郷、比伊郷、怡土庄の如きは、将士が守備に就いた警固役所の所在地から数里を隔てぬところにあり、中には地続きとさえ思われる箇所もある。如何に当時戦場と兵站地との接近を図るに苦心を払っていたかが看取できる(1)」と述べられ、鎮西各地より筑前・肥前各地で防衛に当るため参集した鎮西御家人の兵站地を確保するため恩賞地が与えられたものとされた。したがって主人が戦没した遺族に恩賞地を与える場合は、兵站地の必要がないので、九州においても戦場の恐れのない薩摩などの土地を選んで与え、北九州地域の所領は皆第一線に立ち得るものに譲ったものと述べておられる。しかしこの相田氏の指摘は必ずしも適当ではないように思われる。相田氏のこの指摘の根拠は薩摩国鹿児島郡司職内十分一矢上孫三郎跡を恩賞地として給付された者が、多く子息或いは跡とあることによると考えられるが、弘安合戦で戦死した渋谷有重・致重兄弟の遺族の如く、筑前国早良郡に恩賞地を与えられている例があり、必ずしも相田氏が指摘されたような画一的方針が貫徹されていたわけではないように思われる。さらに相田氏は配分の対象地となった庄郷は鎌倉将軍家の料所、すなわち将軍家の直領を恩賞地として配分したものであろうと指摘された(2)。

これをうけて石井進氏も、恩賞として配分された所は得宗領か北条氏一門領であり、配分された後も上部支配権は得宗か北条氏一門の手ににぎられていた可能性が大であるとされた(3)。鎮西御家人四百人に配分されたといわれる神崎庄および怡土庄が関東御領であったことは相田・石井氏によって論及されているが(4)、その他の恩賞地についても、恩賞対象地に選ばれた理由が明らかとなる史料が残っている。すなわち正応元年十月三日に配分された筑前国長淵庄は、『華頂要略』(五十五上)所収承久三年六月十日尊長法印遺領目録によれば、尊長が道覚親王に譲った私領の中に「一所　尊勝寺領筑前国長淵庄事加納上座郡」と見える。尊長は法勝寺執行であったが、承久の乱の張本人として幕府の追及の目をくぐって熊野・鎮西各地を逃亡七年に及んだが、ついに安貞元年六月七日洛中に潜伏中を六波羅の兵に囲まれ防戦及ばず自害した。(5) したがって承久の乱後長淵庄も鎌倉幕府によって没収され関東領になっていたことは疑いないであろう。長淵庄と共に尊長の私領として道覚親王に譲られている蓮花王院領肥後国宇土庄が執権北条師時の所領であった可能性が強いことを石井進氏が指摘しておられるが、(6) 恐らく両者共に承久の乱後に没収されて関東御領となっていたものと思われる。

『吾妻鏡』文治四年四月十二日の条によれば、法金剛院領怡土庄にも地頭職が置かれていたが、地頭職の停止を院側に嘆願したらしく、建久元年三月九日の条に院宣を鎌倉幕府にたびたび下して地頭職の停止を求めている。これに対して鎌倉幕府側は奥州征伐後に院宣に従って地頭職を停止する旨回答したらしく、奥州征伐終了後改めて約束の実行を幕府側に求めている。その後怡土庄の地頭職が停止されたか否か確証に欠けるが、傍例から考えて怡土庄の地頭職は院側の要求に屈して法金剛院に返還されたものと思われる。

同様に恩賞地に当てられた宝荘厳院領三潴庄にも、文治年間和田義盛が地頭職を有していたが、ここでも後白河院側の要求に屈し、源頼朝が和田義盛の地頭職を停止する旨の請文を出していることが、『吾妻鏡』文治五年三月十三日の条に見える。(7) しかし承久の乱後には三潴庄の場合地頭職が復活している。怡土庄・三潴庄の場合は鎌倉幕府成立後なお日が浅く、やむなく院側の要求に屈した幕府側も、承久の乱後の公武の力関係の逆転により、かつて停止した地頭職も再び関東御領或いは関東口入地として復活していたのではないかと思われる。これまで見てきたごとく、蒙古合戦恩賞地の対象となった庄郷に文治年間地頭職が設置されており、それが院側の要求によって停止された歴史を有していることは、単なる偶然ではなく、蒙古合戦恩賞地の共通性格を示す現象と考えられ、恩賞地不足に苦しんだ幕府が関東御領、関東口入地を放出して、鎮西御家人に配分したとの相田・石井氏の指摘はさらに補強されたと見ることができよう。これ以外の恩賞地筑前国早良郡比伊郷・七隈郷・筑前国三奈木庄・薩摩国給黎院・肥後国合志郡・肥前国米多続命院などについても同様な理由の存在があると考えられるが、なお確証に欠けるので、ここでは指摘するにとどめ、後日の確認を期することにしたい。

注

（1） 相田二郎『蒙古襲来の研究』三〇一ページ参照。
（2） 相田前掲書二九六～二九七ページ参照。
（3） 石井進「九州諸国における北条氏所領の研究」（『荘園制と武家社会』所収三八七ページ参照）。
（4） 拙編『肥前国神崎荘史料』、新城常三・正木喜三郎編『筑前国怡土荘史料』参照。
（5） 『大日本史料』第五編之三、八四一～八五一ページ参照。
（6） 石井前掲書三六一～三六二ページ参照。
（7） 拙編『筑後国三潴荘史料』参照、「横溝文書」正元元年十二月二十六日将軍家政所下文により横溝五郎生阿が筑後国三潴庄内高三潴村地頭職に補任されたのをはじめ、「田部文書」文永十一年七月一日筑後国守護所直人注文目録によれば、三潴庄白垣村に地頭が存在していたことがわかる。

（四） 恩賞地配分後の進退領掌

恩賞地配分について幕府が種々の配慮をめぐらした形跡があることについては、相田二郎氏が論及しておられる(1)。しかし恩賞地配分の遅延、恩賞地が狭小かつ遠隔地に散在していたこと、孔子配分という画一的便宜的方法に多くの欠陥が存在したことは否定できない。

特に正応元年十月三日の配分は、薩摩・大隅・豊後・肥前などの御家人に筑前国を配分しているが、三町・五町・拾町と文永の役の恩賞地を配分された曾禰崎慶増の豊後国田染郷糸永名三十町に比較してはるかに狭小であり、しかもそれらは比伊郷・三奈木庄・長淵庄に散在しており、薩摩国御家人武光師兼が配分された筑前国早良郡七隈郷地頭職田地参町・屋敷二宇・畠地六段のうち、屋敷一宇は早良郡比伊郷（現福岡市）、一宇は下座郡三奈木庄（現福岡県甘木市）、と分かれており、畠地六段も三段二丈は早良郡七隈郷（現福岡市）、残り二段三丈は上座郡長淵庄（現福岡県朝倉郡朝倉町）に存在している。他の渋谷有重・国分寺友兼・禰寝清親の場合も全く同様であった。このように遠隔地に散在する狭小な田地・屋敷・畠地などが果して御家人の経済的窮乏を救う効果があったか疑問であるといわざるを得ない。相田氏はこれら多年鎮西御家人にとって渇望の的であった蒙古合戦恩賞地が多量に肥前国神崎庄内の東妙寺・妙法寺の二寺、および神崎庄鎮守櫛田神社、宇佐八幡宮、博多聖福寺・崇福寺等の造営用途を弁ずるため寄進施入されている事実を指摘された。この点について相田氏は勲功賞を拝領したことを神祇に祈謝し、或いは拝領した本人が没した後、その菩提を弔うため寄進されたものであろうと述べておられる（『蒙古襲来の研究』三〇六ページ）。寄進された意図は恐らく相田氏の推断された通りであろう。しかし鎮西御家人があれほど執拗に鎌倉幕府に要求して獲得した恩賞地を寺社に寄進する前提として、鎮西御家人の期待を裏切る配分地の狭小さ、領知支配の困難さが存在し、寄進の時点で事実上不知行の状態に置かれていたのではないかと推定出来るのである。この点について明らかにするため、恩賞地配分後の進退領掌の具体的例について考察することによって、この問題を追求してみたい。

建治元年十月二十九日、親父山代諸の文永の役における戦死の代償として給与された肥前国恵利村地頭職を、諸の子息山代栄は、東国御家人で大隅国守護であった千葉宗胤[2]の支援による本主恵利兼綱の後家尼蓮阿の訴訟によって、終に替所を給付されるに至った事情については先述したが、替所として与えられた筑後国三潴庄八院村においても、山代氏は在地勢力の抵抗に遭遇している。すなわち筑後国御家人白垣弥藤三宗氏[3]は、山代氏が替所で給与された所領は、本主菅藤三入道唯仏（助範）の罪科によって没収される前に買得していた所領である旨を訴え、弘長元年十二月六日、弘安二年十月二十日、同六年十月二十八日の前筑後守護人少弐盛経の石築地覆勘状、制札免許状、宗氏が唯仏の所従を搦取った旨の関東への注進状などの具書を副えて宗氏の知行権を主張したらしいが、栄所進の正応四年九月二日の関東安堵下知状は、宗氏所進の具書のすべてに優先しており、「宗氏不帯御下知御下文等之間、栄□（知ヵ）行不可有相違矣者」との理由によって、鎮西探題は山代栄の知行を安堵しており、蒙古合戦勲功賞替地を保護する立場を示している。しかしさらに在地勢力は恩賞地配分による新恩給者に対する抵抗の姿勢を捨てていないことがわかる。すなわち筑後国御家人白垣弥次郎入道道念は山代栄と八院村と白垣郷[4]との堺について絵図を進めて鎮西探題に訴えており[5]、この時は鎮西探題の裁定によって堺が定められ一応決着したらしい。しかし白垣氏はこの裁許に不満であったらしく、白垣道念の孫子彦童丸は白垣郷と八院堺について文保二年六月二十五日に越訴を棄却されているが、これよりさき白垣道念は山代栄が悪党を扶持している旨訴えるなど[6]、鎌倉時代を通じて白垣氏の山代氏に対する排除運動は続けられている[7]。しかし鎮西探題は終始山代氏を支持しており、白垣氏の訴訟はことごとく棄却されている。しかし肥前国松浦郡山代（現佐賀県伊万里市山代）に本拠を有し、遠く離れた筑後国八院村（現福岡県三潴郡大木町）に給与された勲功地を進止することは白垣氏などの在地勢力の抵抗によって困難をきわめたであろうことは容易に推測されることであり、鎮西探題による関東安堵の下知状を支証とする保護がなかったならば、山代氏はたちまち不知行の状態に追い込まれたであろう(8)。

このことは逆に鎮西探題による山代氏に対する支持がなければ、白垣氏の勲功地配分者の排除運動の成功を意味したと言わねばならない。調停者としての鎮西探題の立場は、在地におけるこのような動きを背景としてきわめて微妙な立場に置かれていたわけである。

かかる現象は、豊後国守護・鎮西談議所頭人・鎮西探題引付奉行人など鎮西における要職を歴任し、蒙古合戦の実戦の戦闘指揮者であった大友氏の場合にも同様であった。

大友頼泰は蒙古合戦勲功賞として弘安九年十月二十八日筑前国怡土庄志摩方三百町惣地頭職に補任されているが、配分後二十年後の嘉元年間には、同庄内の在地名主などの抵抗により、その知行権の行使は難渋をきたしていることがわかる。すなわち大友氏が給与された怡土庄友永方内重松名内田地捌段の作稲について、地頭代有慶・重清は永仁六年筑前国香椎大宮司氏盛が押領したことを鎮西探題に訴えている。これに対し氏盛の代官泰能は陳状の中で、怡土庄は香椎宮の造営料所であると称しており、香椎宮の権益が存在したことが知られる。ところが重松名主空證は新恩地頭大友氏をバックに徳政に名をかりて香椎宮の権益を犯すところがあったらしい。そこで香椎宮を頼る友永方四郎丸名名主鬼塚藤左衛門入道道蓮と大友氏を頼る重松名主空證との相論となり、それが発展して香椎宮と大友氏の相論となったものと思われる。鎮西探題は香椎宮代官泰能の自由陳状、不参咎を理由に香椎大宮司氏盛の押領を停止し、作稲を員数に任せて糺返すべきことを命じている。この大友氏の場合にも、蒙古合戦恩賞地給与に対する既特権者側の反発が生じていることがわかる。

　しかし大友氏の怡土庄の進止権行使に最も大きな障害となったのは在地名主層(9)の抵抗であった。すなわち「大友文書」嘉元三年八月二日鎮西探題裁許状によれば、怡土庄友永方地頭大友貞親代寂念は同庄内の名主三十数名が年貢を抑留し、公事を対捍したと訴えている。その訴状の中で寂念は「道忍(大友頼泰)去弘安九年十月廿八日当庄志摩方三百町惣地頭職自令拝領以来二十ヶ年之間、年貢課役等無沙汰」と述べており、蒙古合戦勲功地の進止権の行使が、約二十年間名主等の年貢公事対捍によって、ほとんど不知行の状態に置かれていることがわかる。この訴状を受けた鎮西探題は使節野介次郎左衛門入道道蓮・白水五郎入道生願に命じて各名主にそれぞれ請文を提出させているが、各名主は「或捧請文、或不参之間、依不事行」という調査尋問に不協力な状態であったため、使節を変更して、草野次郎入道円種・山田中内政盛らに嘉元元年十月二十三日から嘉元三年二月二十三日にかけて調査させ、名主等に再度請文を提出させている。しかし提出された各名主の請文は、「年貢抑留公事対捍無之」との主張によって占められており、なかには是末名主法光の如く「無違背対捍之処、被載注文之状、驚存候」と反論する有様であり、四郎丸・光富名・自得名・香力名・光永四郎丸名・亀丸名・鶴石丸など七名主は終に請文を提出しなかった。このように両者の主張が対立するなかで、裁許の決め手となる地頭得分の結解が大友頼泰拝領以来二十年間全く行なわれていないことがわかる。したがって両者の主張は全くの水かけ論に終っている。そこで名主側は二十年前に遡って地頭得分の結解を行なうことは不可能であるので、最近の何年かの分について結解を遂げ、未進があれば究済しようとの態度を示している。これに対し鎮西探題は「然者道忍拝領以後不遂結解之条、無異論之処、及年紀多年之間、自近年可遂結解之由令申之条、頗為非拠歟、所詮、為二十ヶ年内之上者、自道忍拝領以来、地頭得分遂結解、可令究済」との裁許を下し、あくまで道忍拝領以来二十ヵ年の結解を遂げることを命じている。しかし現実問題として、二十ヵ年結解さえ行なえなかった状態で推移して来て、今更二十ヵ年前に遡って結解を行なえということは、所詮実行不可能なことであることは自明のことであると言わねばならない。多年の念願であった蒙古合戦恩賞地の地頭得分について、二十年間も結解さえ行なわれていないまま放置されていることが問題であると言わねばならないであろう。大友氏ほどの有力御家人でも急速に成長しつつあった在地名主層の抵抗を排除することが自力では出来ず、鎮西探題の裁決に頼らねばならなかったことは、本貫地より遠く離れた配分地の代官支配方式による進退領掌がきわめて困難であったことを如実に示している現象と言わねばならない。

肥前国守護として鎮西に下向し、蒙古合戦に勲功のあった北条時定は、恩賞地として肥前国高木西郷山田庄領家惣地頭職を給付されたが、正応二年八月に卒し、肥前国守護職はその子定宗を経て鎮西探題が兼補するようになっているが、(10)この恩賞地は時定(為時)—定宗—随時—治時と相伝されている。「河上宮古文書写」元徳四年正月日河上社雑掌家邦重陳状写によれば、時定は代官神田五郎聞・田口孫五郎入道法幸・平野行真房などを派遣しているが、幕府が異賊降伏祈禱の恩賞として、正安三年六月十日肥前国山田庄内高久(来)守山郷(現長崎県北高来郡森山町)を肥前国一宮河上神社に寄進したことから、随時の代官と河上神社との相論となり、北条政顕の時代に関東に注進して、問注所四番引付矢野兵庫允の奉行によって審理され、「実相院文書」正和四年十一月二十三日関東裁許状によって和与している。このように得宗家であり、後に鎮西探題・肥前国守護の要職を兼任した随時といえども、蒙古合戦勲功地の支配については、種々困難をきわめていることがわかる。

大友頼泰・北条時定とならんで守護人として勲功賞を給付された武藤経資は、筑前国三毛小郷預所職については、その所在について確証がなく、(11)その後の進退領掌についても全く知るべき史料がない。恐らく武藤氏のその後の活動の有力な経済的基盤とはならなかったものと思われる。大友・武藤氏にしてかくの如き有様であったから、その他勲功賞を給与された弱小御家人に至っては進退領掌に多くの困難が伴い、日時の経過と共に不知行の状態に追い込まれたものが多かったと思われる。

「本間文書」正和三年十二月六日鎮西探題裁許状によれば、豊前国天雨田庄住人天雨田憲行は異賊合戦の恩賞地として肥前国神崎庄屋敷を配分されているが、本告六郎秀基後家明勝のために押領されたことを訴えている。本告氏は神崎庄鎮守高志・櫛田両社大宮司職を相伝する在地有力御家人であった。天雨田氏の訴訟を受けた鎮西探題は、明勝に対してたびたび尋下したが無音であったので、国分又次郎入道浄光・立石源兵衛入道道妙らの近在の御家人に命じて催促させたらしく、明勝はようやく請文を提出し、憲行が訴えている屋敷を相綺った事実はなく、憲行の百姓が当知行していることは顕然であると反論している。そこで鎮西探題は明勝の請文に基づいて、屋敷は憲行の知行相違あるべからずとの判決を下している。これも在地有力御家人の本告氏の押領の事実が存在したことは、恐らく憲行の訴えの通りであったことは疑いないであろう。

この弘安四年蒙古合戦勲功地を子供に配分した例もある。すなわち弘安九年十月二十八日筑前国志登社地頭職(現福岡県糸島郡前原町志登)の配分を受けた大友氏の一族詫磨時秀(寂尊)は、「詫摩文書」弘安十一年四月二十五日の譲状で長子詫磨頼秀(寂意)に所領所職を譲っているが、「但舎弟等ふんハのそくなり」とあり、同日付で三男貞重(熊鶴丸)に志登社田四町、(12)四男親政(寂雄)に志登社田五町屋敷三箇所を配分していることがわかる。(13)また正応元年十月三日の配分で筑前国三奈木庄地頭預所両職の配分を受けた同じ大友一族志賀泰朝(阿法)も、正安三年十二月二十日の譲状で、嫡子貞朝（正玄）と末子貞泰（寂性）に折半して譲っている。[14] また同じく正応元年十月三日の配分で筑前国早良郡七隈郷地頭職の配分を受けた薩摩国御家人武光師兼（法忍）は、「武光家文書」応長弐年六月十七日の譲状で、所有する所領所職を子息五人、女子三人および後家に分割相続させているが、勲功地も次の如く配分されている。

惣領弥三郎経兼分　勲功御領筑前国七隈郷惣領職
三郎次郎師藤分　勲功御領筑前国七隈郷内淵田壱町、同長淵畠地壱所
伴三兼治分　勲功御領筑前国七隈郷内袴田五段
又三郎兼正分　勲功御領筑前国橋爪四段大六十歩

これによって勲功恩賞地は男子のみに譲られており、女子には全く配分されていないことがわかる。

このように遠隔地の狭小の恩賞地を更に庶子に分割配分させていることは、下地の支配権の譲与というより、むしろ得分権の譲与の性格が強かったものと思われる。したがって被配分者の恩賞地からの遊離化の傾向は日時の経過と共に著しくなり、[15] 終には在地名主層に進止権が移行することもあったであろう。

その具体的一例を肥前国御家人青方氏の場合に見ることが出来る。すなわち青方弥三郎家高（重高カ）[16] は正応三年三月十二日の配分によって、肥前国神崎庄田地三町・屋敷一宇・畠地一反の孔子配分を受けている。

（端裏）「青方勲功分」
□（弘）安四年蒙古合戦勲功賞肥前国神崎庄配分事
一人　肥前国青方弥三郎家高（重高カ）

田地三町　東郷　吉田里
十六坪三反内二反一丈西依
十七〻六反一丈　　一八〻一反二丈
十九〻五反四丈　　廿〻五反
廿八〻三反三丈　　廿九坪八反内五反四丈東依

屋敷
土師郷家中里
卅四坪田一宇西依三反　直元居薗

畠地
東郷小薗前
一所三反内一反　秋末房西

右、就孔子配分如此、有限仏神事、不可有懈怠之状如件、
正応二年三月十二日　沙弥（武藤経資）
　　　　　　　　　　沙弥（大友頼泰）

ところが肥前国五島を本拠とする重高は、甥に当る広瀬左衛門太郎親平（真仏）に譲り、親平はさらに舎弟の広瀬次郎左衛門尉国平（了真）に永仁五年後十月十八日に吉田里新三郎丸作五段・本告執行名内高三入道作五段計壱町を譲ったらしい。広瀬国平は波佐見氏を称しているので、肥前国彼杵郡波佐見付近に住んでいた御家人と思われる。と

ころが国平は神崎庄名主吉田兵衛三郎後家尼妙心によって、吉田里壱町を押領されたことを訴えている。押領した名主吉田兵衛三郎後家尼妙心と田地の所在する吉田里が一致するところから、勲功地の本主であったことも考えられる。鎮西探題の尋問に対し、「彼田地押領事不実也、企参上可明申云々」との請文を提出した。しかし妙心はその後参上せず、不参の咎によって国平の領知を安堵する裁決が下されている。しかし現実には在地名主吉田氏が当知行していたらしく、正平年間青方次郎四郎重が、曾祖父松浦青方弥三郎重高が拝領した弘安蒙古合戦恩賞地を吉田藤次郎に押領されていることの不当を訴えたのに対し、神崎庄政所左衛門尉直治は請文を提出し(17)、その中で「於彼青方参町分者、去正平八年以来自当御代之宸初、当庄住人吉田藤次郎相伝知行無相違」と述べている。

また「青方文書」文保三年六月日青方高継申状案によれば、肥前国御家人青方高継は、祖父青方太郎入道覚心（能高）が弘安四年異賊合戦勲功賞として神崎庄内田地三町屋敷を配分されたことを申している。そしてこの勲功地は高継の父高家（覚念）に譲られ、さらにその嫡子高継に譲られたと称している。ところが高継の弟高光と吉田左衛門太郎入道跡とが内通同心して濫訴を企てたことを訴えている。恐らく舎弟高光が在地にあって、神崎庄名主吉田左衛門太郎入道跡輩と共に押領しようとした事件が起きたものと思われる。

さらに「青方文書」元応二年正月二十一日青方為平本物返田地沽却状案によれば、青方彦五郎(18)領であった神崎庄勲功地田地三町二反を米四十四石を借りた十五年本物返として、関東配分状を副えて神崎庄東郷吉田尼御前に渡したことを述べている。この本物返の条件は、十五ヵ年に当る年の十二月までに、元米四十四石をもって請返す事、その間公私公事がかかってきた時は、為平の沙汰として勤仕する事、その間予想外の煩が出来した時は、為平の責任で処理する事、もし処理出来ない時は、負物の二倍に当る八十八石の米を弁ずべき事、関東より徳政が施行されても、全く子細を申さぬ事、もし返却期間が過ぎた時は、吉田氏が永代知行すべき事という、吉田氏にとってきわめて有利な条件によって結ばれている。この事は現実には在地名主吉田氏の対捍等によって、青方氏の勲功地は不知行の状態に置かれていたことを示すものと思われる。

以上、青方氏の神崎庄勲功地をめぐる三件の紛争には神崎庄在地名主吉田氏がいずれも関係しており、吉田兵衛三郎後家尼妙心と吉田尼御前とは同一人物と思われる。

以上見てきた如く鎌倉幕府に対する執拗な要求によって獲得した勲功地三町二反を米四十四石の質物として、終には在地名主にその知行権を奪われているのをはじめ、本領地より遠く離れた土地に狭小な勲功地配分を受けた御家人層は、その地理的条件、および在地名主農民層の種々の抵抗の前に、その知行権の行使は困難をきわめており、御家人層の経済的窮乏を救うための役割はほとんど果し得なかったと思われる。

勲功恩賞地が多く寺社造営用途料として寄進された背景には、かかる社会的条件によってほとんど不知行の状態に追い込まれていたことを忘れてはならない。

注

(1) 相田前掲書三〇四ページ参照。

(2) 下総国千葉常胤の一族が、鎌倉時代初期から肥前国小城郡に所領を給与されたとの説があり、その徴証がある。川添昭二「肥前千葉氏について」(森克己博士還暦記念論文集『対外関係と社会経済』所収)参照。

(3) 筑後国三猪庄内に白垣(現福岡県三潴郡大木町)なる地名があり、ここを本拠とした御家人と思われる。

(4) 八院と白垣は隣接しており、大木町内に下八院・中八院・上八院上・上八院下・上白垣・下白垣などの地名が交錯して残っている。

(5)「山代文書」永仁六年五月二十六日鎮西探題裁許状、同正安二年三月十二日鎮西御教書。
(6)「山代文書」永仁六年五月二十六日鎮西探題裁許状。
(7)「山代文書」元亨三年十二月二十一日鎮西御教書。
(8)「山代文書」建武四年四月三日足利直義安堵状により、山代弘は八院村地頭職を安堵されている。
(9)怡土庄の名主については新城常三・正木喜三郎共編『筑前国怡土荘史料』（九州荘園史料叢書四）参照。
(10)佐藤進一『鎌倉幕府守護制度の研究』二二五～二二八ページ参照。
(11)川添昭二「鎌倉・南北朝時代における少弐氏の所領」（『九州文化史研究所紀要』一一）九一ページ参照。川添氏は京都醍醐寺の子院円光院の末寺領に筑前国三宅寺があり、領家は僧寿円、寛治五年に末寺として寄進したもので、田数五十町、寺家への年貢は三十石であったといわれるこの三宅寺が三毛小郷と関係あるのではないかと推定されている。
(12)「詫摩文書」正応六年九月十五日詫磨頼秀所領配分状案によれば、詫磨時秀が貞重に配分した志登社田四町は、「志登社内又三郎四町坪之事、くらのもと四反　くたり四反半　つかもと九反三百分　下はすヽ五反小　さい二反　かわおき一反小　なかはすヽ一反　あさこ一丁　にしこうた二反」であったことがわかる。その後この志登社田四町は、延慶二年正月二十日貞重から嫡子幸一丸に譲られている。
(13)「詫摩文書」元亨三年十一月六日詫磨親政譲状によると、親政は嫡子貞政に「ちくせん国ニしとのやしろニ田地五丁、やしき三ヶ所」を譲っているので、これは親政が弘安十一年四月二十五日に時秀より配分されたものと思われる。
(14)嫡子貞朝には筑前国三奈木庄勲功地半分（朝倉四郎給分）、末子貞泰には筑前国三奈木庄内勲功地半分（弥五郎兵衛入道給分）とあり、公家関東御公事番役以下合戦の際は惣領に付いて勤仕すべきことを定めている。その後貞泰は三奈木庄勲功地半分を嫡子熊毗沙丸に譲っている。元亨年間貞朝と貞泰の間で貞泰の所領所職をめぐる相論が起きているが、この相論は貞泰が貞朝の所命に従わず、独立した御家人として各別安堵下文を賜わることを求めたため起きたことがわかる。「志賀文書」元亨二年六月二十六日鎮西御教書案、同元亨二年七月日志賀貞泰申状案、同元亨二年八月六日詫磨直政請文、同元亨二年十一月二十四日志賀貞朝請文、同元亨二年十一月二十六日牧念照請文、同元徳二年七月十一日志賀貞泰譲状、同元弘三年十一月日志賀貞泰申状

案、同建武元年五月一日後醍醐天皇綸旨、同康永元年八月三日志賀忠能譲状案参照。

(15) 渋谷氏の譲状には南北朝時代まで、勲功地三奈木庄・長淵庄が見えるが、嘉暦四年五月日の渋谷惟重遺領注進状案に筑後国三奈木庄と見えるのを初見として、以後手継証文は筑後国三奈木庄・筑後国長淵庄として百年近くも続けられている。この点について『荘園志料』下二一三二ページで清水正健氏は「後或は前の誤写ならむ、然らずんば、長淵村、筑後川を隔てて、近く筑後国に接すれば、河道の変遷に依りて、一時筑後に属せしことも有りしにや」と述べておられる。しかし長淵庄はともかく、三奈木庄が河道の変遷によって筑後国に入ることは考えられない。したがって誤記されたものが、代々そのまま引き継がれて百年を経過したものと考えられる。この推定に誤りなしとすれば、きわめて形式的に譲状の手継証文が作成されたことを示すものではなかろうか。現実に当知行しているのであれば、百年間も国名の誤記に気付かぬことはあり得ないのではないかと思われる。

(16) 配分状に被配分者として記載されている青方弥三郎家高は、その後の「青方文書」ではすべて青方弥三郎重高となっている。家高と見えるのは配分状だけであるので、重高を家高と誤記したか、或いは家高が重高と改名したものかとも考えられるが、それについて知るべき史料はない。『青方家譜』(長崎県南松浦郡上五島町青方、青方鱗太郎氏所蔵)では弘高の初名を重高としているが、弥二郎と弥三郎の違いがあり、同一人物とは思えない。『青方家譜』は江戸時代末期に「青方文書」によって青方系図を作成しているので、若干誤りがある部分も認められる。『青方家譜』の関係部分の系図を示せば次の如くなっている。

- 能高（青方太郎 或吉高法名覚心）
  - 高家（青方四郎 法名覚念）
    - 高継（青方八郎 法名覚性）─ 高直
    - 高光
    - 某（青方五郎）
    - 女子
  - 親平（波佐見左衛門太郎 後称広瀬法名真仏）
  - 国平（広瀬次郎左衛門尉 法名了真）
- 弘高（白魚弥二郎 初重高法名西仏）─ 時高（白魚九郎 法名行覚）

しかし能高は重高のことを子息と称しており(「青方文書」正応二年三月五日藤原能高譲状案)、親平・国平は重高のことを叔父と称している(同元亨二年十一月十一日鎮西探題裁許状案)。したがって重高は能高の子息であるから高家の兄弟ということになる。次に親平・国平が能高の子供になっているが、これは能高が親平に所領を譲っていることから作成されたものと思われるが（同正応二年三月五日青方能高譲状案）、親平は波佐見氏後に広瀬氏を称していること、重高を叔父と称していることから能高の子息ではなく、肥前国彼杵庄波佐見を本拠とする住人で、親平の申状が正しいとすれば重高と姻籍関係で叔父甥の関係が生じたものと思われる。ところが能高は高家に一度所領所職を譲っていたのを、器量がないとして悔返して親平に譲っている。ところが重高には一人男女子息もないままに鎌倉で他界したらしい。そこで勲功地も親平に譲られることになったらしいが、高家は重家の舎弟として養子である親平とその相続権をめぐって相論することになったらしい。したがって高家の子の高継は弘安四年蒙古合戦勲功地は祖父能高が配分されたものであり、その後高家―高継と相伝されたとの立場をとっているものと思われる。したがって重高と別に能高が配分を受けたわけではなく、同一の配分地について両者がその知行権を主張し、異なった由緒を主張しているものと考えられる。勲功地を本物返として米四十四石で質入れした為平なる人物は、平が通字であるところから、親平・国平と兄弟ではないかと思われる。そして青方弥三郎重高の配分地をめぐって、相伝の由緒を主張する人々の利害関係が、在地名主吉田氏の利害とからんできわめて複雑な様相を呈することになったのではないかと思われる。以上の考証によって青方氏の系図を再編すれば次の如くなる。

- 能高（青方太郎　或吉高法名覚心（真））
  - 重高（青方弥三郎　於鎌倉他界）
  - 高家（青方四郎　法名覚念）
    - 高継（青方八郎　法名覚性）―高直
    - 高光
    - 某（青方五郎）
    - 女子
  - 親平（波佐見左衛門太郎　後称広瀬、法名真仏　能高養子）
- 弘高（白魚弥二郎　法名西仏）―時高（白魚九郎　法名行覚）

(17)「青方文書」正平十七年十二月二日左衛門尉直治請文案。

(18) 青方彦五郎については所見がない。

（五）南北朝時代における蒙古合戦恩賞地

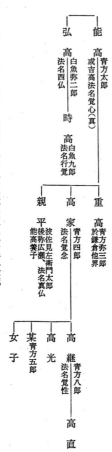

このような狭小な散在した蒙古合戦勲功恩賞地は、建武新政府の成立、それに引き続き武家方と征西将軍宮方と複雑多岐な勢力関係が渦巻いた南北朝動乱期において、常に恩賞地の対象にされ、政争取引の具に供された。

建武新政府は、その所領安堵の基準として、将軍家安堵下文を有する所領、および当知行の所領であるか否かを重視している。(1) しかし最も多くの勲功賞地となった神崎庄については、寺社領と若干の例外を除いて、建武新政府はほとんど安堵しなかった傾向が認められる。このことは元来神崎庄は皇室領であったが、蒙古合戦恩賞地配分に苦しんだ鎌倉幕府が恩賞地配分の対象地としたことと無関係ではあるまい。建武新政府としては皇室領回復の方針から勲功地配分地を安堵しなかったのではないかと思われる。神崎庄の所領所職で建武新政府が安堵したものとしては、神崎庄鎮守高志・櫛田宮の所領、(2) 筑前国宗像社の神崎庄内当知行分五町、(3) 肥前国神崎庄東妙・妙法両寺領、および甲乙人が両寺に寄付した所領、買得した田畠在家荒野、(4) 詫磨幸秀が当知行する神崎庄田地参町(5)などがある。

「武雄神社文書」建武三年三月日武雄安知申状によれば、弘安異国襲来の恩賞として、四十余年当知行して来た神崎庄内加摩多村田畠等を洞院家の計で取り上げられ、神崎執行に付けられたことを訴えている。これと同様な収公が他の神崎庄内の蒙古合戦勲功地でも行なわれたものと思われる。武雄安知は軍忠を抽ずることを条件に、勲功地の安堵を足利方に訴えている。この訴を受けた足利尊氏は次の如き裏書を与えて安堵している。

(足利尊氏)
(花押)

此所元弘三年以来被収公云々、任相伝文書、如元可令知行、若構不実者、可処其咎之状如件、

建武三年三月廿九日

また肥前国御家人山代氏が鎌倉時代に所有していた所領所職は、

五嶋惣追捕使并定使職
宇野御厨内山代浦地頭職
筑後国八院村地頭職（文永役恩賞地替）
肥前国神崎庄内田地拾町屋敷畠地（弘安役恩賞地）

であったが、建武二年十月七日太政官符(6)および建武二年十二月十日雑訴決断所牒案(7)によって安堵されたのは、宇野御厨内山代浦地頭職のみであり、蒙古合戦恩賞地はいずれも除外されている。ところが足利直義が建武四年四月三日山代弘に与えた所領安堵状において、肥前国宇野御厨内地頭職・五嶋惣追捕使并定使職・筑後国八院村地頭職を安堵しており(8)、さきに建武新政府によって安堵されなかった文永の役恩賞地替筑後国八院村地頭職が再び安堵されていることは注目に値する。武雄氏の例と共に、かかる点にも足利氏が在地御家人層の動きを機敏に察知し、御家人勢力を自己の陣営に吸収し得た原因の一端が現われているものと言えよう。しかし山代氏の神崎庄配分地は終に建武新政府によっては勿論、足利方によっても安堵されていない。建武新政府は先述の方針により、足利方は不知行地を理由に安堵しなかったことが考えられる。

足利方が蒙古合戦勲功地を安堵している例としては、大友一族田原直貞が領知していた筑前国怡土庄末永名（各三分壱）地頭職を暦応二年十一月八日足利直義安堵状案(9)によって安堵されている。これよりさき田原氏の惣領盛直は、その領知した筑前国怡土庄内末永名十町惣領三分二田畠屋敷等地頭職を建武元年六月十六日雑訴決断所牒により安堵されている(10)。

建武新政府は神崎庄以外の蒙古合戦勲功地については、田原盛直のほか志賀忠能の筑前国三奈木庄内田畠屋敷山野等[11]、志賀貞泰の筑前国三奈木庄地頭職[12]、詫磨宗直の筑前国志登社地頭職[13]などを安堵している。

その後鎮西における南北両勢力の対立が激化する中で、青方重は征西将軍宮方に付くことによって[14]、曾祖父青方弥三郎重高が弘安蒙古合戦の賞として配分され、その後在地名主吉田藤次郎に領知されていた神崎庄内田地参町屋敷畠地等を回復しようと意図している[15]。その背景には吉田藤次郎が正平十三年福童原合戦で武家方となり、宮方の優勢の状勢の中で所領を没収されるということがあり、この機に乗じて勲功地の回復を図ったものと思われる。しかし没収地は青方重に返付されることなく、家兼という者に給与されている。その後吉田藤次郎が征西将軍宮方に降参したため、降参人には本領半分を返付するという方針によって、神崎庄参町のうち一丁五段は吉田藤次郎が領知することになり、残半分は家兼が知行することになっている。

かかる征西将軍宮方の当知行者主義は、青方重に代表されるような勲功地配分状によって相伝由緒を主張する旧御家人層の不満の種であったと思われる。そこで征西将軍宮側はこのような旧御家人層の不満を解消させ、自己の陣営に定着させるため、文永・弘安・元弘勲功賞地の安堵の方針を打出している。

すなわち「五条文書」正平十八年九月九日、征西将軍宮は五条頼元に対して、筑前国三奈木庄幷日向国飫肥南北両郷地頭職を安堵しているが、三奈木庄については「除弘安賞当知行輩分」とあり、また下松浦一族に対し次の如き布告を行なっている。

文永・弘安・元弘勲功賞事

領掌不可有相違也者、依仰執達如件、

正平十八年九月廿六日　　　右中将御判

下松浦一族中　　（「青方文書」）

これが当知行者主義を放棄し、配分状を有する旧御家人層に対する懐柔政策であるとするならば、新旧勢力の在地における勢力交替に対する洞察に欠けた保守的体質を示したものであり、当然当知行者新興勢力側の反発を招き、必然的に征西将軍宮側の地盤沈下をもたらす拙劣な政策と言わねばならない。建武政権成立当時と正平年間における主体的勢力の変化の現実に背を向けた後手後手の政策を行ない、自らの社会的基盤を失う結果をもたらしていることが、蒙古合戦勲功賞に対する建武新政府、征西将軍宮の政策の中にも端的に示されている。

このような征西将軍宮側の方針にもかかわらず、弘安四年蒙古合戦恩賞地として最も多量な孔子配分が行なわれた神崎庄は、鎌倉幕府の滅亡と建武新政府の皇室領としての収公政策、その後の公家政権の支配力の低下によって多くは闕所の状態となり、もっぱら南北朝動乱期において、南北両勢力によって軍功のあった者に対する恩賞地に宛てられている。その際正応二年の孔子配分の十町・五町・三町等の区画がそのまま配分に利用されている。(16)

南北朝時代、南北両勢力によって勲功賞として配分された神崎庄配分地を表示すれば次の如くなる。

被恩給者	恩給地	恩給年月日	恩給者	典拠
源頼治	神崎庄野中光丸政三郎跡ノ内田地一反	↑建武四・九・一三	不明	深山八幡宮文書建武五年九月十三日源頼治寄進状
深堀時広	神崎庄田地参町伊倉次郎跡地頭職、畠地以下可依田数	暦応二・五・五	一色道猷	深堀文書暦応二年五月五日一色道猷宛行状
福田七郎	神崎庄内小家彦次郎女子跡田地伍町	暦応二・一一・七	一色道猷	姉川文書暦応二年十一月七日一色道猷書下

深堀　時通	神崎庄内田地十町石動下司三郎跡地頭職	↑暦応二・一二・二	一色道猷	深堀文書暦応二年十二月二日一色道猷書下
武雄社大宮司	神崎庄内石動村田地拾町大蔵左衛門尉跡地頭職	暦応三・六・四	一色道猷	武雄神社文書暦応三年六月四日一色道猷書下
尼寺　秀政	神崎庄々三郎入道跡田地	↑康永三・三・一八	不　明	東妙寺文書康永三年三月十八日本告季幸請文
中村澄慶 美作兼信	神崎庄内田嶋十郎入道跡(17)	↑康永三・六・二七	不　明	武雄鍋島家文書康永三年六月二十七日後藤義明請文
山代　弘	神崎庄内根事又五郎恩賞地内田地拾町地頭職	康永四・一一・一六	一色道猷	山代文書康永四年十一月十六日一色道猷宛行状
波佐見　吉平	神崎庄内馬郡拾五町山口彦五郎地頭職	↑観応二・一一・二一	足利直冬	深堀文書観応二年十一月二十一日足利直冬御教書
松浦西原鬼熊丸	神崎庄上八郷内参町奈良田窪左衛門入道跡地頭職	観応二・一二・二五	足利直冬	山代文書観応二年十二月二十五日足利直冬宛行状

これらの恩賞地の中には、東妙寺・妙法寺寺領坪付注文写に見える寄進地と共に蒙古合戦勲功地が含まれていたものと思われる。しかし南北朝時代までは、たとえ不知行地であっても、蒙古合戦恩賞地は譲状等において区別されており、その旨明記している場合も多い(18)。しかし一円知行制の進展に伴って、これら恩賞地も統合整理され、或いは在地新興勢力にその進止権を奪われる者もあり、或いは経済的窮乏のため沽却する者もあり、また寺社に寄進され、終に室町時代には譲状にもほとんど蒙古合戦勲功地であることの注記も見えなくなっている。

以上見てきた蒙古合戦勲功地配分は、鎮西御家人層の不満を押えるための心理的効果を認めることは出来るが、経済的窮乏を克服するための実質的効果を過大評価することは出来ない。

注

(1)「門司文書」元弘三年八月日下総親胤申状に「不知行所領、当知行之由、令言上、可被処其咎也」とあり、「青方文書」建武元年八月六日青方高直申状案にも建武新政府に安堵牒を給わることを言上した文言の中に「以不知行地掠申当知行之由候者、知行所領不残一所被収公、可被処其身於罪科」と述べている。
(2)「櫛田神社文書」元弘三年十一月四日後醍醐天皇綸旨写。
(3)「宗像神社文書」建武元年三月二十日雑訴決断所牒。
(4)「東妙寺文書」建武元年三月二十三日後醍醐天皇綸旨。
(5)「詫摩文書」建武元年四月二十六日後醍醐天皇綸旨案。
(6)「山代文書」。
(7)「山代文書」。
(8)「山代文書」。
(9)「大友家文書録」所収。
(10)「田原卯七氏所蔵文書」。
(11)「志賀文書」建武元年五月一日後醍醐天皇綸旨。
(12)「志賀文書」建武元年五月十三日後醍醐天皇綸旨。
(13)「詫摩文書」建武元年四月十八日後醍醐天皇綸旨。
(14)「青方文書」正平十六年十一月十四日征西将軍宮令旨、同正平十七年九月二十七日征西将軍宮令旨。
(15)「青方文書」正平十七年十月八日沙弥道哲等連署奉書、同正平十七年十月十一日後藤基藤請文、同正平十七廿青方重訴状案、同正平十七年十一月日青方重申状案、同正平十七年十二月二日左衛門尉直治請文案。
(16)相田二郎『蒙古襲来の研究』二八三ページ参照。
(17)田嶋十郎入道とは東妙・妙法両寺寺領坪付注文写に見える田嶋十郎入道幸円のことであり、東妙寺領として寄進された田地が恩賞地とされたので、東妙寺雑掌が異議を申立てたものと思われる。

(18)「弘安勲功地」という用語が見える下限としては、「宗像神社文書」八月二十二日今川了俊書下に「宗像大宮司氏俊申、肥前国神崎庄弘安勲功地事、先日被仰候処、未道行候、何様候哉、如御請文者、実儀云々」と見える。

第二節　惣領制の解体と鎌倉幕府

鎌倉幕府は、鎌倉御家人の惣領制を基盤として成立発展してきたのであるが、鎌倉中期以後惣領制の解体が加速度的に進展する傾向は、御家人層に共通に見られる現象であった(1)。

かかる一般的傾向の中に、鎌倉中期以後、特に弱小御家人の譲状等において、惣領による庶子支配強化が意図されていたことが認められるが、かかる現象は、鎌倉初期東国御家人層に見られた惣領が独立した庶子を統率することによって支配を強化していく典型的惣領制と同質のものではなく、むしろ長子単独相続制への発展につらなる家督制的性格を有したものであり、両者は混同さるべきではないと考える。

ところが佐藤進一氏は「幕府論」(『新日本史講座』)において、鎌倉中期以後、すなわち蒙古襲来以後、鎌倉幕府がこの惣領制の解体を促進する意図をもって「庶子独立奨励策」を施行した形跡があることを指摘された。すなわち佐藤氏は「幕府論」二一ページにおいて、「文永、弘安蒙古合戦ののち鎮西探題の特殊立法ではあるが『庶子惣領相ひ並ぶべし』と定められて庶子を惣領の指揮から解放してその独立を認めた事」を指摘しておられる。

さらに同氏は「中世社会」(『新日本史大系』)においてこの表現を強められ、「幕府が御家人の庶子分立を奨励することによって惣領制の解体を推進した」と論を進めておられる。

また永原慶二氏も『日本封建社会論』において、この点に論及され、「幕府は御家人制の基礎の狭隘さを克服するためには、場合によっては庶子の独立を認め、これを奨励し、本来御家人制度の基本的な体制であり封建的権力として発展を阻止する性格をもっていた惣領制とは矛盾する政策をとり」と述べておられる。

永原氏のこの論は、佐藤氏が「幕府論」において述べられた見解が積極的表現をもって記述されており、しかもやや拡張解釈がなされているように思われる。

しかしさらにこの論が発展して、かかる庶子独立奨励策をとることを余儀なくせしめた鎌倉幕府の立場を推量して、ようやく惣領制に基づく武士団の団結が、北条氏一門の得宗専制に比肩するまでに発展強化され、これをおびやかすに至ったため、かかる惣領制的団結を分断し、弱体化する意図のもとに、「庶子独立奨励策」が出されたものであろうとの推断が出されるに至っては、単なる表現の問題としてのみ看過出来ない重要な問題を含んでいることになる。佐藤氏が指摘される如く、鎌倉幕府によって庶子独立奨励策がとられたとするならば、惣領制の基盤の上に成立発展した鎌倉幕府が、自ら自己の支配体制を否定して「庶子独立奨励策」をとるという如き矛盾政策を、如何なる客観情勢の変化により施行することを余儀なくされたかという点について、経済的・社会的さらには政治的観点より追求する必要があるであろう。

しかしこの点を追求する前に、その問題提起の契機となっている鎮西探題によって徳治年間に出されたといわれる法令を幕府による庶子独立奨励策と評価することの可否、および幕府の惣領制解体の意図の有無について考察してみる必要があると思う。

佐藤氏の「幕府論」における見解の根拠となった史料は、次の佐賀県佐賀郡大和町「実相院文書」正和元年十一月二十二日鎮西探題裁許状である。

肥前国々分寺地頭又次郎長季法師法名浄光与中津隈六郎判官代　法師法名寂妙妻尼明了相論異賊警固番役以下事、

右、如浄光申者、当寺地頭職者、祖父尊光譲与嫡子季高法名順光、浄光父、畢、割分田畠、雖譲庶子、不可勤各別御家人役、随本名催促、大番以下可出用途之由、弘長二年九月廿九日書与置文於順光畢、就彼状、給安堵御下文之間、前々御公事、随惣領勤来之処、徳治元・応長元両年当国番役之時、明了不弁用途之条、難遁其咎云々、如明了陳者、前々御公事、任置文、弁勤惣領方之条、請取分明也、於徳治以後者、庶子・惣領可相並之由、依被定法、混小城所領、令勤仕之、所帯覆勘状也、非違背之儀云々者、如浄光所進弘長二年九月廿九日尊光置文者、一、大番役事、町別仁倉斗乃納五斗乃米於本名仁可弁也、一、宰府守護乃時波、町別仁銭五文宛於本名仁可弁志、条々本名乃催於不可違、又別御家人（役脱カ）於不勤、致此弁天可令安堵云々、自余略之、如正応元年八月十日安堵御下文者、可令早藤原季高法師法名順光領知肥前国々分寺并朽井村地頭職及免田畠等事、右、任亡父忠俊法師法名尊光弘長二年九月廿九日弐通譲状、可令領掌云々、就尊光置文、被成御下文之条、無異儀之上、如明了所進順光・浄光二代請取覆勘状等者、云田率公事、云警固番役、相加惣領、令勤仕之由、所見也、而於徳治以後者、守法令各別之旨、明了雖申之、庶子惣領可相並之由、所被定者、得各別譲之輩、依無分限、相加惣領、令勤仕之時、為増士率（卒）之員数、可相並之由、於鎮西被定畢、不可勤別役之旨、本主令誡置之地、難依彼法之由、浄光所申、頗有其謂歟、随而尊光之跡、庶子之内平尾七郎入道浄覚分、嘉元四年番役之時、浄光依支申、被経沙汰、可任置文之由、裁許畢、明了分不可有差別歟、但於徳治以後者、混小城所領、令勤仕之由、帯守護代為政状、明了申之上、今更不及沙汰、至向後御公事者、任尊光

置文、可令催勤焉者、依仰下知如件、

正和元年十一月廿二日

前上総介平朝臣（北条政顕）（花押）(2)

この史料は、惣領である肥前国国分寺地頭又次郎長季法師（法名浄光）とその庶子分家である中津隈六郎判官代某法師妻明了とが異国警固番役勤仕の方法について相論した際の鎮西探題北条政顕の裁許状である。

国分氏は高木氏の一族で、肥前国国衙が存在した国分寺・朽井（現佐賀県佐賀郡大和町久池井）付近の地頭であったが、「多久文書」文治四年三月十三日大宰府下文案によれば藤原季永が文治三年九月十六日関東下文によって肥前国国分寺地頭職を安堵されたのが初見であり、その後この地頭職は季俊―季益―忠俊（尊光）―季高（順光）―長季（浄光）―季朝と相伝されており、忠俊の時代から国分氏を称するようになり、筑前国筥崎宮領朽井村地頭職をも兼帯するようになっている。(3)

忠俊については「多久文書」康元元年十二月四日関東下文案により舎兄季益の死去によって国分寺地頭職を安堵されているのが初見であるが、それによれば元仁二年五月の季益の忠俊に対する譲状によって地頭職を安堵されたとある。その後忠俊については「多久文書」(4)「高城寺文書」(5)「実相院文書」にその名が見え、季高については「多久文書」弘長二年九月二十九日国分忠俊譲状によって朽井村地頭職田畠山野等を譲られたのを初見とし、「高城寺文書」(6)にもその名が見える。長季については「河上神社文書」正安二年十月二十六日鎮西御教書案に肥前国河上社造営料を無沙汰の者として国分又次郎長季と見えるのを初見として、「多久文書」(7)「河上神社文書」(8)「本間文書」(9)にもその名が見える。一方、中津隈氏は養父郡中津隈庄を本拠としたものと考えられ、「山代文書」乾元二年十月四日鎮西探題御教書によれば肥前国中津隈三郎蔵人入道浄智が肥前国御家人山代又三郎栄のため肥前国伊万里浦内田薗を押領されたことを訴えており、「光浄寺文書」元亨三年四月六日沙弥寂妙譲状案によれば、中津隈庄内田地を女子尼しやうしように譲っており、同元亨三年十月二十日尼明了譲状によれば、寂妙が本物返に売却していた門田八杖等を女子尼しやうしように譲っていることが見える以外に所見はない。

国分氏と中津隈氏との関係は必ずしも明確ではないが、国分氏が中津隈氏のことを庶子と称しているところからすれば、中津隈寂妙妻尼明了は国分氏より中津隈氏に一期知行の所領の配分を受けて嫁したものではなかったかと推量される。

さて惣領である肥前国国分寺地頭国分又次郎長季法師（法名浄光）の主張は、祖父尊光が浄光の父順光に弘長二年九月二十九日に所領を譲り与えた際、(10) 残余の田畠は割分して、庶子に譲り与えたが、御家人役勤仕の場合は庶子が各別の御家人役を勤仕することとなく、本名の催促に従って大番役以下の用途を分担して寄合勤仕すべしとの置文(11)を嫡子順光に書き与えた。

そこでこの尊光の置文によって関東より安堵の御下文を給わり、(12) 今までの御公事は惣領に寄合勤仕してきたが、徳治元年と応長元年両度の肥前国異国警固番役勤仕の時は、先例に背き明了が惣領の催促に従わず、用途を弁じないのは不当であり、その咎は遁れ難いものであると訴えている。

これに対する明了の陳状の要旨は、今までの御公事勤仕にあたっては、たしかに尊光の置文の旨を守って惣領に寄合勤仕してきたが、徳治以後は庶子惣領相並び、独立して別個に御家人役を勤仕するよう幕府の法令で定められたので、小城の所領に混じて、惣領に寄合うことなく別個に勤仕し、それに対する覆勘状も所持しているので何ら非難さるべき点はないと主張している。

佐藤氏はこの明了の陳状の中に出てくる「於徳治以後者庶子惣領可相並之由、依被定法」とあることに注目され、徳治年間に幕府によって庶子を惣領の支配から解放するための何らかの法令が発布されたものと推定されたものであり、そしてこの法令の内容から「幕府による庶子独立奨励策」と称せられたわけである。徳治年間に恐らく蒙古襲来に備える異国警固番役確保を目的とした特殊立法として発せられた法令は今日伝わっていない。

ただこのような法令を幕府が出さざるを得なかった客観的条件は当時存在していた。すなわち元来鎮西の名主的御家人は、東国の領主的御家人に比較して、惣領の庶子支配力の弱さが認められるのであるが、鎌倉武士団の一般的傾向として、鎌倉時代中期以後になると鎌倉武士団の内包する従属性と独立性の二元的性格のうち独立性が進展し、庶子独立化の傾向が強くなった。そして独立性を強めた庶子は、御家人役勤仕の際、惣領に寄り合うことを回避する傾向が生まれた。その意味では明了の場合もかかる一般的時代の動きを端的に示している一事例といえよう。(13)

異国警固番役勤仕について、庶子が惣領に従って勤仕することを希望しなかった例として、大友氏一族の志賀禅季の例がある。「志賀文書」文永十二年五月十二日豊後国守護大友頼泰書下案によれば、大友頼泰は志賀氏の庶子禅季に対し、蒙古人用心番は惣領志賀泰朝に従って勤仕すべきことを命じているが、豊後国大野庄志賀村半村内近地名地頭僧禅季は、建治二年閏三月十五日に大友氏の惣領で豊後国守護である大友頼泰に申状を出し、大番以下田率所課は志賀氏の惣領志賀太郎泰朝の催促に従って勤仕してきたが、異国防禦役は直接禅季に課せられ、大友氏の惣領であり守護である大友頼泰に従って勤仕したいと希望している。その理由として軍功があった時は関東への御注進に預り、その名を引付において顕すためであると述べている。これによって独立した庶子家が何故惣領に寄合勤仕することを回避し、独立して勤仕しようとしたかがわかる。恐らく平時の大番役等は惣領に寄合うことによってなるべくその負担を軽くすることを望んだであろうが、武名を挙げ恩賞に預ることのできる異国警固番役の場合は、惣領に従っていたのでは軍功があっても惣領の影にかくれ、恩賞に預れないという打算が働いていたことがわかる。このほか庶子が惣領に寄合御家人役を勤仕する理由としては、それによって独立した御家人身分を獲得することにより、在地における領主制の展開を有利にしようとの意図もあったであろう。

かかる傾向が一般化すれば、これまでの惣領制的御家人役勤仕方式を固執することは、御家人役の減少をもたらす結果となる。そこで鎌倉幕府が御家人役確保のみを目的とするのであれば、惣領制方式を廃止して、独立した庶子家を一個の御家人として把握し、これに直接御家人役をかける方法がより賢明な方法であり、庶子家の要求にも合致していたのである。しかし惣領制は鎌倉御家人制度の根幹をなすものであり、平時においては容易に惣領制に手をつけることが出来なかった。ところが蒙古襲来という非常事態に備えるためには、異国警固番役の確保を最優先政策とし、非御家人・凡下輩でも異国警固番役の負担能力のある者にはすべてこれを課したわけであるから、当然独立した御家人の庶子家にも直接異国警固番役を負担させることが意図されたものと思われる。これが「庶子惣領可相並」との法令が出される客観的時代背景である。

事実そのことを裏付ける若干の傍証が存在する。「大川文書」正安元年十二月二十五日鎮西探題裁許状によれば、惣領で肥前国御家人大河三郎幸資と庶子大河孫太郎能幸とが肥前国高来郡西郷大河村内犬法師名の警固役勤仕の方法について相論しているが、田地伍段弐杖畠地を惣領幸資に避り与えることによって和与を行なっているが、これと交換条件として「自今以後警固役等宜任能幸意也云々」とある。すなわち今後異国警固番役勤仕については、惣領幸資に寄合うことなく、能幸が独自に勤仕するという意味と考えられる。そして鎮西採題はこの和与状を承認している。

また「相良家文書」延慶四年二月二十五日相良蓮道置文によれば、「一、かくハかきをくといゑとも、けいこのときハ、九郎十郎うちかへ〳〵ともすへき事ハ、よりひろ一こたるへし、のち〳〵ハをの〳〵かこゝろたるへし」とあり、異国警固番役の勤仕について、庶子の九郎十郎が惣領の頼広に従って勤仕するのは頼広一期だけのことであり、頼広の死後は各自の責任で勤仕することを定めている。

「小鹿島文書」嘉暦四年二月二十七日沙弥教蓮和与状によれば、「一、惣領職事、公義家督相承上者、於関東御公事以下者、一向惣領孫次郎公重可為支配候、但至鎮西番役警固以下者、無惣領違乱、為各別可令勤仕候矣」とある。すなわち関東御公事は一向惣領の支配であるが、鎮西の異国警固番役等は惣領の違乱なく各別に勤仕すべしと述べている。

また「二階堂文書」元徳元年十二月二十五日鎮西裁許状によれば、二階堂三郎左衛門尉行雄法師（法名行存）代顕雄と二階堂孫三郎定氏代妙性が薩摩国阿多郡北方高橋郷について相論しているが、妙性は「忍昭遺領者、数輩知行之間、於警固役者、各令勤仕畢」とこの場合も警固役は各別に勤仕したことを主張している。

このように異国警固番役は惣領に寄合うことなく各別に勤仕するとの庶子側の主張が、明了の場合だけでなく、傍例が存在するところからすれば、明了が主張する「庶子惣領可相並」との幕府の方針が出されたことは疑う余地はないであろう。

しかしこの幕府の方針をもって、佐藤氏のいわれる如く、「幕府による庶子独立奨励策」と評価することは妥当であろうか。

庶子明了の陳状から推量すると、庶子明了も「庶子独立奨励策」としてこの徳治の法令を受け取ったものらしい。このように庶子明了が徳治の法令を「庶子独立奨励策」として自己に有利に解釈していることは、惣領の支配から脱出しようと努力している庶子としては当然のことである。

惣領の支配からの独立を目指す庶子にとって、独立した庶子家にも直接異国警固番役を負担させることを意図し、惣領のみが御家人であるという惣領制の原則を放棄せざるを得なくなった蒙古襲来の非常事態こそ、庶子独立の絶好の機会であった。

この政策を合法化するため、「大友文書」文永十一年十一月一日関東御教書によれば、「且九国住人等、其身縦雖不御家人、有致軍功之輩者、可被抽賞之由、普可令告知」とあり、「新編追加」弘安七年九月十日条によれば「一名主職事、条々、父祖其身勤仕御家人役之条、帯守護人之状等者、可安堵」とあり、また「吉田家本追加」正応六年五月二十五日評定によれば「一可為御家人輩事、曾祖父之時、被成御下文之後、子孫雖不知行所領、為御家人可令安堵歟」とまで御家人の基準を緩和している。これによれば、曾祖父が御家人であれば、その子孫はすべて御家人であるというのであるから、鎌倉初期に安堵下文を給わった御家人の庶子家は、所領を知行していなくてもすべて御家人ということになる。このことは惣領制の原則を鎌倉幕府自身がまったく否定したことになる。このような鎌倉幕府の政策転換の一環として、徳治法令が庶子側に理解されたことは当然であった。しかしこの相論に対する裁決において、鎮西探題は次の如き判断を示している。

すなわち徳治以後の「庶子惣領可相並」との法令は、異国警固番役のための士卒の員数を増加させるためにとられた鎮西における特殊立法であり、もし譲状の中に御家人役は各別に勤仕すべからずとの本主の誡が存在する場合は、この徳治の法令は適用されないとしており、本主の置文が徳治の法令に優先することを認めている。(14)そしてこの相論においては、尊光の弘長二年九月二十九日置文および正応元年八月十日の安堵下文等を支証として、「浄光所申頗有其謂歟」として惣領浄光の主張を支持している。ただ明了が徳治以後は小城所領に混じて勤仕し、守護代為政の覆勘状も帯しているのでこれまでの分は不問に付し、今後の御公事勤仕については、尊光の置文に任せて御家人役を勤仕せよと命じている。これによって明了の御家人役勤仕の際の惣領の支配よりの離脱の意図は水泡に帰している。

以上によって明らかな如く、徳治の法令の「庶子惣領可相並」の意図するところが、異国警固番役のための兵士増員確保にあり、惣領制解体を意図した「庶子独立奨励策」ではなく、むしろこの鎮西探題裁許状に示されている如く、幕府は惣領の庶子支配統制強化によって、異国警固番役の確保を期待していたというべきである。(15)

御家人の庶子の独立は、幕府による上からの庶子独立奨励策をまつまでもなく、すでに惣領の支配を乗り越えつつあった。惣領による庶子支配統制力の減退は、必然的にこれまでの如き惣領制的御家人役の勤仕の方法をもってしては御家人役の確保を不可能ならしめつつあった。かかる情勢下における蒙古襲来という非常事態は、幕府をして平時における自己の支配体制を混乱させることをも度外視して、異国警固番役確保のため、惣領の支配から脱しつつある庶子・非御家人等異国警固番役に耐え得る者は、直接把握することを試みたものと思われる。「庶子惣領可相並」との法令も、かかる情勢下における幕府の窮余の策として考える時、はじめてその真の意図が理解されるであろう。したがってこの徳治の法令は、庶子独立という一般的傾向が存在して、その上に立脚して発布されたものと考えられる。しかしこの法令が結果的には鎮西における庶子独立化の一般的傾向に拍車をかけることになった事実まで否定しようとするものではない。それはこの法令のもたらした二次的副産物的現象であり、これをもって幕府が惣領制解体の意図を有していたと考えることは出来ないし、また奨励したと考えることも正当ではないと考える。

しかし鎮西における特別立法とはいえ一度は「庶子惣領可相並」との法令を発布しながら、何故にこれに種々条件をつけることによって修正しなければならなかったのであろうか。その理由は、平時に復した正応年間以後、ここに見られる如き、惣領側からの、鎌倉御家人制の原則を楯にとった立場からの反撃が開始されたことによると考えられる。そして惣領と庶子との争いは、相論の形態をとり、鎌倉幕府に対する訴訟によって解決を求めることになった。調停者の立場にたたされた鎌倉幕府は、鎌倉御家人制の原則と、蒙古襲来に備えるため自ら発布した特別緊急措置法との矛盾の板ばさみとなり、苦境に立たされることになったのである。そこで一応蒙古襲来の危機が遠ざかり、平時体制に復帰した後には、新興勢力である庶子の離反が予想されるとしても、幕府は自己の支配体制を維持するためには、惣領側の立場を支持することに踏み切る以外には方法はなかった。鎮西探題はためらいつつも鎌倉幕府法の「道理」と「公平」を振りかざし、惣領の庶子支配強化を支持する惣領に有利な裁決を下している。勿論、惣領と庶子との力関係が裁決の際の前提となっていることは見逃せないが、鎮西探題が裁決した惣領と庶子の相論十七例中二例の和与を除いて、ことごとく惣領に有利な裁決を下していることは、鎮西探題の意図するところを端的に示している。

しかし鎮西探題が裁決の際の根拠とする鎌倉幕府法の「道理」「公平」には歴史的発展に対する洞察は見当らず、あるのはただ既得権の保護と現状維持を目的とする幕府の保守的性格のみであった。庶子明了は惣領との相論において、鎌倉幕府法の壁の前に敗退したが、かかる幕府によって裏切られた庶子の増加は、とりもなおさず在地反幕潜在勢力の増大をもたらすことになった。

注

(1) 日本の惣領制については、多くの論説が発表されているが、概念規定の相違からくる見解の対立はなお克服されていないように思われる。すなわち鎌倉時代中期以後惣領制は解体したという見解と、逆に惣領制は鎌倉時代中期以後に強化されたという見解が対立している。このことは惣領制なる概念を大領主に認められる庶子の分割相続を前提とした支配組織としてとらえる立場と、中小地頭名主層をも含めた農業経営上における相続と同族結合の問題としてとらえる立場の相違からくるものであり、さらに前者の立場に立つものでも、惣領制と家督制を共に惣領制の概念でとらえることからくる混乱もある。ここでは惣領制の問題を究明することが主題ではないので、これ以上惣領制の問題についての私見を述べることは差し控えるが、本稿で惣領制と用いている内容については明らかにしておく必要があろう。本稿で用いている惣領制とは、具体的には御家人の譲状に見える「庶子は嫡子惣領の下知に従って公事を勤仕すべし」に示される惣領の御家人役勤仕の際の庶子支配の関係を惣領制の概念でとらえ、この関係がくずれ庶子が単独に御家人役等を勤仕する如き現象をもって惣領制の崩壊現象と考えている。

(2) 『佐賀県史料集成』(一)、二五八ページ、拙編『鎌倉幕府裁許状集』下一五四ページ。

(3) 「多久文書」弘長二年九月二十九日藤原忠俊・藤原二子連署譲状案。

(4) 「多久文書」康元二年二月十一日肥前国守護所下文案、同正応元年八月十日関東下知状案、同文永八年八月二十七日沙弥尊光・比丘尼明阿弥陀仏連署寄進状案。この文書は「高城寺文書」の案文である。

(5) 「高城寺文書」文永八年八月二十七日沙弥尊光・比丘尼明阿弥陀仏連署寄進状案、同文永八年八月二十七日沙弥尊光・比丘尼明阿弥陀仏連署置文、同文永十年八月十三日沙弥尊光・比丘尼明阿弥陀仏連署置文。

(6) 「高城寺文書」弘安十一年二月四日肥前国守護北条為時書下。

(7) 「多久文書」正和元年十二月八日左兵衛尉某書下案。

(8) 「河上神社文書」正和四年五月二日鎮西探題裁許状。

(9) 「本間文書」正和三年十二月六日鎮西裁許状。

(10) 次に示す「多久文書」弘長二年九月二十九日藤原忠俊・藤原二子連署譲状案のことを指している。

ゆつりあたふ ひせんのくにはこさき御りやうくちゐのむら ちとうしきてんはくさんやちの事

みき、くたんのところハ、たゝとしせんそさうてんのしよりやうなり、しかるをかまくらニひそめく事あてめさるゝあひたいのちそんのいしのおきによりて、ちやくしいや二郎にくわんとうたい〳〵の御くたし文・たゝとしちうたひさうてんのてうとのほんせうもんをあいそへて、たんふもらさすりうようめんてんやうねんあきてゆつりわたすところしちなり、この外のもそいたつらハ、一しものこさす同ゆつりあたふるところろう(なりカ)、たゝしせん日のゆつりしやうハくわんけん四ねんひのへまのとし八月六日をもてゆつりあたふといへとも、又こうちやうにねんミつのへいぬのとし九月の中旬のころより、身ニそろうつくあいた、ことしやうしりかたきニよて、かさねてちやくしいや二郎ふちはらの季高にさきの自筆のゆつりしやうのむね(ニ脱カ)まかせて、たのさまたけなくりやうせしむへきなり、たゝしいや二郎一このちハふんこにたふなり、そのほかのまこにはたふへからす、よてこうたいのためニゆつりしやうくたんのことし、

弘長二年歳次壬戌九月廿九日

肥前国国分寺地頭藤原忠俊判

母たう松浦鬼丸藤原二子判

この文書は「多久文書」に見当らず、阿蘇品保夫氏所蔵の「多久文書」の写によって引用した。同氏の御厚意に感謝する。

(11) この尊光の置文とは、「高城寺文書」文永八年八月二十七日沙弥尊光・比丘尼明阿弥陀仏連署寺領寄進状を指しているものと考えられ、その中に「此田畠等之御家人役已下恒例臨時宛物、永付于本名可致沙汰」とあることが、この相論の場合の浄光が勝訴となる有力な根拠となったものと思われる。

(12) この関東安堵の下文とは、次に示す「多久文書」正応元年八月十日関東下知状案を指している。

可令早藤原季高法師法名順光領

肥前国々分寺井朽井村地頭職及免田畠等事、

右、任亡父忠俊法師法名尊光弘長二年九月廿九日弐通譲状、可令領掌之状、依仰下知如件、

正応元年八月十日

前武蔵守平朝臣(北条宣時)(花押)

相模守《(北条貞時)》　平朝臣(花押)

この文書も「多久文書」には見当らず、阿蘇品保夫氏所蔵の同写本により引用した。

(13)「二階堂文書」嘉暦四年九月二十日鎮西探題裁許状によれば、蒙古襲来に備えるため、鎮西に所領を有する東国御家人は鎮西に下向すべしとの幕命に応じて鎮西に下向し、異国警固番役を勤仕した薩摩国阿多郡北方内高橋郷地頭二階堂泰行も、「庶子等対捍之上者、任誡句、可被付下地於惣領之由」を訴えている。また「相良家文書」正安四年六月日肥後国多良木村地頭代申状案によれば、惣領相良牛房丸は庶子が国方済物を惣領に弁ぜず、異国警固番役以下用途を対捍するので、警固用途は当時の懈怠を恐れて、全所役を惣領の責任で果したので、庶子の所領を惣領に付せられんことを訴えている。

(14)鎌倉中期以後の譲状には、ほとんど例外なく「関東御公事出来すれば、惣領に寄合勤仕すべし」との条件がついていた。したがって本主の置文が徳治の法令に優先するとするならば、徳治の法令も空文に等しいと言わねばならない。たとえば「相良家文書」正応六年七月二十日相良上蓮譲状によれば、「右、件田地在家畠、所譲与彦三郎頼秀実也、但、至　公家関東御公事、異国警固番役者、随惣領所勘可致沙汰、仍譲状如件」とある。

(15)豊田武氏も「惣領制覚書」(『一橋論叢』三八の四所収)において、この「実相院文書」正和元年十月二十二日鎮西探題裁許状を取りあげられて、幕府の根本方針は惣領制の維持にあったということが出来ると、佐藤進一氏の「幕府論」の見解を批判しておられる。

第三節　鎌倉幕府滅亡の歴史的前提
——鎮西探題裁許状の分析——

元弘三年五月二十五日鎮西探題北条英時滅亡の際、多くの鎮西御家人が期せずして北条英時誅伐に馳参じていることは、消極的には鎮西御家人の鎌倉幕府に対する永年の鬱積せる不満、積極的には鎌倉幕府からの人心の離反、倒幕を意図する在地潜在勢力の広汎なる存在を如実に示している。そのよって来る原因として従来説かれているところは、古くは異国警固番役のための負担過重による御家人の経済的窮乏説、蒙古合戦の恩賞地配分に対する不満説があり、さらには得宗専制支配強化策に対する御家人層の反発、階級的基盤の欠如、鎌倉御家人制度の中にひそむ本質的欠陥等も指摘されている。さらに進んで在地における領主制をめぐる古代勢力と中世的勢力の抗争に対する鎌倉幕府の対応の仕方に求める説もあり、このことから発展して鎌倉幕府の本質的性格を古代的と規定する主張も生まれる。この問題を鎌倉幕府法の面から追求されたのが上横手雅敬氏の「鎌倉幕府法の限界」(『歴史学研究』一七七)であり、ここで上横手氏は主として鎌倉幕府法の分析を通じて幕府・荘園領主・御家人の対抗関係の中に問題をとらえられ、鎌倉初期において均衡を保つ荘園領主と御家人二勢力の調停者の立場にあった幕府が、中期には動揺し、末期には逆に荘園体制擁護の立場に回ったことを指摘され、「このような幕府と御家人の矛盾は、古代的荘園勢力との闘争を中止した幕府と、荘園領主との苦難にみちた闘争の中で領主制の推進をやめなかった御家人との矛盾」と結論され、これを鎌倉幕府法の限界とされた。同氏の論旨は明解であり、鎌倉幕府の本質に迫るきわめて示唆に富む指摘と思う。

しかし法が立法者の思想なり方針を示すものであったとしても、法の存在をもって直ちにそれが現実に施行されたと考えることに対する普遍的疑問は、この場合もつきまとう。この点具体的訴訟に対する鎌倉幕府の判断を示す相論裁許状によって、同様な結論が導き出されたならば、さらに強い説得力を有すると考えられよう。しかも鎌倉幕府末期においては非御家人層の在地における勢力伸張抬頭を無視することはできない。したがって幕府・荘園領主・御家人の対抗関係において問題をとらえるだけでは不十分であり、新興勢力である非御家人層の鎌倉幕府支配体制組入れの成否が、鎌倉幕府の存続か滅亡かの分岐点の鍵を握っていたことも忘れてはならないであろう。しかも地頭・御家人層が在地における領主制を推進する際、必然的にその前面に立ち塞がる荘園領主との対決を運命づけられていた如く、新興勢力である非御家人層は、荘園領主と対決し、地頭・御家人層と対決しながら、さらにその背後にある鎌倉幕府の政治的圧力と闘うことなしには、彼らの領主化への途は開けなかったのである。この三階層の在地における領主権確立をめぐる死闘こそは、鎌倉時代全般を通じての中心課題であり、鎌倉末期においては、彼らの領主化を貫徹することなしには、種々の矛盾を根本的に克服することはできなかったのである。彼らが最高権力者である鎌倉幕府に求めたものは、彼らのこの現実の要求に対する幕府の理解と強力な庇護であったろう。これに比較すれば蒙古合戦恩賞地配分に対する不満等は小事とさえいえる。この三者の対決は相論に発展し、その解決は鎌倉幕府に求められることになるのであるが、この三者の対決の調停者の立場に立たされた幕府は、如何なる基本方針の下にこの問題に対処したのであろうか。本稿はかかる観点より、幕府の一出先機関として、完全な最終裁断権を具備し、永仁年間以後、鎮西における一切の所務沙汰に関する訴訟を裁断した鎮西探題裁許状の蒐集分析を通じて、鎌倉幕府の寺社荘園領主層、地頭・御家人層、非御家人層に対する対応の姿勢を、イデオロギーの面からではなく、具体的訴訟に対する裁決の中から導き出さんとするものであり、それを通じて在地における広汎なる反幕勢力の存在理由を解明すると共に、さらに進んで鎌倉幕府の性格をも究明しようと意図するものである。

（一）　鎮西探題の設置

蒙古襲来後、鎮西における軍事的御家人統率および訴訟裁断を主たる目的として設置された鎮西探題の機構および権限、その性格等については、佐藤進一氏が『鎌倉幕府訴訟制度の研究』の中で、「鎮西探題」の一章を設けて、鎌倉幕府訴訟制度の一環としての鎮西探題を、六波羅探題と対比しつつ詳論されている。鎮西探題の設置時期についてでは異論があるが、この点について相田二郎氏は正応六年三月異賊警固のため鎮西に下向を命ぜられた北条兼時・時家が有した権限は、単に軍事的統率者たるに止り、訴訟に対する裁断権が与えられていなかった点を指摘され、これを探題と呼ぶことはできないとしておられるのに対し(1)、佐藤進一氏は、兼時・時家の時代にも聴訴の権が与えられた徴証があることを指摘され、北条兼時・時家の鎮西下向の時、すなわち永仁元年をもって鎮西探題の設置と考えておられる(2)。これに対して筆者は北条兼時・時家の鎮西下向は、鎌倉幕府の得宗専制強化の意図に基づき、鎮西探題成立への急速な傾斜を見せつつも、なおそれまでに設置されていた鎮西談議所、大友・武藤氏が有した鎮西に有する特殊権限を完全に剝奪しておらず、その権限の一元的把握が完成していないことを理由に、鎮西探題への過渡的なものであり、これをもって鎮西探題の成立とは考えないとの見解を明らかにした(3)。幕府は蒙古襲来後、鎮西御家人および異国警固に当るために鎮西に下向した東国御家人をして異国警固番役に専念させるため、鎮西御家人等の関東・六波羅への参訴を禁じたのであるが(4)、その目的達成のためには強力な最終裁断権を具備した訴訟機関の鎮西設置が緊急に必要となり、弘安七年特殊合議制訴訟機関が設置され(5)、ついで弘安九年には鎮西談議所が設けられたが(6)、いずれも所期の目的を達し得ずして失敗に終っており、両機関の裁許状は今日残存していない(7)。鎮西談議所設置の際、幕府は「若於国難裁許者、可令注進、為越訴、尋究可令注申」と定めている。しかしかかる不完全な裁断権の付与は、いたずらに訴訟制度を混乱させるのみで、その意図する鎮西御家人の関東・六波羅への参訴を停止せしめることはむずかしく、かかる機関をして単なる訴訟手継機関、或いは下級裁判機関たるに終らしめる可能性が強い。「島津家文書」正応三年二月十二日関東裁許状および正応五年十二月十六日関東裁許状が、共に鎮西談議所の頭人の一人である大友頼泰の注進状によって裁決されていることは、実質的には鎮西談議所が訴訟準備手継機関の役割を果しているに過ぎなかったことを示しており、また「深堀文書」正応二年十一月日沙弥西浄言上状の中に、「而依異国事、鎮西雑訴等、於宰府有沙汰之間、浄忍為御家人之身、以往古関東御領、称一円地、濫望地頭職之条、其咎不軽之上者、可被行罪科之処、鎮西四人頭人之中当時被経沙汰之最中、只誘取奉行一人注進状、潜上洛之由、承及之条、旁不審多之、不足信用者也、所詮、於宰府重々被経沙汰之上者、欲被弃捐峯入道浄忍濫訴矣」とあり、鎮西談議所の沙汰によって不利な裁決を受けそうな形勢を見て、奉行の中の一人の注進状を誘取って、密かに上洛して六波羅に訴えたことがわかり、鎮西談議所が下級裁判所的性格を有していたことを示している。さらに今日特殊合議制訴訟機関および鎮西談議所の裁許状が存在せず、この期間の鎮西における所務沙汰が、依然として関東裁許状によって裁許が行なわれていることは、聴訴の権が与えられたにもかかわらず、実際は関東・六波羅への訴訟取次機関に終っていることを示すものと思われる。

かかる機関をして、訴訟取次機関・下級裁判機関たらしめないためには、完全な最終的裁断権を付与する以外にはない。蒙古襲来後聴訴の権を与えられて鎮西に下向してきた奉行人で、裁許状を発した最初の奉行人は北条実政であったと思われる。このことは従来の不完全な聴訴の権限より、さらに強力にして完全な裁断権が北条実政に付与されたことを示すものと考えられる。永仁七年越後九郎・豊前前司（武藤盛氏法名浄意）・渋谷河内権守重郷・伊勢民部大夫・戸次太郎左衛門尉の五名を鎮西評定衆に補任したこと、(8)および同年三番の鎮西引付衆の設置にみられる鎮西探題の訴訟機関の整備のための積極的動きも、この間の事情を明瞭に物語っている。よってこの永仁五年探題北条実政の時をもって、軍事的統率権と実質的訴訟裁断権を兼備するに至ったものと考える。如何なる権限の具備をもって鎮西探題の設置と考えるかによって、その設置の時期が異なるわけであるが、相田氏・佐藤氏の如く裁断権の有無を鎮西探題設置の時期を決定する要件と考えるならば、北条実政をもって初代鎮西探題と考えるべきではなかろうか。以後鎮西探題は、北条政顕、北条随時、北条英時と北条氏一門によって引き継がれたが、(9)この間鎮西探題は所務沙汰について最終裁断権を有し、雑務・検断両沙汰は守護の管轄であったが、(10)守護人退座の時は、検断沙汰についても鎮西探題が裁許している。(11)その設置目的によって、関東・六波羅への上訴は認められなかったため、その裁許が最終裁断として、確信に満ちた裁断を下していることは、初期における六波羅探題の裁許と比較してきわめて対照的である。

鎮西探題裁許状は、関東裁許状を踏襲しており、下知状の形式で鎮西探題一名が署名しており、書留は「依仰下知如件」となっている。「山代文書」により鎮西裁許状の一例を示せば次の通りである。

白垣弥藤三宗氏与山城(代)又三郎栄相論筑後国□(三潴庄)内八院村田地九段参杖・屋敷壱所事、

右、両方申状雖多子細、所詮、宗氏則本主菅藤三入□(道唯)仏罪科以前買領之処、押領之由訴之、栄亦唯仏依為悪党、被収公所帯畢、為勲功之賞、拝領彼跡之上者、不能宗氏競□(望之)旨陳之、爰帯弘長元年十二月六日・弘安二年十月廿日・同六年十月廿八日唯仏于時助範沽券状、知行経年序之由、宗氏雖称之、如栄□(所進カ)正応四年九月二日関東御下文者、筑後国八院菅藤三入道唯仏跡田地公事足十三丁在牟田・屋敷分弐拾参箇所・牟田薗九□(箇)所事、任先例可領掌云々、而捧弘安九年十二月十日・九月二日□同十月十七日前守護人筑後前司盛経(武藤)状、宗氏雖申子細、或石築□(地カ)覆勘状、或為制札免許状之間、不足亀鏡、如正応元年十月日同□状者、宗氏掠取唯仏所従之条、可注進関東之由、雖載之、彼忠賞未□(被カ)仰下之間、不足相論之支証、如号同六年五月廿五日関東御事書者、惣領罪科之時、雖不帯安堵御下文、各別証拠分明者、難被混領云々、唯仏非惣領主之上、為買地事之間、頗不足潤色、就中論所為唯仏跡之処、宗氏不帯御下知・御下文等之間、栄□(知)行不可有相違矣者、依仰下知如件、

永仁六年五月廿六日　前上総介（北条実政）平朝臣（花押）

北条実政が発給した現存する裁許状の初見は、「深江文書」永仁五年九月七日のものであるが、以来元弘三年鎮西探題滅亡に至る約三十六年間、探題交替による未補の期間および探題退座の場合の短期間を除く、鎮西における所務沙汰の裁断権を掌握し、その裁決にあたっているが、この四代三十六年間における鎮西探題裁許状は、断簡も含めて二百四十二通に達した。これら裁許状は拙編『鎌倉幕府裁許状集』下に収録しているが、その目録は次の通りである。(12)

永仁五・九・七	北条実政	深江文書
永仁六・五・二六	〃	山代文書
永仁七・五・二三	〃	大友文書
永仁七・六・二	〃	都甲文書
永仁七・六・二六	〃	尊経閣文庫所蔵文書
正安元・八・二	〃	到津文書
正安元・八・一二	〃	〃
正安元・九・二六	〃	高志神社文書
正安元・一二・四	〃	禰寝文書
正安元・一二・二五	〃	大川文書
正安二・三・三	〃	宇佐永弘文書
正安二・三・一二	〃	備前池田文書
正安二・七・二	〃	山田文書
正安三・六・六	北条実政	新田神社文書
正安三・六・一六	〃	高城寺文書
正安四・八・一八	北条政顕	志賀文書
正安四・八・一八	〃	大隅有馬文書
嘉元二・一〇・二六	〃	来嶋文書
嘉元三・八・二	〃	大友文書
嘉元三・九・二六	〃	曾木文書
延慶二・六・一二	〃	佐田文書
延慶二・六・二六	〃	阿蘇家文書
延慶二・九・一二	〃	禰寝文書
延慶二・一〇・二	〃	薩藩旧記
延慶二・一〇・二三	〃	禰寝文書
延慶二・一一・二	〃	大隅有馬文書

延慶二・一一・一二	北条政顕	薩藩旧記
延慶二・一一・二六	〃	入来院家文書
延慶二・一二・一二	〃	権執印文書
延慶二・一二・二三	〃	曾木文書
延慶三・正・二六	〃	到津文書
延慶三・一〇・六	〃	志賀文書
延慶三・一二・六	〃	宗像文書
延慶三・一二・六	〃	宗像氏緒所蔵文書
延慶三・一二・一六	〃	宗像神社文書
応長元・七・二二	〃	後藤家古文書
正和元・一一・二三	〃	実相院文書
正和元・一一・二三	〃	〃
正和元・一二・二	〃	相良家文書
正和元・一二・二	〃	宇佐薬丸文書
正和元・一二・一六	〃	千栗八幡宮文書
正和元・一二・一六	〃	志賀文書
正和元・一二・二七	〃	到津文書
正和元・一二・二七	〃	禰寝文書
正和元・一二・二七	〃	大神文書
正和二・正・二〇	〃	宇佐永弘文書
正和二・二・一六	〃	実相院文書
正和二・二・二〇	〃	宇佐宮成文書
正和二・二・二三	北条政顕	樋田文書
正和二・三・一二	〃	宇佐永弘文書
正和二・六・二	〃	北文書
正和二・六・一六	〃	宇佐永弘文書
正和二・六・一六	〃	宇佐稲用文書
正和二・六・一六	〃	都甲文書
正和二・六・二三	〃	宇佐八幡宮所蔵文書
正和二・六・二三	〃	宇佐奥文書
正和二・六・二三	〃	湯屋文書
正和二・六・二三	〃	宇佐永弘文書
正和二・六・二七	〃	〃
正和二・六・二七	〃	〃
正和二・六・□	〃	宇佐宮成文書
正和二・七・二	〃	宇佐永弘文書
正和二・七・二	〃	到津文書
正和二・七・一二	〃	宇佐永弘文書
正和二・七・一二	〃	〃
正和二・八・二	〃	相良家文書
正和二・八・四	〃	〃
正和二・八・一二	〃	小山田文書
正和二・八・一六	〃	〃
正和二・八・一六	〃	到津文書

正和二・八・二二	北条政顕	宇佐時枝文書
正和二・八・二七	〃	宇佐宮成文書
正和二・八・二七	〃	宇佐屋形米二郎文書
正和二・九・六	〃	野仲文書
正和二・九・六	〃	小山田文書
正和二・九・一六	〃	太宰府神社文書
正和二・九・一八	〃	宇佐宮成文書
正和二・一〇・六	〃	宇佐永弘文書
正和二・一〇・六	〃	湯屋文書
正和二・一〇・一二	〃	宇佐永弘文書
正和二・一〇・一二	〃	到津文書
正和三・卯・一六	〃	有浦文書
正和三・五・二三	〃	志賀文書
正和三・五・二三	〃	安心院文書
正和三・七・一六	〃	島津家文書
正和三・九・二	〃	詫摩文書
正和三・一一・二七	〃	寛元寺文書
正和三・一一・二七	〃	島津家文書
正和三・一二・六	〃	本間文書
正和三・一二・一二	〃	尊経閣文庫所蔵文書
正和三・一二・二三	〃	〃
正和四・三・一六	〃	〃
正和四・三・二七	北条政顕	尊経閣文庫所蔵文書
正和四・五・二	〃	河上神社文書
正和四・五・二	〃	〃
正和四・五・一二	〃	比志嶋文書
正和四・五・二七	〃	河上神社文書
正和四・六・二	〃	青方文書
正和四・六・二	〃	河上神社文書
正和四・七・二三	〃	尊経閣文庫所蔵文書
正和四・七・二七	〃	〃
正和五・二・一二	北条種時	河上神社文書
文保元・八・二五	北条随時	黒水文書
文保元・九・二	〃	比志嶋文書
文保元・九・二	〃	島津家文書
文保元・九・一二	〃	詫摩文書
文保元・九・一九	〃	比志嶋文書
文保元・九・二四	〃	島津家文書
文保元・一二・二五	〃	河上神社文書
文保二・二・一九	〃	実相院文書
文保二・二・一九	〃	〃
文保二・三・一二	〃	島津家文書
文保二・三・一九	〃	河上神社文書
文保二・六・六	〃	深堀文書

文保二・六・六	北条随時	深堀文書
文保二・八・一〇	〃	河上神社文書
文保二・一一・二	〃	市来崎文書
文保二・一一・二五	〃	河上神社文書
文保二・一二・九	〃	実相院文書
文保二・一二・九	〃	〃
文保二・一二・一六	〃	〃
元応元・後七・二二	〃	深堀家文書
元応元・九・六	〃	深江家文書
元応元・一〇・一六	〃	河上神社文書
元応二・二・二八	〃	野上文書
元応二・八・六	〃	大川文書
元応二・一一・六	〃	島津家文書
元応二・一一・九	〃	青方文書
元亨二・七・二七	北条英時	河上神社文書
元亨二・八・五	〃	河上宮古文書写
元亨二・八・二九	〃	上杉家文書
元亨二・一一・二〇	〃	実相院文書
元亨二・一一・二〇	〃	〃
元亨二・一一・一一	〃	青方文書
元亨二・一一・一一	〃	禰寝文書
元亨二・一一・二九	〃	武雄神社文書
元亨二・一二・一六	北条英時	益永文書
元亨二・一二・二五	〃	尊経閣文庫所蔵文書
元亨三・三・二五	〃	詫摩文書
元亨三・五・一〇	〃	河上神社文書
元亨三・五・一六	〃	〃
元亨三・五・二五	〃	来嶋文書
元亨三・六・一〇	〃	池端文書
元亨三・六・二五	〃	田中繁三氏所蔵文書
元亨三・九・五	〃	櫛田神社文書
元亨三・九・一六	〃	河上神社文書
元亨三・九・一六	〃	〃
元亨三・九・一六	〃	新田神社文書
元亨三・九・二五	〃	櫛田神社文書
元亨三・九・二九	〃	大友文書
元亨三・一〇・五	〃	河上神社文書
元亨三・一一・五	〃	櫛田神社文書
元亨三・一一・五	〃	〃
元亨三・一一・五	〃	〃
元亨三・一一・二五	〃	実相院文書
元亨三・一一・二五	〃	比志嶋文書
元亨三・一一・二九	〃	河上神社文書
元亨三・一一・二九	〃	禰寝文書

元亨三・一二・五	北条英時	大川文書
元亨四・二・二九	〃	河上神社文書
元亨四・三・二〇	〃	深江家文書
元亨四・三・二〇	〃	山田文書
元亨四・三・二五	〃	河上神社文書
元亨四・四・一六	〃	〃
元亨四・五・一六	〃	〃
元亨四・五・一六	〃	宇佐薬丸文書
元亨四・八・一〇	〃	薩藩旧記
元亨四・一〇・二五	〃	櫛田神社文書
元亨四・一〇・二五	〃	〃
元亨四・一一・二九	〃	山田文書
元亨四・一二・一六	〃	入来院家文書
正中二・四・五	〃	宗像辰美氏所蔵文書
正中二・四・五	〃	金剛三昧院文書
正中二・七・二五	〃	国分寺文書
正中二・七・二九	〃	溝口文書
正中二・八・二九	〃	橘中村文書
正中二・一〇・一〇	〃	山田文書
嘉暦元・一二・五	〃	阿蘇家文書
嘉暦元・一二・二〇	〃	禰寝文書
嘉暦元・一二・二〇	〃	日名子文書
嘉暦二・四・二〇	北条英時	実相院文書
嘉暦二・四・二五	〃	〃
嘉暦二・七・一〇	〃	河上宮古文書写
嘉暦二・八・二九	〃	詫摩文書
嘉暦二・九・二〇	〃	〃
嘉暦二・九・二〇	〃	河上神社文書
嘉暦二・閏九・一七	〃	大悲王院文書
嘉暦二・閏九・二〇	〃	藤野文書
嘉暦二・一〇・五	〃	河上神社文書
嘉暦二・一一・一〇	〃	実相院文書
嘉暦二・一二・二〇	〃	河上神社文書
嘉暦三・六・二九	〃	〃
嘉暦三・八・二九	〃	禰寝文書
嘉暦四・四・一六	〃	浄土寺文書
嘉暦四・七・五	〃	島津家文書
嘉暦四・八・二〇	〃	深江家文書
嘉暦四・九・二〇	〃	二階堂文書
元徳元・一〇・五	〃	島津家文書
元徳元・一一・二九	〃	河上神社文書
元徳元・一一・二九	〃	〃
元徳元・一二・二五	〃	山田文書
元徳元・一二・二五	〃	二階堂文書

元徳元・一二・二五	北条英時	河上神社文書
元徳二・二・二九	〃	島津家文書
元徳二・三・五	〃	志賀文書
元徳二・五・二五	〃	河上神社文書
元徳二・六・五	〃	詫摩文書
元徳二・閏六・一〇	〃	実相院文書
元徳二・一〇・二五	〃	薩藩旧記
元徳二・一〇・二九	〃	新田神社文書
元徳二・一一・六	〃	武家雲箋
元徳二・一一・一六	〃	山田文書
元徳二・一二・一〇	〃	河上神社文書
元徳二・一二・一〇	〃	詫摩文書
元徳二・一二・一六	〃	嬉野古文書
元徳二・一二・一六	〃	志賀文書
元徳二・一二・二〇	〃	島津家文書
元徳三・七・二五	〃	宗像文書
元徳三・七・二五	〃	宗像神社文書
元徳三・八・二〇	〃	二階堂文書
元徳四・六・二〇	〃	生桑寺文書
元徳四・七・一六	〃	竜造寺文書
元徳四・七・一六	北条英時	竜造寺文書
正慶元・九・二〇	〃	宇佐郡諸家古文書
正慶元・一〇・五	〃	禰寝文書
正慶元・一一・一〇	〃	〃
正慶元・一一・二九	〃	峯彪氏所蔵文書
正慶元・一二・五	〃	池端文書
正慶元・一二・五	〃	山田文書
正慶元・一二・一〇	〃	〃
正慶元・一二・二五	〃	禰寝文書
年月日不明		宇佐永弘文書
〃		〃
〃		宇佐宮成文書
〃		青方文書
〃		〃
〃		〃
〃		生桑寺文書
〃		〃
〃		〃
〃		入来院家文書
〃		仁和寺文書

これを探題別に分類し、その初見年月日および最終年月日を示せば次の表の如くなる。

この探題交替の期間に裁許状発給にそれぞれ空白の期間があることがわかる。この交替のための探題未補の間は、北条氏一門、大友・武藤氏がその職務を代行している。しかしその期間は上表によっても明らかな如く極

探題名	裁許状数	最初日付	最終日付
北条実政	一五通	永仁五年九月七日	正安三年六月十六日
北条政顕	八五通	正安四年八月十八日	正和四年七月二十七日
北条随時	二六通	文保元年八月二十五日	元応二年十一月九日
北条英時	一〇二通	元亨二年七月二十七日	正慶元年十二月二十五日

く短期間であり、[13]しかもその代行者の権限に裁断権は含まれておらず、原則として軍事統率権に限られている。そして鎮西探題欠員中の相論の裁許は、関東において行なわれた例がある。[14]また鎮西探題が退座の場合は、大友・武藤氏が子細を尋究して関東に注進すべきことを命じられたらしい。[15]

上総前司政顕退座事、尋究子細、可被注進之状、依仰執達如件、

徳治三年四月五日

陸奥守(大仏宗宣)在判

相模守(北条師時)在判

大友出羽守(貞親)殿

このように鎮西探題未補、退座の時を除いて、鎮西探題設置期間中は、鎮西における所務沙汰の裁許が関東において行なわれた若干の例があるが、[16]それ以外はすべて鎮西探題において裁許されている。鎮西御家人の関東への参訴を禁じ、現地において裁決し、もって異国警固番役に専念せしめるという設置目的によって、初代鎮西探題北条実政は、鎮西評定衆・引付衆を設置し、鎮西評定衆には北条氏一門および関東より下向した守護クラスの東国御家人、およびそれに準ずる法律に堪能な有力御家人を当て、これら評定衆は鎮西引付衆を兼任し、引付の中でも重要な地位を

占めていた。鎮西引付衆には探題被官、中央幕政機関の職員の出身者、武藤・大友氏の一族・被官、守護級有力御家人・在地御家人より構成されており、一番頭人には北条氏一族、二番頭人に武藤氏、三番頭人に大友氏が任命されていた。(17) かくて名実共に鎮西唯一の訴訟機関として、全鎮西にその権限を行使している。(18)

鎮西探題機構の中で、在地有力守護であり、鎮西に種々の特殊権限を有していたことが認められる大友・武藤氏が重要な役割を果していることは明らかであるが、それまでに有していた大友・武藤氏の権限が、鎮西探題の設置によって奪われることになったことも否定出来ない。この間の事情を『歴代鎮西要略』は、

太宰少弐筑後守貞経入道妙恵者、自曾祖資頼任府司、管五州補鎮西守護以来、雖未墜其箕箓、其権乃十之一也、其隆時、府称守護所、令比鎌倉、執政威風無不臻也、雖爾当時北条置探題、遂押奪太宰府之権、爾来朝事邦趨雑訴訟獄之者、不之宰府、之探題、依之探題之門前為市林、其家令評定衆、私通車馬軽賄賂、無不富栄、是以都督官府自寂寥、車宿徒壊、柳桁立朽、雖府官有司職、只有声無実、

と評しているが、鎮西探題設置に伴って、大友・武藤氏が置かれた立場を端的に表現したものと考えられる。得宗専制強化の一般的趨勢の中で、蒙古襲来後武藤氏は肥前国守護を北条氏一門に奪われ、その後鎮西探題がこれを兼任することになったこととも相俟って、鎮西各国守護層の鎮西探題に対する潜在的反感が存在したことは否定出来ないであろう。鎮西探題北条英時襲撃の際、これら大友・武藤・島津氏など鎮西守護層が主導的役割を演じた背景として、かかる歴史的前提が存在したことを確認しておくべきであろう。

注

(1) 相田二郎『蒙古襲来の研究』参照。

(2) 佐藤進一『鎌倉幕府訴訟制度の研究』三〇九ページ参照。

(3) 本書第二章第四節(三)「鎮西談議所考」参照。この北条兼時・時家の鎮西下向をもって鎮西探題設置に至る過渡的形態とする説について、川添昭二氏も賛成しておられる。「鎮西惣奉行所―北条兼時・時家の鎮西下向―」(『金沢文庫研究』二〇〇)参照。

(4) 鎮西輩訴訟事、守護人可令尋沙汰之由、先日被仰下畢、而尚地頭・御家人・寺社別当神主供僧・所々名主・庄官已下、令参訴関東云々、於自今以後者、非別仰之外、不可参関東・六波羅、有訴訟者、兵庫入道(大友頼泰)・少弐入道(経資)・薩摩入道(宇都宮通房)・河内権守入道(渋谷重郷)寄合、可令裁許、於国難成敗者、可注進子細、雖為越訴、早尋究可注申也、但奉行人中有敵対事者、残人々可令尋沙汰、以此旨可令相触之状、依仰執達如件、

弘安九年七月十八日　相模守(北条貞時)在判
陸奥守(北条業時)同

大友(頼泰)兵庫頭入道殿

(「大友文書」)

(5) 「新編追加」弘安七年六月二十日条々参照。鎮西特殊合議制訴訟機関については、佐藤前掲書二八八ページ、川添昭二「鎮西特殊合議訴訟機関」(『史淵』一一〇)参照。

(6) 鎮西談議所については、相田二郎・石井良助・佐藤進一氏らが論及しておられるが、これらの諸説の異同については、川添昭二「鎮西談議所」(『九州文化史研究所紀要』一八)に整理して紹介されている。

(7) 佐藤進一氏は前掲書二九五ページにおいて鎮西談議所裁許状として、「禰寝文書」弘安九年閏十二月十八日鎮西談議所奉行人連署裁許状と『薩藩旧記』所収正応元年七月二十九日武藤経資書下を挙げておられるが、佐藤氏自身この二例も確定判決ではなく、談議所に終局的判決権ありとすることには否定的であるとされている。特に後者を鎮西談議所の裁許状とすることは、内容・形式上からも疑問がある。しかし談議所において鎮西御家人の訴訟が審理されている点に異論はないわけであるから、裁決が行なわれたことも考えられる。

(8) 『旧典類聚』所収永仁七年四月十日鎮西引付衆交名注文。

（９）従来鎮西探題は北条実政・政顕・随時・英時の四人であるとするのが通説であるが、政顕と随時の間に、政顕の子の種時が入る説として、竹内理三『大宰府・太宰府天満宮史料』中世編四、川添昭二「鎮西探題北条実政について」（『金沢文庫研究』五六・五七・五八）、同「北条種時について」（『金沢文庫研究』一〇〇）、水崎雄文「鎮西探題裁断権についての若干の考察」（『九州史学』一九）等がある。しかし筆者は種時を鎮西探題とすることをなおためらっている。理由は川添氏が「北条種時について」で述べられている否定的見解につきるが、「大友文書」正和五年五月六日関東御教書案において、大友貞宗に対し、「鎮西警固已下事、定補管領仁之程、大宰少弐貞経相共守事書、可致沙汰之状」とあることは、この段階でなお政顕退任後の鎮西探題が未補であったと考えるべきではなかろうか。なお種時発給文書としては、「都甲文書」正和四年十月二十四日北条種時書下、「大悲王院文書」正和四年十二月十四日北条種時書下、「永弘文書」「湯屋文書」正和四年十二月十四日北条種時書下、「湯屋文書」正和四年十二月二十日北条種時書下、「河上神社文書」正和五年二月十二日北条種時裁許状、根津嘉一郎氏所蔵正和五年二月二十二日北条種時施行状、「実相院文書」正和五年二月二十四日北条種時書下、「大悲王院文書」正和五年二月二十七日北条種時書下、以上八通である。この間一通の裁許状が残っているが、これは肥前国河上社雑掌禅勝と同国御家人某俊源と同社神役についての相論を裁許したもので、和与状を守り沙汰すべしとの裁許を行なっている。このように期間も短く、その活動も微弱であるので、鎮西探題未補の間、大友・武藤氏と共にその職務を分担、代行したと考えるべきであろう。

（10）佐藤前掲書三三四ページ参照。

（11）鎮西検断沙汰については、「島津家文書」正安二年六月二十四日関東御教書に「鎮西検断事、早撰器量之仁、副国々守護人、可被厳密之沙汰」ことを鎮西探題北条実政に命じているが、「島津家文書」嘉暦四年七月五日鎮西探題裁許状によれば「薩摩国比志嶋孫太郎忠範法師法名仏念与大隅左京進宗久法師法名道恵代道慶相論追捕刃傷打擲以下事」について裁許し「右、守護人退座之間、所有其沙汰也」とあり、守護の権限である検断沙汰についても、守護退座の時は鎮西探題が沙汰している。

（12）なお以下の鎮西探題裁許状十五通は拙編『鎌倉幕府裁許状集』（下）に漏れている。

肥前国河上社雑掌家邦与同国神崎庄勲功人下津八郎満法師法名道本以下輩幷惣検校為秀相論当社造営用途事、

右、造営者、可為一国平均役之旨、就　院宣・関東御教書雖成施行、勲功人等不叙用之由、社家幷白石左衛門次郎入道々融于時在俗注申之間、縦雖為勲功之地、不可泥平均役之旨、正安年中重被仰畢、中間略之、然則、於彼造営用途者、且任　院宣・関東御教書、且守一国之例可弁済矣者、依仰下知如件、

正和元年十一月廿二日

前上総介平朝臣(北条政顕)御判

(「実相院文書」)

筥崎宮権大宮司大神惟任申、筑後国須賀野村屋敷・畠壱町二段并楽田伍段事、

右者、往古神領惟任重代相伝之地也、而当所花山住侶民部房良快買得之上、任興行之法、可返給之由、訴申之間、仰野介左衛門大夫章綱□良快十月廿二日請文者、彼地者、秦十郎入道先祖自令開発以来領掌之地也、非惟任本領、而買得人以乗念号本主之条、姧謀也、所詮、神領并買□不論申之上(マヽ)、可返給之由、惟任申所有其謂、爰惟任者非本主之由、良快雖訴訟、帯当社惣官留主平為員挙状、経上訴之間、違犯輩堅可為停止良快知行、所被付社家者也、依仰下知如件、

正和元年十二月二十七日

前上総介平朝臣(北条政顕)(花押)

(「大神文書」)

肥前国河上社雑掌申、造営用途事、

右、造営者、可為一国平均之旨、被下　院宣・関東御教書畢、而坊所保地頭代良厳彼用途対捍之由、雑掌就訴申、中間略之、然則、且任　院宣・関東御教書、且守国中平均之法、可弁償矣者、依仰下知如件、

正和二年二月十六日

前上総介平朝臣(北条政顕)御判

(「実相院文書」)

天雨田次郎兵衛尉憲行申、肥前国神崎庄内屋敷事、
右、於彼屋敷者、為異賊合戦之恩賞拝領畢、而本吉（告ヵ）六郎季基後家明勝押領之由、憲行就訴申、度々雖尋下無音之間、以国分又次郎入道浄光（長季）・立石源兵衛入道道妙等、重相触之処、如執進去年正月廿五日明勝請文者、憲行申屋敷事、全不相綺、憲行百姓当知行顕然也云々、此上不及子細之間、於彼屋敷者、憲行知行不可有相違者、依仰下知如件、

正和三年十二月六日

前上総介平朝臣（北条政顕）（花押）

（「本間文書」）

肥前国河上社雑掌申、於保次郎　法師（法名覚阿）不勤五八両会流鏑馬役事、
右、覚阿背先例不勤仕之由、就訴申度々雖尋下無音（中間略之）、然則、任先例可令勤仕矣者、依仰下知如件、

文保二年二月十九日

遠江守平朝臣（北条随時）御判

（「実相院文書」）

肥前国河上社雑掌申、岸河十郎種広不勤五八両会流鏑馬役事、
右、種広背先例不勤仕之由、就訴申度々雖尋下無音（中間略之）、然則、任先例可令勤仕矣者、依仰下知如件、

文保二年二月十九日

遠江守平朝臣（北条随時）御判

（「実相院文書」）

肥前国河上雑掌申、那留兵衛次郎入道跡不弁当国五嶋浦知行分当社造営用途事、

右、就雑掌解尋下之処、背両度召文中間略之、且任一国平均之例、可致弁矣者、依仰下知如件、

文保二年十二月九日

前遠江守平朝臣（北条随時）御判

（「実相院文書」）

肥前国河上社雑掌申、大値賀上村地頭代宗重不弁当社造営用途事、

右、就雑掌解尋下之処、背両度召文中間略之、出承伏請文之上者、可致弁矣者、依仰下知如件、

文保二年十二月九日

前遠江守平朝臣（北条随時）御判

（「実相院文書」）

肥前国河上社雑掌申、生月嶋領主加藤五郎不弁当社造営用途由事、

右、就雑掌解尋下之処、背両度召文中間略之、且依一国平均之例、可致弁矣者、依仰下知如件、

文保二年十二月十六日

前遠江守平朝臣（北条随時）御判

（「実相院文書」）

肥前国河上宮雑掌申、造営用途事、

右、松浦丹後五郎省対捍之由、依訴申、度々尋下之中間略之、雖捧返抄、為案文之間、不足信用、然則、遂結解、有未進者、可究済焉者、依仰下知如件、

元亨二年十一月廿日　修理亮（北条英時）平朝臣御判

（「実相院文書」）

肥前国河上宮雑掌申、造営用途事、

右、大嶋地頭対捍之由、訴申之間、度々尋下（中間略之）、難遁違背之咎、任平均之例、可致弁矣者、依仰下知如件、

元亨二年十一月廿日　修理亮（北条英時）平朝臣御判

（「実相院文書」）

肥前国河上宮雑掌覚誉申、中津隈庄預所方所課造営用途対捍事、

右、為一国平均之役、致弁之条（中間略之）、然則、任平均之例、可致沙汰矣者、依仰下知如件、

嘉暦二年四月廿日　修理亮（北条英時）平朝臣御判

（「実相院文書」）

肥前国河上社大宮司高木猿一丸代覚誉申、当社領内馬場末田地弐段并押領物事、

右、如申状者、件地為当社領、猿一丸相伝知行之処、真千山住侶讃岐房押領云々（中間略之）、然則、可令猿一丸領掌之状、依仰下知如件、

嘉暦二年四月廿五日　修理亮（北条英時）平朝臣御判

肥前国河上社大宮司高木猿一丸代覚誉申、同国巨勢庄竈王院々主霊善房抑留当社仏性(聖)米由事、

右、如覚誉所進文保元年十二月六日鎮西下知状者、河上社大宮司高木六郎経貞申、仏性田壱町所当米事、任先例可究済云々、而正中二年以来無沙汰之旨、覚誉依訴申、両度遣召文之上、今年八月四日以神崎執行入道寂意催促訖、如同九月十一日寂意起請文者、雖相触竈王院々主不及散状云々者、遂結解有未進者、可究済矣者、依仰下知如件、

嘉暦二年十一月十日

修理亮平朝臣(北条英時)御判

（「実相院文書」）

肥前国河上宮雑掌家邦申、由比村地頭代重瑜神役対捍事、

右、由比村地頭代重瑜引募当社仁王講免一町正安三年以来抑留毎年一貫文銭貨之由、訴申之間、元応以来度々催促之上、以佐留志新太郎入道覚印尋問実否訖中間略之、然則、正安三年以来年々未進分遂結解、可究済矣者、依仰下知如件、

元徳二年閏六月十日

修理亮平朝臣(北条英時)御判

（「実相院文書」）

---

(13)　北条実政が鎮西探題就任の時期は、永仁四年八月から同年末とされている。川添昭二「鎮西探題北条実政について」(一)(『金沢文庫研究』五六）参照。その辞任の時期については、北条実政が鎮西探題として発給した文書の下限は「国分寺文書」正安三年八月二十三日付のものである。『帝王編年記』では、実政は正安三年九月に出家し、北条政顕が正安三年十一月二日に鎮西奉行に就任したことになっている。北条政顕の鎮西探題として発給した文書の初見は水戸彰考館本『武家雲箋』所収の正安四年四月十日付のものであるから、正安三年九月の出家と前後して辞任したものであろう。したがって『歴代鎮西要略』が実政の辞任

を乾元元年五月十八日とするのは間違いであることは明らかである。つぎに北条政顕の辞任の時期は、発給文書の下限が前田家所蔵「東福寺文書」正和四年七月二十七日付であり、未補間その職務を代行したと考えられる北条種時が発給した文書が「都甲文書」正和四年十月二十四日付で存在するので、この間に辞任したものと考えられる。つぎの北条随時の就任は、『薩藩旧記』文保元年三月三十日関東御教書案が北条随時に命じて大隅国肝付郡弁済使尊阿と名越高家の相論を尋沙汰せしめているのが、随時の就任を知る初見である。随時は元亨元年六月二十三日鎮西探題在任中に鎮西で他界している。「大友文書」元亨元年九月十二日関東御教書案によれば、この時点で鎮西探題は未補であることがわかり、その後「小山田文書」元亨元年十二月六日関東御教書案は、宇佐宮弥勒寺造営を北条英時に命じているので、この間に英時が就任したことがわかる。

(14)「詫摩文書」正和五年五月十二日関東裁許状案。

(15) このほか鎮西探題が退座のため、大友貞宗が子細を尋究して注進することを命じられた史料としては次の如きものがある。

鎮西成敗事、於遠江守随時退座沙汰者、尋究子細、可令注進之状、依仰執達如件、

文保二年七月五日　相模守(北条高時)在判
武蔵守(金沢貞顕)在判

大友左近(貞宗)大夫将監殿

(「大友文書」)

鎮西成敗事、就遠江守随時退座沙汰、進使者之時、路次便宜地頭御家人等、不叙用過書之間、往復不輙云々、早任先例、関渡以下可勘過之旨、相触之、於難渋之輩者、為有其沙汰、可注進之状、依仰執達如件、

文保二年十一月十七日　相模守(北条高時)在判
武蔵守(金沢貞顕)在判

大友(貞宗)左近大夫将監殿

(「大友文書」)

武蔵修理亮英時退座沙汰事、任先例、可令尋注進之状、依仰執達如件、

元亨四年五月十七日　（北条高時）相模守在判

（金沢貞顕）修理権大夫在判

（大友貞宗）近江守殿

「大友文書」

(16)　鎮西探題が設置された以後、鎮西の所務沙汰が関東で裁許された例として次の如きものがある。

正安元年十二月二十日　阿蘇家文書
正安三年七月十二日　小鹿島文書
正和五年五月十二日　詫摩文書
正中二年五月二日　内藤家文書
正中二年十月七日　島津家文書
正中二年十月二十七日　島津家文書

また「阿蘇家文書」正安二年九月六日鎮西探題施行状によれば、上嶋弥四郎惟盛法師（法名成仏）女子宇治氏代惟久と諸四郎惟季（法名入阿）との肥後国六箇庄中村内徳恒名田島をめぐる相論は、関東において裁許され、それを鎮西探題北条実政が施行している。

(17)　川添昭二「鎮西評定衆、同引付衆について」（『歴史教育』一一の七）参照。しかし鎮西評定衆設置の当初は、評定衆で不参の者が多かったらしく、次の如き関東御教書が発給されている。

一、評定衆殊可致忠勤之処、多以不参云々、甚無其謂、於如然輩者、厳密可被注進之状、依仰執達如件、

正安二七七　（北条宣時）陸奥守判

（北条貞時）相模守判

上総前司殿（北条実政）

(18) 幕府は鎮西裁許に関して、次の如き条々を北条実政に伝達している。（「新式目」）

条々

正安二壬七十九但馬前司渡之

一召文事、止問状、御使催促共可為三ヶ度事、

一召文事、停止国雑掌、可被仰当国守護幷近隣地頭御家人等事、

一於引付、可有御下知取捨事、

一評定事書、頭付幷継目封事、当日可令申沙汰事、

一急事外、於引付座、不可書御教書以下事、

一自評定被勘返沙汰事、不日加談議、後日評定可覆勘申事、

一頭人幷開闔仁退座沙汰事、可渡他方引付事、

一諸人代官、除退座分限、可令停止事、

一対問時一方人数両三外、堅可禁制事、

一京下幷無足訴人、及経年序沙汰事、急速可申沙汰事、

一清書仁令書上御下知者、頭人封裏直可下訴人事、

条々諸事、所被書遣事、早守此旨可被成敗之状、依仰執達如件、

正安二年七月五日

陸奥守判（北条宣時）

相模守判（北条貞時）

上総前司殿（北条実政）

（二）　鎮西裁許状の数量的分析

鎌倉幕府の訴訟制度において、御家人が保護される立場にあったことは勿論予想されるところであるが、先述の如く上横手氏は鎌倉末に至り、鎌倉幕府法の「道理」「公平」が荘園制擁護の立場に立脚したものに変質したことを指摘されたが、変質した「道理」「公平」が具体的個々の裁決の際、どのように反映しているかという点について実証を欠く憾がある。鎌倉末における鎌倉幕府法が荘園体制擁護にまわっていたことを主張するためには、単に法令やイデオロギーの面からだけではなく、個々の相論に対する幕府の裁決を示す裁許状について分析することによって実証され得るならば、一層明確な結論を導き出すことが出来よう。そこでここでは鎌倉幕府の一出先機関である鎮西探題の裁許状に限り考察してみることにする。(1)

そこで私見の及んだ鎮西探題裁許状中断簡等のため内容を正確に知り得ないもの、および未解決に終っているものを除外し、(2)残り百九十通について、その訴人・論人、および勝訴を得た者を階層別に分類した。階層分類については種々の方法が考えられるが、ここでは鎌倉幕府を支える社会的基盤としての地頭・御家人層と古代以来大土地を所有し、(3)種々の特権を保有し、在地において地頭・御家人層と対抗関係にあった寺社荘園領主、(4)さらに鎌倉時代中期以後、これら地頭・御家人と寺社荘園領主との激烈な抗争の間隙を縫って抬頭してきた非御家人・(5)凡下輩の三階層に分類してみた。鎮西探題裁許状百九十通について訴人、論人、勝訴になった者の階層別分類は次表の通りである。

今日我々が披見し得る鎮西探題裁許状は、鎮西探題四代にわたって発給された裁許状の一部に過ぎず、さらに残存史料の偶然性や、階層分類上の不明確な要素、表作成上における誤差等、その他種々の問題点を考慮に入れるならば、パーセンテージを出して論及できぬことは勿論であるが、以下特徴的現象を指摘しながら論ずることにする。

まず全般的な点では、相論の訴人・論人いずれも地頭・御家人、寺社関係の者によって大半が占められており、また寺社の中でも宇佐宮・河上神社関係のものが大半を占める結果となったことはやむを得ない。

	階層別	相論件数
訴人	地頭・御家人	77
	寺社荘園領主	105
	非御家人・凡下	5
	不明・その他	3
論人	地頭・御家人	118
	寺社荘園領主	8
	非御家人・凡下	57
	不明・その他	7
勝訴	地頭・御家人	63
	寺社荘園領主	91
	非御家人・凡下	3
	和与	33

また公領・荘園内の訴訟に武家が口入することは、鎌倉幕府法によって固く停止するところであったが、(6)鎌倉時代末期にはこれら公領・荘園内の訴訟の裁決を、現実の最高権力を保持する鎌倉幕府に委ねることによって、解決を求める一般的傾向は、鎮西以外においても認められるところで、特に辺境の地鎮西においてはかかる現象が顕著に現われている。(7)

つぎに訴人について言えば、百九十例中、地頭・御家人が七十七例、寺社荘園領主百五例であり、両者によってその九割以上が占められており、非御家人で訴人となった者はわずか五例であることと著しい対照を示している。

論人の場合は百九十例中、地頭・御家人が論人となった者百十八例は、訴人・論人共に御家人である場合が数多く含まれていることから当然の数字であるが、寺社荘園領主で論人となった者が八例に過ぎないことは、訴人の場合百五例あったのと比較して、その変化の大きいことが注目される。さらに非御家人・凡下で論人となった者は、訴人の場合の五例から逆に五十七例と増加している。この訴人・論人における各階層の著しい数量的変化をどのように理解すればよいであろうか。

まず地頭・御家人の訴人の数と論人の数が一致しておらず、論人の数がはるかに多いということは、二つの意味を有している。一つは鎌倉幕府訴訟制度では、御家人間の訴訟だけでなく、御家人と他の階層の者との間の訴訟を裁許したことを数的に示しており、今一つは地頭・御家人が訴えられて論人となる立場にあった者が多かったということを示している。このことは非御家人の場合もまた、彼らがその非法狼藉により、訴えられる立場にあったことを如実に示している。

これに対し、寺社荘園領主の場合は、これと全く逆の現象が数字の上に現われてくる。すなわち寺社荘園領主の場合、訴人が百五例に対し、論人となった場合は八例に過ぎない。しかもこの論人の八例中には寺社荘園領主同士の相論が大半を占めているので、寺社荘園領主が地頭・御家人や非御家人・凡下輩から訴えられることは例外的である。このことは一つの歴史的意味を有していると思う。

すなわち一般的に言えば、訴人になるということは、それまでに有している特権を、幕府権力によって保護されることを期待していることであり、逆に訴えられるということは、一般的には既成特権を非法狼藉によって侵犯しつつある階層であるということが出来よう。もしこの一般論が是認されるならば、訴人・論人の階層分析によって得られた数字から、鎌倉時代において特権を有していたのは、寺社荘園領主層であり、その特権を在地において侵犯しつつあった階層が地頭・御家人層、さらには非御家人・凡下輩層であることを示す数字であるといえる。このことは勿論当時の一般的動向とも一致している。在地において非法狼藉を行なっている者が、既成法に頼ることは考え得べくもないことであろう。

この事実は、次の時代の主体的勢力として主導権を握る階層を暗示しているものといえる。すなわち地頭・御家人および非御家人は在地において勢力を伸張しつつある階層であり、寺社荘園領主はその肉迫に苦しみ、既成特権の維持を鎌倉幕府法「道理」「公平」によって辛うじて支えられているに過ぎない状態であった。

このような三者の在地における対抗関係を、最高権力者としての鎌倉幕府の出先機関である鎮西探題が如何に裁許したか、具体的にどの階層を支持したかということは、先述の上横手氏の論文でも最も重要な点であり、鎌倉幕府の本質的性格とも無関係ではない。上横手氏はこれを鎌倉幕府法の立場から追求されたわけであるが、ここでは勝訴を得た階層を数的に把握することによって、この問題点にアプローチすることを試みてみることにする。

勝訴になった者の階層分析で、地頭・御家人が六十三例の勝訴を得ていることは、地頭・御家人が相論に関係した件数が多いこと、地頭・御家人同士の相論も含まれていること、および鎌倉幕府の御家人体制下において地頭・御家人の地位、立場より考えて予想されたところであるが、寺社荘園領主が地頭・御家人を上廻る九十一例の勝訴を得ていることは注目に値する。この九十一例の中には、鎮西において蒙古襲来に備え、寺社に異国降伏の祈禱を命じた関係から、正和元年神領興行の法を施行し(8)、寺社より地頭・御家人による寺社領に対する非法狼藉の訴があった場合、神領興行の法によって地頭・御家人等の押領を停止せしめる裁許を行なったことが大きく影響していると考えられる。

鎌倉幕府が寺社荘園領主に対して、一方において守護・地頭設置に代表される強硬政策を採用しながら、他方地頭・御家人の寺社荘園領主に対する非法狼藉に対しては、寺社荘園領主の要求を入れて、地頭・御家人等の改易等を行なっているが、鎌倉幕府の望むところは、寺社荘園領主と地頭・御家人との共存であったと思われる。しかし現実において寺社荘園領主と地頭・御家人および非御家人・凡下輩は尖鋭な対抗関係に置かれていたわけであるから、たとえ鎌倉幕府法の「道理」「公平」に基づいて裁許をしたとしても、寺社荘園領主に多くの勝訴を与えていることは、反面、鎌倉幕府の社会的基盤を構成する地頭・御家人の不満を招く結果となったことは疑いない。御家人が寺社との相論において勝訴となったのはわずか三例に過ぎない。(9)

また非御家人が相論に関与した例は六十二例に達しているが、勝訴を得たのはこれまた三例に過ぎないことは、鎌倉幕府法下における非御家人の立場を示すものといえよう。(10)

さらに鎮西探題は御家人間の相論においても惣領と庶子との相論の場合、惣領に有利な判決を下すことにおいて態度は一貫している。すなわち鎮西裁許状中惣領と庶子の相論を裁許したものは二十二例あるが、(11)七例の和与を除いては、ことごとく惣領側に有利な裁許を下している。このことからも鎌倉時代末期に鎌倉幕府による庶子独立奨励策と称されるものは異国警固番役確保のため施行した現実即応の政策であり、一応緊急事態を脱した後においては、庶子独立を押えて自己の支配下に置かんとする惣領の立場を支持する政策に復帰していることがわかる。

以上、鎮西探題による裁許状の分析を通じて認められることは、裁決に際し、鎌倉幕府法の「道理」「公平」或いは「不参之咎」「難渋之咎」等が一応裁決の根拠となっているが、これはあくまで表面的理由であり、その背後にはかかる法的立場に優先する政治的配慮が働いていることは否定できない。このことが御家人役・関東公事負担などがあるにもかかわらず、鎌倉御家人たることを望んだ一原因にあげることができよう。

注

(1) 具体的裁許は、裁許状以外にも裁許内容を施行した施行状や訴陳状等の文中に引用されていることから裁許内容を知り得る場合がある。したがって裁許状の蒐集だけで、鎌倉幕府の裁許の際の基本的態度の全貌を知り得るものでないことは勿論であるが、施行状等では訴人・論人・論点・裁決が全部明記されていない場合が多く、これらを数量的に把握しようとする筆者の場合は、裁許状に限定して論及する方法を採用した。なお佐藤鉄太郎氏は「鎌倉時代末期九州に於ける相論について」(『筑紫女学園短期大学紀要』七）において裁許状のみでなく、御教書・施行状等によって知り得る相論内容の一覧表を掲げておられるが、相論件数は四百六十八件にも及んでいる。それによれば、

(1)御家人対御家人の相論百六十六件
(2)本家領家・寺社が御家人を訴えた相論百八件
(3)本家領家が非御家人・凡下を訴えた相論四十六件
(4)御家人が非御家人・凡下を訴えた相論三十五件
(5)非御家人・凡下が御家人を訴えた相論二十三件
(6)非御家人・凡下対非御家人・凡下の相論十八件
(7)本家領家・寺社対本家領家・寺社の相論十件
(8)御家人が本家領家・寺社を訴えた相論九件
(9)非御家人・凡下が本家領家・寺社を訴えた相論二件

との結果を示しておられる。具体的階層分類について若干佐藤氏と見解を異にする部分もあるが、筆者が論及しなかった点について論及されている点で興味がある結果が出ているので参照されたい。

(2)「山田文書」正安二年七月二日「薩摩国谷山郡山田・上別府両村地頭大隅式部孫五郎宗久与当郡々司谷山五郎資忠相論所務条々」に対する裁許状の如く、相論点が四十一ヵ条にも及び、にわかにいずれが勝訴になったと判定困難なものは除外した。この相論について研究されたものに井ケ田良治「南九州における南北朝内乱の性格」(『日本史研究』一七)、鈴木鋭彦「中世に於ける領主権確立をめぐっての一考察—薩摩国谷山郡の場合—」(『史淵』五四)、水上一久「南北朝内乱に関する歴史的考察—特に薩摩、大隅地方について—」(『金沢大学法文学部論集』三)、佐々木光雄「鎌倉時代末期における地頭と郡司の相剋—薩摩国谷山郡正安二年の鎮西探題裁決状をめぐって—」(『文化』二一の三)などがある。

(3) 便宜上地頭・御家人層と分類している点について、佐藤鉄太郎氏は前掲論文において批判され、「地頭・御家人を同一の階層として把えることは疑問があり、御家人は鎌倉幕府の身分ではあるが、地頭は職であり、直接的に生産関係に基づくものであ

り、寺社荘園領主にても地頭職を所有している＝地頭であることもある。又、その反面、地頭以外の職所有者でも御家人であることも多い」と述べておられる。この点については筆者も佐藤鉄太郎氏の指摘されている点については十分に承知しており、かつて佐藤進一氏の「地頭職が幕府の御家人でない者に与えられる場合が存在する反面、御家人でも地頭職其他鎌倉殿進止の所職を与えられないもの、又は鎌倉殿から彼の所職を安堵して貰えない者が数多く存在した」（竹内理三編『日本封建制成立の研究』所収「鎌倉幕府政治の専制化について」一二八ページ）との指摘を引用して、地頭即御家人と考えているわけでないことを表明した（拙稿「鎌倉幕府裁許状の分析」『史学雑誌』七七の一）。しかもなおあえて地頭・御家人の階層を設定したことは、鎌倉御家人の身分を与えられた者が、鎌倉幕府によって地頭職を安堵されることが一般的であったことによってもわかる如く、地頭職を有さない御家人が少なくなかった以上に、地頭職を有した御家人が多かったと思われること、地頭職を有する御家人が或る場合は地頭と称し、或る場合は御家人と称していること、したがって地頭と称している者の中に御家人身分を有している者が含まれている場合が少なくないこと、さらに地頭御家人なる階層分類は筆者が創出したものではなく、当時の史料にしばしば使用されているところであることによってもわかる如く、地頭御家人を一つの階層としてとらえることは当時の人々の感覚として存在したことは否定出来ないところである。地頭職を有する者ならば、御家人役を勤仕する能力はあり、希望すれば御家人身分を獲得することが可能であったという意味で、地頭・御家人層としてとらえることが全く無意味であったと思えないのである。佐藤鉄太郎氏は各層分類として、本家領家・寺社、御家人、非御家人・凡下に分つべきであるとしておられる。この分類に異論はないが、史料の中で単に地頭と出て来るだけで、果して御家人であるか非御家人であるか判別がつかない者をどこに分類するかの問題が起る。たしかに寺社荘園領主が地頭職を有していた者もいるし、地頭職を有しながら非御家人である者も存在しているが、確率からすれば地頭職を有する者が御家人であった可能性が、前二者である可能性よりはるかに高いと考え、あえて地頭・御家人の階層を設けたわけである。したがって地頭職を有する者が寺社荘園領主であることが明らかな者は、勿論寺社荘園領主の層に入れていることは言うまでもない。

（4）　この階層分類の際、筑前国宗像社大宮司・肥前国武雄社大宮司のごとく、大宮司が御家人の場合、御家人ではなく寺社荘園領主として分類している。

(5) 御家人と非御家人の区別は必ずしも容易ではない。このことは御家人が身分であって階級でないことに起因している。御家人と非御家人の区別の基準については、本書一五七ページ参照。
(6) 「貞永式目」三条、六条、『吾妻鏡』貞永元年閏九月一日条参照。
(7) 佐藤進一氏は「幕府訴訟制度運営の対象は先ず地頭御家人間の訴訟、特に所領に関する訴訟であった。次に地頭御家人の実力伸張の過程に発生する本所領家と彼等との間の訴訟も亦重要視された」と述べておられる(『鎌倉幕府訴訟制度の研究』二〇ページ)。
(8) 神領興行法については、小島鉦作「永仁の徳政と社寺領」(『歴史地理』八八の一)、川添昭二「鎮西探題と神領興行法」(『社会経済史学』二八の三)参照。
(9) 寺社荘園領主と御家人が相論して、御家人が勝訴を得た例としては、宇佐大宮司以下の神官と豊前国御家人久保種栄とが豊前国下毛郡黒水・吉武両名地頭職について相論し、神官等の申すところ道理に叶わずとして種栄に領知せしめることを裁許した「黒水文書」文保元年八月二十五日鎮西探題裁許状、筑前国志登社雑掌教賢と地頭詫磨頼秀代親清とが年貢につき相論し、教賢の訴を棄却し、正和四年以前の年貢は沙汰に及ばずとの裁許をした「詫摩文書」文保二年十二月十二日鎮西御教書案、筑後国鷹尾別符雑掌道慶と鎮西探題引付衆安富泰長との年貢以下の相論を裁許し、道慶の訴訟を棄却した「深江文書」元亨四年三月二十日鎮西探題裁許状案のわずか三例に過ぎない。
(10) 非御家人が勝訴を得た例としては、嶋津庄大隅方肝付郡弁済使兼石子息兼藤(法名尊阿)と地頭美作前司(名越)時家代源盛が弁済使職・名田について相論した際、「地頭御下知違背之咎、無所遁歟、然則、於彼職・名田等者、為別納、可令尊阿知行者」と裁許し尊阿の主張を認め、北条氏一族である地頭名越時家の相論を棄却した『薩藩旧記』所収延慶二年十一月十二日鎮西裁許状がある。肝付氏が非御家人であったことについては五味克夫「鎌倉時代の肝付郡と肝付氏」(『高山町誌』所収)、美作前司時家が名越時家であることについては石井進「九州諸国における北条氏所領の研究」(『荘園制と武家社会』所収)にそれぞれ考証がある。また『薩藩旧記』元応二年三月十一日関東御教書案によれば、大隅国肝付郡弁済使尊阿と地頭名越高家代盛貞と所職名田以下について相論した際も下地を尊阿に沙汰付することを命じている。このほか薩摩国新田宮雑掌は吉永名名主友経が吉永名分の同社放生会饗膳役を対捍したと訴えているが、糺明する根拠がないとして雑掌の訴を却下した「新田神社文書」元亨三年九月十六日鎮西裁許状がある。さらに「藤野文書」嘉暦二年閏九月二十日薩摩国雑掌明尊と伊敷村名主四郎入道が国検を打止め、済物を抑留したとして相論し「難遁召文違背之咎歟」との理由で明尊の勝訴を認めているが、この場合は互いに非御家人であった可能性もある。なお鎌倉時代を通じて、鎌倉幕府による裁許で、非御家人・凡下輩で勝訴となった例は、この鎮西裁許状による三例を含めてわずか八例に過ぎないことは、非御家人・凡下輩がきわめて不利な立場にあったことを示している。拙稿「鎌倉幕府裁許状の分析」(『史学雑誌』七七の一所収)参照。

(11)　惣領と庶子の相論を裁許したものは次の二十二例である。

正安元年十二月二十五日	大川文書(和与)
延慶二年九月十二日	禰寝文書
延慶三年十月六日	志賀文書
正和元年十一月二十二日	実相院文書
正和元年十二月二十七日	禰寝文書
正和三年九月二日	詫摩文書(和与)
文保元年九月二日	比志島文書(和与)
文保元年九月十二日	詫摩文書
元応二年八月六日	大川文書
元応二年十一月九日	青方文書(和与)
元亨三年三月二十五日	詫摩文書(和与)
元亨三年十一月二十九日	禰寝文書
嘉暦元年十二月二十日	禰寝文書
嘉暦三年八月二十九日	禰寝文書

嘉暦四年九月二十日　二階堂文書
元徳元年十二月二十五日　二階堂文書
元徳二年六月五日　詫摩文書
元徳二年十二月十六日　志賀文書
元徳三年八月二十日　二階堂文書
正慶元年十月五日　禰寝文書（和与）
正慶元年十一月十日　禰寝文書（和与）
正慶元年十二月五日　禰寝文書

（三）小結

以上鎮西探題裁許状の分析を通じて鎮西探題の基本政策を追求してきたが、鎮西探題が鎌倉幕府の一出先機関であった以上、これが鎮西探題独自の政策ではなく、鎌倉幕府の基本的政策を反映したものであることは言うまでもあるまい。(1)鎌倉中期以後、在地における領主制確立を目指す御家人・非御家人層の積極的動きは、必然的に荘園領主等の有する既成特権に対する非法狼藉となり、また非御家人層の御家人の有する特権に対する侵蝕となって現われた。しかもこれら新興勢力の激しい領主制確立への具体的行動は、しばしば荘園領主と御家人との勢力均衡を保つことを目的とした鎌倉幕府法の限界を乗り越えた要求となっている。調停者としての鎌倉幕府が幕府法を遵守する以上、相対的に荘園体制擁護の色彩が浮彫りにされることは免れ得ないことであった。このことは鎌倉幕府が後期において古代勢力擁護に政策を転換したのではなく、鎌倉幕府は地頭・御家人擁護政策を堅持したにもかかわらず、彼らの要求が鎌倉幕府の政策を乗り越えた急進的なものであったことに起因していると考えられる。その帰結として、個々の具体的訴訟に対する裁許を迫られた場合、寺社荘園領主対御家人の相論の際は寺社荘園領主に有利な判決を与え、御家人対非御家人の場合は御家人、惣領対庶子の場合は惣領の立場を支持する、鎌倉幕府の現状維持を目的とする保守的性格となって現われている。こうした裁許の傾向は御家人・非御家人層の非法狼藉が鎌倉幕府法を超越して進展しつつあった当時に、鎌倉幕府法に忠実な結果を示すものといえるかも知れない。しかしここでは法的妥当性云々を問題としているわけではない。非法狼藉の手段によるこれら新興勢力と鎌倉幕府法により保護されている既成特権階層との対決闘争が彼らの現実の要求であった以上、調停者としての鎌倉幕府の現状維持を目的とする保守的性格が、彼らの失望となり不満となったことは疑いない。しかも裁決の過程に示した調停者としての鎌倉幕府の動揺は、寺社荘園領主・御家人・非御家人・惣領・庶子等の不満が鎌倉幕府に集中する結果となり、事態をますます破局に追込んで行った。

以上、鎮西探題裁許状の分析を通じて見てきた鎮西探題の基本的政策およびその背後にある鎌倉幕府の基本的政策が、将来の動向に対する洞察に欠け、歴史の進展とことごとく対立するものであったことを知る。

鎮西探題滅亡の日、鎮西御家人・非御家人が期せずして北条英時誅伐に馳せ参じたのも、彼らの鎮西探題に対する長期間にわたる鬱積された不満・反感の爆発であった。(2)

かかる在地土豪勢力の鎌倉幕府からの離反こそ、建武新政権成立をもたらした社会的基盤であった。

注

（1）　鎮西探題が鎌倉幕府の一出先機関である以上、その裁許が鎌倉幕府の基本方針に基づいて行なわれており、その反映である点からすれば、鎮西探題裁許状の分析から鎌倉幕府の基本方針を類推することも可能であるが、より正確を期するためには、関東裁許状・六波羅探題裁許状についても同様な分析を行なう必要がある。かかる観点より関東裁許状、六波羅裁許状について考察したのが、拙稿「鎌倉幕府裁許状の分析」(『史学雑誌』七七の一所収)である。今その分析結果を表示すれば次表の通りである。

	発給者／階層別	関東	六波羅	鎮西	計
訴人	地頭・御家人	136	19	77	232
	寺社荘園領主	127	47	105	279
	非御家人・凡下	4	1	5	10
	不明・その他	2	0	3	5
論人	地頭・御家人	222	55	118	395
	寺社荘園領主	29	5	8	42
	非御家人・凡下	14	7	57	78
	不明・その他	4	0	7	11
勝訴	地頭・御家人	97	18	63	178
	寺社荘園領主	82	14	91	187
	非御家人・凡下	5	1	3	8
	和与	48	23	33	105
	是々・非々	26	2	0	28
	未解決	11	9	0	20
相論件数		269	67	190	526

	階層別	建久6～仁治4			寛元元～正応6			永仁元～元弘3			
		関東	六波羅	計	関東	六波羅	計	関東	六波羅	鎮西	計
訴人	地頭・御家人	20	1	21	52	1	53	64	17	77	158
	寺社荘園領主	41	5	46	33	11	44	53	31	105	189
	非御家人・凡下	1	0	1	2	1	3	1	0	5	6
	不明・その他	2	0	2	0	0	0	0	0	3	3
論人	地頭・御家人	52	6	58	65	11	76	105	38	118	261
	寺社荘園領主	2	0	2	16	1	17	11	4	8	23
	非御家人・凡下	6	0	6	6	1	7	2	6	57	65
	不明・その他	4	0	4	0	0	0	0	0	7	7
勝訴	地頭・御家人	16	2	18	39	3	42	42	13	63	118
	寺社荘園領主	35	1	36	20	5	25	27	8	91	126
	非御家人・凡下	3	0	3	1	1	2	1	0	3	4
	和与	3	0	3	8	3	11	37	20	33	90
	是々・非々	6	1	7	17	1	18	3	0	0	3
	未解決	1	2	3	2	0	2	8	7	0	15
相論件数		64	6	70	87	13	100	118	48	190	356
					→ 526 ←						

この蒐集分析によって、鎮西探題裁許状の分析結果も、関東・六波羅裁許状の分析結果と一致することが確認された。この点については拙稿を参照されたい。

（2）　最後の鎮西探題北条英時襲撃に馳参じた鎮西御家人については、後日提出された著到状、軍忠状によって確認される。拙編『九州地方中世編年文書目録（鎌倉時代篇）』参照。それによれば武藤・大友・島津氏などの守護クラスをはじめ、小地頭クラスの鎮西御家人に及ぶ広汎な鎮西御家人が参加していることがわかる。

第四節　肥前国御家人白魚九郎入道行覚について

――新興勢力の鎌倉幕府に対する失望――

鎮西における中世武士関係史料を見ていると、蒙古襲来を期として、それまで非御家人であった者が「――国御家人何某」と号し始める例を散見する。このような現象は、蒙古襲来という国難に際し、鎌倉幕府が御家人・非御家人・凡下輩を問わず異国警固番役を勤仕させたため、異国警固番役を勤仕したことを理由に、以後御家人であることを称し始めたことによると思われる。

ここに取り上げた肥前国御家人白魚九郎入道行覚も、蒙古襲来以後御家人を自称し始めた新興御家人の一人である。しかしこれは自称であって、鎌倉幕府によって正式に御家人たることを安堵されたものではなかったらしい。そこでこの白魚九郎入道行覚が御家人と自称し始めるに至った事情を考察することによって、非御家人が御家人と称するに至る過程を明らかにし、さらに非御家人より御家人への上昇を期待して異国警固番役を勤仕しながら、鎌倉幕府によって期待を裏切られた行覚によって代表される鎮西における新興勢力の鎌倉幕府に対する失望となり、ひいてはこのことが在地における反鎌倉幕府の潜在勢力の形成につながることにもなったことに注目したい。

（一） 浦部嶋佐保・白魚の相伝関係

白魚氏は肥前国五嶋小値賀嶋内浦部嶋佐保・白魚（現長崎県南松浦郡若松町佐尾・白魚）の下沙汰職を代々相伝している。

そもそも白魚氏は浦部嶋（現中通島）の本主であった青方氏の一分家である。この浦部嶋の知行権をめぐって平安時代末期より鎌倉初期にかけて、松浦氏一族と浦部嶋の本主である清原氏・藤原氏（後の青方氏）の間で激しく争わ

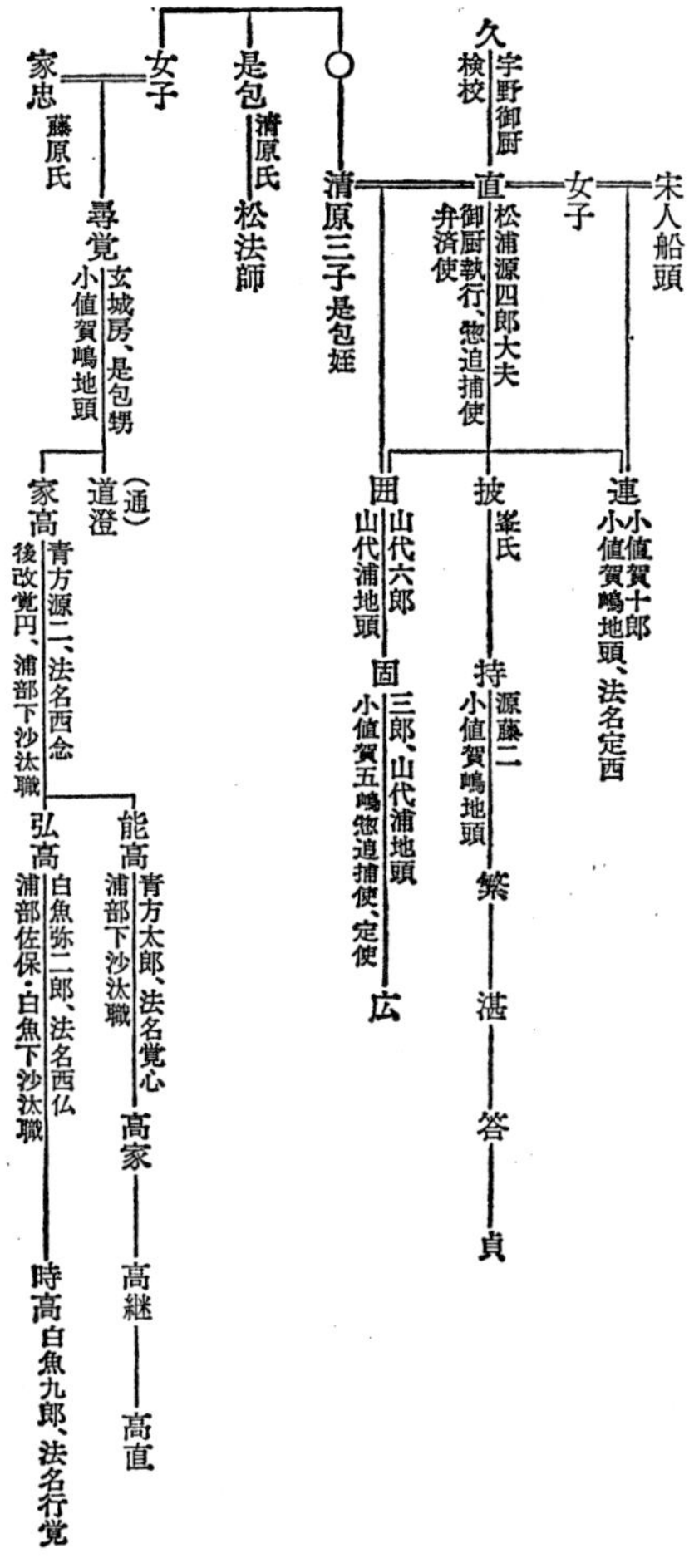

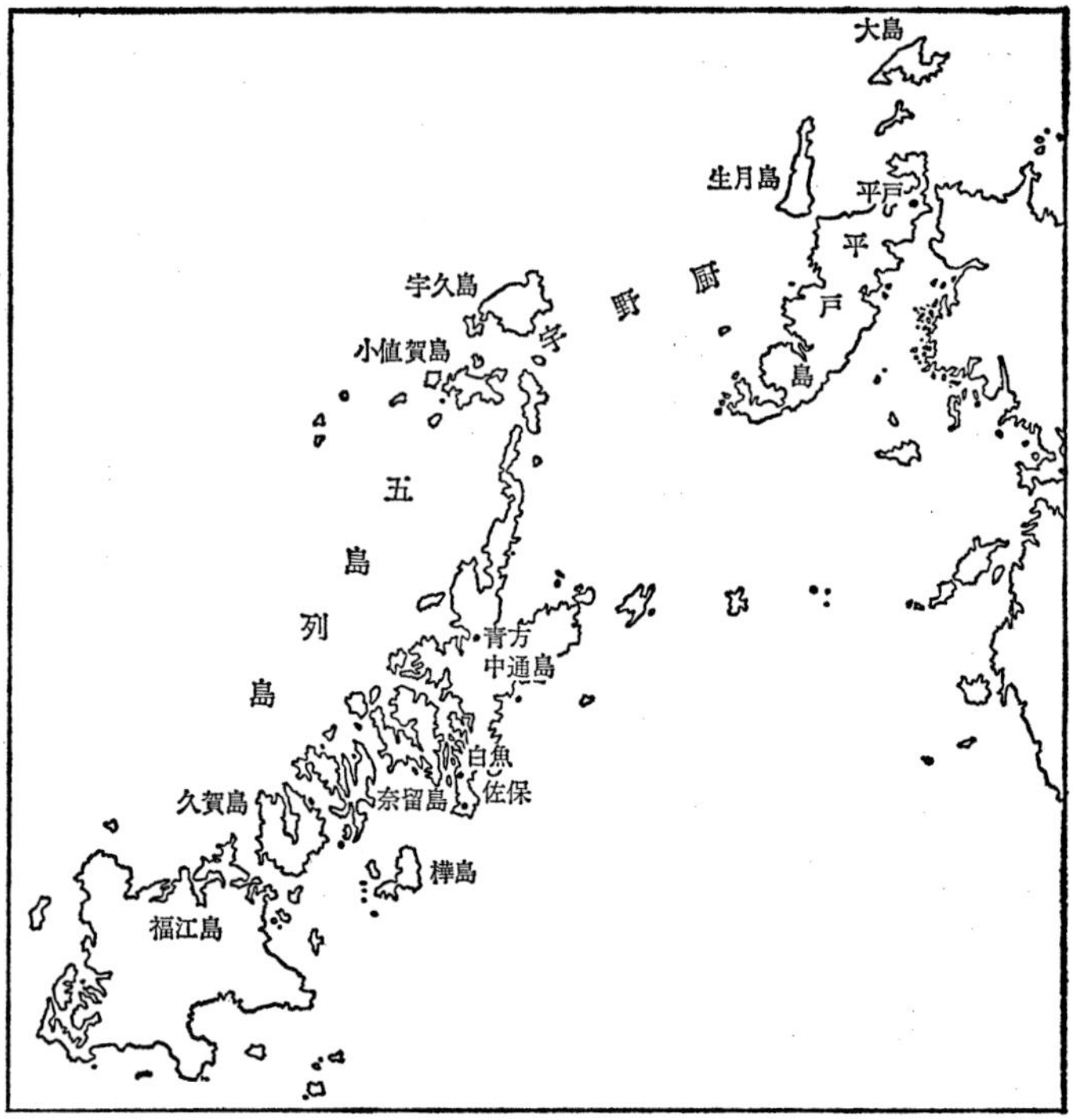

れた。

浦部嶋の相伝関係を示す系図を示せば前ページの通りである。

浦部嶋は当時の史料に小値賀嶋内とあるが、小値賀嶋内の地名ではなく、その南にある現在の中通島のことである。この浦部嶋の本主は清原氏で、「青方文書」承元二年七月日尋覚譲状によれば、「尋覚之先祖十五代相伝所領」と称している。平安時代末期には尋覚[1]の叔父に当る清原是包なる人物が知行していたが、彼は仁平二年に「好狼藉、致民煩、依移高麗船」科により宇野御厨の領家より勘当され、所領没収された。[2]そこで是包の姪清原三子の夫である御厨執行源四郎大夫直が宇野御厨の弁済使として浦部嶋を知行することになり、知行十三年に及び、一時是包が還補されたこともあったが、平氏が政権を樹立すると、再び直が下文を給わり知行することになったらしい。恐らく水軍を率いる直が、武家政権である平氏と関係を結び、所領を安堵されたものと思われる。直は「松浦系図」によれば、松浦一族の始祖とされている宇野御厨検校源久の嫡男となっており、久の所領中下松浦に有した所領七百町を譲られたと伝えられている人物である。(3) 勿論その真偽は明らかでないが、下松浦宇野御厨内に所領所職を有した実在の人物であったことは明らかである。直はその後清原三子を離別し、平戸に来ていた宋人船頭の後家を後妻として迎えた。そして宋人船頭と後家との間に生まれていた子供を養子として十郎連と名乗らせた。そこで直に離別された清原三子は、自分の所縁で直の所領となっている浦部嶋の所領が直から後妻のつれ子である連に譲られることを恐れて、寿永二年三月二十二日の(4)譲状で直と清原三子との間に生まれた山代六郎囲に譲った。清原三子が恐れていた如く、直は寿永三年二月七日の譲状で、(5)浦部嶋の所領を連に譲っている。

連は文治四年三月八日(6)鎌倉幕府より安堵の下文を給わった。ところが是包の甥と称する玄城房尋覚なる人物が浦部嶋の相伝の由緒があることを主張し、相論となり、尋覚と連との間で、大宰府において問注の後、さらに関東に参上して訴訟が行なわれたが、尋覚に相伝の理ありとして、「青方文書」建久七年七月十二日前右大将家政所下文案によって、尋覚が肥前国宇野御厨内小値賀嶋地頭職に補任された。

しかし連も養父直の譲状を所持しており、既に文治四年に一度鎌倉幕府の安堵の下文を給わったことを理由に、相伝の由緒を主張して鎌倉幕府に訴えたらしく、これを受けた鎌倉幕府は尋覚の地頭職を安堵しながらも「連与尋覚替々知行畢」(7)と裁許していることからすれば、連にも浦部嶋の何らかの進止権を認めたものらしい。その後この浦部嶋の進止権をめぐって尋覚・連、さらに清原三子の譲状を有する山代囲、本領主清原是包の子松法師の四人が相伝の由緒を主張して争うことになった。このうち松法師は安芸国で殺害されたので、尋覚・連・囲の三人によって相論が繰返されたらしい。山代囲は「山代文書」建久三年六月二日の右大将家政所下文によって宇野御厨内山代浦（現佐賀県伊万里市山代）の地頭職に補任されているが、それまで浦部嶋に関しては何らの鎌倉幕府からの安堵状も所持していない。そこで山代囲は武力によって浦部嶋を押妨し、尋覚・連を不知行の状態に追い込んだ。これに対し承元二年七月齢八十歳を越えた尋覚は、既に次男家高（覚円）に譲与していた浦部嶋の田畠在家等も、「云関東、云京、云宰府、慮外謀人出来、今件等所領沙汰之日、相会彼敵人、致其沙汰奉公者也」との理由で、悔返して、全所領所職を嫡子の通澄に譲り与えた(8)。ところが尋覚の死後山代囲は当知行を根拠として、建保元年十二月二十七日鎌倉幕府の安堵下文を給わり(9)、その後囲は子息山代三郎固に譲り、固も建保六年九月十二日(10)に鎌倉幕府より安堵下文を得ている。これによって通澄・連の浦部嶋の所領所職の不知行が鎌倉幕府によって確認されたことになったので、連は建保七年六月三日の譲状により(11)、浦部嶋を甥である峯源藤二持に譲った。一方不知行の通澄も、持と親子の契を結び、承久元年十一月二日の譲状により持に譲った(12)。そこで持は「青方文書」承久三年五月二十六日関東下知状により小値賀嶋地頭職に補任されている。そして建保六年九月十二日の安堵下文を有する山代固と、承久三年五月二十六日関東下知状を有する峯持との松浦一族間の相論に発展することになった。この相論は大宰府の肥前守護所で審理した後、鎌倉の問注所にまで持ち込まれ、両者それぞれ相伝の由緒を主張し、終には小値賀嶋の住人に対する尋問まで行なわれているが、結局安貞二年三月十三日関東裁許状によって、「然而所不載囲相伝之子細也、所詮、清原三子寿永二年雖譲男囲、非当知行之由、見彼状之上者、直所得仁平元年預所下文之外、不相副本証文之間、証拠不分明焉、尋覚則建久七年給右大将家御下文畢、囲又建保元年得尋覚文、死闕之境、無子細掠給之条、頗可謂矯餝歟、於持者、云尋覚之流、云連文書、共以得譲畢、然則、持所申非無其謂者、早停止固知行、可令持領掌彼嶋之状、依鎌倉殿仰、下知如件」との裁許によって、小値賀嶋地頭職は峯源藤二持の領掌が安堵されたのである。これによって本主清原是包以来の流れを引き、小値賀嶋十五代相伝の本主の子孫と称する浦部嶋の在地領主青方氏の小値賀嶋内浦部嶋における知行権は、一応峯氏（平戸松浦氏）に移行し、一円知行されることになった。近世藩政時代にも、小値賀嶋中通嶋の一部が平戸松浦氏の飛地となっていたのには、かかる鎌倉時代以来の由緒があるわけである。

注

（1）『青方家譜』（長崎県南松浦郡上五島町青方、青方鱗太郎氏所蔵）によれば、尋覚は青方氏の始祖であり、藤原家忠の第五子で、最初南都東大寺に入って僧となったが、後如何なる事情によるかは不明であるが、肥前国五嶋小値賀嶋浦部嶋の本主であり、かつ尋覚の叔父にあたる清原是包を頼って小値賀嶋に渡って来たことになっている。
（2）「青方文書」安貞二年三月十三日関東裁許状案。
（3）『松浦家世伝』
（4）「青方文書」安貞二年三月十三日関東裁許状案。
（5）「青方文書」安貞二年三月十三日関東裁許状案。
（6）「青方文書」安貞二年三月十三日関東裁許状案。
（7）「青方文書」安貞二年三月十三日関東裁許状案。
（8）「青方文書」承元二年七月日尋覚譲状案。
（9）「青方文書」安貞二年三月十三日関東裁許状案「固所進建保元年十二月廿七日将軍家政所下文云、先年以僧尋覚補任地頭職之処、近日死去畢、而如囲所帯証文者、云本領家下文、云母清原三子譲状、云宰府守護所勘状、理致明白也、仍以囲可為彼職云々建保六年固任父囲譲給政所下文、貞応二年任右大将家御下文、如元給之、」。
（10）「青方文書」嘉元三年三月日峯貞重陳状案。
（11）「青方文書」建保七年六月三日沙弥定西（松浦連）譲状案。
（12）「青方文書」承久元年十一月二日藤原道澄譲状案。

(二) 下沙汰職

かくて平戸松浦氏は小値賀嶋の地頭職を相伝することになったのであるが、峯源藤二持が小値賀嶋地頭職を安堵された承久三年より十七年後の暦仁元年和与によって、小値賀嶋内浦部嶋の下沙汰職に尋覚の次男である青方弥三郎家高(覚円)を任命している。

みくりやのみしやうおちかのしまのうらへのあいたの事
みきくたんのうらへのあいたの事、したのさたにおきてハ、にうたうとの《(青方家高)》・たらうとの《(青方能高)》ゝよまても、さうゐあるへからす候、このうゐハたかひのへんかい候へからす候、もし人のけうかいによても、へんかい候て、ゐらん候へからす、よてのちのせうもんのために、わよのしやうくたんのことし、
りやくにん元年十二月廿五日　　源持在判
　　　　　　　　　　　　　　源等在判

先述の如く、小値賀嶋内浦部嶋の田畠在家は、尋覚より一旦家高に譲り与えられていたものであり、それを悔返して通澄に譲り与えられた事情があるところからすれば、家高をこの地の下沙汰職に任命するに至ったのも、全く無縁の者ではなく、本主の子孫であり、「相伝の由緒」を有する者であった。それが先述の如き経過によって、地頭職を峯氏に奪われることになった。しかし海をへだてた五島列島中に存在する地頭職の進止については、種々進止上の困難が伴ったことは疑いない。そこで一応本主の子孫である青方氏を排除した峯氏も、青方氏の存在を無視しては小値賀嶋内浦部嶋の支配を円滑に行なうことが不可能となったため、再び和与という形式で家高を浦部の下沙汰職に補任

することを余儀なくされたものと考えられる。

しからば地頭松浦氏によって青方氏が補任された下沙汰職とは如何なる性格を有したものであろうか。この下沙汰職の性格をめぐって、後述の如く地頭峯源藤五貞と白魚九郎入道行覚の間で、嘉元年間相論を重ねているので両者の主張は対立しており、したがって下沙汰職の性格についても両者の主張には食い違いが見られるが、両者の主張を吟味しながら下沙汰職の性格を考えてみたい。

その相論の中で浦部嶋の地頭峯源五貞は、暦仁元年の和与状によって、下沙汰職は家高とその嫡子能高の二代までと書かれていたと主張し、下沙汰職は地頭代官であることを主張している。貞の主張を引用すれば、「覚円至下地者、一塵毋不及悕望之間、対于地頭持、依令所望浦部嶋下沙汰、暦仁元年持給下沙汰宛文於覚円早(1)」、「小値賀・浦部者、持以後貞四代相伝之地頭也、覚円者得持宛文、致浦部下沙汰、令召仕于代官畢、弘高同召仕于代官之条無其隠、而行覚猥忘代々之礼儀、対于地頭貞載過分詞於状之条、悪口也、早欲被処罪科(2)」、「至覚円者、下地雖為段歩不持之、得持宛文、令致下沙汰之許也、而割分所々、令譲与于子息等之条無謂(3)」、「下沙汰職者、従地頭下知、為不背所命之職間、自覚円時至于能高、令召仕代官之所見状十余通備進(4)」とあることによって要点は尽されている。

すなわち覚円は下地については全く所望せず、下沙汰職に補任されることを希望したので、下地は段歩も所持していないこと、下沙汰職は地頭代官であり、地頭の命に服従しなければならない職であったことを主張している。さらに代官に召使ったことを示す証拠の書状十余通を備進したと述べているが、この書状十二通は原本は残っていないが、「青方文書」嘉元三年三月日峯貞陳状案に引用されている。この書状は仮名で書かれていたものを漢字に模したものであり、便宜引用書状を個別書状の形式に復元して全文を示すことにする(5)。

①存乃外奈留由乃御使給天候事古曾、心得候波祢、何事於誤仕天候仁賀候覧、殿乃許仁古曾子仁天候物共波進世天候仁、何奈留誤於仕天候哉覧、此仁波知候波須、但入道賀子共波、親仁須地加宇多留於波、日比母聞食天候覧、又入道母常々仁申天候物於、何仁御式条乃様仁母、親僻事志多利土母、其庭仁有合佐良牟子仁懸辺加良須、又子僻事志多利土母、知佐良牟親仁不可懸土古曾承候江、無左右入道賀蒙御不審候事古曾、心得良礼候波祢、子細尋候波須、無左右改定之御使古曾、見苦存候江、一方仁付天衾仁蒙仰候之条、難申尽候、

七月廿五日　（青方家高法名覚円）入道在判

（峯持）鷹嶋殿

②参候天何事母申承候波牟土存候江土母、余仁世間多良伊候波奴間、今万天不参候、与呂津疎仁思食候覧、見苦候江土母、皮五枚進候、此曾今年夏狩仕天候志仁、取天候皮員乃万々候仁随天進候、毛地串十連候、進世候波牟土営美候江土母、鹿母薄久成候天、不取得候、与呂津阿和伊奈久候天、世間毛難過古曾候江、伊津登申候奈賀良、今年波旁公事密久候天、百姓母少々出天候、又知宇地乃物共仁、散々仁被嘗天候事奈牟登波、御文仁天難尽候江波、参候天細仁可申候、

八月二日　入道覚円在判

地頭殿御侍

③参候天何事母可申事多久候江土母、仰仁天平八公弥三郎下天、一二三十日之間、狩世良礼候仁、又目代下候天、無隟公事差合候天、何事母事闕天候江波、年中仁波不参候、年明候天参候天、何事母可申候仁、御使方々勢多久候之間、人母少々出天候、兼又子共乃皆親於背天候事奈牟登毛申多幾事仁天候江波、正月之比者可参候、又腹病乃発天候仁吉薬酒少志可申預候、

十二月十六日　入道在判

地頭殿御侍

追書　世間与仁和比志久候仁、米少志可給候、委者太郎（能高）可申候、

④仰遣天候御墓寺乃用途銭弐貫文・塩一石進候、塩屋者今日過候波出来候波牟須留土申候江波、猶々可進候、

三月十五日　　　沙弥在判

地頭殿御侍

⑤御下候覧仁、今万弖不参候事、疎奈留様仁被思食候覧土存候江土母、余仁今年飢渇仁天候之間、粮析事闕候天不参候、麦出来候天可参候、又紙廿帖、津析乃銭一貫、猪乃塩付天候桶一、鹿一桶、鹿皮五枚、先候仁随天進候、又蒋根三束進候、細仁波此太郎（能高）可申候、

三月十八日　　　入道在判

⑥水手事、蒙御恩候波牟土申天候江土母、為恐銭二貫進候、此度者、可蒙御恩候、

五月廿五日　　　入道在判

又星皮一腰

⑦紙漉乃下人乃同僚闘仕候天、突殺天候仁与弖、殺害人土候天被召天候、此仁天波力及候波天、江不留候、可然候者、令請留之給天、入道仁可給候、十二三年万弖王乃仕候天、吉候由申候江波、保志久候天加様仁申上候、今日明日矢加天参候天、子細於波可申候、万事馮進候天、加様仁申候、以前与利参候天、何事毋可申上候仁、余仁飢渇仁天粮析事闕候天、不参候、返々疎仁存候、

八月八日　　　入道在判

⑧蒙仰候、紙候仁随天三帖且進候、自是後仁猶々尋天可進候、佐保・白魚仁母人者少々四嶋与利移弖候江土母、余仁公事密久候江波、猶々安堵世牟登毛申候波須、入道奈牟土仁波百姓波申候事母不聞候、何事仁付候天母、宿人奈牟土乃様仁候、加々留浅猿事候波須、

九月廿日　　入道在判

⑨御酒一筒籾種二斗一升慥給候畢、返々悦天預候了、無左右参候天何事母可申候仁、此間風乃発候天不参候、夫与利波何事母穏幾様仁仰給天波候江土母、小值賀与利乃麦乃新名被盛出天候事、浅猿候、本地子者成畢候天、皆返抄取天候仁、新名土被責候者、四十石乃麦上候天、六七十石仁母成天候哉覧、為此由又承進候、能々可聞召候、麦乃地子古曾三ッ一波本目不成候江、異公事者何仁母御計候天、蒙仰候天、我大事仁候土母、平戸仁可進候、只小值賀与利不漏人数切宛々々世良礼候之条、不思議候、此上者、何於沙汰須留覧登波思食候曾、能々可御案候、

二月九日　　入道在判

平戸地頭殿

⑩御京上乃折節仁天候、魚四十隻・鹿二・皮一枚進候、銭三貫進候、水手土候江土母、人候江祢波、

三月二日　　入道在判

⑪狩事、雖蒙仰候、百姓無暇候、又仰給候波牟事乃候波牟時者、御文仁天可仰給哉候覧、伊津志加御使奈牟土乃被下天候者、人目奈登乃依見苦候申候、佐曾登馮満伊良世候奈牟後者、疎乃議者努力々々候満志久候、此間者余仁世間和比志久候仁与天、麦奈牟土乃地呂保伊弖候波牟時、参候天何事母可申承候、狩人伊志候天、猪一取天進候、

四月　日　　入道在判

⑫存乃外乃事仁天候江波、且為御覧出天候、伴藤大夫乃方仁寄天智光御房乃小値賀代官事解状書天、府仁被進天候申文写案天進候、
加様仁候事於不知給、無左右智光房仁公事於仰付給天、入道於失波牟土世佐世給候事者、能幾不思議土覚候、只申候者、
入道於和留志登曾思食候半牟須覧多免仁、此於進候、

六月七日　　入道在判

これらの書状は、行覚の祖父青方弥三郎家高（法名覚円）が、貞の曾祖父峯源藤二持より下沙汰職を改替されようとした時、改替を中止してもらうため、覚円が持に送った嘆願書とされている。

本書状はいずれも年号が欠けているが、同陳状によれば、持が家高（覚円）を浦部嶋の下沙汰職に召使うに至ったのは、暦仁元年十二月二十五日であり（「青方文書」文永九年五月五日関東裁許状案）、その後家高の子息能高と弘高らが地頭持の所命に背くにより、覚円を改易し、智光房寛慶を代わりに代官として派遣しようとした時、これらの書状が発せられたものであるとされているので、これらの書状は暦仁元年以後、さらに持が所領をその孫湛に譲ったのが建長六年三月二十七日であるから（「青方文書」文永八年十一月二十五日将軍家政所下文）、この暦仁元年より建長六年までの十六年間の中に書かれたものである事は疑いない。以下書状の要点を述べれば、第一の書状では、地頭代を改易された理由が不当であることを訴え、地頭の所に覚円の子供を人質として進めていることがわかり、その子供がたとえ如何なる誤りをしたとしても、父たる覚円は関知しない旨を主張し、第二の書状では、小値賀嶋の特産である鹿の皮五枚を進上し、書状では充分な弁明が出来ないので、覚円自ら平戸の地頭の所に参上して申し抜きする旨を述べており、第三の書状は、なお参上出来ぬ理由として、恐らく地頭側の人間と思われる平八公弥三郎が小値賀嶋に渡って来て、二、三十日も長逗留して狩をしたり、目代まで渡って来て、多くの公事をかけたので、種々の費用がかかり、年

内には参上不可能であるが、年が明ければ必ず参上して、子供達が親の意志にそむくことなどを御相談したいことを述べ、腹痛の薬、米などを地頭にねだったものと思われる。第四の書状は、墓寺の用途銭弐貫、塩一石を進上したことを述べており、第五の書状は、更に不参の理由として飢渇によって粮料の欠乏を挙げ、麦がとれたら参上するとして、紙廿帖、津料銭一貫、猪の塩漬一桶、鹿一桶、鹿皮五枚などを子供の能高に持参させたものらしい。第六の書状では、水手として銭二貫を進じており、第七の書状は、紙漉の下人が同僚と喧嘩をして、殺人事件を起して召捕えられたことを地頭に報告し、地頭代として防止出来なかったことを詫びたものらしく、飢渇のためなお参上していないことがわかる。第八の書状は、公事が多いため、百姓が安堵出来ない事情を愁訴し、百姓達が地頭代の命に従わぬことを嘆いている。第九の書状によって、地頭より籾種二斗一升が給付されていることがわかり、新名分としての麦地子の要求に対し、麦地子は三分の一は不成であり、自分の大事を無視して、地頭へ進上したのであるから、これ以上は何を進上させようとせられるのであるかと、いささか居直った感がある。第十の書状は、地頭の京上の用途として魚四十隻、鹿二、鹿皮一枚、銭三貫を進上したものであろう。第十一の書状は、狩を申付けられたのに対し、百姓にはその暇がないと拒否しており、命令を下す時は使ではなく、手紙で願いたいと申出ている。このことは使が来島した場合、その接待費用もかかり、「人目などの見苦しく候により申候」とあることからすれば、使がしばしば来島されては、地頭代としての支配に差し支えるとの意味であろうか。第十二の書状は、終に地頭が智光房を小値賀嶋の代官に任命したことに対する抗議であり、このことは「入道を失はむとせさせ給候事」であるとしている。

以上これらの書状は、先述の如く本来和字で書かれていたものであり、それを相論の陳状に具書として引用するため、漢字に改めたものであるから、意味の不明の点もあり、前後の事件との関連が明確でないため、具体的なことがわからない面もあるが、少なくともこれらの書状を通じて言えることは、下沙汰職の任命権は地頭が保有しており、その関係は地頭と地頭代の関係にあり、しかも私的関係で結ばれているのでその地位はきわめて不安定であり、地頭の命令に背けばたちまち改易される弱い立場にあったことがわかる。そこで覚円は、地頭の所に子供を人質に差し出して地位の保全を図り、地頭の過酷な要求に応じて、百姓を搾取せねばならず、さらには年貢・公事等の徴集以外にも、地頭に対して個人的に多くの贈物をして、その意を迎えることに汲々としている有様が如実に示されている。

これに対して行覚は、これらの書状は既に棄破された謀書であり、証拠とはならないと反論している。この相論を裁許した「青方文書」正和四年六月二日の鎮西探題裁許状においても、貞が備進した覚円らの書状は、肝要なものでもないし、謀書か否か実否を糺明することは出来ないとしており、かかる私的書状は証拠として裁判の際の判断の材料とならないとしている。しかし裁判の証拠とならないとしても、当時このような書状が作られたことは、地頭と下沙汰職の一般的関係として認められていたものであり、全くの荒唐無稽のこととは考えられない。したがって地頭と下沙汰職との当時の一般的関係を示す史料とはなり得ると考えられる。(6)

注

(1)「青方文書」嘉元二年九月日白魚行覚重申状案。
(2)「青方文書」嘉元二年十一月日峯貞代長重陳状案。
(3)「青方文書」同前。
(4)「青方文書」同前。
(5)この十二通の書状については、『日本歴史』二七八に「地頭代より地頭への書状」として紹介したことがある。
(6)「宗像神社文書」文永五年七月六日大中臣経実寄進状に下沙汰職について論及した部分がある。

奉寄進　筑前国宗像御神領内山口郷地頭職并地下沙汰人職事、
　副進　次第証文等之目録
右、当郷者、自往昔以来為御神領、大宮司殿御管領之地也、但於地頭職并地下沙汰人職者、経実先祖為開発之本主、所令相伝也、而迄于末代子孫孫、為無牢籠之儀、相副次第証文等目録、限永代大宮司殿所令寄進也、経実子孫等、更不可有奉向背事、又為寄進本主之上者、彼地頭并地下代官職、雖及末代、無相違可令扶持給者也、但互中成阿党輩等出来、致讒訴時者、被糺決両方之後、可蒙仰候、仍為後代、所令寄進之状、如件、
　文永五年七月六日
　　　　　　　大中臣経実（花押）
覚円が補任された下沙汰職も、ここに出てくる地頭地下沙汰人職と同一の性格のものと思われ、それはまた地下代官職であり、地頭地下代官職であったことがわかる。

（三）　地頭支配よりの離脱

かかる経過によって、小値賀嶋内浦部嶋の開発領主の子孫である青方氏は、領主権を松浦一族の峯氏に奪われ、下沙汰職＝地頭代官に転落したが、その在地性を利用して、領主権の回復運動を続けた。青方家高は地頭峯氏に対して年貢・公事の対捍を行ない、地頭が狩のため来島した場合も、百姓にはその暇がないと不服従行動を示している。さらに地頭峯氏にとって見逃すことの出来ない事件は、家高は下地は段歩も所有しない下沙汰職の身であり、その下沙汰職を家高とその嫡子の能高の代までと暦仁元年の峯持の和与状に記載されていたにもかかわらず、家高が地頭峯氏の承認もなく、あたかも相伝の所領を配分するかの如く、下沙汰職を子供に配分したことであった。すなわち浦部嶋の下沙汰職を嫡子能高に譲り、浦部嶋内佐保・白魚を二男弘高に分譲することが起きた。これ以後弘高は青方氏より

分家して白魚氏を称することになった。しかし下沙汰職を地頭代官と考える地頭峯氏にとって、家高が下沙汰職を勝手に分譲することは、言語道断、晴天霹靂、古今未曾有の出来事であった。その点について嘉元年間の相論においても、論争点となっているが、峯貞が「而割分所々、令譲与于子息等之条、無謂」(1)と非難しているのに対し、白魚行覚は「覚円亦譲与浦部嶋於嫡子能高、以同嶋内佐保・白魚、譲与二男弘高行覚親父」(2)と反論している。

このような家高の行為に対して、地頭峯氏は家高の下沙汰職を解任して、かわりの代官に智光房寛慶を派遣しようとしたが、この時先述の留任のための嘆願の書状十二通を地頭峯氏に差し出し、人質として子供を預けることにより、ようやく下沙汰職の解任をまぬがれることが出来た。また貞は嘉元年間の相論の中で「而行覚親父弘高者、為佐保・白魚代官令召仕之処、公私無沙汰之間、貞之祖父湛令改易之時、弘高出怠状畢」(3)、「而其後公私無沙汰之上、号弘高京上、不沙汰進細々済物等之間、差遣別代官之時、弘高出怠状畢」(4)と述べ、文永四年には弘高が怠状を提出し、地頭に対して忠節を尽すことを条件に、佐保・白魚の下沙汰職は認められたものと主張している。(5)

いずれにしても地頭峯氏によって補任されていた下沙汰職を、家高が弘高に分譲したことが地頭峯氏によって認められたことは注目さるべきことであり、白魚氏が地頭峯氏の従属より離脱するに至る萌芽をここに認めることが出来る。

その後も白魚氏はこの佐保・白魚の下沙汰職を足がかりとして、在地において着々勢力を伸張して行っている。家高の時代には、下地は段歩たりといえどもこれを持たずといわれていたにもかかわらず、その子弘高、孫時高(行覚)の時には、田畠を所有し、地頭に対抗出来るまでに成長している。このような下沙汰職としての白魚氏が、地頭峯氏からの従属を脱する絶好の機会が到来した。それは蒙古襲来であった。

すなわち蒙古襲来に備え異国警固番役に全力を傾倒しようとする鎌倉幕府は、御家人・非御家人・凡下輩を問わず、異国警固番役に耐え得る者を直接把握して、これに従事させようとしている。

蒙古人襲来対馬・壱岐、致合戦之間、所被差遣軍兵也、且九国住人等、其身縦雖不御家人、有致軍功之輩者、可被抽賞之由、普可令告知之状、依仰執達如件、

文永十一年十一月日　武蔵守（北条義政）在判

相模守（北条時宗）在判

大友兵庫頭（頼泰）入道殿

（「大友文書」）

このことは蒙古襲来を前にして、鎌倉幕府はこれまでの先例を無視して、また将来それによって当然起ると予想される困難な問題をも無視して、とにかく当面の難局に対処することに全力を傾倒したものと思われる。

かかる先例を無視する非常時こそ、実力を有しつつも雌伏を余儀なくされている者がのし上ってくる絶好の機会であった。父祖三代にわたり着々とその勢力を蓄積して、ようやく地頭に対抗出来るまでに成長した白魚九郎入道行覚もまさにその中の一人であった。

非御家人である白魚九郎入道行覚も鎌倉幕府の催促に応じ、異国警固番役に従事したらしく、次の如き覆勘状が「青方文書」に残っている。

異国警固博多番役事、十月十五ヶ日、被勤仕候了、恐々謹言、

弘安三年十一月七日　経資（武藤）在判

白魚九郎(行覚)殿

肥前国役所姪浜警固番役事、十月分被勤仕候了、仍執達如件、

弘安八年十月晦日　時定(北条)在御判

白魚九郎(行覚)殿

肥前国役所姪浜警固番役事、六月分被勤仕候了、仍執達如件、

弘安十年六月晦日　為時(北条)在御判

白魚九郎(行覚)殿

肥前国役所姪浜警固番役事、十二月分被勤仕候了、仍執達如件、

弘安十年十二月晦日　為時(北条)在御判

白魚九郎(行覚)殿

肥前国役所姪浜警固番役事、十月分被勤仕候了、仍執達如件、

正応元年十月晦日　為時(北条)在御判

白魚九郎(行覚)殿

□(肥前)国役所姪浜警固番役事、十二月分被□(勤仕候了、仍)執達如件、

正応元年十二月晦日　定宗(北条)在御判

□(白魚)九郎(行覚)殿

□(異賊カ)警固要害構舟蔟釘以下所役事

□(随御領田)数分限不□(日可カ)被致其沙汰候、仍執達如件、

正応二年五月廿三日　維景在判

□(白)魚九郎(行覚)殿

異賊警固要害構刃蔟釘拾参播弁板数銭佰文慥給了、恐惶謹言、

正応二年
九月十七日　公円在判

白魚九郎(行覚)殿

□(肥前国)役所、姪浜警固番役事、六月分□(被勤仕候)了、仍執達如件、

□(正)応四年
六月□(晦)日　定宗(北条)在御判

白魚九郎(行覚)殿

肥前国要害所姪浜石築地一尺壱寸五島白魚田地弐町分被給候了、

永仁六年八月卅日　為尚(平岡)在判

白魚九郎(行覚)殿

肥前国異賊要害構石築地幷楯竹征矢事、度々催促之処、于今無沙汰云々、何様事候哉、不日可被勤仕也、若於遅々者、可注申候、仍執達如件、

正安四年十月八日　左兵衛允

白魚九郎(行覚)殿

肥前国要害構石築地事、五島中浦部内田地弐町分、姪浜壱尺七分高破損幷裏被勤仕了、仍状如件、

正安四年十月十五日　為政(平岡)

白魚九郎(行覚)入道どの

これによって白魚行覚は弘安三年より正安四年までの約二十二年間に十回も広義の異国警固番役を勤仕していることがわかる。これは今日残存する異国警固番役覆勘状によれば、同一人が勤仕した回数としては最も多い部類に入れることが出来る。(6) この覆勘状の発給者は肥前国守護または守護代であり、白魚行覚が地頭従属より離脱して、独立し

て異国警固番役を勤仕したことを示している。このような行覚の多くの警固番役勤仕の実績について、峯貞は、訴訟のためにたまたま博多に在津した行覚がみずから希望して勤仕したものであると反論している。(7)かくて弘安四年蒙古合戦勲功賞として、嘉元三年四月六日鎮西探題北条政顕の配分状により、白魚行覚は筑後国三潴庄是友名内田畠荒野屋敷等の配分を受けており、(8)白魚行覚が弘安四年の蒙古合戦にも参加したことが知られるが、蒙古合戦に参加した一般鎮西御家人よりも恩賞地配分が遅れていること、それに伴って肥前国神崎庄の配分を受けていないことは、白魚行覚が非御家人であったことに基因したものであろうか。しかし地頭の下沙汰職であった白魚氏は、異国警固番役を勤仕し、蒙古合戦勲功恩賞地配分を受けるなど、着々独立した御家人としての既成事実を作り上げて行ったのである。

注

(1)「青方文書」嘉元二年十一月日峯貞代長重陳状案。
(2)「青方文書」嘉元二年九月日白魚行覚重申状案。
(3)「青方文書」年月日欠峯貞陳状案。
(4)「青方文書」嘉元三年三月日峯貞重陳状案。
(5)この弘高の怠状の内容は、「青方文書」正和四年六月二日鎮西探題裁許状に引用されているが、次の如きものである。
次如五月廿五日付文永四弘高状者、京上志天候断(新)仁、佐保・白魚仁地頭御代満入佐世給天候之由、自筑紫申上天候、前々毛限候地頭御得分於波、可沙汰進候事仁天古曾候恵、自是後毛限候御得分於波、可沙汰進候人能見候所毛候、御代官於波可給候云々以和字模漢字
これにより貞が具書として提出した弘高の怠状は、文永四年五月二十五日付であることがわかるが、貞はこの怠状は公私について無沙汰であったので改替しようとした時、弘高が自筆怠状を出したものとしている。これに対し行覚は「就和漢弘高不足右筆之間、自筆之段不実也、為謀書」と弘高は字が書けなかったことを理由に謀書であると反論している。この点について鎮西探題裁許状においては、弘高の怠状の真偽については糺明し難しとしている。

（6）異国警固番役に関する覆勘状については、川添昭二編『注解元寇防塁編年史料』解説編参照。
（7）「青方文書」嘉元四年七月日峯貞陳状案。
（8）「青方文書」応長元年九月十五日沙弥某挙状、同応長元年九月十八日菅原孝宗請文、同九月十八日実胤書状案、同正和三年二月十七日鎮西探題御教書案。

（四）御家人としての独立

地頭峯氏よりの独立を意図する白魚氏が、積極的に異国警固番役を勤仕することによって御家人身分を獲得し、在地における領主権をめぐる争いに有利な立場を獲得しようとしたことは容易に推量し得るところである。このことは白魚氏のみならず、惣領より独立しようとする庶子、地頭・御家人の支配から離脱しようとする非御家人・凡下輩がひとしく意図したところであった。異国警固番役に対する鎮西御家人・非御家人・凡下輩の対応の仕方は必ずしも一様ではない。

或る者は白魚氏の如く積極的に応じているし、また或る者は相良氏の庶子家の如くこれを回避しようとする動きもある(1)。積極的に異国警固番役を勤仕した者の行動を、かつて尽忠報国、国難に殉ずる行動と評価されたことがあるが、必ずしもそればかりではなく、より功利的意図が存在していたことは、戦後の恩賞地要求運動、さらには今述べたごとき御家人としての独立化への意図が介在していたことも否定出来ない事実であり、そのことは異国警固番役を独立して勤仕して、関東への注進に預かり、其名を引付の場で顕したいと述べている大友氏の庶子豊後国大野庄志賀村半村内近地名地頭禅季の言葉に端的に示されており、これが異国警固番役を勤仕した者の偽わらざる気持であった

と思われる。(2)

したがって異国警固番役を勤仕し、蒙古合戦恩賞地も給付された白魚行覚が、地頭峯氏と対等の御家人であることを主張し、肥前国御家人白魚九郎入道行覚と名乗るようになったことは当然のことであった。(3)かかることは行覚の祖父家高(覚円)の時は勿論、父弘高(西仏)の時にも見られなかったことであった。それと共に行覚は小値賀浦部嶋内佐保・白魚の下沙汰職ではなく、浦部嶋の地頭と主張し始めた。そしてそれまでの小値賀嶋の地頭峯源藤五貞に対「不顧父祖礼儀、対于地頭貞、或載悪口於訴状、或構種々不実、以非分身、令掠訴」(4)(峯源藤五貞の陳状)の態度を示し、名主でも地頭に違背せしむる時は、名主職を地頭に付せらるるのが慣例である当時において、「況自地頭手、以得下沙汰職之身、忽緒地頭、如各別之仁、可致所務之由及訴訟之条、古今未曾有次第也」(5)という、地頭貞に言わしむれば、言語道断の行動に出たらしい。かかる行覚の行動を祖父覚円が地頭峯持に子供を人質に出して忠節を誓った態度、さらには父弘高が貞の父峯又五郎湛より下沙汰職を改易されようとして怠状を出し、地頭に忠節を誓った態度と思いくらべれば、白魚氏の成長振りは目を見張るものがある。

しかし肥前国御家人と称し、地頭峯氏より独立したことを主張する白魚行覚と、それを否認して自己の所領内浦部嶋の住人として自己の支配下に置かんとする峯貞との見解は、所詮妥協の余地はなく、嘉元年間相論となり、鎮西探題に訴えられ、六問六答にも及ぶ大相論となり、先述の如く、平安時代以来の領主権の推移にまで及ぶ両者の訴陳が展開されることになったのである。まさにこの相論こそ父祖三代にわたって営々として在地において領主権を回復してきた白魚氏にとって、地頭峯氏の支配より脱することに成功するか否かの運命をかけた相論と言うべきであろう。

浦部嶋の領主権に関する平安時代以来の相論点については先述したところであるので重複して述べることは避ける

が、貞と行覚との間で新たに引起された論点と両者の主張を整理して示せば次の如くなる。

第一の論点は、先述した如く、行覚が地頭に敵対行動に出たことに関するもので、貞は「所謂下沙汰者、為地頭代官、不背所命之職也、而相並于地頭之由令申之条、過言也」と主張するのに対し、行覚は自分こそ浦部嶋の本主の子孫であり、代官と称するのは不当な悪口であると反論している。

第二の論点は行覚が貞の代官であった証拠として、貞は行覚が地頭の公事を勤仕していたことを挙げ、「行覚令勤仕細々公事之事者、迄于当時顕然也、行覚不勤地頭方公事者、争可令居住于白魚浦哉」と主張したのに対し、行覚は細々の地頭に対する公事を勤仕したことはなく「行覚可勤細々公事哉」と述べている。

第三の論点は貞が行覚は代官であり、白魚の住人として貞の支配下にあると主張するのに対し、行覚は白魚・佐保の地頭であり、覚円の時代から峯氏と対等であったと反論し、「是偏湛・覚円相並所見也、将又各別知行之段者、貞承伏早」と述べている。これに対し貞は更に反論し、「帯各別地頭職御下文者、早可令出帯之」、「所詮、行覚者何所地頭哉、帯地頭職御下文者、早可令出帯之、無其儀之上者、住人之条勿論」と述べている。すなわち各別の地頭であると主張するのであれば、地頭職安堵の関東下文を提出せよというわけである。

第四の論点は行覚が御家人であることを主張する最も有力な根拠である、たとえ重代の御家人でなくとも蒙古合戦に鎌倉幕府の催促に応じ御家人同様異国警固番役を勤仕し、勲功賞に預ったからには、独立した御家人であるとの切札的主張を行なっている。「行覚御公事勤仕所見状出帯由事、是又虚誕也云々、此条所見之状等、備進之上、被入勲功御配分早、貞不及浴難歟」、「且行覚追先祖弓芸之跡、依致異賊合戦之忠勤勲功、追可有御計之由、預関東御教書、可被抽賞之旨、所被仰下也」。これに対し貞は「次被入勲功御配分由事、此条至異賊合戦賞者、無足・浪人・非御家人・凡下輩等、依忠勤被賞翫之上者、不及行覚一人称歟」と反論し、蒙古合戦勲功賞は浪人非御家人・凡下輩でも忠勤により与えられたものであるから、これによって御家人であることの証明にはならないと一蹴しているわけである。したがって貞の主張によれば、関東安堵の下文を帯せざる限りは、御家人ではないということになる。この主張は、「西国御家人者、自右大将家御時、守護人等注交名、雖令催勤大番以下課役、給関東御下文、令領知所職之輩者不幾」(6)との鎮西御家人の実態から考えても、また「祖父母帯御下文之後、子孫雖不知行所領、為御家人令安堵条、先々成敗不可相違」(7)以下の一連の鎌倉幕府自身の手による鎌倉御家人基準の緩和の傾向から考えても、いささか原則論的過酷な主張のように思える。この貞の主張に従えば、白魚行覚のみならず、異国警固番役勤仕および勲功賞配分をもって御家人と号し、独立した御家人身分の獲得を意図した非御家人、凡下輩の意図はすべて水泡に帰する結果になるわけであり、すべては徒労に終わることになる。したがってこの点が貞と行覚の相論における最も重要な点であり、この相論のすべてがここに集約されていると言っても過言でないであろう。

白魚行覚が地頭峯貞の支配から離脱出来るか否かの成否は、この点に関する鎮西探題の判断如何にかかっていた。(8)

注

(1)　本書第四章第二節「惣領制の解体と鎌倉幕府」三七五ページ参照。

(2)　「志賀文書」建治二年閏三月十五日僧禅季申状案。

(3)　白魚行覚が御家人と称した初見は、「青方文書」嘉元二年九月日白魚行覚重申状案の中で、貞が「行覚者、為当浦住人、而勤地頭方細々公事、一塵毛不背所命令居住」と主張したのに反論して「以本主子孫、称代官、以重代御家人、令書住人、可為悪口否仰上裁者也」と述べており、重代御家人であると主張している。さらに「青方文書」嘉元三年十一月日白魚行覚重陳状案で「肥前国御家人白魚九郎入道行覚謹庭中言上」と明記しており、以後肥前国御家人と称している。これに対し貞は行覚をあくまで白魚浦住人として扱っており、「青方文書」嘉元二年十一月日峯貞代長重陳状案にも「所領浦部内白魚住人九郎入道行覚」とある。

（4）「青方文書」嘉元二年十一月日峯貞代長重陳状案。

（5）「青方文書」嘉元三年三月日峯貞重陳状案。

（6）「新編追加」天福二年五月一日。

（7）「貞応弘安式目」弘安十、五、廿五御沙汰。鎌倉中期以降の鎌倉御家人の基準の緩和については、本書第三章第一節「肥前国における鎌倉御家人」の鎌倉御家人の基準の項参照。

（8）異国警固番役勤仕および勲功賞配分をもって御家人と号し、地頭の支配より独立することを意図する行覚の立場と、地頭職補任の関東下文を有せざる限り、たとえ勲功賞を得ても「所領内住人」として取扱い、その独立を認めない地頭貞との対立は、いつの世においても、支配者と被支配者の間の対立に共通して見られる現象であろう。

（五）鎮西探題の裁許

蒙古襲来以後、鎮西において異国警固に当るべき者が、訴訟のため関東・六波羅に参上することは、幕府の固く禁ずるところであり、その代替機関として、最終裁断権を有する鎮西探題が設置され、鎮西における訴訟は鎮西探題において裁決することによって鎮西御家人を異国警固に専念せしめようとした(1)。

そこで地頭峯源藤五貞と白魚九郎入道行覚との相論も鎮西探題に提訴された。一般には訴訟の場合、その訴訟に勝つ可能性が大きい者の側が提訴し、不法行為を行なった者が論者となって応訴するのが常道である。したがって既成法によって保護されている特権階級が訴人として、既成法によって保護されざる新興勢力の既成事実を作ることによって勢力を拡大しようとする行為の不法性を訴える場合が多い。その相論の一般的形態に従えば、鎌倉御家人体制によって保護されている地頭・御家人峯貞が訴人として、新興勢力の非御家人であった白魚行覚の非法狼藉を訴えるというのが一般的ケースと考えられよう。

ところが峯貞と白魚行覚の相論の場合はその逆で、白魚行覚が訴人であり、地頭峯貞が論人であるらしい。この点にこの相論の特異性があり、白魚行覚はこの相論において、鎌倉幕府法によって自己の主張の正当性が認められるとの見通しを有していたことが推察される。

この相論が起きたことを知る最初の所見は次の鎮西探題御教書案である。

重訴状具書如此、峯藤五貞不叙用度々召文云々、早尋問実否、可注申也、仍執達如件、

嘉元二年六月廿五日　掃部助(北条政顕)御判

岸河六郎入道

小家九郎左衛門入道殿

（「青方文書」）

すなわち白魚行覚が具書を副えて、峯藤五貞の非法狼藉を鎮西探題に訴えたので、鎮西探題はたびたび召文を下して貞を召問わんとしたらしいが、貞がその召文に応じないので、肥前国御家人の岸河六郎入道・小家九郎左衛門入道に実否を尋問し、注申することを命じているものである。

この白魚行覚の訴状は現在残存していないので、行覚が何時頃鎮西探題に提訴したか正確な年月日は不明であるが、恐らく嘉元二年六月を遡ることそう遠くない時期であろう。その内容は先述の訴陳状の両者の論点から大体推測されるところであるが、それらは互いの訴陳状を提出した過程で互いに相手の主張に反論したものも混在しているの

で、行覚の原訴がどの部分であったか必ずしもそれらから明確に抽出することは困難を伴うが、沙弥高西吹挙状并峯貞請文案に、

肥前国白魚九郎入道行覚申、同国浦部嶋内佐保・白魚所務事、就御教書相触峯源藤五貞候之処、請□（文カ）副陳状如此候、以此旨可有御披露候、恐惶謹言、

嘉元二年八月三日　　沙弥高西在裏判

畏以申上候、

抑就所領白魚浦住人九郎入道行覚掠訴、被仰下候当浦所務事、陳状一通進上之□令代官七郎左衛門尉長在津仕之処、（以下欠）

とあること、また年月日欠峯貞の初度陳状案に、

右、如濫訴状者、浦部嶋者、祖父覚円与峯源藤次持（貞）先祖令和与之後、持子孫押領所務之間、覚円嫡流能高就令言上子細、如文永御下知者、任暦仁・建長和与状、云湛云能高、可領掌之旨被仰下之間、棹（佐保）・白魚行覚各別分領、相存惣領一具（マヽ）安堵之処、令押領張行云々、

とあるところからすれば、行覚の最初の訴状の内容は、行覚は浦部嶋の本主の子孫として佐保・白魚を各別に分領していたところ、峯貞に押領張行されたと訴えたのが、相論のはじまりであったことがわかる。したがってまさに佐保・白魚の所務進止権に関する相論であったことがわかる。かくて最初は鎮西探題の召文に応じなかった貞も、嘉元二年八月に陳状を副えた請文を提出し、以後両者が互いに訴陳を繰り返し、鎮西探題に対し六問六答に及ぶ訴陳を行なっている。一般に三問三答をもって裁決を下すのを例とした鎌倉幕府の訴訟制度において、その倍にあたる六問六

答も訴陳を行なっていることは、この相論が両者にとってきわめて重要な相論であり、特に行覚にとっては自己の運命をかけた相論であったことがわかる。この六問六答が行なわれたことに対し、貞は嘉元四年七月日の重陳状案の中で「所領浦部内白魚浦住人九郎入道行覚、令敵対地頭貞間、番訴陳三問答処、依捧返進状、又一問答相番上、重就捧進申状、番五問答後、今又被許容六問申状、可明申由、被成御書下違法事」と鎮西探題が裁許を躊躇逡巡したことは三問三答を原則とする鎌倉幕府訴訟制度下では違法であると非難している。

しかしこのように鎮西探題が裁許をためらったことは、単に鎮西探題が優柔不断であったことのみが原因ではなく、その根底には鎌倉中期以後、特に鎮西においては蒙古襲来以後の鎌倉御家人制度の根幹が揺らぎ始めており、しかもそれが自己矛盾によって、鎌倉幕府自らが誘発させたものであるだけに、その裁許にあたって躊躇逡巡せざるを得なかったものと考えられる。そこには鎌倉幕府の出先機関である鎮西探題の御家人統制の自信の喪失を示しており、御家人と新興非御家人勢力の抬頭による相論に戸惑う調停者としての鎌倉幕府の姿を端的に示したものと言わねばなるまい。

しかしながらこの相論にも終に正和四年六月二日の鎮西探題北条政顕裁許状によって裁決が下されたのである。この裁許状は非常に長文であるにもかかわらず、前半三分二は残念ながら虫損等で解読不能であるが、さいわい後半三分の一によってほぼその裁決の内容を知ることができる。(2)今その要点を示せば、

一、「然則、於佐保・白魚両浦地頭職者、貞知行不可有相違」とあることによって佐保・白魚地頭職は従来通り峯源藤五貞の知行が安堵されている。

二、「不限二代之旨、行覚所申、非無其謂」「至下沙汰者、且任暦仁・建長持・湛和与状、且守文永九年御下知・同

十年御教書等、停止貞押妨、可令行覚領知」とあることによって佐保・白魚の下沙汰職は行覚の領知が安堵されたことがわかる。

三、「以本主子孫弘高称代官、以行覚号当浦住人之条、貞不遁悪口咎之旨、行覚雖申之、於下沙汰者、能高可領知之由、就被載関東御下知、存地頭与名主之礼儀歟之間、代官并住人之旨令申之条、非指悪口之間、不及沙汰」とあることにより、貞が行覚を自己所領内の住人と称したことは、下沙汰職と地頭との関係は、名主と地頭との関係と同じであるから代官および住人と称したことは指したる悪口ではない。

四、そのほか弘高の怠状が自筆であるか否かについては実否を糺明することが出来ないこと、貞の代官浄蓮の濫妨については指したる喧嘩に非ざるにより沙汰に及ばずとしている。これらはいずれも相論の主旨に附随して行なわれた相論に対する裁許である。

この裁許状では行覚が鎌倉御家人であるか否かについては直接触れていない。しかし以上の裁許によって明らかな如く、行覚の主張は全く退けられ、行覚が意図した地頭の支配よりの独立ということは完全に失敗に帰したと言わねばならない。したがって貞の地頭職、行覚の下沙汰職が安堵されるという形で決着したことは、現状維持であり、行覚の敗訴と言わざるを得ない。なんとなれば行覚は下沙汰職の安堵を目的として訴訟を起したわけではなく、貞と対等な地頭・御家人身分の獲得を目的としていたからである。地頭職については完全に否定されている。御家人身分についても下沙汰職は地頭に従属するものであり、貞が自己の所領内の住人と称することは悪口ではないと裁許されているのであるから、行覚が悲願とした独立した御家人であるとの主張もまた否定されたものと考える。地頭職の安堵は行なわれなかったが、御家人身分は安堵されたとの説とは見解を異にする。(3)

このように蒙古襲来の際、御家人身分を獲得することを目的として異国警固番役を勤仕し、在地における領主制を有利に展開しようと意図し、既成特権階層である地頭・御家人層の反撃が効を奏して、結果的に幕府によって裏切られたケースは、このほかにも数多く存在しており、白魚氏の場合のみに現われた特殊な例ではない。

白魚行覚の成長も、鎮西探題をして、六問六答まで行なわせることは出来たが、御家人である地頭峯貞の主張を押えて行覚の主張を認めさせるまでには至らなかった。行覚はこの鎮西探題の裁決に失望すると共に、はっきり鎌倉幕府の限界を知ったに相違ない。

行覚はこの裁許状を不満として、その後文保元年十一月日の申状により正和四年六月二日の裁許状には貞が佐保・白魚の浦々の得分物を押領した件、謀書・悪口・打擲に関する件の裁許が漏れていること、裁許状に行覚のことを名主と書かれていることは不当であり、再度裁許をやり直して貞を罪科に行なわれんことを要求しているが、再度この相論に関して裁判が行なわれたり、裁許が行なわれた形跡はない。したがって当然御家人身分の承認が得られるものと期待して、行覚の側から積極的に訴訟を行なって、裏目の結果が生じたのであるから、行覚の鎌倉幕府に対する失望はより大きかったものと思われる。

これは単に行覚のみの特殊な例ではなく、各地において成長しつつあった新興勢力の鎌倉幕府に対する不満の一例を示すものと考えられる。すなわち実力をもって地頭・御家人と対等なまでに成長し、異国警固番役を勤仕し勲功賞を受けても、鎌倉幕府が存在する限り、地頭・御家人の支配を脱することが出来ないことを知った時、かかる前途に希望を失った新興勢力が鎌倉幕府の倒幕を密かに願うに至るのもまた当然と言わねばならない。

注

（1）佐藤進一『鎌倉幕府訴訟制度の研究』二八六ページ以下参照。

（2）虫損部分については、『青方家譜』にこの裁許状を平仮名で読下したものが引用されている。しかも虫損部分が読み下してあり、その量は現存の裁許状に倍する量である。したがって家譜が作成された天保十五年頃までは前半も解読可能であったことがわかる。しかしこの平仮名の読み下しの裁許状も前欠である。裁許状の場合、前半は訴陳状を引用したものであり、裁決は後半部分に述べられるので、たとえ前半三分二が欠損していても、裁許の内容は推測可能である。

（3）この点について網野善彦氏は「青方氏と下松浦一揆」（『歴史学研究』二五四）において、筆者がこの裁許状によって行覚の御家人身分も否定されたとした見解を批判され、

さきにふれたように、下沙汰人行覚を非御家人ときめつける貞の主張は、すでに弘安のころ、青方能高との相論にあたっての湛の主張に全く同じ形であらわれているのである。しかもそこで能高が幕府からの下知によってその地位を保証され、その子高家は自ら地頭と称してはばからなかったことが考えられなくてはならない。とすると青方氏の庶流としての立場は、能高・高家の場合よりも弱かったとはいえ、同じ下沙汰人行覚の地位を非御家人とすることは通らないことになってくる。幕府の裁決もその点は認めているので、たしかに地頭の地位は承認されなかったとはいえ、瀬野氏とは逆にこれによって行覚の御家人としての地位はかえって固ってきたということができよう。それは、行覚に「地頭に対する名主の礼儀を存ぜよ」といった裁許の言葉の理解にかかっているが、これは九州における惣地頭と小地頭とくらべて考えることが許されるのではないかと思う。とするとこの点に非御家人の幕府に対する不満を見ようとされる瀬野氏の見解は成り立たないことになってくる。

と述べておられる。この点に関して筆者の見解を述べさせていただけば、青方能高が浦部嶋の下沙汰職でありながら、肥前国御家人とあることから、白魚行覚の場合も佐保・白魚下沙汰職でありながら御家人であったこともあり得るとされるものと考えられ、下沙汰職を安堵されたことによって御家人の地位が確定されたものとの立場をとっておられるものと考えられる。しかし鎌倉御家人身分の獲得の問題は必ずしも原則通りに行なわれるものではないことはこれまでもしばしば論じてきたところであり、青方氏が下沙汰職でありながら御家人であったので、白魚氏も御家人であり得たとは限らない。恐らく白魚氏も青方氏が御家人

であるのであるから、自分も御家人に当然なり得ると考えて鎮西探題に訴訟を起したものと考える。網野氏のみならず筆者といえども白魚氏は、異国警固番役の勤仕の実績、鎌倉中期以後の御家人の基準の緩和の実情から考えて、当然御家人の有資格者と考えられる。ところが自明の理と考えられるにもかかわらず、六問六答を重ねねばならなかった所に、鎌倉御家人身分獲得の複雑微妙な問題があるのである。恐らく白魚氏の場合は、峯氏の反対がなければすんなりと御家人になっていたものと思われる。しかし峯氏としては白魚氏が御家人として独立しては、自己の支配から離脱し、佐保・白魚の進止権が白魚氏に移ることになるので、妥協することなくこれに真向から反対して自己の所領の住人として独立した御家人とは認めないわけである。鎌倉幕府としては、御家人基準の原則論と在地における個別的領主化をめぐる闘争の問題との板ばさみとなり、調停者としてどちらの立場に立つかの決断を迫られることになるのである。その場合、鎌倉幕府は一般的に原則論を固執することなく、在地における両者の力関係が決定の要素となっている。したがってケース・バイ・ケースであり、青方氏が御家人となっているので、同条件の白魚氏も当然御家人であることを認められたものとの網野氏の見解は必ずしも成立しないのである。白魚氏が御家人であることを認められたか否かは、傍例によらず、白魚氏の場合における種々の条件を勘案して御家人であったか否かを決定しなければならないと思う。その場合、青方氏の場合は、鎌倉幕府関係発給文書にしばしば肥前国御家人青方太郎能高と見えるのであるから青方氏が御家人であったことは疑う余地がない。ところが白魚氏の場合は肥前国御家人と称しているのはいずれも自称であって、幕府関係発給文書に肥前国御家人とあるものは一通も存在しない。

さらに筆者が鎮西探題は結局白魚氏が御家人であることを認めなかったと判断した理由は、白魚氏が御家人であることの最大の根拠である異国警固番役勤仕の事実について黙殺し、全く判決で触れていないこと、貞が行覚を自己の所領内の住人と称したことを指したる悪口ではないとして認めていることにある。この当時住人であるか御家人であるかということは、しばしば相論の対象となっており、住人と称されることは非御家人であることと同義語に使用されており、御家人を住人と称することは悪口として、罪科の対象にもなったのである。以上の理由によって鎮西探題は白魚氏の御家人身分であることを認めない地頭峯貞の主張を支持したものと考えている。網野氏といえども、この相論の裁許状は地頭峯貞の勝訴であり、行覚の主張が退けられている点には異論はないであろう。したがって百歩譲って白魚氏の御家人身分がこれによって固まったとされる網野氏の見解が正しいとしても、新興勢力の白魚氏がこの裁許に不満を有したとする筆者の見解が全く否定されるべきとは考えられない。したがって「この点に非御家人の幕府に対する不満を見ようとされる瀬野氏の見解は成り立たないことになってくる」として筆者の見解を全く否定されようとされる網野氏の見解には承伏できない。行覚がこの裁許に承伏していないことは、裁許が出た後も、裁許内容についてさらに訴えていることによって明らかである。

つぎに地頭と下沙汰職との関係を「地頭に対して名主の礼儀を存ぜよ」とあることから、九州における惣地頭と小地頭の地位と同じではないかとされているが、小地頭は惣地頭の代官ではない。九州の特殊性から名主層が地頭として安堵されたが、その後惣地頭が設置された時、小地頭と称されるようになった。小地頭は独立した御家人であり、その上に惣地頭が置かれたのである。したがって地頭と下沙汰職との関係と比較されるのは適当ではなく、それによって下沙汰職を有した者が御家人であったことの傍証にされようとされたものと考えられるが、この点も承伏出来ない。以上十三年前の網野氏の御批判に今頃反論するのは失礼とは思ったが、機会を得て述べさせていただいた次第である。

この網野氏の批判について、佐藤鉄太郎氏は「鎌倉時代末期の相論についての一考察―地頭対下沙汰について―」(『九州史学』四六)において、網野氏の批判は筆者が地頭即御家人であると考えたことからくる誤りを指摘されたものとされている。しかし筆者はいまだかつて地頭即御家人などと考えたことはない。地頭職を有しながら御家人でない者が存在することは十分承知している。筆者の旧稿を読んでも、地頭即御家人と混同しているとは考えられないし、もしそう読めるというのであれば、そのようなつもりは毛頭ないことを表明しておく。さらに網野氏の批判を読んでも、網野氏も筆者が地頭即御家人と混同しているとして批判されているとは思えないのである。先述した如く、網野氏は地頭は認められなかったが、下沙汰職を安堵されたことによって御家人の地位が固まったとの見解を示しておられるのである。

第五章　鎮西北西部武士団の研究

第一節　鎌倉時代における松浦党

中世における武士団の存在形態としての「武士の党」が注目されてから既に久しくなるが、史料的制約の関係もあって必ずしもその一般的性格、党組織、党の存在形態、党意識等についてはなお不明の点が多い。(1)

武士の党は、語源的には武士の発生とほとんど時を同じくして、公家の日記、『吾妻鏡』等の編纂物、『平家物語』等の物語類にその名が見えるが、その当時第三者から「……党」と呼ばれていた人々が、自ら「……党」と称した文書は管見の及ぶ限り一通もない。このことは鎌倉時代においては「悪党」等の場合と同様に、「党」という言葉自体に多分に第三者による蔑視の意味が含まれていたためであると思う。このことは中世における武士の「党」の問題を考える上で非常に重要なことであり、現代の政党人が自らを「……党」と誇称するのとは違っており、現代における「党」という言葉の持つ「各メンバーの組織された結合体」の連想から、中世の武士の「党」も同様な性格と考えることが、中世の武士の「党」を究明する上に混乱を生じさせている一原因であると考えられる。このことは「党」の問題に限ったわけではなく、歴史現象を考える場合、現代における言葉の意味が、幾多の歴史的変遷の結果発生したものであることを往々にして忘れ勝ちであり、過去の言葉の意味を現代的意味を前提として考えるため、歴史的事実からかけ離れた把握を行なっている場合が少なくない。

中世の武士の「党」の性格規定に関する従来の見解には、二つの相対立する見解が認められる。

一つは鎌倉時代における紀伊国隅田党を中心に究明された奥田真啓氏の見解であり(2)、党の性格を「党とは本質的に血縁的武士団であり、主に荘官級武士家が血縁上及び封建所領上惣庶に分流して成立し、異族はまた党との同族意識の上に立って党へ加入したものである」と結論しておられる。

奥田氏の見解は、「党」の性格を鎌倉時代の存在形態に求められている点注目すべきであるが、「党への加入」によって示されているごとく、組織体としての「党」の存在を前提としておられる点、党的武士団と呼ばれる武士団と、他の一般的武士団との性格の相違の指摘という点でなお説得力に欠ける憾がある。

この点一般的武士団との性格の相違を指摘する点において明快な説得力をもっている見解は、松浦党の研究をされた牧野純一氏(3)、長沼賢海氏(4)、隅田党の研究をされた佐藤三郎氏(5)、および戦後湯浅党の研究によって導き出された安田元久氏(6)等の見解であり、「党」の本質を鎌倉末期から南北朝期における惣領制的武士団が崩壊した後、庶子家が惣領の支配を脱して独立した後に生ずる共和的連合形態に求められようとされた。戦後においては惣領制的武士団との性格の相違を明確に規定しているところから、「党＝弱小武士団の共和的連合形態」とする説が定説化した感がある(7)。

しかしこの見解は先述の如く、「党」の持つ現代的概念を前提とし、そこから遡及して中世武士団の「党」の本質を求められたものであることは否定出来ない。かかる観点からかつて筆者は、長沼氏等が「党」の特質とされた共和的連合形態は、鎌倉時代の「党」が鎌倉末から南北朝期に変質した形態であり、それは「党」の二義的性格であるから、「党」の本質は変質前の鎌倉時代の存在形態の中に求めるべきであることを主張し、「党」が共和的連合形態（一揆）を結んだのであって、共和的連合形態（一揆）を結んだものが「党」ではないとした。(8) この筆者の見解に対し、しからば共和的連合形態に先行する鎌倉時代の「党」の存在形態を示せとの批判を受けたことは当然のことである。そこで本稿は鎌倉時代(9)における松浦一族の存在形態を中心に究明し、「党」の本来的意味について考察してみたい。

注

（1） これまで中世の武士の「党」についての研究としては、つぎの如きものがある。「党」の一般的性格を論じたものとしては、牧野純一「松浦党の研究」（『歴史地理』二四の五・六）、長沼賢海「松浦党の研究―北九州海賊史―」（本書中にかつて『史淵』七、一〇、一一輯に発表された松浦党に関する論文がすべて収められている）、佐藤三郎「中世武士社会における族的団結」（『社会経済史学』八の三）、奥田真啓「武士団と神道」、安田元久『初期封建制の構成』、清水三男『日本中世の村落』、佐藤進一「守護領国制の展開」（『中世社会』所収）、松本新八郎『中世社会の研究』、家永三郎『日本道徳思想史』、豊田武『武士団と村落』、拙稿「松浦党の一揆契諾について」（『九州史学』一〇）、同「中世における党」（『歴史教育』七の八）、清水郁夫「惣領制の解体と党」（『北陸史学』一〇）、「党」に関する個別研究としては、八代国治・渡辺世祐共著『武蔵武士』、大島延次郎「南北朝における紀清両党の活動」（『下野史学』一三）、舟越康寿「隅田庄と隅田党」（『経済史研究』二三、二四、二六）、我妻建治「十四世紀における紀伊国隅田庄の在地構造」（『歴史』一八）、近藤喜博「難波の渡辺党」（『国学院雑誌』六二―五、六、七）、佐藤独嘯「元寇と松浦党」、同「松浦党の盤拠考」（『平戸之光』所収）、三間文五郎『平戸藩史考』、網野善彦氏「青方氏と下松浦一揆」（『歴史学研究』二五四）、呼子重義『海賊松浦党』、福田以久生「松浦党の有浦文書について」（『日本歴史』二四〇）、同「中世所領譲与に関する新史料―松浦党有浦文書―」（『史学雑誌』七七の四）、森本正憲「松浦党一揆契諾の法的性格」（『日本歴史』二五四）、拙稿「地頭代より地頭への書状」（『日本歴史』二七八）、拙稿「松浦党の基盤と変質―肥前国宇野御厨―」（稲垣泰彦編『荘園の世界』所収）。

（2） 奥田真啓『武士団と神道』参照。

(3) 牧野純一「松浦党の研究」参照。
(4) 長沼賢海『松浦党の研究』参照。
(5) 佐藤三郎「中世武家社会における族的団結」参照。
(6) 安田元久「紀伊国湯浅党について」参照。
(7) 羽下徳彦著『惣領制』では「意識的に触れなかった問題が二つある。一つは、中世武士の団結の一形式としての党の問題。他は、領主たる武士の支配する村落の問題である。党については、これを取り上げることによって、さらでだに複雑な学説の整理に混乱を生ずることを恐れたからであり……」と述べられているが、「党」を「惣領制的武士団」の対立概念としてのみとらえることを再検討する必要があると考えている。
(8) 拙稿「中世における党」参照。
(9) 前掲拙稿でもこの点について全く論及しなかったわけではない。「以上述べて来た事を要約すれば、鎌倉時代の松浦党には、南北朝時代の松浦党に見られる如き共和的団結は存在しなかったと云う事につきる。しかもかかる鎌倉時代における松浦一族の存在形態に対しても松浦党なる呼称が与えられている事に注目しなければならぬ。(中略) 中世における武士の「党」に対する従来の説を否定して来たが、それだけではなお『党』の本質について答えた事にはならない。『党』の一般的性格規定のためには、松浦党以外の党との比較検討の必要があり、なお疑問の点も多いので結論を保留するが、松浦党に関する限り、『党』とは一揆に先行する鎌倉時代における存在形態、すなわち上下松浦に居住する一族意識を有しつつも惣領による庶子支配が認められない弱小土豪層の全く独立した個々の家々、及び共和的団結の存在しないその集団に対する第三者による呼称であり、多分に蔑視の意味を含んでいた」と述べ、『大日本史』では「党」について「自王政衰、而諸国武士争占荘園、共有土地、大者曰大名、曰高家、小者曰小名、曰党」とあり、その所有する土地の小なる者を小名と言い、また党と言うと説明し、共和的団結云々について、全く触れていないことは、「党」の本来的意味を考える上で多くの示唆を与えているものと指摘した。

(一)　松浦党の御家人化

松浦一族の松浦地方土着の時期およびその経緯は必ずしも明確ではない。『松浦家世伝』では、源久なる人物が、延久元年摂津国渡辺庄より下向して来て、肥前国下松浦志佐郷今福に土着し、宇野御厨検校幷検非違使となったのが、松浦一族の始祖であるとされており[(1)]、後世の松浦党に関する論著はこれに従っているものが多いが[(2)]、源久が下向したとされている延久元年より約五十年前の寛仁三年、刀伊の賊が松浦地方に入寇した時のことを記述した『小右記』寛仁三年六月二十九日の条に「前肥前介源知賊徒還却之間、於肥前国松浦郡合戦之間、多射賊徒、又生捕進一人云々」とあり、源知なる人物の活躍を伝えている。松浦一族は嵯峨源氏の末流と称し、一字名を名乗ることを特色としているから、この源知なる人物も恐らく松浦一族と関係があったものと考えられる。また「東南院文書」寛治三年九月二十日大宰府公文所勘注案によれば、贄人源順が宇野御厨は先祖相伝の所領と主張しているので、源久が今福に下向土着したとされている延久元年以前に、宇野御厨の贄人として既に土着していたものと考えられる。そして平安時代末期には、これら宇野御厨の贄人たちは、その経済的基盤を海上に求めるとともに、松浦地方に広く分散して所領の開発に努め、その所領は田畠地以外にそれを繞る荒蕪地および林野を含む所領であったが、源久は嫡子であるとされている御厨執行兼弁済使源四郎大夫直に下松浦（現長崎県北松浦郡地方）の所領を譲り、他の庶子には上松浦（現佐賀県東松浦郡地方）の所領を分割相続させたとされているが確証はない。さらに直はその庶子に下松浦の所領を分割配分したとされている。直については、「青方文書」安貞二年三月十三日関東裁許状案中に[(3)]「御厨執行源四郎大夫直賜弁済使、知行十三年、其後是包還補処、平家御時、直又給御下文知行之刻、於平戸被打殺害畢」とある。同文書中に源平争乱前にその庶子である囲（山代氏）、清（御厨氏）、披（峯氏、後平戸松浦氏）、連（値嘉氏）[(4)]等に所領を分割したことが知られ、系図によれば、直にはこれ以外にも栄（有田氏）、遊（大河野氏）、彊（八並氏）[(5)]等の庶子があり、それぞれに所領を配分したとされているが、伝説的部分が多く史料的確証はない。しかし平安末期に所領分割相続による庶子の独立割拠の一般的傾向が存在したことは疑いない。(6)これら松浦地方に独立割拠した松浦一族の源平争乱期における行動については、『吾妻鏡』や『平家物語』『源平盛衰記』等に記述されているが、これを肯定すべき、また否定すべき史料に欠ける。

『吾妻鏡』元暦二年三月二十四日条によれば、「於長門国赤間関壇浦海上、源平相逢、各隔三町、艚向舟船、平家五百余艘分三手、以山峨兵藤次秀遠并松浦党等為大将軍、挑戦于源氏之将帥」とあり、鎮西が平氏の勢力圏であったことを考慮に入れるならば、当時松浦地方の住人は、海賊行為の常習者として天下周知であったから、(7)水軍として平氏方の主力となり、壇浦合戦に参加したことも当然の事と考えられる。このように鎮西が最後まで平氏の有力な地盤であったにもかかわらず、既に全国的統一政権を意図する源頼朝は、原田種直・山鹿秀遠・菊池隆直ら平氏に荷担した有力鎮西土豪等の処罰を行なう一方、名主層弱小武士に対しては、むしろ寛大な厚免を行なうことによって、彼らを大量に鎌倉御家人化することを意図しており、これら鎮西弱小御家人は小地頭と称されたことは周知の通りである。

松浦一族も鎌倉政権の成立と共に、鎌倉御家人化への動きを示している。鎌倉幕府と松浦一族との接触を示す最も早いものは、「青方文書」安貞二年三月十三日関東裁許状案に引用されている峯源藤二持の所進証文に、文治四年三月八日鎌倉殿御下文によって、源連が親父直より寿永三年二月七日肥前国宇野御厨内小値賀嶋を譲られていたものを、安堵された事を示す記事である。

（前略）爰如持所進証文等者、直寿永三年二月七日以当嶋譲男連、文治四年三月八日連給鎌倉殿御下文、（下略）

この鎌倉御下文は現存しないが、文治四年に連が鎌倉殿御下文によって、所領安堵を得たとすれば、他の鎮西御家人の中でもきわめて早い時期に所領安堵を得たことになる。松浦一族で鎌倉幕府より地頭職の安堵を受けた事を示す現存史料は、「山代文書」建久三年六月二日の前右大将家政所下文である。

前右大将家政所下　肥前国宇野御厨内山代浦住人等

可早以字源六郎囲為地頭職事、

右人、為令執行彼職、補任先□、於本所御年貢已下雑事者、□(任先ヵ)例無懈怠可令致沙汰也、住人等宜承知、敢勿違失、以下、

建久三年六月二日　案主藤井(鎌田俊長)（花押）

令民部丞藤原(二階堂行政)（花押）　知家事中原(光家)（花押）

別当前因幡守中原朝臣(大江広元)（花押）

これら地頭職の安堵の前提は、鎌倉幕府成立前よりの相伝の所領所職を有することであった。[8]しかしながら本所領家側は、これら松浦一族が鎌倉幕府の安堵を受けて鎌倉御家人化することに拒否的であり、連の場合の如く、一度鎌倉幕府の安堵下文を得ながら、宇野御厨の預所の妨により、建久三年五月七日再び関東安堵御教書を受ける有様であった。しかしこのような本所領家古代勢力の妨害にも拘らず、独立割拠した松浦一族は、鎌倉幕府と個別的に所領安堵を受け、個別的に御家人関係を結んでいる。この点松浦地方に居住する松浦一族外の弱小御家人層の場合と全く変りはなく、また他の鎮西御家人の場合とも特に変った点は認められない。

松浦一族の惣領のみが鎌倉幕府と御家人関係を結び、他の庶子家が惣領の支配に伏するといった現象は認められない。このことは松浦一族の庶子の独立が平安末期に既に進行していた結果の反映と考えられる。しかしこのことは松

浦一族の特殊現象ではなく、むしろ名主層弱小御家人が多数輩出したことによっても如実に示されている如く、むしろ鎮西北西部武士団の特色と考えるべきである。

かくて建久年間以後、松浦一族および他氏である松浦地方に居住する在地土豪も、鎌倉幕府との間に御家人関係を結んだが、その時期は必ずしも同一ではない。御家人となった松浦一族は、地頭源披(9)、肥前国御家人山代三郎固(10)とか称しているが、鎌倉時代においては、彼らが松浦と称することはなく、それぞれ独立した庶子家の称号を用いている。これら松浦一族が庶子家の称号の上に松浦を付して松浦一族であることを強調し始めるのは南北朝以後であり、鎌倉時代の松浦一族には認められない現象である(11)。このことは鎌倉時代においても、松浦一族としての何らかの同族意識を有していたことは否定出来ないが、それは意識として存在したに止り、鎌倉幕府と組織体としての松浦党との間に主従関係が結ばれていたわけではなく、あくまで鎌倉幕府と独立した各家々との間に御家人としての主従関係が結ばれていたのである。すなわち松浦一族の庶子家山代氏の場合は、家長山代三郎固がその家子郎党を率いて、御家人として直接主従関係を結んでおり、決して松浦党という共和的組織体としての武士団を媒介とする間接支配ではない。したがって鎌倉幕府に対する奉公は、御家人たる庶子家個々が単位となるのであって、松浦党という共和的団結をなす武士団が奉公の単位となるのではない。

松浦一族で肥前国御家人となった石志氏・来島氏は京都大番役を勤仕した際、それぞれの家長が肥前国守護武藤資能より覆勘状を受取っている。

京都大番役令勤仕給候了、今者可令帰国給候也、且此旨可令注進言上関東候也、恐々、

（暦仁二年）正月四日　　　　前豊前守（武藤資能）在判

石志二郎（深）殿

（「石志文書」[12]）

京都大番役令勤仕給候了、今者可令帰国給候、且此由可令注進言上関東候也、恐々謹言、

（暦仁二年）正月四日　　前豊前守（花押）

（端裏書）「大嶋二郎殿」

大嶋二郎（通綱）殿

（「来嶋文書」）

また「山代文書」文永十年十一月十六日肥前国守護武藤資能施行状は肥前国御家人山代孫三郎に対し、豊前・筑前・肥前・壱岐・対馬の御家人等をして、本御家人并地頭補任の所々、御下知を給わって知行の輩、質券売買の由緒、名字分限、領主の交名を注進すべしとの同年八月三日の関東御教書を施行したものであるが、「来嶋文書」にも同日付の大島通継宛の肥前国守護武藤資能施行状があり、松浦一族で御家人となった者は、それぞれ独立した家の家長宛に肥前国守護、或いは六波羅より直接御家人役勤仕催促を受け、覆勘状・請取状を受け取っており、独立した御家人として対等な関係で鎌倉幕府、六波羅、肥前国守護に把握されていたことがわかる。

注

（1）『松浦家世伝』によれば、嵯峨天皇第十八皇子仁明天皇の皇弟河原左大臣源融より出て、その嫡男右大臣源光が後に勅定にそむき、延喜九年摂津国渡辺庄に土着し、その子孫の中には源頼光に従い、羅生門において妖気を払ったと伝えられる渡辺綱が

あったと述べ、嵯峨天皇より渡辺綱までは、鎮西と何らの関係も存在しなかったが、綱の子授が始めて肥前奈古屋に下向し、その子泰は後三条天皇に仕え、滝口に補せられ、従五位となったが、平戸松浦祖久はこの泰の子で、久は父の譲を受けて摂津渡辺庄にあったが、肥前宇野御厨検校となり、検非違使に補せられ、下松浦今福に下向して来たものとされている。久が三男勝に与えた譲状が「石志文書」に二通伝えられている。

譲与
三男源勝
在　松浦郡田畠桑垣并船木山投等事、波田浦　石志　限万町南縄手嘉部投土毛遍従大河野道至貴子山可為船山、
右、件所々、為停止久非常之後相論、存生之時所譲与賜状也、仍所定行如件、
康和四年八月廿九日　　宇野御厨検校散位在判

処分
三男源勝宛給田地事
波田浦
四至東限榎志山　南限山　西限校本里十八坪南里外北縄手　北限判比里十七坪北縄手
石志浦
四至東限万町田西縄手　南限石限塘　西限賭松限　北限川
神戸嶋　鞍浦
右、久非常後之相論為令停止、令存生之時、処分如件、
康和四年九月廿三日　　散　位　源在判
二男散位　源在判

この二通はいずれも写であり、長沼賢海氏も「此二通は遽かに信じ難きものあるやうである」（『松浦党の研究』一〇七ページ）

とされ、真偽の判定は困難を伴うが、用語・内容から考えて、石志氏が伝説上の人物である松浦一族の祖久より所領を譲られたことを示すために偽作した偽文書と考えている。刀伊入寇の際に活躍した源知の存在が確認される以上、たとえ久が実在の人物であったとしても、渡辺庄より下向して来た者ではなく、在地より成長して来た土豪であり、周囲の荒蕪地を開発して、急速に所領を拡大した開発領主が、開発した土地を本所領家に寄進して、松浦庄・宇野御厨等の検校職、執行、弁済使、惣追捕使、定使職、直人等の名称で表現される荘官職に補任され、現実にはその領主権を安堵されたものと考えられる。

(2) 松浦一族の起源については、後世編纂物で種々異説があるが、分類すれば次の如くなる。

㈠源融の子孫が摂津渡辺庄より下向して来たとする説。

(A)下向して来たのは源久とする説(『松浦家世伝』)。

(B)下向して来たのは源久の子正とする説(『筑後国史』『前太平記』)。

㈡安倍宗任の子孫が下向して来たとする説。

(A)上松浦は源久の子孫、下松浦は安倍宗任の子孫とする説(『筑後国史』『太平記』『藩翰譜』)。

(B)すべて安倍宗任の子孫とする説(『歴代鎮西要略』『平家物語』)。

(3) この関東裁許状は、松浦一族である山代三郎固(直の孫)と峯源二持(直の孫)が肥前国宇野御厨内小値賀嶋の地頭職の領掌をめぐっての相論を裁許したもので、固の知行を停止し、持の領掌を認める裁許を下している。

(4) 「青方文書」安貞二年三月十三日関東裁許状参照。

(5) 松浦一族の系図については若干異動があるが、本論文に関連ある部分を抄出すれば次の如くなる。

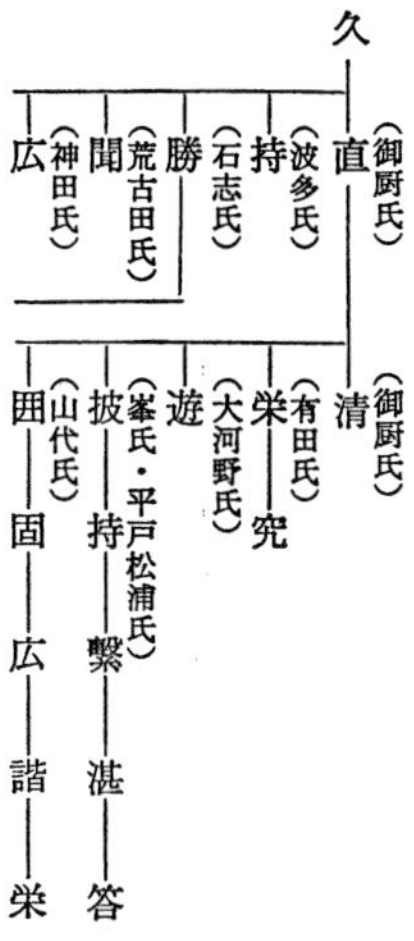

（佐志氏）
調┬（八並氏）彊
　├連
　└至─壱┬見
　　　　└潔

（6）平安末期において松浦一族の庶子独立化の傾向が認められることは、東国鎌倉武士団の存在形態と比較して、時期的に早いということが出来る。松浦一族の場合早期に庶子独立が進んでいた原因としては、種々の理由が考えられるが、政治的には辺境地にあって政治的、軍事的勢力の結集を必要としなかった事と共に、彼らの経済的基盤が陸上における田畠以外に海上にあった点を強調しておきたい。やや時代は下るが鎌倉時代の松浦一族諸家の譲状の対象として、土地田畠、所職等と共に、海夫・網等が挙げられていることは、海上における得分が彼らの経済的基盤として大きな比重をもっていたことを示している。無尽蔵に近い海を経済的基盤とする松浦一族が、狭小な土地にのみその経済的基盤を頼る他の内陸武士団と比較して、庶子が惣領の支配を脱するための好条件を有していたことは理解出来る。さらに複雑な海岸線と多島海による交通の不便という地理的条件も庶子独立を促進した要因として考えられ、またこの地方が古来遣唐使の交通路として、大陸との交渉も頻繁であり、住人が高麗・宋との貿易のため海外渡航も盛んであり、『明月記』嘉禄二年十月十七日条に「鎮西兇党号松浦党、構数十艘兵船、行彼国之別島、合戦滅亡民家、掠取資財云々」とあることによっても知られる如く、後世の倭寇的活動の常習者であったことも庶子家独立を容易にしたものと考えられる。しかしかかる条件は松浦一族に限っての特殊条件でないことは勿論であり、この地方の住人に共通して認められる条件である。

（7）日本側の史料、特に当事者の文書等に彼らの海賊行為を示す如き史料はきわめて少ない。「青方文書」安貞二年三月十三日関東裁許状案によれば、小値賀嶋の本領主是包なる人物は、狼藉を好み、民の煩を致し、高麗船を移すによって仁平二年領家より勘当されたとあり、『吾妻鏡』貞永元年閏九月十七日条によれば、肥前国上松浦鏡社の住人が高麗に渡り、夜討を企て、数多の珍宝を盗取り帰朝したため、守護人が子細を尋問するため、犯科人等を召取ろうとしたが、預所が守護の沙汰を交えるべからずと張行したとあり、幕府は交名にまかせて、犯科人・乗船・贓物を守護所に召渡すことを命じている。

（8） 山代囲が地頭職に補任されたのは、囲が直から所領所職を相伝していたためであり、小値賀嶋地頭職をめぐって、源連と本主是包の甥尋覚が争った際、連の主張が退けられ尋覚が地頭に補任された理由は、小値賀嶋は尋覚の先祖十五代相伝の所領であるとの尋覚の主張が、幕府によって認められたためである。「青方文書」建久七年七月十二日前右大将家政所下文案、元久元年八月二十二日関東下知状案、建永二年六月四日将軍家政所下文案、承元二年七月日尋覚譲状案参照。

（9） 「伊万里文書」建保六年八月日源披譲状案参照。

（10） 「山代文書」天福元年五月二十九日武藤（少弐）資能請文案参照。

（11） 拙稿「松浦党の一揆契諾について」参照。

（12） この二通はいずれも無年号文書であるが、「石志文書」の左の二通の文書によって石志潔が嘉禎四年（暦仁元年）に在京していたことがわかる。

御在京之間、御雑事料銭五百文為地頭役来月十日以前可令沙汰進之状、依仰執達如件、

七月廿六日　　　　（北条泰時）左京権大夫御判
　　　　　　　　　（北条時房）修理権大夫御判

石志次郎（潔）殿

納　召銭事

合五百文者

右、肥前国石志次郎全所納如件、

嘉禎四年八月十一日　　　　——判
　　　　　　　　　　　　　——判

後者が前者によって石志潔が八月十日以前に納めた地頭役五百文の請取状であることは明らかであるので、前文書が嘉禎四年七月二十六日に発給されたことが明らかとなる。さらに「山代文書」暦仁二年正月二十七日六波羅探題連署書状に「肥前国御家人

山代三郎固後家与同女子相論、固遺財所領事、去年遂対決、且申詞記、且以被仰下之趣、加下知候了、而後家為大番役勤仕令在京候之処」とあることによって、嘉禎四年に肥前国御家人が京都大番役勤仕のため上洛し、暦仁二年正月に帰国したことが推定されるところから、肥前国守護武藤資能京都大番役覆勘状が暦仁二年正月四日に発給されたものであることがわかる。

(二)　鎌倉時代における松浦一族の結合状態

以上、松浦地方に独立割拠した松浦一族および松浦一族以外の在地土豪は、鎌倉幕府によって地頭職に補任されることによって、平安時代以来保有して来た所領所職を安堵され、鎌倉御家人の身分を獲得して鎌倉幕府支配体制に組み込まれて行ったが、鎌倉御家人としての松浦一族に、南北朝時代以後に認められる如き横の結合は存在したのであろうか。松浦一族の鎌倉時代における存在形態についての誤解の一原因は、「党」という言葉自体に現代的意味の先入観が付きまとうことであり、ここでは一応この先入観を白紙に戻して考える必要がある。今一つの原因は、蒙古襲来の際、松浦一族のリーダーを源五郎答とした『松浦家世伝』の説にある[1]。しかしこの事実を示す何らの史料もない。鎌倉時代における平戸松浦氏（峯氏）の勢力が伸張してくるのは室町時代中期以後であり、鎌倉時代に松浦一族中で勢力があったと考えられるのは、嫡流である御厨氏か、弘安の役後所領配分の事で幕府に訴えた際、肥前国御家人松浦一族御厨庄地頭二十余人の代表として参上した志佐氏・有田氏・山代氏等と考えられる。源五郎答をもって上下松浦一族のリーダーとしたのは、平戸松浦氏が勢力を得た後、松浦一族に対する優越を正当づけるための後人の作意による事は明らかである。

鎌倉時代には松浦一族中および松浦在住の他氏との間では、その所領所職をめぐって多くの相論が繰返されている。(2)その一つとして肥前国御家人山代三郎固の遺財所領をめぐって、固の後家法阿弥陀仏と固の女子源氏との間で、嘉禎四年から正嘉二年までの二十年間相論が行なわれているが、(3)その相論中で、後家尼が改嫁したか否かが問題となり、寛元二年四月二十三日関東裁許状によれば、下松浦の御家人九名を証人として尋究し、起請文を提出させているが、九人のうち峯三郎入道・同源藤二持・同弥次郎勝・左近将監並の四人は、御厨目代吉弘の説で聞き知っているが、詳細は知らぬ旨答えており、他の執行廻・志佐六郎貞・志々岐宮司・相神浦三郎家忠・小佐々太郎重高ら五人は、風聞では聞いているが、実正かどうか知らないし、また誰の説かも知らない旨を述べている。また上松浦の御家人五名にも起請文を出させているが、波多源二郎入道・石志次郎潔の二人は、下人等に聞いてみたが、実正について は誰の説か知らないと述べており、佐志源二郎仰・値賀余三健・吉富右近太郎資業の三人は遠いので知らない旨答えている。後家尼が改嫁したか否かは、所領が没収されるか否かの鎌倉御家人にとっては重大関心事であり、もし一族間に有機的共和的結合が存在していたとすれば、その構成メンバーであるこれら松浦一族等が、知らないとか風の便りに聞いたことがある等の無関心は許されないはずである。また一族間における相論を、南北朝以後に見られた如く、一揆中で解決しようとの動きも全く認められない。相論は肥前国守護所、六波羅へ、また幕府の問注所に直接訴えられており、その裁許状も肥前国守護を通じて各御家人宛に直接送られており、共和的機関の存在の余地はない。

このことは蒙古襲来に際しての、合戦への参加、異国警固番役の負担、恩賞地の受領等の場合にも認められる。肥前国御家人山代栄は弘安四年の蒙古襲来の際、若党を率いて壱岐嶋合戦に参加しており、合戦の際の軍忠状に参差の子細ありとして、肥前国守護北条時定は究明のため栄の出頭を命じている。(4)

松浦一族が共同して合戦に参加したわけではなく、各家々の家長が家子郎等を率いて戦闘に参加するわけであるから、家々によって合戦の場所も異なるわけである。(5)異国警固番役の覆勘状は、松浦一族に関するものは、一通も現存しないが、同じ宇野御厨内の白魚氏宛のもの八通、上松浦の中村氏宛のもの四通等が発給されており、(6)松浦一族の場合も、御家人として異国警固番役を勤仕し、覆勘状を受けたものと考えられる。恐らく覆勘状が一通も存在しないのは文書残存の偶然性によるものと考えられる。

この点について「松浦党と云う名にかくれて個人の功、手柄は埋却せられ、論功行賞にも預らず、個人としての恩賞もその姓名すらも何等記録せらるるものがない」との論をなすものがあるが、(7)松浦一族が「党」のため個を犠牲にしたかの如く論ずることは事実に反する。しかも賞も功も要求しなかったのではなく、各家々の家長が軍忠状を出し、恩賞を求めているのである。しかし各家ごとの幕府に対する恩賞の要求にもかかわらず、容易に恩賞地が配分されないため、終に利害関係を共にする松浦一族は一揆して、恩賞要求運動を起している。

肥前国御家人松浦一族御厨庄地頭等二十余人、依所領一円訴訟事、可令参上之由令申候之処、鎮西地頭御家人不可参向之旨、去弘安八年十月十七日被下御教書候之間、雖令相留候、彼輩訴訟難黙止之由、依令歎申候、一族中志佐三郎兵衛尉継法師、有田次郎深法師、山代又三郎栄等令参上候、以此旨可有御披露候、為時恐惶謹言、

弘安十年十一月十一日　　前遠江守平為時（花押）

進上　平左衛門入道殿

かつて長沼賢海氏は、この史料をもって鎌倉時代における松浦一族の共和的団結を示す史料として強調された。(8)しかし筆者は逆にこのことはそれまで松浦一族には横の結合が存在しなかった事が、このような事件に際会して一揆させることになったと考える。一揆の前提には、独立性の強い存在形態の各家々がある。しかもかかる一揆は永続性の

ない一時的現象であり、恩賞地要求の目的を達し(9)、要求運動が下火となると、松浦一族はその本来の存在形態である独立割拠の状態に復しており、一族間で対立抗争を繰返し、南北朝動乱期に及んでいる。したがって鎌倉時代における松浦一族には、これまで考えられていたような共和的団結による政治的・行政的単位または組織体としての「党」なるものは存在しない。このように独立割拠した弱小御家人が血縁的にも地縁的にも団結する手段は、一揆以外にはなかった。このことは惣領制解体後の武士団においても同様であった。

注

(1)『松浦家世伝』でも、源五郎答による一族への君臨ということは否定されているが、共和的団結のリーダーとしての役割を強調しており、答の蒙古襲来の際の奮戦の功により、今上天皇即位の際、答の功を追賞し従三位を贈られている。

(2) 松浦一族間の相論としては、石志潔と山本見との石志氏の惣領権をめぐる相論、同じく石志潔と叔父河崎登との新儀に別名を立てることについての相論(「石志文書」貞応元年十二月二十三日肥前国守護所下文)、山代固と峯持との小値賀嶋地頭職をめぐる相論(「青方文書」安貞二年三月十三日関東裁許状案)(長沼賢海「松浦党の発展及び其の党的生活」『松浦党の研究』所収)、峯湛と鷹嶋満の小値賀嶋地頭職をめぐる相論(「青方文書」正元二年七月十六日関東裁許状案)等があり、松浦一族と他氏との相論としては、峯氏と青方氏・白魚氏との小値賀嶋浦部嶋をめぐる相論などがある(拙稿「肥前国御家人白魚九郎入道行覚について」「松浦党の基盤と変質」参照)。

(3)「山代文書」参照。

(4)「山代文書」弘安六年三月十九日肥前国守護北条時定書下参照。

(5) この傾向は南北朝動乱期の松浦一族においても認められる。拙稿「松浦党の一揆契諾について」参照。

(6)「青方文書」弘安三年十一月七日武藤経資覆勘状案、同弘安八年十月晦日北条時定覆勘状案、同弘安十年六月晦日北条為時覆勘状案、同弘安十年十二月晦日北条為時覆勘状案、同正応元年十月晦日北条為時覆勘状案、同正応元年十二月晦日北条定宗覆勘状案、同正応四年六月晦日北条定宗覆勘状案、同正安四年十月十五日平岡為政覆勘状案、「中村令三郎氏所蔵文書」永仁三年七月三十日武藤盛経覆勘状、同永仁四年七月二十九日武藤貞経覆勘状、同嘉元二年十二月晦日耀範覆勘状、広瀬正雄氏所蔵「中村文書」正安二年壬七月一日北条基時覆勘状参照。
（7）佐藤独嘯「元寇と松浦党」参照。
（8）長沼賢海氏はこの史料について「事件の内容は詳かでないが、下松浦党一族二十余人が一同鎌倉に出府して、所領一円の事に関して訴訟をなさうとしたのは、蒙古合戦恩賞に関することではあるまいか。恩賞に関する訴へと号しては穏当ではないから、文面の如く所領の訴訟を名としたのではあるまいか」と述べておられる。『松浦党の研究』六七ページ参照。
（9）松浦一族で蒙古合戦勲功賞を受けた例としては、「山代文書」建治元年十月二十九日将軍家政所下文によって、山代栄が亡父山代諧の去年蒙古合戦勲功賞として、肥前国恵利地頭職を給付されたのと、同じく「山代文書」正応二年三月十二日蒙古合戦勲功賞配分状案によって山代栄が肥前国神崎庄田地拾町屋敷畠地の孔子配分を受けた二例がある。このほか「伊万里文書」正中三年三月七日源勝譲状に、譲り与うべき重代相伝の所領として「一所勲功地同国かんさきの庄内田畠屋敷」とあり、伊万里氏も神崎庄孔子配分を受けたことが知られる。このように恩賞の配分は戦闘単位である各家々の家長宛であり、恩賞地が共和的機関である「党」に一括給付され、それを構成員によって更に配分したという如きことは全く考えられない。

（三）　松浦庶子家の所領配分

松浦一族において、平安末期に所領の分割相続による庶子の独立化の傾向が認められることを述べたが、独立した庶子家において所領分割が続行されたならば、所領の零細化を招き、終には所領分割相続も不可能となり、他の鎌倉武士団におけると同様、長子単独相続への動きが現れると考えられる。（1）

鎌倉時代における松浦庶子家の所領相続の実態を明らかにするため、石志氏の場合について考察することにする。まず「松浦系図」を「石志文書」によって補正し、石志氏の関係系図を示せば次の如くなる。

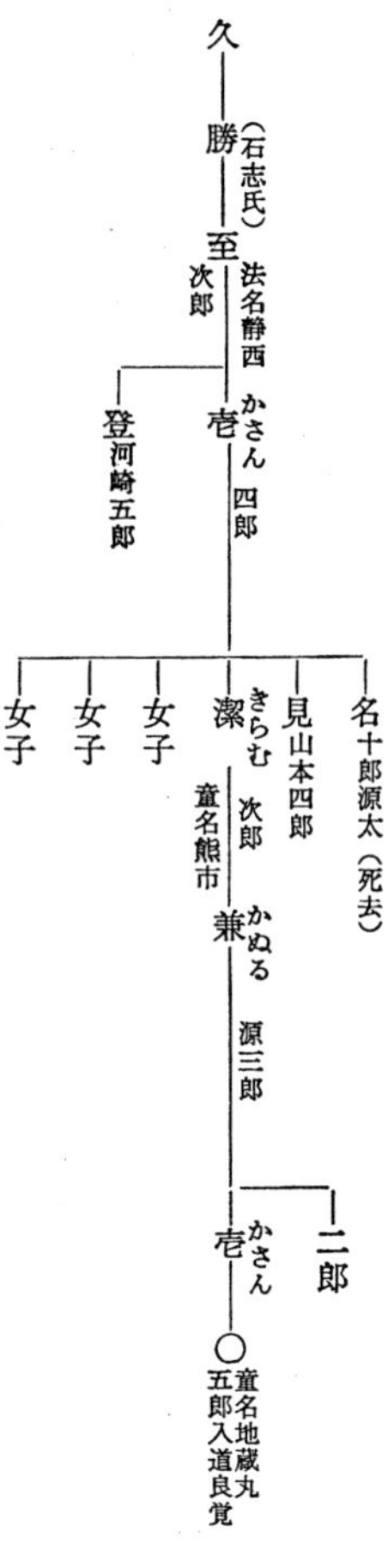

久から三男勝への康和四年の譲状の存在については先述の通りである。その後勝から至への所領の譲状、および至から壱への譲状が残存せず、所領の規模等詳細は不明であるが、壱は承元二年閏四月十日譲状で、嫡男名に譲ろうと考えていた所、譲渡以前に名が死去したため、兄である山本四郎見をさし置いて、潔を嫡子に立て、石志分田地四十余町とその他の田地三十余町、在家数十家幷土毛浦遺物等であった。この譲状では四至のみではなく、田地については直接耕作者名と耕作面積を列記しており、畠地については耕作者名を示しており、その経営方法が知られる。ところが壱は死期が迫ったことを知り、潔以外の男女各三人計六人の子息にも所領を分割している。その時潔の舎兄山本四郎見は田地拾町、園参箇所、免田壱町を譲られたらしいが、見は親父壱の死後、舎弟である潔に惣領されることは父の計いではないとして肥前国守護所に訴えている。肥前国守護(2)は、「凡父母存日之処分、全不可依嫡庶、只所任財主之意巧也」として見の非論を停止している。その後潔は建長四年三月二十七日譲状で嫡子である源三郎兼に手継証文を副えて譲っているが、四至境は潔が壱より譲られた証文に見えているとして省略しており、次の兼から壱への文永十一年十月十六日譲状においても、壱から嫡子地蔵丸への正安元年十月八日の譲状においても所領に変化はない。このことは松浦一族においても、平安末期において認められた大規模な庶子への所領配分は、鎌倉時代になると次第

に減少の傾向にあり、嫡子への所領の集中化、長子単独相続への傾斜を示している。(3)このことは「石志文書」安貞三年二月二十一日松浦庄領家下文に述べられている「右、地頭等申状偁、当御庄雖多土民田畠有不足、然間開曠野可備進所当云々、是則民烟之興復村里繁昌也」によって如実に示されている如く、狭小な限られた田地の欠乏が根本原因であるが、鎌倉幕府の御家人制度による公事負担を惣領に課し、庶子はこれに寄合勤仕するという御家人公事負担体制の影響も無視出来ない。(4)このように所領相続の面では庶子の独立は困難となり、鎌倉時代においては大規模な所領の分割配分は行なわれず、所領零細化を防ぐため庶子家の家督権の強化の傾向が認められるが、松浦一族と称する家家が上下松浦各地に増加していることも事実であり、経済的基盤を海上に求めたこの地方の特殊性が、きわめて弱小な庶子家の分立を可能ならしめたことは否定出来ない。

注

(1) 藤直幹『中世武家社会の構造』二七五ページ参照。

(2) 守護がこのような独自の裁許状を発給した例は少ないが、末尾に「以前条々雖須言上関東随御成敗、為止当時相論狼藉、且所令下知也、此上貽其憤者、言上鎌倉殿政所、可蒙御裁下之状如件」とある。

(3) 「伊万里文書」寛元四年八月十三日源上譲状案によれば、その所領を嫡子留に譲るに際し「いくはくならぬ事を、ふたつニわけてハ、すへかすへまても、むつかしかりぬへけれハ、たま〳〵三らうたひらにちうするあいた、より〳〵なれば、くひかへして、いかに三らうとんるニゆつりをはんぬ」とあり、所領分割による零細化の防止に留意していることがわかる。

(4) 「伊万里文書」正中三年三月七日源勝譲状案に「公家関東の御公事ハ、分限にしたかいて、よりあいてつとむへき也」とある。

(四) 小結

以上、鎌倉時代における松浦一族の実態について考察してきたが、要約すれば平安末期に早くも庶子独立化が進行し、独立した庶子家は鎌倉幕府によって所領所職を安堵され、独立した鎌倉御家人となったが、御家人相互間には南北朝時代に見られた如き共和的団結は認められない。

このような鎌倉時代の松浦一族の存在形態に対し、当時の人々が松浦党なる呼称を与えているとすれば、中世における「党」の実態はこのような松浦一族の鎌倉時代の存在形態に求めなければならない。鎌倉時代松浦党の呼称を用いた例は、『吾妻鏡』『平家物語』等の編纂物・物語等を除けば、「伊万里文書」正治元年十一月二日北条時政書状に「其後何事候哉、抑肥前国松浦党清、披、囲、知、重平、[1]如本可令安堵之由蒙仰、賜身暇、所令下向候也」とあるのと、先述した『明月記』嘉禄二年十月十七日条に「鎮西兇党号松浦党」の二例に[2]過ぎない。前者は松浦一族の意味であり、後者は松浦一族に限定されたものではなく、他の松浦一族以外の松浦住人も含めていると考えられる。『吾妻鏡』『平家物語』等の使用例も後者に属し、この場合の「党」なる概念は「人々」「住人」等の場合と大差はない。そこには共和的団結の存在の有無は、「党」なる概念構成のための要因とはなっていない。松浦党の場合の「党」とは鎌倉時代の松浦地方住人に認められる、弱小土豪層の分立割拠の状態に対して、多分に蔑視の意味を含めて、それらを包括した集合名詞的意味で、第三者によって用いられたものと考える。したがって彼らが自ら松浦党と称することは考えられないし、事実そのような例も全くない。

このような鎌倉時代の松浦党が、南北朝動乱期における政治的・軍事的必要から一揆を結んだのであって、一揆を結んだものが「党」ではない。

注

(1) 重平だけが二字名であるが、重平とは津吉十郎重平のことで、重平は峯披の小舅であり、広義に解すれば松浦一族といえる。「伊万里文書」建保六年八月日源披譲状案、重平は肥前国宇野御厨内伊万里浦幷津吉嶋両所の地頭であり、肥前国御家人であった（「伊万里文書」元久二年正月九日関東下知状案）。

(2) 鎌倉時代以後の使用例としては、「前田家所蔵文書」暦応元年八月十五日光厳院院宣案「日向国浮田庄内小松方雑掌申、松浦党幷土持次（郎脱）濫妨事」、同暦応元年九月八日掃部頭某施行状案「日向国浮田庄内小松方雑掌申、松浦党幷土持次郎濫妨事」、同貞和五年五月日浮田庄小松方幷大墓別符雑掌某申状案「去建武三年之比、松浦党寄事於動乱、無理乱妨之間、被申成院宣於武家之処」、「松浦文書」観応二年十二月二十日足利尊氏感状「為凶徒退治、松浦党已下発向肥前国小城、討死被疵之由、千葉次郎胤泰所注進申也」とある。管見の及ぶ限り、編纂物等の使用例を除外すれば、当時の人間が松浦党と称した確実な史料は、鎌倉時代の使用例二例を加えた六例に過ぎないことになる。

第二節　松浦党の変質

——松浦党の一揆契諾について——

南北朝動乱期以後の松浦党の一揆契諾については、中世における弱小武士団にみられる特殊な存在形態として早くから注目されてきたが、(1) 長沼賢海氏は「松浦党の発展及び其の党的生活」（『史淵』一〇・一一、後に『松浦党の研究』所収）において、これを典型的党的性格としてとらえられ、中世における武士の「党」をもって「血縁的紐帯によって結ばれた弱小武士の共和的団結」とする説の有力な根拠となった。

これに対し南北朝時代弱小領主層にしばしば見られる一揆契諾現象を、武士の党的性格としてではなく、この時期に新しく発生した武士団結の一形態としてとらえられ、これを「守護大名領地の前身もしくはその特殊形態」と規定されたのが清水三男氏であった(2)。

しかしこの一揆契諾がそのまま守護大名領制の展開にまで連続する性格を有するものとされた清水氏の見解も、松浦党の場合はそのような展開が見られなかったのであるから、これを適用することはできない。

この一揆契諾が結ばれた主体的条件を、南北朝時代における百姓勢力の発展に求められたのが佐藤進一氏である。すなわち佐藤氏は南北朝時代における武士連合体の性格を次の如くとらえられる(3)。

当時の武士的結合（一揆、党）は惣領制解体後の武士達がその体制の矮小さと未熟さのゆえに、その勢力発展の方向を百姓勢力発展のために内部には向ける事が出来ず外部に向けねばならなかったところから、同じ階級に属しながらも互に衝突しなければならない運命を担いつゝ、同時にその弱さのために連携して行かねばならなかったという一つの矛盾の統一体であったということが出来る。

しかし松浦党の一揆契諾が結ばれた原因を百姓勢力の発展に求めることには躊躇せざるを得ない。なんとなればこの地方における百姓勢力の急速な発展が本来乖離性の強い武士階級をして結束せしめるに至るほど強大になっていたとも思えないからである。

松浦党の南北朝時代における一揆契諾にも、少なくとも二つの違った性格を有するものが存在することが指摘されている。一つは下松浦全般の広汎な在地土豪の結合であり、今日史料によって知り得るだけでも四回に及んでいる(4)。今一つはより地縁的関係が濃厚に認められる小規模の一揆であり(5)、或いは大一揆の分解現象とされ、或いは親一揆の単位細胞と評価されてきた(6)。時期的には前者が後者に先行し、一揆契諾の契諾内容は一般的に前者が観念的・形式的なるのに反し、後者はより具体的・現実的で彼らの日常生活と密接な関連を持った問題を契諾内容に盛り込んでい

る。(7)

軍事的意図による現存する最も早い一揆契諾は、今川了俊の弟の今川頼泰の肥前松浦上陸より二年後の応安六年に結ばれており、しかも明徳四年を最後として、以後全く松浦地方の広汎な在地領主勢力を結集した一揆契諾が姿を消して、再びかかる企がなされていないことは、(8)その背後に南北朝動乱期という政治的背景が強く作用していることは否定出来ず、佐藤氏の主張される武士支配者層の内部的原因以外に、かかる弱小勢力を一つの結集した軍事的組織として把握しようとする外部的圧力が作用しているように思う。大一揆消滅後に各地に小一揆の発生を見るが、この大一揆・小一揆を通じて地縁的結合が見られたにもかかわらず、この地方に守護領国制が発展し得なかったことにも、松浦党の一揆が、清水氏のいわれる「守護大名領地の前身もしくはその特殊な形態」としてはとらえ得ない特殊な性格を有していたことがわかる。

ところが長沼賢海氏は、南北朝時代における一揆契諾という特殊現象の中に党的性格を求められたので、必然的に松浦党をして一揆契諾を結ばざるを得なくせしめた原因の追求がほとんど行なわれていない。

筆者は前節「鎌倉時代における松浦党」において述べた如く、「党」の本来的存在形態は鎌倉時代の存在形態にあり、南北朝の松浦党の存在形態は変質したものであり、「党」＝弱小土豪層の分立割拠の状態に対する多分に蔑視の意味をこめた集合的呼称＝が一揆を結んだものであり、共和的連合形態（一揆）を結んだものが「党」ではないとした。すなわち当然一揆を結ばない「党」も存在するのであって、まさに鎌倉時代の松浦党はその典型的例であった。かかる観点からすれば、鎌倉時代における松浦党をして、一揆を結ばしめるに至った原因の追求が行なわれる必要が生じる。南北朝時代の松浦党を変質ととらえない限り、変質せしめる主体的条件の追求が行なわれないのも当然である。

かかる観点より、松浦党による一揆契諾のうち、牧野・長沼両氏によって大一揆と称される一揆について、それが結ばれるに至った歴史的背景を明らかにしてみたい。

注

(1) 牧野純一「松浦党の研究」(『歴史地理』二四の五・六) 参照。

(2) 清水三男『日本中世の村落』三五六ページ参照。

(3) 佐藤進一「守護領国制の展開」『中世社会』所収一〇五ページ参照。

(4) この種の一揆契諾として、応安六年五月六日(「青方文書」)、永徳四年二月二十三日(「山代文書」「青方文書」)、嘉慶二年六月一日(「青方文書」)、明徳三年七月五日(「青方文書」)、の四回の一揆契諾を長沼賢海氏は挙げられ、大一揆と称されている。これに対し石井進氏は、『中世政治社会思想(上)』において、この長沼氏の類別を踏襲した筆者の旧稿を批判され、応安六年の一揆は宇久・有河・青方・多尾一族等、そのメンバーが上五島の住人に限られていることを指摘されて、広汎な松浦地方の在地領主層の一揆という類別から除外し、むしろ小範囲な地縁的関係による自発的一揆にいれるべきではないかとしておられる。この点についての筆者の見解は後に述べるつもりであるので、石井氏の批判点のみを紹介しておく。

(5) 松浦地方の住人による小一揆および合議制を示す契諾状としては次のものがある。

延文六年四月二十六日　沙弥某等一揆契諾状(「青方文書」)
正平二十一年八月二十二日　宇久・有河住人等一揆契諾状(「青方文書」)
永徳三年七月十三日　与等一揆契諾状案(「青方文書」)
永徳三年七月十三日　安等一揆契諾状(「青方文書」)
至徳二年五月三日　善賢等連署裁許状(「青方文書」)
応永二年十二月十八日　穏阿等連署裁許状(「青方文書」)
応永五年七月六日　穏阿等連署裁許状(「青方文書」)
応永七年二月九日　篤等連署裁許状(「青方文書」)

応永七年二月九日　篤等連署裁許状（「青方文書」）
応永十七年六月十四日　下有川重等連署裁許状（「青方文書」）
応永十八年五月十六日　讃等一揆契諾状（「青方文書」）
応永十九年正月十九日　重等連署裁許状（「青方文書」）
応永十九年七月二十八日　江道機等連署裁許状（「青方文書」）
応永二十年五月十日　宇久・有河・青方住人等一揆契諾状（「青方文書」）
応永二十年五月十日　宇久浦住人一揆契諾状（「青方文書」）
応永二十一年十月二十一日　讃等連署裁許状（「青方文書」）
応永二十一年十二月十一日　穏阿等一揆契諾状（「青方文書」）
応永二十九年五月十三日　江道機等連署裁許状（「青方文書」）
永享八年十二月二十九日　木下健等一揆契諾状（「来嶋文書」）
永享十二年二月十一日　固等一揆契諾状（「青方文書」）
文安二年十一月十九日　日向守佐等一揆契諾状（「青方文書」）
寛正三年三月十日　左京美濃守等一揆契諾状（「青方文書」）

（6）　牧野純一氏は、前掲論文で小規模な一揆は、一族結合による大一揆が事実上は有名無実となり、効果が現われないため、崩壊分裂し、より現実的な狭い範囲の地縁的関係によって一揆契諾を結んだものとされたのに反し、長沼賢海氏は前掲書により、小一揆は大一揆の単位細胞と考えておられる。しかし後述の如く、小一揆は大一揆の崩壊分裂でも、単位細胞でもなく、両者は全く異質のものと考えている。
（7）　長沼前掲書六六〜九一ページ。
（8）　松浦博物館所蔵「松浦文書」の中に、応永二十八年八月二十一日に松浦一族が結んだ一揆契諾状がある。本文書は後世の写で用語等にも疑問がある。『松浦家世伝』にこの時松浦党が会盟した旨の記事があることからすれば、『松浦家世伝』が編纂される時点で作成された可能性がある。長沼賢海氏も前掲書五一ページでこの一揆契諾状に論及しておられるが、「これら三条の内容よりして此契約状なるものを疑はざるを得ない。少くとも原文と可なり相違したものとしてよからう」とある。

（一）　他氏の松浦一族化

松浦党なる武士集団の起源は平安末まで遡る。しかし平安時代末から鎌倉時代にかけての松浦党の存在形態と南北朝時代における存在形態とは異なっている。鎌倉時代における松浦党と称せられる武士集団には共和的団結は存在せず、各家々は独立割拠して対立抗争を常態とし、彼らには松浦一族であるとの血縁的紐帯観念を有していたことは認められるが、自ら積極的に松浦一族であることを主張した態度は認められなかった(1)。ところが南北朝時代に入ると、これまでの態度が一変し、松浦一族であることの積極的主張が現われるようになる。

このことは松浦一族のみならず、元来、他氏族である者までが松浦一族であることを主張するようになっている。この点について長沼賢海氏は「諸氏の松浦党化」として指摘され、後世松浦一族と称しているものの中に、本来松浦一族でない者が含まれていることを指摘された。ただ鎌倉時代にはそのような現象が認められなかったのに、南北朝時代になってどうしてこのような現象が現われるかという点の歴史的背景の論及が行なわれていない。

それは長沼氏が、諸氏の松浦党化を「この事実は之を大にしては、全日本民族の統合の事実に比すべきものである。全民族の各々の家々が、神別、皇別、蕃別と多系、多種であったにも拘らず、時代を経るに従つて民族は一元なりといふ理想のもとに統合され、複式氏族組織の民族が、大化改新以後、単一氏族組織の民族即ち国民となることを理想とするようになつた。この理想が益々発展して、民族一元の理想が終に事実化せられるようになつた。重ねていふ此の日本民族史の縮図を、松浦党の歴史に於て、比較的明かに見ることが出来るのである。もしそれ民族結束の内外の歴史的原因と、松浦党結束の内外の歴史的原因とは帰を一にするものがある」(2)と述べられていることによってもわかる如く、歴史的原因の追求を中止して、観念的思索に終始されたことによる。

かかる現象が単に松浦一族にのみ見られる特殊現象ではなく、他の惣領制的武士団においても南北朝時代になって顕著に認められる一般的時代傾向であることに注目されたならば、当然その歴史的原因追求を試みられたに相違ない。松浦地方の住人における松浦一族たることの積極的主張は、家名の上に「松浦」なる呼称を付すことと、松浦一族の特徴である一字名を称することによって示される。

松浦党関係古文書によって、松浦党関係諸氏の記名の仕方の変遷をたどれば、鎌倉幕府のもと鎌倉御家人の地位を確保していた松浦諸家は、肥前国御家人山代三郎固(3)・肥前国御家人峯又五郎湛(4)・肥前国御家人青方太郎吉高(5)・肥前国御家人大嶋次郎通綱(6)の例の如く「肥前国御家人某」と名乗っており、後に南北朝時代以後松浦一族と称し始めた筑前国に居住する中村氏の場合は、当然筑前国御家人中村弥次郎源続(7)と称している。

ところが鎌倉幕府滅亡を期として、「肥前国御家人」を廃して、「松浦」を称し始める者が現われるようになる。

肥前国松浦山代亀鶴丸令馳参候、以此旨可有御披露候、恐惶謹言、

元弘三年七月　日　　源亀鶴丸

（「山代文書」）

この著到状は、鎮西探題北条英時誅伐の際提出されたものであり、以後かかる現象は松浦一族に共通して現われる。さらに松浦一族のみならず、本来は他氏族である者まで、姻戚関係を根拠として松浦一族を主張するようになる。(8)

元来他氏族でありながら松浦一族化した中村氏・大嶋氏・青方氏について、この時期の記名方式の変遷を示せば次の通りである。

中村氏

①筑前国中村孫四郎入道栄永（広瀬正雄氏所蔵「中村文書」元弘三年六月二十四日中村栄永著到状）
②筑前国恰土庄中村孫四郎入道栄永（広瀬正雄氏所蔵「中村文書」元弘三年七月十九日中村栄永著到状）
③筑前国御家人中村孫四郎入道栄永（広瀬正雄氏所蔵「中村文書」元弘三年八月日中村栄永申状）
④筑前国中村孫四郎入道栄永（「中村令三郎氏所蔵文書」建武二年七月日中村栄永申状）
⑤筑前国御家人中村孫四郎入道栄永（広瀬正雄氏所蔵「中村文書」建武二年七月日中村栄永重申状）
⑥松浦一族中村孫四郎入道栄永（広瀬正雄氏所蔵「中村文書」建武三年三月十六日中村栄永著到状）
⑦筑前国御家人松浦一族中村孫四郎入道栄永（広瀬正雄氏所蔵「中村文書」建武三年六月日中村栄永軍忠状）
⑧松浦中村弥五郎殿（「中村令三郎氏所蔵文書」暦応三年三月十九日一色道猷感状）
⑨松浦中村弥五郎勇（「中村令三郎氏所蔵文書」貞和六年十一月日中村勇申状）
⑩松浦中村弥四郎源近（「中村令三郎氏所蔵文書」貞和六年十二月日中村近申状）

大嶋氏

①肥前国御家人御厨庄大嶋次郎通秀（「来嶋文書」建武元年七月十八日大江通秀著到状）
②肥前国御家人大嶋小次郎通信（「来嶋文書」建武三年三月十八日大嶋通信軍忠状）
③肥前国下松浦大嶋次郎通秀（「来嶋文書」建武三年六月日大嶋通秀軍忠状）

④肥前国下松浦大嶋小次郎聞（「来嶋文書」康永二年七月七日大嶋聞軍忠状）
⑤松浦大嶋小次郎殿（「来嶋文書」康永三年六月六日一色道猷宛行状）
⑥松浦大嶋小次郎聞（「来嶋文書」貞和六年四月二十一日足利直冬宛行状）
⑦松浦大嶋小二郎殿（「来嶋文書」貞和六年九月二十日足利直冬感状）

青方氏

①肥前国五嶋青方孫八郎入道覚性（「青方文書」正慶二年三月日青方高継申状案）
②西浦目青方孫四郎殿（「青方文書」元弘三年七月二十四日少弐貞経書下）
③肥前国御家人青方孫四郎高直（「青方文書」元弘三年十月十七日青方高直著到状）
④肥前国御家人青方孫四郎藤原高直（「青方文書」元弘三年十二月日青方高直申状案）
⑤肥前国五島西浦部青方孫四郎高直（「青方文書」建武元年七月日青方高直申状案）
⑥肥前国五島西浦目地頭青方孫四郎藤原高直（「青方文書」建武元年八月六日青方高直申状案）
⑦五嶋青方孫四郎殿（「青方文書」建武元年九月十七日大友貞載催促状）
⑧肥前国五嶋青方孫四郎高直（「青方文書」建武三年三月十五日青方高直軍忠状案）
⑨肥前国五嶋青方孫四郎藤原高直（「青方文書」建武三年三月十五日青方高直軍忠状案）
⑩肥前国御家人青方孫四郎高直（「青方文書」建武三年卯月日青方高直申状案）
⑪五嶋青方孫四郎殿（「青方文書」建武三年九月三十日大友貞載覆勘状）
⑫肥前国五島青方孫四郎高直（「青方文書」建武三年九月日青方高直軍忠状案）

⑬五嶋青方孫四郎（「青方文書」建武四年三月二十日一色道猷施行状）
⑭松浦青方人々中（「青方文書」建武五年十月十七日一色道猷催促状）
⑮松浦宇久青方孫四郎殿（「青方文書」暦応二年四月二十五日一色道猷書下）
⑯松浦青方孫四郎殿（「青方文書」暦応二年七月八日小俣道剰覆勘状）
⑰松浦青方孫四郎聞（「青方文書」暦応三年五月日青方聞軍忠状案）
⑱松浦青方孫四郎高直（「青方文書」暦応五年四月二十九日青方高直軍忠状案）
⑲松浦青方次郎四郎繁（「青方文書」貞和六年四月二十一日足利直冬所領宛行状）
⑳松浦青方孫四郎殿（「青方文書」観応元年五月三日一色直氏書下）
㉑松浦青方次郎四郎繁（「青方文書」貞和六年五月十三日青方繁軍忠状）

以後各家々とも「松浦某」との記名方式を踏襲しており、南北朝・室町時代を通じて変化はない。前例中、中村氏の⑧、大嶋氏の⑤⑥⑦、青方氏の②⑦⑪⑬⑭⑮⑯⑲⑳の各例は宛名における使用例であり、他はすべて自称における使用例である。

大嶋氏の場合の③④例の如く、「下松浦」とあるのは、青方氏における①②⑤⑥⑦⑧⑨⑪⑫⑬例に居住地の五嶋とあるのと同様、松浦一族たることの積極的主張を示すものではなく、その居住地を示したものと考えられるが、中村氏の場合の⑥⑦⑧⑨⑩、大嶋氏の⑤⑥⑦、青方氏の⑭⑮⑯⑰⑱⑲⑳㉑の各例に見られる記名方式の変化は、明らかに松浦一族であることを積極的に顕示しようとしたものと考えることに異論はあるまい。中村氏の⑥⑦の如く松浦一族と明記しているものもあり、青方氏においても、「青方文書」建武四年七月日青方高直目安状案によれば、

目安

肥前国青方孫四郎高直・同舎弟弥三郎高能申同国安富庄配分事、

右、高直・高能者松浦佐志源二郎仰子息宇久五郎厚法名巨海孫子也、当庄則為恩賞之地、不撰内外戚被支配松浦御一族歟、宜預分限之均分歟、随而自将軍家御下向寂前、令一烈（列）、同参当御一族令之以来、菊池凶攻之時、高直被疵、鳥飼・津留・北野合戦之時、高能被疵、仁木殿御上洛之時、為当類一族遂供奉之上洛、鴨河原・宇治軍以下毎度致軍忠了、凡自英時追伐之寂初、迄于当時在津之今、合戦御大事毎度不奉離当一族、抽随逐忠節早、云支配、□（云カ）見聞、▨▨必然也、早預支配、為成向後武勇、目安如件、

建武四年七月　日

と見える。すなわち青方高直は松浦一族である佐志源二郎仰の子息の宇久五郎厚の孫に当ることから、松浦一族であることを主張している。そしてこのように松浦一族であることを主張する理由としては、内外戚を選ばず肥前国安富庄を松浦一族に支配させるとのことであるから、松浦一族の外戚である青方氏にも分限に応じて均分の配分に預りたいと述べている。

これによって青方高直が遠い外戚を頼って松浦一族であることを主張する理由が具体的に述べられており、松浦氏以外の他氏が松浦一族化する理由は、長沼氏が述べられた如く、理念的理由によるものではなく、松浦一族であることを主張した方が有利な客観的条件が生じたためであることがわかる。青方高直が理由としたように姻戚関係をたどれば、松浦地方に居住する他氏族といえども、ほとんど松浦一族であることを主張出来る根拠が存在したものと思われる。しからば松浦一族を主張することが有利な客観的条件の変化とは具体的にはどのような事情が存在したのであ

ろうか。この点について長沼賢海氏も論及しておられるが、それによれば平氏であった北条氏が滅亡し、源氏である足利氏がかわって政権を獲得した事から、嵯峨源氏の流れを汲む松浦一族と姻戚関係を有することを主張し、「御一族」の恩恵に預らんと意図したものであり、「藤原姓青方氏は元弘・建武の国内南北の動乱に処し、生存競争の必要、自家保全する必要等に迫られ、終に松浦姓を称するに至った(9)」と結論しておられるが、同様の事情が松浦党諸家の場合にも存在していたことは推測するに難くない。

しかし同様の現象は鎮西における他の惣領制的武士団にも認められる。すなわち本来藤原氏である大友氏の場合にも、庶子家が大友一族であることを積極的に主張する現象が認められる。たとえば「志賀文書」建武四年三月日志賀正玄軍忠状において大友一族志賀太郎蔵人入道正玄と称しており、「狭間文書」建武三年九月日狭間政直軍忠状でも大友一族狭間大炊四郎太郎政直、「詫摩文書」建武五年四月十八日詫磨貞政軍忠状でも大友詫磨豊前太郎貞政と称している。大友氏の場合にも鎌倉時代にはこのような現象は認められず、南北朝時代になってはじめて現われる現象である点で松浦氏の場合と一致する。しかし藤原氏である大友氏の場合は、足利氏と同じ源氏であるということを主張することによって恩恵に預ることも期待出来ないわけであるから、長沼氏が挙げられた理由以外の理由が存在したことになる。

ここで注目すべきことは、南北朝時代になって、足利尊氏らが九州在地武士団宛に発給した軍勢催促状に「相催一族」なる文言がしばしば見えることである。かかる傾向は足利方のみならず、南朝方でも用いている。「相催一族」という文言の中に、惣領制解体後の弱小未組織軍事力を、なお残存する一族意識を利用しつつこれを組織化し、結集した軍事力として把握しようとする足利方・南朝方双方の戦略的意図が反映し、同時代における一族意識の高揚、一族たることの積極的主張となって現われたのではないかと思われる。すなわち惣領制解体後の惣領の庶子支配力の減退と、なおそれにかわる地縁的結合が完成していない過渡期において、在地に独立割拠する未組織軍事力の組織化に苦慮した南北両勢力が、血縁的紐帯による一族意識の喚起により軍事力の組織化を意図し、かかる権力者側の意図に対する在地武士団の迎合もしくは反映が、鎌倉時代には見られなかった一族たることの積極的主張となって現われたものと考えたいのである。

注

(1) 松浦一族が鎌倉時代に一族たることの積極的主張がなされなかった理由については種々考えられるが、鎌倉時代における松浦一族は、経済的・社会的・政治的・軍事的にも独立割拠し、対立抗争していたので、かかる状勢下において松浦一族たることの積極的主張も無意味であった。しかしこのような松浦一族も蒙古襲来恩賞地問題については結束して鎌倉幕府に訴えることがあった(「山代文書」弘安十年十一月十一日肥前国守護北条為時挙状)。しかし恩賞地問題をめぐって、肥前国御家人松浦一族御厨庄地頭等二十余人が結束したということは、その前提として、それまでこれら一族の独立割拠の状態の存在を意味しており、またかかる結束が一時的永続性のないものであったことにむしろ注目すべきと思う。

(2) 長沼賢海『松浦党の研究』二九～三〇ページ参照。

(3) 「山代文書」天福元年五月二十九日武藤資能請文案。

(4) 「青方文書」正元二年七月十六日関東裁許状案。

(5) 「青方文書」文永二年十月二十日六波羅問状。

(6) 「来嶋文書」文永七年九月十五日沙弥乙啓書状。

(7) 広瀬正雄氏所蔵「中村文書」正応六年五月二十九日中村続著到状。

(8) 長沼前掲書「諸氏の松浦党化」参照。

(9) 長沼前掲書一六ページ参照。

(二) 南北朝動乱期における松浦党の存在形態

従来このように名前の上に松浦と付すようになったことをもって松浦党の結束を示す現象、或いは他氏の松浦党化といった如き評価がなされている。しかし一族意識の高揚による血縁的紐帯観念だけでは、所詮、南北朝時代における各地に割拠した家々を結束させることは不可能であった。松浦諸家の場合も一族意識の強化は見られるが、それはあくまで意識の面に止り、現実の政治的・軍事的行動の面では全く各家々が主体性を有する別個の行動を示している。

元弘三年五月二十五日の鎮西探題北条英時誅伐には多数の鎮西御家人が馳参じているが、松浦党諸家もこれに参加したらしく、中村氏(1)・相知氏(2)・山代氏(3)・青方氏(4)等に軍忠状および著到状が残っている。この場合の戦闘単位は各家々にあり、恩賞もまた家単位に与えられており、松浦党として軍忠状や著到状を出すこと、および党に対し恩賞地を与えられることはない。

かかる現象は鎌倉時代においても認められたところであるが、南北朝時代においても全く変わりはなかった。南北朝動乱期における松浦一族の行動を明らかにすることによって、松浦一族の存在形態は一層明確となる。箱根竹下合戦事を誌した『太平記』の記事によれば、

新田義貞宗徒の一族二十余人、千葉、宇都宮、大友千代松丸、菊池肥後守武重、松浦党を始めとして国々の大名三十余人都合其勢七万余騎大手にてぞ被向ける、

とあり、松浦党の参加を伝えているが、しかしこのことは松浦一族の大部分が共同して戦闘に参加したことを示すも

のではなく、松浦一族中の平戸松浦氏である松浦肥前守貞だけが単独で新田義貞の下に従軍したものらしい[5]。

他の松浦諸家は在地にあって、足利氏に好感を抱きつつも動かず、形勢を傍観していたものと思われる。この間南朝方・足利方による自己陣営への参加を求める工作が執拗に続けられており、後醍醐天皇綸旨をはじめ[6]、足利方による軍勢催促状が各家々の家長宛に発給されている[7]。『太平記』によれば、建武三年三月二日筑前多々良浜合戦にも松浦神田氏[8]の参加を伝えているが、今日松浦党関係文書中多々良浜合戦の際の著到状・軍忠状が一通も残存しないことよりすれば、松浦一族のほとんどが戦闘に参加しなかったものと考えられる。

しかし多々良浜の合戦が足利尊氏の圧倒的勝利に終ると、松浦一族はそれまでの日和見的態度を捨て、足利氏の催促に応じ、続々と馳参じたらしく、この時点を転機として、以後著到状・軍忠状が松浦党の各家々に残存している。

そして各家々は軍勢催促に応じて各地を転戦し、軍忠状を提出しているが、この軍忠状によって松浦党の戦績を編年的に表示すれば次の通りとなる。

年月日	氏名	参戦場所
建武三・二・二九	中村栄永	有智山合戦之時、致軍忠[9]
建武三・三・一一	斑嶋　渟	罷向菊池城、同十一日於搦手致合戦[10]
建武三・三・一一	石志良覚	罷向菊池城、於搦手致合戦[11]
建武三・三・一一	青方高直	同十一日発向菊池城、於搦手致合戦[12]
建武三・三・一五	中村栄永	於御方（高師直）所令馳参候也[13]
建武三・三・一六	中村栄永	馳向菊池城[14]
建武三・三・一七	大嶋通信	於于大将軍上野左馬助殿(頼兼)御手、相向筑後国黒木城、令破却城鄭候畢[15]
建武三・五・一	石志良覚	今月一日於筑後国土古河、懸合菊池掃部助(武敏)以下凶徒等、致散々合戦[16]

建武三・五・一六	中村栄永・寒水井八郎・中嶋孫次郎	去月十六日、於島海懸入于菊池掃部助武敏以下凶徒等中、致散々合戦(17)
建武三・五・一六	青方高直	筑後□鳥飼・津留并北野原二ヶ所合戦(18)
建武三・五・一六	大嶋通秀・船原階	謀反与同菊池掃部助武敏誅伏之時、去月十六日於筑前国平塚、随分抽軍忠(19)
建武三・五・一六	斑嶋渟	於筑後国鳥飼・聖瀬以下所々抽軍忠(20)
建武三・九・四	石志満	去四日馳向宇治橋渡河致散々合戦追落凶徒等訖(21)
建武三・九・四	山代弘	去九月四日御発向山城宇治之時、於引橋之上、御敵及合戦之間、令散々矢軍、渡宇治河、攻入向陣、追落御敵畢(22)
建武三・九・四	青方高直	今月四日宇治御合戦之時、渡宇治河懸入敵陳追落凶徒等畢(23)
建武四・四・一四	青方高直・宇久孫二郎入道・志佐三郎	肥後国犬塚原合戦搦手致軍忠(24)
建武四・四・一四	山代亀王丸・佐志披	御発向大将軍(小俣道剰)肥後国之時、御共仕、犬塚原合戦仁致軍忠訖(25)
建武五・三・三	石志瀰・佐志披	筑後国石垣山合戦(26)
暦応三・三・一九	中村勇	号新田禅師之仁井原田孫次郎以下凶徒等、楯籠筑前国一貴寺之処、抽軍忠追落凶徒(27)
暦応三・七・二五	山代亀王丸	筑後国豊福原并竹野四ヶ郷致警固(28)
暦応三・九・二六	石志瀰・山代亀王丸・佐志披	生葉庄(筑後国)山責合戦之時、抽軍忠(29)
康永二・五・一四至七・三	佐志披・斑嶋渟・山代遶・松浦定・吉永正・大嶋聞	中院侍従家・菊池対馬守已下凶徒、依楯籠筑後国竹井城(30)
貞和六・三・二四	武末授・青方繁	大将軍(今川直貞)御著肥前国塚崎庄之間、馳参萩尾原、於多久・多々良峯・小城郡牛尾城・春日山・烏帽子嶽所々御陣致忠節(31)
貞和六・五・一	武末授	須古城(肥前国杵島郡)合戦之時、抽軍忠(32)

観応元・一〇・二八	相知　秀	令中国御共、致夙夜奉公之忠(33)
観応元・一二・三〇	相知　秀	自備州福岡御入洛御共仕(34)
観応二・正・一五	相知　秀	自三条川原迄于法勝寺後抽軍功、(中略)其夜二条京極御座、仍登京極西惣門築地之上致警固、同十六日丹波御共仕、自其播摩書写・坂本並滝野御共仕(35)
観応二・二・一七	相知　秀	兵庫入御、二月十七日打出合戦之時、諸人雖御前引退、於秀不奉離(中略)令湊川之城御共(36)
観応二・二・二六	相知　秀	自兵庫御共、至于廿七日御京着御共仕、于今在京(37)
観応二・七・二八	相知　秀	近江国石山御出御共仕(38)
観応二・八・一八	相知　秀	重江州御下向之間、自鏡宿・武者寺・四十九院・小野大覚寺・醍醐寺・長峯御陣・八重山御陣・新庄大御堂・千松原漏山、至于十月十四日之御上洛、致夙夜奉公忠節(39)
観応二・一二	相知　秀	為凶徒退治、松浦党以下発向肥前国小城(40)
観応三・二・二〇	相知　秀	武蔵国金井原合戦之時、討死(41)
観応三・潤二・二〇	松浦三郎左衛門尉	京都合戦并江州供奉(42)
延文元・一一・一四	松浦三郎左衛門尉	今度令供奉江州、致忠節(43)
正平一七・九・二一	青方重・鮎河六郎次郎	長者原(筑前国)合戦之時、致忠節(44)
康安二・一一・二〇	波多　披	筑前国於片岡、今月廿日、押寄御敵陣、一族等相共致合戦之時、打死(45)
正平一七・一一・二七	中嶋五郎	筑前国得永合戦之時、致忠節(46)
正平一七・一二	青方重・白魚孫九郎	於怡土陣(筑前国)、致忠節(47)
正平二二・八・二八	大嶋刑部丞	於香春岳(豊前国)、致軍忠(48)
応安四・一二・二七	斑嶋地頭尼代	肥前国塚崎庄牟留井城責合戦之致軍忠(49)
文中元・一〇・二三	青方　固	於烏帽子嶽(肥前国藤津郡)、有智山(筑前国)、高良山(筑後国)御陣致忠節(50)
永和三・六	大嶋政・大嶋堅	肥後国志々木原御陣致宿直、大水山関御合戦落居之刻、板井・合志・菊池以下御勢使并限本城攻御陣致忠節(51)

永和四・一〇・二六	大嶋勝・大嶋堅・大嶋政・大嶋実	筑後国黒木御陣警固之刻、去月廿六日出御之御供仕(52)
永和四・一〇・二八	大嶋勝・大嶋堅・大嶋政・大嶋実	耳納山城(筑後国)攻幷御陣宿直以下、迄于今励超涯之軍功(53)
永徳二・潤正	青方　重	自最初於所々御陣致合戦忠節之刻、板井・木野・高島・菊池・熊見・染土以下凶徒令没落早、以降于当所館田原御陣、抽宿直(54)

以上、今日残存する松浦党関係諸家の軍忠状を編年して列挙してきたが、これによって意図するところは松浦党の戦闘の場所を知ることのみが目的ではなく、松浦諸家の軍事的行動は、各諸家の家長に対する個々に発給された軍勢催促状に応じて、各家々の家長の主体的判断によって去就が決定されており、共和的団結をした松浦諸家が共同の行動をなしていたのではないことを明らかにし、一揆契諾を結ぶ前の松浦諸家の存在形態は、鎌倉時代以来の独立性の濃厚な、しかも一族或いは地域的に全体を統轄する中心的勢力が存在しない、弱小勢力が独立割拠する存在形態を持続していたことを明らかにするのが主たる目的である。(55)

松浦諸家のうち、ある家の家長の主体的判断により、関東や畿内の戦闘に従軍している時、他の家は鎮西在地における戦闘に参加している場合もあるわけである。勿論、同一場所の戦闘に参加している場合も多いが、その場合でも各家長は指揮者に対して別々の軍忠状を提出し、別々の恩賞地の給与を受けている。したがって南北朝動乱期の諸勢力が交錯した状勢下においては、平戸松浦定が新田義貞側に味方したのに対し、他の松浦諸家は足利氏を支持した例、正平十七年の筑前国糟屋郡長者原の合戦で青方重・鮎河六郎次郎が征西将軍宮方であったのに対し、他の松浦諸家は斯波氏経・少弐冬資方として戦っている例によってもわかる如く、松浦諸家が敵味方に分れて相争うことも稀ではなく、しかも建武五年八月日相良定頼申状の一節に「将軍鎮西御下向之時、軍勢等大略雖挿二心」[56]とある如く、かかる弱小在地勢力は、自己の利害の趨く所、豹変きわまりない行動を示しており、観念的儒教道徳によって裏打ちされた近世的武士道の信奉者では勿論なかった。[57]しかも恩賞要求に際しては露骨に愁訴し、終には恐喝的言辞をも用いる彼らであった。すなわち一例として大友氏一族志賀頼房は、建武以来足利尊氏に従って各地に転戦し、自らも手負を受け、親類・若党・郎従が数輩討死したのに、わずか豊後国速見郡山香庄内船尾参町しか恩賞として与えられなかったことを不満とし、「而建武三年四月以船尾、為恩賞、被送下御下文於玖珠城之条、面目之至、先以雖畏存、彼地僅参町、所出亦弐拾余貫文、尫弱之至、還而似失弓箭之名望」と述べ、また「何況、頼房、為大将軍□□（御格ヵ）護、一族一方棟梁也、争可被超越于傍人哉、而浴参町恩沢之条、殆末代瑕瑾也、此等子細、不遑于見註」[58]と愁訴している。

かかる現実的要求を掲げて行動する鎮西弱小未組織在地土豪層は、強大な勢力に容易に吸収される性格と同時に、反面また容易に離脱する浮動的性格を有していた。松浦党などその典型的存在であったと言えよう。[59]

注

（1）広瀬正雄氏所蔵「中村文書」元弘三年六月二十四日中村栄永著到状、同元弘三年七月十九日中村栄永著到状。

（2）「松浦文書」元弘三年七月八日松浦蓮賀軍忠状。

（3）「山代文書」元弘三年七月日源亀鶴丸著到状、同元弘三年八月日山代亀鶴丸著到状。

（4）「青方文書」元弘三年十月十七日藤原高直著到状。

（5）「武雄神社文書」建武三年七月二十九日足利尊氏御教書案によれば「松浦肥前守貞、落下鎮西之由、有其聞、早相触国々軍勢等、探尋之、可誅伐之状如件」とあり、南朝方に味方した峯貞が鎮西に逃げ帰ったのを誅伐することを命じたものであり、また『青方家譜』所載建武三年卯月日青方高直申状案によれば、青方高直は菊池合戦の恩賞として、五島内西浦目半分を宛行なわれんことを申しているが、この地は峯源藤五定の跡とあり、定（貞）が南朝方に味方したため、足利氏によって没収されたことがわかる(「青方文書」建武四年九月三日一色道猷書下案参照)。しかし「青方文書」康永二年七月日松浦肥前守定の一色道猷に対する申状によれば、「中院侍従已下凶徒於筑後国竹井城構城郭、雖及度々合戦、以一族等被下御教書之間、止与力之儀、令参御方之刻、城郭不経日数令没落訖、定於御方可謂簓始忠、然則、預京都巨細御注進、達上聞令安堵本領、向後致無弐之奉公矣」と述べ本領安堵を申しているので、それまで南朝方を支持していた平戸松浦氏も終に足利方に寝返りをしたことがわかり、一色道猷は高師直に定の本領安堵を注進している(「青方文書」康永二年七月二十五日一色道猷挙状案)。

(6) 「松浦文書」建武二年十一月二十二日後醍醐天皇綸旨、「来嶋文書」建武二年十一月二十二日後醍醐天皇綸旨。

(7) 広瀬正雄氏所蔵「中村文書」建武二年十二月二十三日少弐頼尚施行状、「青方文書」建武二年十二月二十三日少弐頼尚軍勢催促状(青方孫四郎宛)、同建武二年十二月二十三日少弐頼尚軍勢催促状(白魚孫鬼宛)、同建武三年正月十六日肥前国守護代施行状(青方孫四郎宛)。

(8) 神田氏は鎌倉御家人で、現在佐賀県唐津市の西南にある神田を本拠としていた。長沼前掲書一一五ページ参照。

(9) 広瀬正雄氏所蔵「中村文書」建武三年三月二十日筑前国守護少弐頼尚書下。

(10) 「斑嶋文書」建武三年三月二十六日斑嶋渟軍忠状。

(11) 「石志文書」建武三年三月日石志良覚軍忠状。

(12) 「青方文書」建武三年三月十五日青方高直軍忠状案、同建武三年卯月日青方高直申状案。

(13) 広瀬正雄氏所蔵「中村文書」建武三年三月十五日中村栄永著到状。

(14) 広瀬正雄氏所蔵「中村文書」建武三年三月十六日中村栄永著到状。

(15) 「来嶋文書」建武三年三月十八日大嶋通信軍忠状。

(16) 「石志文書」建武三年五月日石志良覚軍忠状案。

(17) 広瀬正雄氏所蔵「中村文書」建武三年六月日中村栄永軍忠状。

(18) 「青方文書」建武三年五月日青方高直軍忠状案。

(19) 「来嶋文書」建武三年六月日大嶋通秀軍忠状。

(20)「有浦文書」建武三年六月日斑嶋淳軍忠状。
(21)「石志文書」建武三年九月日石志満軍忠状案。
(22)「山代文書」建武三年十月日山代亀王丸代伊賀光秀軍忠状。
(23)「青方文書」建武三年九月日青方高直軍忠状案。
(24)「青方文書」建武四年七月日青方高直軍忠状。
(25)「山代文書」建武四年七月四日山代亀王丸代泰兵衛尉友長軍忠状、「斑嶋文書」暦応三年十月日源披軍忠状。
(26)「石志文書」暦応三年十月二十五日石志潶軍忠状、「斑嶋文書」暦応三年十月日源披軍忠状。『北肥戦誌』に松浦党の石垣山に於ける手負分捕注進状を引用している。

一注進

建武五年三月、於筑後国石垣山、菊池武重以下凶徒合戦之時、松浦一党等討死手負分捕幷平合戦交名之事、

一飯田彦次郎定討死　　一得富彦七家政討死
一中村弥三郎頭被疵　　一飯田次郎抑討死
一西浦源次郎持　　一寒水井彦次郎討死
一宇久馬場七郎勇討死　　一河崎五郎討死
同旗指五郎四郎右コラリ骨射疵　　同中間左近太郎討死
一巌木八郎守討死　　一得末又太郎討死
一赤木堤彦六肥討死　　一菖蒲限本五郎討死
一常葉左衛門次郎重高討死　　一限辻十郎入道覚乗代子息八郎長討死
一波多馬渡五郎長討死　　一長田又次郎左股射疵
一赤木又次郎入道源栄　　一大塚三郎右ヒザロ射疵

一鴨打二股弥五郎階分捕　　一鴨打彦六増射疵
一鴨打石田彦三郎左肩先射疵　　以下略
総合弐百五十四人

とある。『北肥戦誌』が如何なる史料に基づいて引用したか不明であるが、参考のため掲げる。

(27)「中村令三郎氏所蔵文書」暦応三年三月十九日一色道猷感状。
(28)「山代文書」暦応三年十月日山代亀王丸軍忠状。
(29)「石志文書」暦応三年十月二十五日石志溉軍忠状、「山代文書」暦応三年十月日山代亀王丸軍忠状、「斑嶋文書」暦応三年十月日源披軍忠状。
(30)「斑嶋文書」康永弐年七月二十五日斑嶋渟軍忠状、同康永二年七月日佐志披軍忠状、「山代文書」康永二年七月二十五日山代逸軍忠状、「青方文書」康永二年七月日松浦定申状案、「吉永文書」康永二年七月日吉永正軍忠状、「来嶋文書」康永二年七月七日大嶋聞軍忠状。
(31)「伊万里文書」貞和六年五月十三日源授軍忠状、「青方文書」貞和六年五月十三日青方繁軍忠状。
(32)「伊万里文書」貞和六年五月十三日源授軍忠状。
(33)「松浦文書」観応二年七月日相知秀軍忠状。
(34)「松浦文書」観応二年七月日相知秀軍忠状。
(35)「松浦文書」観応二年七月日相知秀軍忠状。
(36)「松浦文書」観応二年七月日相知秀軍忠状。
(37)「松浦文書」観応二年七月日相知秀軍忠状。
(38)「松浦文書」観応二年十月二十七日相知秀軍忠状。
(39)「松浦文書」観応二年十月二十七日相知秀軍忠状。
(40)「松浦文書」観応二年十二月二十日足利尊氏感状。

(41)「松浦文書」観応三年三月二十日足利尊氏感状、「松浦文書」(観応三年) 六月八日足利尊氏御教書。相知秀は足利尊氏に従って観応元年十月以来各地に転戦し、観応三年二月二十日武蔵国金井原合戦で討死した。足利尊氏は相模国愛甲庄内上相兵部少輔跡を恩賞地として与えているが、特に一色道猷に御教書を送り、「子息幼稚之間、不及参洛云々、恩賞事以便宜之地、可被致計沙汰候也」と命じている。

(42)「伊万里文書」観応三年五月八日足利義詮感状。

(43)「伊万里文書」延文元年十一月十四日足利義詮感状。

(44)「青方文書」正平十七年十月二十六日征西将軍宮懐良親王令旨、「松浦文書」正平十七年十月二十六日征西将軍宮懐良親王令旨、このように青方・白魚氏が筑前長者原の合戦で征西将軍宮方として戦っている一方、「深江文書」正平十七年十一月二十五日安富泰重軍忠状によれば、泰重が長者原の合戦で征西将軍宮方として戦っている時、松浦郡鏡・浜崎・一貴寺・高嶽で松浦党が足利方として蜂起したと述べており、「阿蘇家文書」康安二年十一月十日斯波氏経書状によれば、阿蘇惟村に対し、「兼又松浦上下一揆、去月廿七日、越山候由、注進到来候了」と報じており、波多久曾寿丸の康安二年十一月二十日軍忠状で一族相共に合戦していると述べていることは、その一端を示しているものと思われる。長者原の合戦で、松浦党の大勢は斯波氏経の先陣として戦ったことを記載している『太平記』『北肥戦誌』の記事とも一致する。したがってこの長者原の合戦を中心に松浦党が南北両軍に分かれて戦ったことがわかる。

(45)「有浦文書」康安二年十一月三十日波多久曾寿丸軍忠状。

(46)「来嶋文書」正平十七年十一月二十七日征西将軍宮懐良親王令旨。

(47)「青方文書」正平十七年十二月七日征西将軍宮懐良親王令旨(青方重宛)、同正平十七年十二月七日征西将軍宮懐良親王令旨(白魚孫九郎宛)。

(48)「来嶋文書」正平二十二年八月二十八日征西将軍宮懐良親王令旨。

(49)「有浦文書」応安五年二月日斑嶋地頭尼代軍忠状。

(50)「青方文書」文中元年十月二十三日征西将軍宮懐良親王令旨。

(51)「来嶋文書」永和三年九月日大嶋政軍忠状、同永和三年九月日大嶋堅軍忠状。

(52)「来嶋文書」永和四年十一月日大嶋勝軍忠状、同永和四年十一月日大嶋堅軍忠状、同永和四年十一月日大嶋政軍忠状、同永和四年十一月日大嶋実軍忠状。

(53)「来嶋文書」永和四年十一月日大嶋実軍忠状。

(54)「青方文書」永徳二年閏正月日青方重軍忠状。

(55) 安田元久「初期封建制の構成」二一二ページで紀伊湯浅党の場合も、鎌倉末期には各家々の独立性は極度に発展しており、南北朝動乱期における各家々の行動は統制がなく、松浦党の鎌倉時代から南北朝動乱期における存在形態と類似した存在形態を示していたことがわかるが、かかる状態をもって安田氏は党の機能の消失と考えられているが、筆者は鎌倉末期における湯浅党の存在形態が中世における武士の党と呼ばれるものの実態であり、「党」そのものの存在形態であったと考えられるべきであり、湯浅党における共和的団結の機能の消失ではあっても、湯浅党の機能の消失という表現は不適当と考える。

(56)「相良家文書」建武五年八月日相良定頼申状。

(57) 家永三郎「主従道徳の一考察」（『史学雑誌』六二の三）参照。

(58)「志賀文書」康永元年九月日志賀頼房申状。

(59) 南北朝時代の九州地方における文書の数量的分析によれば、肥前国は南側の年号を使用した文書が百三十八通に対して北側の年号を使用した文書は九百四十五通を数え、九州地方では最も北側の年号使用の文書が多く残存している国であり、したがって北側の勢力が強い有力な地盤であったことが知られる。ところが文和三年頃より応安三年約十六年間に北側の年号使用の文書は四十八通に過ぎない。これに反してこの間の南側の年号使用の文書は九十六通と約二倍近い数を示している。この期間は征西将軍宮の勢力が全盛を誇った時代であり、これを反映して、松浦党を含めた肥前国の弱小浮動勢力が、たちまちにして征西将軍宮方に傾斜したことがわかる。特に肥前国には菊池・少弐・大友・島津の如き強大な武士団が存在しなかったため、松浦党の如き浮動勢力が、その時の勢力の消長によって浮動するため、このように顕著な現象として現われたものと思われる。拙稿「九州地方における南北朝時代文書の数量的分析」（『日本歴史』三一三）参照。

(三)　未組織軍事力の組織化工作

鎌倉武士団は独立性と従属性の重畳的性格を有していたとされているが、鎌倉末期には特に独立性が極度に伸張し、惣領制は崩壊の一途を辿り、ついに惣領制の上に成立していた鎌倉御家人役勤仕にも支障を来すに至り、幕府は特に鎮西において、蒙古襲来に備えて、異国警固番役確保を目的として種々の対策を講じたが、幕府が意図する各独立した家々の軍事力を惣領を中心として再編成することは失敗に帰し、かえって幕府の御家人所領の細分化・零細化を抑制する政策が、既に惣領より独立した庶子家の家督権を強化する結果を招き、惣領の庶子支配権は弱体化する反面、庶子家の家督権は強化され、長子単独相続へ移行する傾向にあった。鎮西在地武士団特に鎮西北西部武士団では、鎌倉末期から南北朝時代にかけて、独立した庶子家を惣領の支配下に再編成することは、部分的には成功した例も認められるが、大局的には族的再結合への努力は失敗しており、独立した庶子家はむしろ地縁的結合へ向う傾向を示しつつあった。このような惣領制が崩壊し、なお地縁的再編成が行なわれていない南北朝時代の鎮西武士団の軍事力を組織化する必要に迫られた場合、足利尊氏は鎮西在地武士団の実態を把握することなく、惣領に一族を相催わせることによって、未組織武士団を組織化することを意図した。すなわち建武三年三月の多々良浜の戦で勝利を収めた尊氏は、西下わずか二ヵ月後の建武三年四月に大挙東上するに当り、一色道猷を九州に留めて経営に当らせることになり、なお不安定な九州における未組織軍事力を如何にして組織化し、自己の陣営に固定出来るか否かが、九州に足利方の地盤を確立する鍵であった。

そこで惣領制的支配形態の残存している東国武士団を見聞している足利尊氏としては、鎮西武士団に対しても惣領による一族支配に期待をかけたものと思われる。(1)しかし南北朝時代における鎮西武士団、特に鎮西北西部武士団には、惣領が独立した庶子家を統制する力は失っており、その主導権は各独立した家の家長に移っていた。この鎮西武士団の特質を把握して、各戦闘単位である独立した各庶子家に働きかけることによって軍事力の組織化を意図したのが、足利尊氏の庶子であった足利直冬と思われる。すなわち尊氏と直義との抗争のあおりを受けて、貞和五年八月九州に落下した直冬は、九州における軍事的権力の確立が、在地武士団の組織化にかかっていることは明白であった。しかも直冬の場合は、既に尊氏が東上後にこの地に留めて足利方の勢力拡大を図っていた一色道猷と、南朝方の勢力挽回を意図して下向させた征西将軍宮懐良親王とが、それぞれ在地諸豪族を味方に付け、その勢力分布がほぼ固定化しつつあった。そこで直冬がこの両勢力の間隙を縫って、その勢力を確立するとすれば、なお両勢力に旗幟を鮮明にしていない流動的な弱小在地勢力に求めることは当然のことであった。

そのためには一族による惣領制的団結の存在しない鎮西北西部武士団の特質は、第三勢力を確立しようとする直冬にとって、好都合の条件であったと言わねばならない。一族内部で南北両派に分かれて争っている鎮西北西部武士団の実態を前にして、直冬はかつて尊氏が意図した如き擬制的一族組織を、惣領をして「相催一族」せて馳参じさせることは期待しなかった。直冬は鎮西北西部武士団の実態に応じて各戦闘単位である独立した各庶子家の家督に催促状を発給している。その直冬が発給した軍勢催促状において、「相催一族」という文言がほとんど使用されていないことは、鎮西武士団の存在形態に即応した組織化を意図したものと言わねばならない。

ただここで留意すべきことは、尊氏の惣領を中心とする一族的組織化から、直冬の庶子の独立した家督を中心とする組織化への変化は、九州在地武士団の存在形態の変化に応じて転換されたものではなく、尊氏の九州在地武士団の存在形態に対する認識不足に基づく組織化の誤りを、直冬が実態に即応した組織化へ転換したに過ぎない。この間九州在地武士団の存在形態には大きな変化は認められず、鎌倉時代末期より、鎮西武士団の庶子独立化の傾向は進展していたのであり、直冬が下向した前後に九州在地武士団の独立化が急速に進展したわけではない(2)。

直冬の独立した戦闘単位としての家督を中心とする組織化への指向は、鎮西武士団の実態に即したきわめて実効のある方策であったが、これら弱小武士団の有する浮動的性格を克服するまでには至っていない。直冬はこれら日和見的弱小武士団の家督を味方に引き付けるため、ほとんど空手形に近いと思われる所領・所職の安堵状を濫発して、弱小武士団の要求を満たそうとしているが、直冬の戦況不利となればたちまち離散する性格を有していた。

しかし鎮西における南北朝動乱期の客観状勢は、あくまで未組織軍事力の組織化が要求されており、九州における南朝方の優勢に対抗して足利方の主導権の回復を図るため、応安四年九州探題として赴任した今川了俊は、鎮西弱小武士団の浮動性を克服するため新たな方策をとった。それはこれら鎮西弱小武士団に一揆契諾を結ばせることによって、互いに共同的行動をとらせる方策を推進したことである。

勿論弱小武士団が独立割拠している松浦党においては、先述の如く鎌倉時代にも蒙古襲来の恩賞地に関して、松浦一族二十余人が一揆して幕府に訴えようと企てたこともあった。独立割拠する存在形態は、共同行動を必要とした場合、一揆する以外に組織化のための方法はなかった。南北朝時代になっても、松浦一族は恩賞不足を公方に訴えるため、一族一揆している。

恩賞不足段、於于公(方脱カ)可被申之由事、不可有子細之旨、一族一揆所候也、恐々謹言、

暦応二
十一月五日　知（花押）

積（花押）

斑嶋(納)源次殿

（「有浦文書」）

これと同文の文書が「青方文書」にも存在するので、一揆の趣旨を伝える文書が広く松浦一族に配布されたことが知られる。

恩賞不足段、於于公方可被申之由事、不可有子細之旨、一族一揆所候也、恐々謹言、

暦応二
十二月廿五日　積（花押）

知（花押）

青方(高直)孫四郎殿

（「青方文書」）

また次に示す「高城寺文書」も松浦一族が一揆を結んだことを伝える史料である。

肥前国河副庄内高城寺領、任故備前入道(妙性)寄進状幷松浦一族一揆状之旨、打渡寺家候畢、仍為後一揆状如件、

貞和三年二月六日

田所滋野最経（花押）

また松浦一族が連署して、斑嶋納に本領および新恩等の地を安堵せしめられんことを一色道猷に申し入れたこともあった。

松浦斑島源次納、就御教書令参上之上者、斑島幷赤木村、筑前国岩門郷中原、及新恩之地肥前国佐嘉郡内千栗島

以下所領等、可被経安堵御沙汰由、一族等望申候、以此旨可有御披露候、恐惶謹言、
観応二年十一月廿一日（次第不同）
源至（裏花押）
源伝（裏花押）
源重（裏花押）
源壱（裏花押）
源弘（裏花押）
源持（裏花押）
源定（裏花押）
源重（裏花押）
丹後守清（裏花押）
源湛（裏花押）
（「有浦文書」）

また青方重・神崎能の両人が乗船粮米以下雑物を抑留されたことを訴え、究明を要求して一揆したこともあった。

松浦青方次郎四郎重同神崎弥三郎能申、押留乗船粮米已下雑物由事、訴状如此、早可被明仰之由、一揆所候也、恐々謹言、
（正平九年カ）五月九日　篤尚（花押）
披（花押）

伊万里又次郎殿

（「青方文書」）

また河副庄福田名の志佐下弥次郎跡が未給であるとして、一族が一揆して先規にまかせて沙汰されんことを要求したこともあった。

河副庄福田名内志佐下弥次郎跡一人分事、為未給之間、一族一同之於（マヽ）所預置也、任先規可被致沙汰之由、所一揆候也、恐々謹言、

応安五
七月廿二日　□（花押）

勤

長（花押）

寺田与三殿

（「有浦文書」）

このように松浦一族は、必要に応じて具体的要求を掲げてしばしば一揆したことが知られる。(3) さらに軍事的行動においても一揆して行動することがあったことは、斯波氏経が貞治元年十一月十日に阿蘇惟村に宛てて松浦上下一揆が味方として進出したことを伝えていることによってもわかる。この場合の一揆がどのような規模でどのような性格を有したものであったか、その具体的内容はわからないが、恐らく松浦地方の弱小武士団が共同軍事行動を起したことを、斯波氏経は上下松浦一揆と表現したものと思われる。このように松浦地方の住民間でしばしば具体的要求を掲げて一揆が結ばれていることは、一揆が結ばれる前提として、弱小武士団を統轄する有力者が存在せず、独立割拠する

武士団の存在形態を示すものと考える。

かかる一揆は、松浦党のみに認められる特殊現象ではなく、鎮西における独立割拠する弱小武士団の意志を統一する手段として、また組織化の手段として各地で結ばれており、島津氏・菊池氏の場合も、惣領による庶子支配力が減退した南北朝時代になると、一族を統制する手段として、一族による共和的団結が図られている。(4)(5)

応安四年、それまでの九州地方における足利方の頽勢を挽回するため九州探題に任命された今川了俊は、その先鋒として弟今川頼泰をして松浦に上陸させることを意図し、頼泰は十一月十九日に呼子に上陸することに成功している。了俊が先鋒としての頼泰の上陸地点として松浦地方をえらんだ理由としては、かつて肥前国が足利方の有力な地盤であったこと、当時大宰府を占領していた征西将軍宮方の背後に上陸させる戦略的な条件と共に、松浦地方には有力な武士団が存在せず、弱小武士団が割拠する松浦地方の特殊性も考慮に入れられていたことと思われる。頼泰に続いて了俊も十二月十九日に豊前国門司に上陸している。松浦に上陸した頼泰の下には、松浦一族が続々と参集し、それまでの征西将軍宮方の勢力を駆逐することに成功している。これは松浦未組織軍事力の浮動性を巧みに利用したものと言える。しかしながらこのような浮動性を利用した軍事力結集の成功は、反面その組織がきわめて不安定であることも示している。そこでこれら松浦地方における未組織軍事力を組織化することによって、今川了俊方の拠点を確立することが意図されたものと思われる。

注

(1) この点については「他氏の松浦一族化」の項でも論及したところであるが、足利尊氏が軍勢催促状において惣領に対し「相催一族」せることを呼びかけると共に、かつて福田以久生氏が紹介された「有浦文書」(『日本歴史』二四〇)に松浦一族に宛て勲功賞を発給した例がある。

（異筆）「征夷大将軍源尊氏卿」
（花押）

下　松浦一族等

可令早領知日向国浮田庄・肥後国菊池郡内庶子等分河内国石河庄事、

右、以人、一族為勲功之賞、所宛行也、守先例可領掌之状如件、

建武三年三月二十七日

福田氏はこの袖判は足利尊氏の花押とは認め難いとしておられるが、写のため花押が変形されている可能性もあり、この時点で袖判を押す人物としては足利尊氏の可能性が大きいのではないかと思う。

（2）拙稿「九州を知らなかった尊氏―権力者の認識不足―」（『月刊歴史』三参照）。

（3）これら具体的要求を掲げて松浦一族が一揆した例は、軍事的意図による一揆と、惣的契諾による一揆とに分ける筆者の分類法によれば、後者に含まれるものと考える。

（4）島津氏において次の如き一揆契諾状が結ばれている。

一揆条々事

一、此人数いさゝかも相互に異儀を存、各別の所存候ハヽ、面々けうくんをくわふへし、若猶もちゐ候はすハ、此一揆をはなつへき事、

一、此人数の中に、馬にもはなれ、一騎もととまり候ハヽ、ともに見はなつへからさる事、

一、此人数ハ大少事いかなる事も候へ、あいたかいに各々身、同事に存候て、就内外見はなつ事あるへからさる事、

右、件意趣者、此三ヶ条若令違乱者、日本国中大小仏神、別者八幡大菩薩天満天神の御罰を此連判の人数罷蒙候へく候、仍起請文之状如件、

文和四年二月廿五日

ふくのへ
氏重（花押）

（以下氏名花押五十二名省略）

（『薩藩旧記』前編一九）

（5）菊池氏においても、一族による合議制が行なわれていたことが、次の菊池武重の起請文でわかる。

よりあひしゆのなひたんの事

一、天下の御大事ハ、なひたんのきちやうありといふとも、らつきよのたんハ、武重かしよそんニおとしつくへし、

一、こくむのせいたうハ、なひたんのきをしやうすへし、武重すくれたるきをいたすといふとも、くわんれいいけのなひたんしゆ一とうせすハ、武重かきをすてらるへし、

一、なひたんしゆ一とうして、きくちのこをりニおひて、かたくはたをきんせいし、やまをしやうして、もしやうのきをまし、かもんしやうほうとゝもニ、りうけのあかつきニおよはんことをねんくわんすへし、つしんて（マヽ）はちはん大ほさつのミやうせうをあほきたてまつる、

ゑん元三年七月廿五日　　ふちハらの武重（花押）

（「菊池神社文書」）

これによると惣領である菊池武重は、単なる寄合衆による内談という合議制の決定を遂行する場合の最高責任者に過ぎないことがわかる。

（四）　松浦党の一揆契諸の性格

今川了俊は松浦党の組織化に当り、これまで見てきた如く、松浦一族が具体的要求を掲げてしばしば一揆する特質を利用した。

松浦党による今川了俊方を軍事的に支持する項目を掲げた最初の一揆契諸状が、今川頼泰が松浦に上陸した二年後の応安六年に結ばれていることは、今川了俊・頼泰の要請に応じてこれらの一揆契諸が結ばれたことを推測せしめる

ものがある。松浦党のこのような目的で結ばれた一揆契諾状は、先述の如く四回結ばれているが、その契諾状の第一条はいずれも一味同心して足利方に軍忠を抽ずべきことを掲げている。

一、君御大事時者、成一味同心之思、於一所可抽軍忠、聊不可有思々儀矣、

（「青方文書」応安六年五月六日）

一、於公私、成一味同心之思、可致忠節、或一人自公方失面目、或就公私雖恨成、於一揆中加談合、依衆儀、可相計之、以一人儀、不可乱於事矣、

（「青方文書」「山代文書」永徳四年二月二十三日）

一、於公方御大事者、不云分限大小、令会合、中途加談合、而随多分之儀、急速可馳参、但火急之御大事出来者、承及次第、可馳参云々、

（「青方文書」嘉慶二年六月一日）

一、君御大事之時者、成一味同心之思、早々馳参、可致忠節云々、但火急之御大事之時、馬立次第可馳参也矣、

（「青方文書」明徳三年七月五日）

今川了俊はその文筆的才能を駆使して、多くの書状形式によって自己の胸中を披瀝して、自己の陣営に引入れようと努力しているが、特に弱小武士団が一揆することを非常に熱望し期待していることがわかる。(1)「禰寝文書」（永和三年）十二月十三日の「一揆人〳〵」に宛てた今川了俊書状案によれば、「此御一揆事、為将軍家、随分面々被致忠節候之間、就惣別目出候間、向後面々御事、一向愚身か如自訴可申行候之由、以起請文申候き」、「今一揆の人〳〵、御心を一にし候て、我々御同心候ハヽ、しこう《（マヽ）》までも可目出候也」、「公私のため、一揆をかたくや御まほり候へく候」

とあり、また同じく「禰寝文書」（永和三年）十二月十五日今川了俊書状にも「所詮国一揆の人々ニ御同心候ハゝ、始中終可目出候哉」と述べている。

了俊はこれら一揆勢力を守護勢力と対抗させることによって、守護領国制の展開を困難ならしめる戦略的意図も有していたとされる。(2) この了俊の意図に応じて各地で一揆が結ばれているが、「入来院家文書」明徳三年の渋合重頼起請文案は一揆を結ぶ理由について次の如く述べている。

（端裏書）
「案文」

嶋津上総介（伊久）并又三郎（元久）事、依。為凶徒、別して将軍家を守申へき故に、任探題方（今川了俊）御教書旨、守護人ニ同心の儀を止了、雖然、自去年八代御退治以後、両嶋津参御方云々、但、於両国ふるまひ、猶以宮方（懐良親王）のともから相良（前頼）以下為一躰歟、然者、将軍家の御ため、又ハ公方を仰申ともからのため、始終可有其煩歟、所詮、面々の力を一にして身をまたくして、公方を可守申也、若嶋津方以私之儀、可及乱之儀者、一同に公方になけき申さんかために、一味せらるへき哉、

一、此間嶋津方に同道の人ゝ事、これ又、定て　将軍家を守申さるゝ歟、然者守護人不儀の時ハ、おの〳〵公方をまほり申さるへき条勿論歟、若又守護人無為を存て、諸事　公方の御成敗をまほり申さハ、かれといひこれと云、乱之儀あるへからさる上ハ、あなかち此一揆の人々。も又不儀を存へからす、たゝおの〳〵理をうしなハす忠をうしなハすして、子々孫々ニいたるまて、軍役をまたくし知行分をまたくせんかため、又ハあひたかひニ其理非を公方にまかせたてまつる。へきほと、身をまたくせんかために、一揆をむすふ所也、若国のため、又将軍家の御ためニ、不忠不儀のために此一味を存事あらハ、此契約の旨可破也、（下略）

明徳三年

ここに述べられている一揆を結んだ理由は、松浦党の一揆の場合も全く同様であったと思われる。

今川了俊の松浦党に対する組織化工作を示す史料としては次の如きものがある。

新春吉事最前申籠候了、
抑波多三(武)郎事、多分現行之由聞候、宮方舟等事、出入之由承及候、まつ舟路事、舟路口々等事、急々可有御沙汰候哉、とても又於地下御一家人々、皆以無二之御さたともにて候なる間目出候、然者為公私候上者、御方深重の人々相共ニ、まつ波多の(マヽ)所々被馳寄候て、此方の勢到来を御待候へく候、近日大将を可差遣候、郡内躰連々一家御方々可有注進候哉、相共ニ承候者、悦入候、恐々謹言、

正月十六日　　了俊（花押）

有浦殿

（「斑嶋文書」）

すなわち征西将軍宮の勢力が上松浦の弱小武士団に浸透することを防ぐため、上松浦の波多氏を中心に一族が協力して、足利方を支持することを決め、足利方の軍勢が到来するまで待機することを命じたものであり、近日中にしかるべき大将を差遣わすことを知らせたものである。このような今川了俊の組織化工作が着々と結実したらしく、「菊池古文書」弘和四年七月日菊池武朝申状に「其剋武朝奉属将軍宮、令在陣肥前国府、運諸方計策之処、今川仲秋相率松浦以下凶徒、打出博多之間、指遣肥後国守護代武国、致大綱合戦、追散仲秋畢」とあることは、松浦党組織化の成功を示すものと考える。松浦党の一揆で最も大規模な一揆契諾状が永徳四年（弘和四年）二月二十三日に結ばれている

ことは、これらの動きと符合する現象といえよう。したがってこのような松浦党の一揆契諾は、今川了俊らの要請による戦略的意図に基づく上からの組織化に松浦党が応じたものであり、百姓勢力の発展に伴ってそれと対決するためにとられた領主層の自主的団結であったとする内部要因説には賛同しない。このような外部要因説に対して内部要因説を主張される人々は、一揆契諾にある第二条以下の条項の領主相互間の自己規律的内容を重視され、そこに在地領主法の先駆的形態を認められようとされる。(3)これに対して筆者は第二項以下の内容を過大評価することには反対で、各契諾状の第二条以下の条々は、足利方支持を目的とする第一条の目的達成のため、一揆衆の団結を強固ならしむることを意図して、各領主間の紛争解消を目的とした補助的契諾に過ぎないと考える。

したがって一度平和に復すれば、彼らは再び独立割拠して対立抗争する運命にあり、事実南北朝合一による松浦一揆の戦略的意義の消失と共に、軍事的意図による領主層の一揆は簡単に瓦解している。

しかしこのような軍事的一揆とは性格を異にする日常生活と密着した具体的問題を掲げた領主層の一揆は、南北朝動乱の終結後も問題が生じるごとに結ばれている。ただしこの場合の一揆のメンバーは生活共同体を共にするところから、その範囲は軍事的意図による一揆のメンバーの範囲より狭い範囲の領主層に限定されていることが認められる。しかしこのことは必ずしも小範囲の領主層が軍事的意図による一揆を結ぶことがあり得ないと主張しているわけではない。この点、石井進氏が批判された如く、(4)「青方文書」応安六年五月六日の一揆は、軍事的目的を掲げて五島の宇久・有河・青方・多尾一族が結んだものである。したがって旧稿においてメンバーの範囲によって一揆の性格を区別する一要素としたことは適当ではなかったかも知れないが、軍事的意図による一揆と、より日常生活と密着した種々の問題を、自発的共同生活によって克服するための惣的一揆契諾とは異質であるとの見解には変りはない。したがって石井氏のメンバーが五島内の領主に限定されていることを理由に応安六年五月六日の一揆契諾をむしろ後者の惣的契諾の方に入れるべきではないか、との見解には承伏できない。

この両者はメンバーの範囲によって区別するのではなく、契諾の内容によって区別すべきであると考える。さらに前者が他発的であったのに対し、後者は自発的契諾であったという性格の相違も存在する。

この他発的一揆が南北朝動乱の終結後、消滅し、自発的一揆に継続発展しなかったことは、この地方における百姓勢力が支配者層たる武士をしてその乖離性を克服してまで団結させるほど強力でなかったと考えるべきであろう。一方、長沼賢海氏によって小一揆と称された惣的結合は、自発的な動機に発しているため、南北朝動乱終結後も各地で結ばれたが、地域的小範囲の住民による封鎖的性格を有しており、その取り上げられる問題も矮小化される傾向にあったので、この惣的結合が守護大名や戦国大名に対抗する勢力にまで発展する可能性はなく、事実そのような展開は行なわれなかった。

室町武士団への発展の途は、佐藤進一氏のいわれる如く、支配者層である武士が、彼ら本来の性格である乖離性を克服して、彼らの在地支配を貫徹する必要上、自発的団結を結ぶ過程の中から開けてくると思われる。その意味でたとえ他発的であっても、室町武士団への発展の可能性は軍事的意図を掲げた長沼賢海氏のいわれる大一揆の方にあったと考えられる。しかしこの大一揆が南北朝動乱の終結によって解消したことによって、松浦党が鎌倉的武士団から室町武士団への発展の途を見失い、鎌倉時代以来の独立割拠の状態のまま戦国時代に突入することになった。そして平戸松浦氏が武力によって鎌倉武士団的存在形態の松浦地方の弱小武士団を統一支配することによって、戦国大名へと発展することになったのである。

注
（1）川添昭二編『今川了俊関係編年史料』上・下参照。
（2）川添昭二『今川了俊』（人物叢書）。
（3）森本正憲「松浦党一揆契諾の法的性格」（『日本歴史』二五四）、藤木久志『戦国社会史論』二三一ページ参照。
（4）『中世政治社会思想』（上）解題五四四ページ参照。

（五）批判に答えて

「松浦党の変質―松浦党の一揆契諾について―」はかつて『九州史学』十号（昭和三十三年十一月刊）に「松浦党の一揆契諾について―未組織軍事力の組織化工作―」と題して掲載したものにその後の知見を加えて書き直したものである。その間十六年の歳月を経過しており、多くの人びとより種々の批判を受けた。

それらの批判に対してこれまで筆者の見解を述べたことはない。このことはあえて論争を好まぬ性癖にもよるが、あえて反論を保留した理由は、これらの批判を受けながらもなお自説を固執しており、反論が単なる自説の反復となることを恐れたためである。したがって今回本書に収録するについて史料的に補強して書き改めたが、論旨においてはほとんど変化はない。このことは自説をなお固執していることと、『九州史学』に発表した前稿は人々の目に触れる機会も少なかったと思われるので、多くの批判の対象となった素材を、そのままの形で提供する必要があると考えたからである。この論文によって、松浦一揆契諾状について明らかにした点を要約して示せば次の如くなる。

(A)長沼賢海氏が松浦一揆契諾によって示される共和的団結を中世武士団の党的性格とされた点を批判し、これを松浦党の変質としたこと。
(B)大一揆と小一揆の異質性を強調したこと。
(C)佐藤進一氏をはじめとする一揆契諾が結ばれる原因を内部要因に求められる説に対し、外部要因説を主張し、今川了俊の未組織軍事力の組織化工作に求めたこと。
(D)松浦一揆契諾が室町武士団へ発展する可能性の否定。

などに要約できよう。

これに対し最初に批判の論文を発表されたのは網野善彦氏であった。すなわち網野氏は「青方氏と下松浦一揆」(『歴史学研究』二五四所収)において、筆者が一揆成立の他発的側面を重視したため、かえって筆者の視野からはずれて行った面がある点を指摘され、つぎの如く述べられている。

しかし氏がここで両一揆の性格の区別を特に強調されたため、恐らく自明の前提とされたであろうが両一揆の連関を示す事実がかえって考慮の外にでてしまう結果になっている。それは氏の強調された一揆の他発的な側面に対する自発的な側面の問題ともいえるが、この点をあらためて考えにいれてみると、かえって氏の指摘の意味が生きてくるように思われる。

ここで「氏」とあるのは筆者のことであるが、網野氏が批判された主要点は、筆者の論点の(B)と(C)に対する批判と思われる。

すなわち筆者が、長沼賢海氏が分類された大一揆と小一揆の異質性を強調したのに対し、大一揆が結ばれる前提として、松浦住人間にそれ以前から小一揆的一揆が結ばれており、大一揆が結ばれる素地は松浦一族の間に存在していたとされ、したがって大一揆が結ばれた理由を今川了俊の上からの指導に対する松浦一族の「迎合もしくは反映」と言い切ることを許さぬ面があるとしておられる。網野氏の批判点を要約すれば、松浦一揆の自発性を再確認されようとした点にあろう。

この網野氏の批判点のうち、大一揆が結ばれる前提として、松浦一族間に自発的一揆契諾を結ぶ傾向性格が存在していることについては網野氏の御指摘の通りである。この点については、㈢の未組織軍事力の組織化工作の項で、さらに史料的にも補強して論及したので、重複して述べることを避けるが、筆者は大一揆が結ばれる以前に各地で発生した松浦一族の恩賞要求のための一族一揆や、大一揆解消後の小一揆とを大一揆と同質と考えることには依然として納得していない。今川了俊が松浦地方の住人間に存在する一揆性といった本来的性格を利用したことは認められるが、大一揆を結ぶについては今川了俊の政治的工作が作用していることは、今川了俊の薩摩・大隅地方における組織化工作をはじめ、鎮西各国人層に対する一揆勧誘による組織化が認められることからも否定すべからざることと思われる。今川了俊の組織化の実態は、川添昭二氏による『今川了俊関係編年史料』上・下二巻を一見されれば明らかとなるであろう。

今川了俊の国人組織化成功による過信が、永和元年水島の陣における少弐冬資の誘殺を引き起こし、ついには少弐・大友・島津守護三人衆の離反をもたらすことにもなったのである。

つぎに網野氏は大一揆と少一揆とを厳密に区別できない点を論証されるために、従来長沼氏以来大一揆と考えられていた「青方文書」応安六年五月六日一揆契諾状は、小一揆に入れらるべきではないかとの指摘をされている。この点、石井進氏も『中世政治社会思想』(上)の解説において、網野氏と同様の指摘をされ、「また瀬野氏が(イ)系列の一つに分類された七の宇久・有河・青方・多尾一族等契約状が、実は(ロ)系列に入るべきものであることが明らかであるとすれば、(イ)と(ロ)[1]との峻別という瀬野氏の主張は、この面からもまた無理を生じてくるであろう」と述べておられる。網野氏が小一揆に入れるべきではないかとされ、石井氏が(ロ)の系列に入れるべきではないかとされた一揆契諾状の全文を左に示す。

宇久・有河・青方・多尾一族等

契約条々

一、君御大事時者、成一味同心之思、於一所可抽軍忠、聊不可有思々儀矣、

一、於此人数中、所務弓箭以下相論出来時者、加談合、依多分之儀、可被相許、若有異儀輩者、不依縁者・重縁、一同可為道理方人云々、次於此中就公私一人大事者、面々一同大事可被思者也矣、

一、此人数中有沙汰時、不依兄弟叔甥縁者、他人理運非儀意見不可残心底者也矣、猶々不可有偏頗私曲、

一、此人数於多分之儀違背輩者、於向後此人数中於永可被擯出者也矣、

一、郎従以下中ニ雖珍事狼藉出来、不相待多分之儀、為一人不可遂宿意云々矣、

若此条偽申候者、

八幡大菩薩天満大自在天神御罰於可蒙候、仍連署誓文如件、

応安六年五月六日 孔子次第 称（花押）

（以下署名花押三十一名略）

（「青方文書」）

この契諾状が大一揆の系列に属するか、小一揆の系列に属するか比較するため、これまで大一揆・小一揆とされて

きた典型的契諾状を示すことにする。

大一揆・(イ)の例

一揆契諾条々之事

一、於公私成一味同心思、可致忠節、或一人自公方失面目、或就公私雖成恨、於一揆中加談合、依衆儀可相計之、以一人儀不可乱於事矣、

一、依市町路頭乗合笠咎酒狂戯以下之事、不慮外雖珍事出来、無是非任雅意、各取成弓箭事、甚以不可然、一揆衆中馳寄、令検別理非、可有其沙汰焉、

一、夜討、強盗、山賊、海賊并諸財物田畠作毛以下盗人等之事、実犯現形者、見合可討留、若以支証有差申族者、先召取科者、依白状可有其沙汰矣、

一、令抑留地頭得分負物、或無故令迯散土民百姓等之事、相互不可扶持置領内矣、

一、所務并境相論之事、一揆中寄合令披見両方文書、任理非可落居、聊率忽不可及喧嘩焉、

一、各下人等捨主人、令居住他村之事、随聞及、而於扶持領主致訴訟之時者、任定法直可被渡主人方、若有異儀者、為一揆中之沙汰、令糺明理非、可被出之否云々矣、

一、他村仁放入牛馬之事、随聞及致訴訟之時者、任定法、互可被出之焉、

右、条々若偽申候者、

日本六十余州大神小神、殊者

八幡大菩薩御罰各可罷蒙候、依一揆各契約之状如件、

永徳四年二月廿三日孔子次第　源《ひらと》湛（花押）

（以下署名花押四十五名略）

（「山代文書」）

小一揆・(ロ)の例

かますあミ一反あミこあミの事ニ付てま□《(すこカ)》とのと御ろんなんきにおよひ候間、まつたうさの御ろんをやめ候ハんために、この人すよりあい申候て、もんしよのりひをもさしおき候て、一ミ□はからい申候間、さためてミのれうけんもちかふへく候へとも、しきよくをそんせす、条々申いわれさおいなく御返事にあつかり候、まことにもてしかるへく悦存候、随而かますあミふたりまへ、一反あミふたりまへ、こあミふたりまへの事、ひやくしやうあミに、へちきのミちをもて申うけ候て、ますたとのに付申候、しかりといへとも、ますたとのあミにいれられ候ハんしもへとも、ひふんのかうきなとをしいたし、とくふんに付てさまたけある事候ハヽ、いくたひもこの人すにうけ給候て、御わつらいにならぬやうにはからい申へし、尚々一むらと申ことにハ、御きやうたいの御事に候間、もんしよのりひをさしおき候て、へちきの所もう申候まヽ、御いさをいなく候条返々この衆中におきて悦喜申候、仍為後押書状如件、

応永七年二月九日孔子次第　篤（花押）

（以下署名花押八名略）

（「青方文書」）

応安六年五月六日の契諾状の□の部分は長崎県立図書館所蔵の「青方文書」の原本には欠落しており、長崎県南

松浦郡上五島町青方麟太郎氏所蔵「青方家譜」によって補なったものである。「青方家譜」は幕末天保十五年に作成されたものであるが、現在すでに解読不能となっている部分で家譜引用文書によって解読可能となる部分が少なくない。この場合も家譜引用文書によってこの契諾状が宇久・有河・青方・多尾など五島住人による契諾状であることが明らかになったものである。

このことを根拠として、網野・石井氏は小一揆に分類すべきことを主張されるのであるが、大一揆と小一揆の典型例との比較によってもわかるごとく、内容的にみてこれを小一揆の系列に入れることには賛同出来ないのである。この契諾の第一条に室町幕府に対する忠節を掲げていることによってもわかる如く、軍事的色彩を否定することが出来ず、たとえメンバーが五島内の住人によってのみ構成されているとしても、網・漁業など日常生活とより密接に関連することについて契諾した小一揆と同一性格のものと考えることはできない。

長沼氏は家譜による補入部分について御存知なかったため、この契諾が五島住人のみによる契諾状であることを察知されることなく、契諾の内容から類推して、大一揆に分類されたものであるが、このことはその内容が小一揆とは性格を異にすることをはしなくも示しているものといえる。全松浦地方に及ぶ広い範囲の住人が、より具体的な日常生活と直結した問題を取り上げて契諾を結ぶことは、その有効性の面からも可能性は少ないが、逆に小範囲の者が軍事的色彩の強い他発的一揆契諾を結ぶことは決してあり得ないことではなく、そのようなことが行なわれたとしても特に異とするには足りないであろう。「来嶋文書」永享八年十二月二十九日契諾状も、平戸・生月・大島の松浦郡内の小範囲の領主層がより抽象的理念を掲げて一揆契諾を結んだものであり、性格的には大一揆に近い契諾状と考えている。長沼氏による大一揆、小一揆なる分類が全く否定さるべきものとは考えないが、網野氏・石井氏が指摘された如く、小範囲の領主層が軍事的色彩の強い一揆契諾状を結んでいることは否定し難い事実であるので、一揆署名者の範囲の大小によって分類することは不適当といえる。その意味で長沼氏による大一揆、小一揆という分類の名称は誤解を与えるものとして再考の余地があろう。さりとて石井氏が主張される如く、一揆契諾の内容を無視して、一揆契諾のメンバーが五島の住人に限られていることを理由に、応安六年五月六日の契諾状を長沼氏による小一揆に分類することには内容的に賛同出来ないのである。長沼氏の一揆契諾状の分類の理由付、その名称がたとえ不適当であっても、分類の結果自体はいささかも変更の必要はないものと考える。しからば長沼氏の分類による大一揆、小一揆の間に存在するメンバーの範囲の大小に代わる異質性とは何であるかと反問されるに相違ない。両者の異質性を端的に表現するものとしては、他発性と自発性の相違を挙げることができる。

そこから派生した問題として、前者が軍事的意図が濃厚であるのに対し、後者は日常の共同生活上に克服されねばならない種々の問題が契諾内容に盛り込まれている。したがって契諾内容も前者が一般的・観念的であるのに対し、後者は具体的・現実的である。すなわち後者は惣的契諾の色彩が強く、浦々における漁業権の争いを如何にして防止し、談合によって解決するかを示し、相論が起きた場合は、浦々の住人が寄合って解決法を考え、その裁定に背いた場合は一揆中より仲間はずしにされる制裁を課すことにされている。また浦々に公事がかけられた時は、本人が半分、浦中で半分を負担する一種の共済制度も考えられている。そして実際にこの契諾に背いた者に対する制裁も加えられている。これに対し前者の場合も契諾メンバーの団結を強固とするため、契諾に背いた場合の制裁規定は設けられているが、それが発動された形跡はない。

そこから長沼氏の分類による大一揆と称される一揆契諾の他発性の強調、具体的には今川了俊らによる未組織軍事力の組織化工作によるとする(C)点の主張となったわけである。

この(C)点に対する批判としては、石井進氏が『中世政治社会思想』（上）解題五四四ページで次の如く述べられている。

(イ)系列の成立にとって、今川了俊の対南軍戦略が何ほどかの作用を及ぼしたことも十分考えられてよい。しかし、(イ)系列の契諾状の眼目は将軍に忠誠を誓った1条にあり、それ「以下の条々はこの第1条の目的達成のため、一揆衆の団結を強固ならしむるための補助的契諾に過ぎない」と述べられる瀬野氏の評価は、いささか一面的にすぎる感がある。（中略）

私はやはり(イ)系列においても在地における領主間の連盟的機能の存在を重要視し、今川了俊による「未組織軍事力の組織化工作」という観点を「補助的」契機と考えた方がよいと思う。

以上筆者と石井氏はどちらを契諾状が結ばれた主要契機と考え、どちらを補助的契機と見るかで全く相反しているが、この点単に契諾状の解釈、評価だけで論じていたのでは互いに水掛け論に終るであろう。したがってこの問題に結着をつけるためには当時の周囲の客観的政治・社会・経済状勢を究明することなしには不可能と考える。この点については石井氏の批判にもかかわらず、なお多面的に検討しても自説を固執しており、その根拠は先述しているので、繰返して論ずることは省略する。ただ石井氏は貞和七年の山内一族一揆契諾状、永和三年の肥後・薩摩・大隅・日向国人一揆契諾状においては、共にその軍事的性格を認められ、特に後者の場合は今川了俊の上からの組織化の側面を承認されているのであるが（同書解題五三八ページ、五五〇ページ参照）、たまたま松浦一揆契諾状における二条以下の内容の充実ぶりを理由として、松浦一揆契諾状の軍事的政治的契機を副次的契機とされることは納得できないのである。すなわち農民支配に関する規定がなければ軍事的契機によって結ばれたものであり、第二条以下に農民支配に関する規定があれば、たとえ第一条に足利方に対する忠誠を挙げてあっても、第二条以下が契諾状の主要目的であり、たちまち第一条の項目が「補助的」契機に転落することが理解できないのである。一般的には第一条に契諾の主要目的を掲げるのが普通なのではなかろうか。

この(C)点に対する批判は、佐藤和彦氏も「国人一揆の研究視角」(『歴史評論』二〇四)で次の如く述べておられる。すなわち「国人一揆を権力内部の対応動向としてのみ評価することは、九州地方の中世史を固定的に、停滞的にとらえることになるのではなかろうか」と批判され、ここに形成される軍事組織が基本的には何に対して発動されるものであったかを追求することが重要ではないかと指摘されている。この佐藤氏の指摘の裏には、これら軍事組織が発動する対象としては「広汎な農民の結合組織」にほかならないとの回答が用意されている。この点、佐藤氏が筆者の見解を引用されている如く「松浦居住の武士達の一揆は、今川了俊等の指導による戦略的意図に基づく上からの組織化であり、百姓勢力の発展に伴ってそれと対決するためにとられた武士層の自主的団結ではなかった」とする主張と全く対立するものであるといえる。この松浦一揆の発動対象についての佐藤氏の批判に答える前に、佐藤氏が筆者は未組織軍事力の組織化の指摘にとどまり、松浦一揆の発動対象に論及していないとの批判に対して一言弁じておきたい。筆者が松浦一揆が今川了俊の指導による戦略的意図に基づく上からの組織化であると主張していることは、その発動対象が征西将軍宮方支持勢力であると考えていることは自明のことである。佐藤氏が考えられている「広汎な農民の結合組織」を発動対象と考えていないことをもって、発動対象を全く考えていないとの批判は不当といわねばならない。考えていないのではなく、佐藤氏と見解が異なっているだけである。つぎに佐藤氏が発動対象と考えておられる

「広汎な農民の結合組織」による領主層に対する闘争が領主層をして一揆契諾を結ばせた主要契機であるとの批判について検討することにする。佐藤氏は前掲永徳四年の契諾状の中に、下人が主人を捨ておいて他村に居住した場合、それを相互に扶持することを禁じ、旧領主に引渡すことを定めていることに注目され、このように「下人が主人を捨ておいて他村に居住しうる可能性は、在地領主個々の支配領域をはるかに越えた、広汎な農民の結合組織と闘争の展開なくしては考えられぬことである」と述べておられる。農民の逃散が農民の結合組織なしには不可能であるとの見解には必ずしも賛同できない点もあるが、ここで注意しておきたいことは、この規定は、領主相互間で逃散農民の相互交換を規定したものであって、農民組織に対して逃散農民の引渡しを定めたものではないことである。逃散した農民は他の領主の支配下に属しているのであって、領主による支配のない農民だけの解放区に逃げ込んだわけではない。

またかかる規定が一揆契諾として成文化されざるをえなくなったことについて「惣百姓組織の結集が見られず、下部農民のつき上げが弱いのならば、かかる規定は不必要なはずである。土民百姓が、地頭への年貢負物を抑留し、逃散しえたのは、何故であったのか。かかる行動を可能にした条件を検討する必要があるだろう」と論じておられるが、農民の逃散は平安時代以来存在しており、地頭への年貢抑留は鎌倉時代における地頭制度の発生と同時に発生したことである。このような領主と直接耕作農民の対立闘争は常に存在することであって、農民支配の規定が書いてあれば、農民の領主に対するつき上げが強く、書いてなければ農民のつき上げが弱いといった問題ではない。規定があってもなくても、農民の領主に対するあらゆる手段による抵抗闘争は続けられ、絶えず存在していたものと考える。松浦地方における鎌倉時代の領主層に対する農民層の抵抗闘争が存在していることは、史料的にも一揆契諾の対農民支配条項の存在から類推するといった間接的方法ではなく、より具体的に画き出すことが可能である。必要とあらば稿を改めて論及するであろう。さらに松浦一揆に対農民支配条項があるので、その条項のない山内一族一揆契諾・肥後・薩摩・大隅・日向国人一揆契諾状と比較して、松浦の場合農民の領主に対する抵抗が強く、山内・島津氏の場合はよりゆるやかであったとも考えられないのである。

では鎌倉時代においても領主層に対する農民の抵抗闘争が存在したにもかかわらず、一揆契諾を結ばなかったのはなぜであるかと反問されるかも知れない。それは領主層が一揆契諾を結ぶ必要性を有しなかったからである。

領主層が一揆契諾を結ぶ必要が生じた南北朝時代において、領主層が常にかかえている対農民の支配条項が、その一条として入って来ることは不思議ではない。一揆契諾を結ばねばならぬ条件が生じたので恒常的対農民支配方法が領主間で成文化されたものと考える。このように考えなければ、松浦領主層の一揆契諾状が南北朝動乱の終結によって解消していることの理由付けが出来ないと考える。領主層に対する「広汎な農民結合組織」の闘争が、領主層をして一揆契諾を結ばしめるに至った主体的条件と考えられるのであるならば、南北朝動乱終結後一揆契諾が解消していることは、「広汎な農民結合組織」の領主層に対する闘争が終結ないしは緩和されたとでも考えられるのであろうか。筆者は領主層に対する農民の抵抗闘争は恒常的に存在するものであり、時代が下るにしたがって、激化することはあっても緩和されることはなかったと考えている。

したがって、少なくとも松浦地方における長沼氏によって大一揆と称された一揆契諾が結ばれた理由について、今川了俊の各国人層に対する一揆締結勧誘の多くの書状の存在をどのように考えられるのかの問題、および南北朝動乱の終結と共に大一揆と称される一揆契諾が解消瓦解していることの理由、さらには松浦地方の弱小武士団が室町武士団に発展できなかったという厳然たる事実に対する理由が明確に示されぬ限り、領主層に対する農民層の抵抗闘争が、領主層の本来的乖離性をも捨てて一揆契諸を結ばせた主体的理由であるとする説になお承伏することはできないのである。この点について佐藤氏は筆者の見解に対する詳細な批判を発表される予定と聞く。その際これまでに述べた疑問点について明らかにしていただくことをお願いしたい。

注

(1)　石井進氏のいわれる筆者が松浦一揆契諸を(イ)と(ロ)に分類しているとされる(イ)とは「(イ)系列の大一揆は、惣領制の崩壊後、独立割拠する小領主層を、なお残存する一族意識を巧みに利用しつつ軍事力に組織化しようとする室町幕府側の、とくに鎮西探題今川了俊の工作」と解説されており、(ロ)とは「軍事的色彩は認められず、小範囲な地縁的関係による自発的一揆」「より具体的日常生活と直結した問題を取りあげている」一揆とされている。

あとがき

私が将来歴史学を勉強しようと考えた最初は、昭和二十年の敗戦直後のことである。当時私は中学二年生であったが、敗戦後の価値観の逆転の混乱の中で、それまで使っていた教科書を占領軍命令で強制的に墨で塗りつぶさせられながら、これまで教えられた歴史教育と戦後の歴史教育とどちらが正しいか自分自身で確めてみようと思ったことが、私をして歴史をやることを決心させた原点であったといえる。

ところが戦後の占領軍統治下にあって、自分の国の歴史を習うことは許されず、旧制中学、新制高校では東洋史・西洋史・世界史の授業しか受けていない。したがって私は学校教育で自分の国の歴史は、戦時中の国民学校五・六年で、皇国史観の影響が濃厚であった国史を教えられた以外全く習っていないことになる。そこで占領下で禁じられている自分の国の歴史について大学に入ってはじめて自由に学ぶことができるようになったわけである。このような異常な状態の中で歴史を学ぶことを志さねばならなかったことは不幸なことであった。しかし反面、敗戦ということがなければ、歴史をやろうという気も起らなかったかも知れない。

そこで昭和二十五年九州大学に入学した時は、将来日本史を専攻するつもりで入学したのであるが、うかつなことながら当時の九州大学にどのような歴史の先生が在任しておられるか全く知らなかったのである。

昭和二十七年、同時に国史科に進学したのは五名であった。その当時九州大学には竹内理三先生だけが国史科の教授として在任しておられたが、先生から受けた講義・演習は、私が敗戦後考えていた国史に対する考えを全く一新させるものであった。したがって我々は古文書学、歴史学の「いろは」から、学問一般に対する態度まで、福岡という中央より離れた土地で、竹内先生から純粋培養されることになったのである。当時の先生は自ら「史料主義の歴史学」と称されていたが、先生から歴史学とは、史料に問い、史料に学び、史料をして叙述せしむる学問であることを徹底して教え込まれた。そこで歴史学とは史料がないことは一言半句も叙述してはならないことであると私は受取った。

勿論現在では史料によって叙述できるものが歴史のすべてとは思っていないし、その限界も承知している。しかし学生時代、残存する史料の枠内という土俵の中で、繰返しデッサンをやらしていただいたことは、その後の私の研究生活を送る上での支えとなっている。

このような教育を受けて、卒業論文題目を決めることになったのであるが、最初は私は郷里が平戸に近いところから、平戸の対外貿易史をやるつもりであった。ところがなかなか思うように史料が集らず、特に倭寇関係の日本側史料が少ないので、とうてい卒業論文が書けそうにないと思い、時代を上げて松浦党の史料を蒐集することにした。幸い松浦党関係史料は「青方文書」をはじめ、長沼賢海先生が蒐集された史料があり、内容も豊富であったので、「中世における松浦党の変質過程」という題目で卒論を書いて提出した。これによって私は中世史、特に中世武士団関係を専攻することになったのである。さらに修士論文では、松浦党より範囲を広げて「鎮西御家人の研究」と題して提出した。このようにして私の専攻分野は固定化したのであるが、歴史を専攻することについては問題意識を有していた私も、専攻分野の決定については特に問題意識を有していたわけではなく、そこに豊富な史料があったのでそれと取組むことになったのである。そしてこれら豊富な史料に白紙の状態で立ち向った。その後九州地方に数多くの中世史料が残存していたことが、卒業後二十年におよびながらなお同一テーマを究明させることになったまでである。

この間折に触れてその研究成果は発表して来たのであるが、「自序」でも述べた如く、一度発表した論文をまとめてもっともらしい表題をつけて刊行することはあまり意義あることと思えないのである。そこでこれまでに発表した論文の中から鎮西御家人関係の論文をえらび、それを基礎としながらも、本書のための原稿を新しく作成することによって、自分自身の気持を納得させようとした。したがって旧稿と結論が逆になっているものもあるし、本書のため全く新しく書いた部分もあり、量的には倍増しているが、一応旧稿と本書の章節との関係を示せば次の通りである。

「肥前国御家人白魚九郎入道行覚について」(『九州史学』創刊号、昭31・7)＝第四章第四節
「惣領制の解体と鎌倉幕府」(『九州史学』六号、昭32・10)＝第四章第二節
「肥前国における鎌倉御家人」(『日本歴史』一一七号、昭33・3)＝第三章第一節
「鎌倉幕府滅亡の歴史的前提」(『史淵』七五輯、昭33・3)＝第四章第三節
「松浦党の一揆契諾について」(『九州史学』一〇号、昭33・11)＝第五章第二節
「鎮西談議所」(『社会と伝承』三巻二号、昭34・5)＝第二章第四節(二)
「中世の党―松浦党の場合―」(『歴史教育』七巻八号、昭34・8)＝第五章第一節
「鎮西御家人と元寇恩賞地」(『九州史学』一四号、昭35・1)＝第四章第一節
「鎌倉幕府の成立と九州地方の動向」(『歴史教育』八巻七号、昭35・7)＝第一章第一節
「殺し屋天野遠景」(『日本歴史』一四四号、昭35・6)＝第一章第二節

「鎮西奉行考」（『九州文化史研究所創立二十五周年記念論文集』所収、昭36・3）＝第二章第一節
「鎌倉御家人の基準」（『金沢文庫研究』七巻一〇・一一号、昭36・11）＝第三章第一節（一）
「鎮西における東国御家人（上・下）」（『日本歴史』一六七・一六八号、昭37・5、6）＝第三章第二節
「尊氏・直冬・了俊の国人組織策」（人物叢書『今川了俊』月報、昭39・6）＝第五章第二節（三）
「中原親能と鎮西との関係」（『九州史学』三七・三八・三九合併号、昭42・4）＝第二章第二節
「鎌倉幕府裁許状の分析」（『史学雑誌』七七編一号、昭43・1）＝第四章第三節（二）
「鎮西における六波羅探題の権限」（『九州史研究』所収、昭43・6）＝第二章第三節
「鎌倉時代における松浦党」（『日本歴史』二四四号、昭43・9）＝第五章第一節
「九州を知らなかった尊氏―権力者の認識不足―」（『月刊歴史』四号、昭44・1）＝第五章第二節（二）
「鎌倉幕府の鎮西統治に対する抵抗と挫折」（『荘園制と武家社会』所収、昭44・6）＝第一章第一節・第二節
「地頭代より地頭への書状」（『日本歴史』二七八号、昭46・7）＝第四章第四節
「松浦党の基盤と変質」（『荘園の世界』所収、昭48・3）＝第四章第四節、第五章第一節・第二節
「元寇恩賞地に関する相田理論の誤謬」（『日本歴史』三二〇号、昭50・1）＝第四章第一節

本書はさきに刊行した『九州地方中世編年文書目録』鎌倉時代篇、南北朝時代篇に収録した約一万三千通の九州地方関係文書を材料として書いたものであることはいうまでもない。極端にいえばこの一万三千通の文書を使ってどれだけの歴史が叙述できるかということに対する私の中間報告が本書であるともいえる。しかしそれにしてもまだ残されている問題はあまりにも多い。

本書では長沼賢海、相田二郎、竹内理三、渡辺澄夫、佐藤進一、安田元久、網野善彦、五味克夫、川添昭二、上横手雅敬、石井進、外山幹夫、佐藤和彦、水崎雄文、恵良宏、佐藤鉄太郎氏などの見解と対立する意見を述べている部分が少なくないが、それはこれらの人びとが鎮西御家人に関する多くのすぐれた研究を発表されているため、いきおいそれらの見解と異なる部分を強調して記述したためである。勿論これら先人の見解に賛同する部分の方が多いのであるが、同意見の場合はあえて重複して記述することを避けたため、異なる意見が表面に浮び上っているに過ぎない。若しこれらの人びとの見解を誤解して批判している部分があれば御指摘いただき、さらに私の誤りなどがあれば御教示いただきたいと思っている。

先述のごとく、残存する史料によって叙述できる部分は巨大な歴史の限られた微細な部分に過ぎない。さりとて史料の存在しない部分について現代人の我々が蓋然性によって論及したものなど、先ず事実と程遠い距離が存在すると思っている。そこで本書では極力蓋然的立論を避けて叙述することに留意した。それによって叙述できる部分がきわめて限定されたことも否定できない。かつて拙編『鎌倉幕府裁許状集』(上)の「あとがき」でも述べた如く、私は史料解釈による歴史叙述の限界を感じており、それを補う数量統計的方法の導入を意図しているのであるが、本書には第四章第三節「鎌倉幕府滅亡の歴史的前提—鎮西裁許状の分析—」にややその萌芽的傾向が認められるが、それ以外は従来の史料解釈による手法を用いた論文のみである。今後歴史学における数量統計的方法の導入の可能性について、実際にそのような手法を用いた論文を書くことによって、その可否について御批判を受けたいと思っており、「鎌倉幕府裁許状の分析」(『史学雑誌』七七編一号)、「九州地方における南北朝時代文書の数量的分析」(『日本歴史』三一三号)等は未熟ながらもそのような意図の現われである。その意味でも本書は私の研究生活の一つの区切りをなすものになるかも知れない。

私は学生時代の七年間竹内先生から東寺百合文書の演習を受けたことが、研究者としての基礎をなすものであり、先生の古文書の読み癖まで引継いでいる。そこで私が竹内理三先生の不肖の弟子であることは自他共に認めるところであり、私を紹介される場合必ず「竹内先生のお弟子さんの……」ということが私の枕詞のように常についている。そのこと自体まぎれもないことであるので名誉のことと思っているが、不肖の弟子としては責任が重過ぎる感がないわけではない。しかしそのことの責任感といったものが、曲りなりにも研究を続けさせた一つの理由でもあったのである。本書も又レポート提出の心境であることに変りはない。

私が昭和三十五年以来東京大学史料編纂所に籍を置いて研究が続けられたことは、きわめて恵まれた条件において研究生活が送られたことで、見たい史料が随時閲覧出来ることは何物にも代えられないことである。本書をまとめることができたのもこのような研究条件によることを感謝しなければならないであろう。

本書の刊行に当っては吉川弘文館社長吉川圭三氏の御高配に預り、さらに折に触れて私を鞭撻された。本書がこのような形で刊行出来たのも同社長の御好意によるものであり、衷心より感謝している。また刊行に当っては終始編集部渡辺清氏にお世話になった。記して感謝の意を捧げるものである。

私が敗戦直後に歴史学をやりたいと思った動機に対する半分の回答は、自分なりに既に得ているつもりである。残りの半分はなお私自身で解決しなければならない今後に残された課題である。

著者略歴

昭和六年長崎県佐世保市に生れる
昭和二十九年九州大学国史学科卒業
昭和三十二年九州大学大学院文学研究科国史学専攻修士課程修了
東京大学史料編纂所助教授等を経て
現在、早稲田大学文学部教授　文学博士

〔主要編著書〕
九州地方中世編年文書目録（鎌倉時代篇・南北朝時代篇）　青方文書（一・二）〈史料纂集〉　肥前国神崎荘史料〈荘園史料叢書〉　増訂鎌倉幕府裁許状集（上・下）　南北朝遺文―九州編―（一～七）　鎌倉遺文補遺無年号文書目録　松浦党関係史料集（一、以後続刊）

鎮西御家人の研究

昭和五十年二月二十日　第一刷発行
平成九年九月二十日　第三刷発行

著者　瀬《せ》野《の》精《せい》一《いち》郎《ろう》

発行者　吉川圭三

発行所　株式会社　吉川弘文館
郵便番号一一三
東京都文京区本郷七丁目二番八号
電話〇三―三八一三―九一五一〈代〉
振替口座〇〇一〇〇―五―二四四

印刷＝共立社印刷・製本＝誠製本

日本史学研究叢書

『日本史学研究叢書』刊行の辞

戦後、日本史の研究は急速に進展し、各分野にわたって、すぐれた成果があげられています。けれども、その成果を刊行して学界の共有財産とすることは、なかなか容易ではありません。学者の苦心の労作が、空しく筐底に蔵されて、日の目を見ないでいることは、まことに残念のことと申さねばなりません。

吉川弘文館は、古くより日本史関係の出版を業としており、今日においてもそれに全力を傾注しておりますが、このたび万難を排して、それらの研究成果のうち、とくに優秀なものをえらんで刊行し、不朽に伝える書物としたいと存じます。この叢書は、あらかじめ冊数を定めてもいず、刊行の期日を急いでもおりません。成るにしたがって、つぎつぎと出版し、やがて大きな叢書にする抱負をもっております。

かくは申すものの、この出版にはきわめて多くの困難が予想されます。ひとえに日本の歴史を愛し、学術を解する大方の御支援を得なければ、事業は達成できまいと思います。なにとぞ、小社の微意をおくみとり下され、御援助のほどをお願い申します。

昭和三十四年一月

〈日本史学研究叢書〉
鎮西御家人の研究（オンデマンド版）

Digital Publishing

2017年10月1日　発行

著　者　瀬《せ》野《の》精一郎《せいいちろう》
発行者　吉川道郎
発行所　株式会社 吉川弘文館
〒113-0033　東京都文京区本郷7丁目2番8号
TEL　03(3813)9151(代表)
URL　http://www.yoshikawa-k.co.jp/

印刷・製本　株式会社　デジタルパブリッシングサービス
URL　http://www.d-pub.co.jp/

瀬野精一郎（1931～）
ISBN978-4-642-72512-5